JN190373

時代を生きる若者たち

大学生調査30年から見る日本社会

片桐新自
Katagiri Shinji

関西大学出版部

はじめに
——本書の狙い——

　私は，1987年から5年おきに関西の複数の大学で大学生の価値観や意識に関する調査を行ってきている。これまでに，この調査データに基づいて，すでに2冊の書籍を刊行している。

　1冊目は，2007年に実施した第5回調査までの結果を踏まえた『不安定社会の中の若者たち——大学生調査から見るこの20年』（世界思想社，2009年）であり，2冊目は，2012年に実施した第6回調査までの結果を踏まえた『不透明社会の中の若者たち——大学生調査25年から見る過去・現在・未来』（関西大学出版部，2014年）である。

　『不安定社会の中の若者たち』は1987年から2007年までの20年間を「不安定社会」と名づけ，その間の変化を捉えることを主眼とした。『不透明社会の中の若者たち』では，2011年に東日本大震災という未曽有の危機が生じ，不安定なりに細々とした未来の見えていた2007年頃の状態から，先がよく見えない不透明な状況に陥ってしまっていたので，その時代を「不透明社会」と名づけ，若者たちがどのような意識で生きようとしているのかに焦点を当てた。

　本書は，2017年に実施した第7回調査の結果を踏まえた最新の大学生論である。当然ながら，本書は過去2冊の本の改訂版という意味を持つが，新たなデータが加われば，解釈もまた新たにしなければならないため，再びタイトルを変え，新たな本として世に問うものである。

　今回の調査で，この大学生調査は丸30年経ったことになる。一人の研究者が定点観測のように30年もの間，同じ方法，同じ内容の調査を行ったものは，他にはない貴重なものだと自負している。30年と言えば，ほぼ1世代差である。実際，学生たちの話を聞くと，彼らの親世代はその多くが第1

回あるいは第2回の調査対象となった世代である。

　これだけの時間が経てば，同じ大学生と言っても価値観が大きく変わっているのは当然だろう。これを一定の視点から一人の研究者が語りうるところに，本書の最大の価値がある。本書では，この30年の変化を踏まえて，最新の大学生たちの価値観を浮き彫りにし，さらには，今の学生たちが中心となって作り出していく今後の社会を予測してみたい。

　本書で初めて，私の大学生調査と出会う人も多いだろうから，まずは，前二作にも記した内容だが，本研究をスタートさせるに至った経緯を，自分史とからめて語ることから始めたい。

　私は1955年生まれである。高度経済成長と「55年体制」と呼ばれた安定的政治体制とともに育ってきた世代である。大学入学前年の秋に第1次オイルショックが起こり，「不況しか知らない大学生」とも言われたが，日本経済は比較的巧みにこのオイルショックを乗り切り，その後も高度成長とまではいかないが，低成長ながらも経済成長を続けていたため，日本の未来がどんどん悪くなっていくなどとはまったく思わずに大学生活を送っていた。それどころか，過激な政治活動を行う団体の勢力は弱まり，「一億総中流」といった言葉がはやり，『ジャパン・アズ・ナンバーワン』（E.ヴォーゲル著，TBSブリタニカ，1979年）というタイトルの本を刊行する外国人研究者も現れ，日本型資本主義こそもっとも成功した資本主義ではないかと多くの日本人が信じていた時代が，まさに私の大学時代だった。

　その後，日本の経済成長は株価や地価で測れば，バブル経済期まで続いたということになるわけだが，その時代まで日本はずっとよい時代が続いていたと見る人は少ない。1980年代以降は，過剰な欲望に取り憑かれ，日本人的美徳を失っていく時代だったと見る人の方が多いのではないだろうか。そうした日本人的美徳として語られてきたのが，「勤勉・勤労であること」，「組織への忠誠心が高いこと」などであるが，バブル経済直前の1980年代半ば頃からそうした価値観を共有しないように見える若者が大量に登場するようになったと認識した人たちが，そうした新しいタイプの若者たちに「新人類」というネーミングを与え，この言葉は，1986年の流行語大賞に選ばれるほど人口に膾炙した。

　当時すでに若い大学教師となっていた私にとって、「新人類」と呼ばれた世代はほんの少しだけ下の世代で、大学教師として教え始めた最初の世代にあたった。「新人類」と名づけた旧世代の人々と同じ世代に属しているとも言えない立場にあった私からすると、「新人類」とは言っても、どれほど価値観が異なっているのか、実感が湧きにくかった。そこで、実際に若者たちを対象に調査を行い、その実態を把握してみようと思った。しかし、若者といってもその層は広く、様々なタイプの若者がいるので、その中から、無理なく調査を実施できる層として、大学生を対象とすることにした。

　最初に行った 1987 年の調査で、多くの学生たちに当てはまる価値観として、個人主義的でありながら、同調性・協調性を重視し、世の中が大きく変わってほしくないと思う保守性・保身性を持ち、楽しく楽に生きたいと考える「個同保楽主義」という価値観を抽出し、地味ながらも注目をされた [1]。5 年経った 1992 年に、その後どう変化があったのか、なかったのか、また若者のコミュニケーションのあり方なども調べてみたいと思い、第 2 回調査を実施した。それ以降は、5 年おきに大学生調査を行うことがライフワークとなり、2017 年の第 7 回調査で、30 年もの時間を経たことになる。

　昭和の終わり、バブルの時代に始まったこの調査が、平成の終わりまで続いてきたのだから、同じ大学生とは言っても、現在と 30 年前とでは、実に多くの点で違いが見られるのは当然である。社会学的に興味深いのは、こうした意識の違いが、それぞれが体験し育ってきた社会の違いによって生み出されるものであるということである。この 30 年を簡単に総括することはできないが、静かに大きく変化した 30 年であったことは間違いない。少しだけだが、振り返ってみよう。

　経済面では、肥大化した欲望を誰もが簡単に充足できそうな幻影を見ていたバブル経済の時代があり、あっという間にその崩壊、そして潰れることはないだろうと思っていた企業が潰れ、長い不況の時代が続いた。ようやく脱して立ち直りかけたかに見えたところに、リーマン・ショックと東日本大震災のダブルパンチで、株価はバブル期の 4 分の 1 以下の水準まで落ち込み、なかなか浮上できなかった。2012 年末に誕生した第 2 次安倍内閣誕生以降は、大胆な景気回復策で大企業を中心に業績改善の兆しが見られ、株価も上昇し

たが，国債は減っておらず，根本的な日本経済の立て直しがはかられたわけではない。消費税も，この調査が始まった頃は，まだ導入されていなかったが，この30年の間に，3%での導入，5%，8%への上昇，そして10%への増税もなされようとしている。

　政治の面では，この30年の間に19人も総理大臣が変わり，自民党は2度政権を失い，一時は日本にも二大政党制の時代がやってきたかと思わせた時もあったが，結局自民党と共産党以外の政党は30年命脈を保てず，新たな政党を作っては潰すといった事態を繰り返す，といった激動期だった。選挙制度も，衆議院選挙は中選挙区制から小選挙区比例代表並立制に変わり，投票権年齢も20歳から18歳へ引き下げられた。各時代の大学生は，こうした政治状況の変化に影響されて政治意識を形成してきている。最初のうちは，政党の節操のなさから政党離れが進んでいたが，小選挙区比例代表並立制が定着したためか，政治の中身は詳しくわからなくても投票先の政党を選ぶことだけはするようになっている。直近の大学生たちは，10年以上前の政治状況に関する知識はなく，ただ安倍内閣以前の民主党政権の失敗だけを強く意識し，安定性を求めて自民党政権を支持するようになってきている。

　こうした経済や政治の変化以上に，生活面での技術進歩はこの30年間に革命的と言ってよいほどの変化を遂げた。それは，ICTの発展である。コンピュータが小型化しパソコンと呼ばれ安価になっていき，様々な家電製品等にコンピュータが組み込まれていくといった時代が30年前だったが，その後インターネットが普及し，さらに携帯電話，スマートフォンが必需品となり，若者たちの思考，行動，コミュニケーションのすべてが，スマホなしでは語れなくなった。いつでもどこにいても連絡が取れるし，情報も得られるようになるという時代がこんなに早く来るとは，30年前には多くの人は考えもしなかった。

　社会の価値観もまた大きく変わってきた。特に若者に影響が大きかったのは，生き方の多様性を認める方向への変化であった。かつては自明のものとされていた社会的属性に基づく「○○らしさ」を押しつける圧力は弱まり，自由な生き方選択ができるようになった。ただ，自分にふさわしい生き方を見つけ出すのは容易ではなく，「○○らしさ」という形で示されるモデルがない分だけ，若者は不安にも囚われやすくなり，周りの友人たちを身近な準

拠集団として同じような行動をすることで不安を払拭しようとし，結果として個性のないみんな同じような生き方をする若者が大量に現れるという潜在的逆機能が生まれているようにも見える。

　この30年は，それ以前の時代と比べると不安定で，先行きがどうなるかわからない不透明な時代という状況は基本的には変わっていないだろう。それを直感的に理解しているゆえに，今の若者たちは今を楽しむことを唯一の目標としているように見える。しかし，それでも若者たちは長い人生を歩んでいかなければならない。30年という長きにわたって大学生を定点観測してきた本書を通して，自らの意識や価値観を相対化し，自分なりの生き方を見つけてくれる若者が出てきてくれることを密かに期待している。

　本書は，調査データに基づいて語っていくものであるが，その際の私のスタンスは，データを禁欲的に解釈するのではなく，日常的な学生たちとのつきあいや観察から得ているデータも利用して，多少大胆な解釈や予測も思い切ってしていきたいというものである。手堅いが読んでいておもしろくない調査報告書でもなく，おもしろいけれどデータ的な根拠が薄弱という社会評論書でもない社会学書を書きたいというのが，私の強い思いである。社会学という学問は，そういうことのできる学問だということを示してみたい。

　禁欲的な解釈より大胆な解釈をというのは，第1回の調査を行った時から考えていたことである。というより，こういう調査をする意義とはまさにそこにあるのではないかと考えている。大学生という社会人予備軍の価値観を知ることで，今後どのような社会が現出するかを予測することも可能になるはずだ。「個同保楽主義」を見出した，第1回調査の際に学生だった世代は，現在すでに50歳を超え，まさに社会の中枢を担っている。「モンスター・ペアレント」も個人主義的志向の表れと言えなくもないし，若者と言えない層の「ニート，フリーター問題」は「楽しく，楽に生きたい」と思ってきたことの結果という面もあるかもしれない。

　社会の移り変わりとともに，価値観が変わっていくのは当然で，特に過去の知識や経験の少ない若者がもっとも時代の影響を受けやすいのは確かだろう。「昔はこうだった，ああだった」と年配者がいくら口を酸っぱくするほど言い続けても，実感で理解できないことはなかなかわかったという気には

ならないものだ。若者たちの新しい価値観は，彼らが社会に出て経験値を増す中で変化していくものだが，完全に変化してしまうものではなく，自らの原点として残り続けるものである。その意味で，「若者の価値観＝次世代の主要な価値観」という位置づけが可能となる。

　本書を通して，各時代の大学生の意識や価値観がわかったというだけでなく，不透明になっている日本社会の未来についてのイメージを多少なりとも読者に想起してもらえた時，本書の狙いは本当の意味で達成されたと言えるのだと考えている。

注

1）朝日新聞（1987年11月21日大阪版朝刊）と読売新聞（1987年12月2日大阪版夕刊，同年12月10日大阪版夕刊）で紹介され，1989年に刊行された『現代用語の基礎知識』に「個同保楽主義」という言葉が「ワードウォッチング用語」に採用された（1085頁）。

時代を生きる若者たち
――大学生調査 30 年から見る日本社会――

【目　次】

第1章　これまでの調査から語ってきたこと

　本書は，最新のデータである 2017 年調査の結果を踏まえて，30 年間の若者意識の変化とそれを導いた日本社会の変化，そして今後の予測を語ることが主たる課題だが，そのためにも，まずはこれまで 5 年おきに行ってきた調査を基にして，私がその時々でどのようなことを語ってきたかを最初に振り返っておきたい。

1-1　「新人類」たちの価値観
——1987 年調査から——

　第 1 回の 1987 年調査では，「新人類」とまで呼ばれた若者たちの価値観を分析する中で，「はじめに」でも述べたように，「個同保楽主義」という価値観を見出したわけだが，もちろん調査の結果は，同じ大学生と言っても決して一枚岩ではなく，多様な価値観の持ち主がいることもきちんと示していた。その上で，その中の多数派の姿を多少単純化して捉えるならば，「やや個人主義的でありながら，他人との協調性を大事にし，大きな社会の変化を望まず，できることなら楽しく楽に暮らしていきたいと考えている」と言えるのではないかと指摘した。

　この価値観の持ち主は，やや個人主義的で楽しく楽に生きていきたいと考えているといった点から，「会社人間」としてまじめに働いてきたことを誇りにしている旧世代[1] から見たら，眉をひそめたくなる存在と思われがちだが，実際には彼ら若者の個人主義は徹底した「ゴーイング・マイ・ウェイ」ではなく，自分と自分にとって大切な家族や仲間のことは大事にしていくという「拡大された個人主義」——「私生活主義」と言ってもよいもの——であり，集団に適応できないという特性ではない。当然連動することだが，「楽

しく楽に」というのも，可能ならばといった程度であり，徹底的にそれを追い求めているわけではない。むしろ協調性を重んじ，他者に同調していく生き方や，大きな社会変化を望まない志向性などの価値観も具有している点から見れば，大学紛争時代の学生たちより，はるかに扱いやすい若者たちといってもよいだろう。もちろん過去の若者と比べて変化している点も見出された[2]が，それらは決してこの世代だけに突然変異的に生まれたものではなく，時代の変化——特に経済的な豊かさの浸透——によって徐々に変わってきた部分と言えよう。

おそらく，「個同保楽主義」という価値観はある程度豊かな中流意識を持った人々には適合的な価値観であり，いずれ若者だけではなく，日本社会全体の支配的な価値観になるのではないかと指摘した。これが，第1回の調査結果から語ったことの骨子である。

1-2　若者たちのコミュニケーション
——1992年調査から——

1992年に2回目の価値観調査を行った。この調査の狙いは，「新人類」という言葉がもうほとんど使われなくなっていたその時点で，「個同保楽主義」という価値観を含めて，学生たちの意識は変化したのか，しなかったのかを明らかにすることにあった。これが2回目の調査を行おうと考えた最初のきっかけだった。

しかし，この第2回調査では，それだけではなく新たな課題として，こうした価値観がどのような人間関係の中で生み出され，またどのような人間関係を作り出していくのかを知りたいと考え，若者のコミュニケーションのあり方とその意識を捉えるための質問項目を大幅に増やした。具体的には，親子関係，男女関係——主として性別役割——，友人関係などである。この後者の課題は，日頃学生たちを観察する中で感じていた微妙な違和感——「反抗期を経験していない」「語り合うわけでもないのに友だちと一緒にいる」など——の原因を明確化したいという思いから出てきたものでもあった。

調査の結果，明らかになったことは，「個同保楽主義」という価値観には大きな変化はないが，伝統的性別役割に対して懐疑的な考えの若者が増えて

いること，社会関心や政治関心のさらなる低下などが確認された。結果的
に見ると，あまり大きな変化の見られなかった第1回調査との比較以上に，
データの新鮮さもあって，若者のコミュニケーションの有り様が第2回調査
のより重要なファインディングスとして浮かび上がることになった。

　少し具体的に紹介しておくと，親子関係に関しては多くの学生たちがかな
り良好であり，かつての若者のような反抗心を持っている学生はやはり少な
かった。友人との関係においては，本来一緒に行わなくてもよいような行動
をなんとなく一緒に行う「群れ行動」をよくする者がかなり多く，男女関係
は平等であるべきだという意識が強まっていた。この1992年調査をベース
として書いた論文のまとめに，当時私は以下のように書いた。

　　前回の調査から5年しか経っていないので，今回の調査で捉えられた若者の価値
　観は基本的には前回提示した「個同保楽主義」のままであると言ってよいだろう。
　ただ今回の調査では，「個」や「楽」の部分より，「同」や「保」の部分が「協調的
　安定志向」の強まりという形で，やや前面に出てきた感じがする。「個性重視」が
　強調される中で，現実においては，個性的な学生は減少してきているという印象
　は最近とみに増している。1989年に起きた「連続幼女誘拐殺人事件」などもこう
　した傾向へ拍車をかける役割を果たしたと考えられる。自分の趣味に没頭し，一
　人で時間を過ごすことの多い人間を「おたく」と称し差別する風潮が，この事件以
　来一般化した。「おたく」というラベルを貼られないためには，あまり個人主義的
　行動はせず，たくさんの友人とつきあい，「コミュニケーション不全症候群」[3]に
　陥っていないことを示し続ける必要があると，若者たちが無意識の内に思い込ん
　でも仕方がない程の影響力を持った事件だったように思われる。
　　今回の調査で顕著に表われた結果として，男子学生の社会関心の低下と，「旧人
　類的若者的革新性」[4]のさらなる衰退が目立つ。豊かで安定した日本社会において，
　次代を担うべき若者たちは社会の進むべき方向を見出せずにいる。日本はさらに
　豊かになってよいのか，いけないのだとしたらどこに社会の目標を措定すべきな
　のだろうか。目標を見出せない若者たちは社会関心を持たず，自分と家族と仲間
　たちだけの身近な世界に逃げ込むという選択をすることによって，精神的不安状
　態から脱却している。実際自分たちが関与しなくとも社会は順調に動いてきたし，
　これからも動いていくだろうと考えている。こうして若者の社会関心の低下，政
　治離れ，現状維持志向の広まりが生じているのである。その意味で，これは若者
　全体に当てはまる問題なのだが，女子学生の場合は，女性であるがゆえに自分自
　身の問題として考えなければならない不平等な問題が，女性が社会に進出すれば
　するほど露見してきているために，男子学生ほどには社会関心を低下させずにい
　る。

社会体制や社会的権威に対する批判意識が弱いばかりでなく，若者たちは親という権威に対しても批判どころか，逆にかなり高い肯定的評価を与えている。やさしく家族思いの両親と従順で素直な子どもたちが作り出す親子関係は非常に良好で，良好すぎて親離れ，子離れが進まないのではないかと思わせるほどだ。実際学生たちに話を聞いても，反抗期らしい反抗期を経験していないと言う者が少なくない。反権威主義的志向の強かったかつての若者たちが親となって作り出した家庭では，親だからというだけで権威がふりかざされることは少なく，その子どもたちは親に対する強い反発を感じずに成長してきている。伝統的性別役割に対する意識が薄れつつあるのも，かつての親たちの世代より，現在の親たちの方がはるかに平等化が進んでいることがやはり影響していると考えられる。

最後に，専門家的禁欲さを破って多少大胆な予測をしてみたい。前回の調査を企画した際に持っていた「若者の価値観を把握することによって，今後の日本社会の趨勢を見極めることができるはずだ」という問題意識にひとつの答えを出してみたい。前回そして今回と確認された「個同保楽主義」という価値観は，単なる一時的なものではなく，現在の日本社会の特徴——豊かで安定した中流意識社会——が必然的に生み出したものなので，激的な変化——たとえば，世界大戦の勃発など——がない限り，今後も確実に広がり日本社会の中心的価値観になることはほぼまちがいないと思われる。少なくとも，後20〜30年経った時には，こうした価値観を身につけた現在の若者たちが社会の中枢を担っている。その時に，日本はどのような社会になっているだろうか。おそらく，社会的に沈滞ムードの漂う衰退期に入っているのではないだろうか。この「個同保楽主義」の価値観を持つ者は，指示を受けて働く組織のフォロワーメンバーとしてはそれなりに使えるが，失敗を恐れずに自分自身が全体を引っ張っていこうというリーダータイプではない[5]。日本社会はリーダー不在の状況に直面することになろう。これまでの日本のように，経済的な発展を社会の進むべき方向として持ち続けることができれば，リーダー不在でも社会はそれなりに動いていくことができるが，すでに国際的に見てトップになってしまった日本が20〜30年後にも同じ目標を持ち続けていられるとは考えがたい[6]。目標を失った社会の中で指示を待つ人々は，さらに社会を衰退へと向かわせるのに大きな役割を果たすことになろう。長い世界の歴史の中で繰返し現れた繁栄から衰退への峠を今や日本が越えようとしているような気がする。もしかしたら，「個同保楽主義」という価値観は，この峠にさしかかったすべての社会で現れ，社会を衰退に向かわせる価値観なのかもしれない。

（片桐新自「若者のコミュニケーションと価値観」

『関西大学社会学部紀要』第25巻第2号，1993年，122-123頁より）

ちょうどこの論文で未来図を描いた時間が今経過した。予測は当たっただ

ろうか。「沈滞ムードの漂う衰退期」というところまではまだ行っていないだろう。ただ，活力ある社会にはなっていない気がする。日本社会が盛り上がるのは，もっぱらスポーツや祭りのようなイベントばかりで，政治，経済，技術といった部門では，かつての最上位の地位から滑り落ちている。しかし，多くの国民は，特に強い不満も持たず，なんとなく幸せそうに暮らしている。健全な批判精神が弱まる中で，強い権力を持つ政府のなすことをそのまま受け入れている。この流れのまま行けば，確実に衰退社会への道を日本は歩んでいきそうで，25 年前の予測の方向に進んでいるのではないだろうか。

1-3　「大人」になりきれない若者たち
——1995 年調査から——

1997 年の第 3 回調査を行う 2 年前の 1995 年に，実は関連の調査をひとつ行っている。それは，第 1 回調査を行った 1987 年当時に関西大学社会学部の学生だった人に行った郵送調査である[7]。5 年おきの大学生調査では，各時代の学生たちが時代の影響を受け，どう価値観を変えてきたかが測れるわけだが，人は自分自身の経験からも価値観を変化させていく。この変化を明らかにするためには，こうした調査が不可欠である。

従来の「年齢論」的考え方からすれば，年齢を重ねるとともに，様々な経験を経て，自ずと意識や価値観も変わっていくはずである。しかし，1980 年代の半ば以降登場した「新人類」と名づけられた若者世代は，従来の若者世代と異なり，社会に反抗的ではなく，上昇志向が弱く，圧倒的に私生活を重視するという，従来の「年齢論」が想定していた若者像から言えば逸脱的特徴を持っており，必ずしも年齢を増したからと言って，意識や価値観を大きく変化させていくとは予想できない部分もあった。はたして彼らは，過剰なまでに豊饒の時代に生まれ育った新しい価値観を持った「新人類」世代なのか，それとも，やはり歳とともにいわゆる「大人」になっていく人々なのか，これを明らかにすることがこの調査の目的であった。

調査の結果，明らかになったのは以下のようなことである。第 1 に，単純な加齢による影響はわずかしか見られなかったこと。第 2 に，社会的な役割

の変化による影響は，様々な点にわたって見られたこと。第3に，時代の変化による影響は，国際的・国内的な政治状況の変化と，ジェンダーをめぐる状況の変化に関わる意識や意見のところで，かなり明確に見られたこと，などである。この調査の主たる狙いは，大学卒業後4〜7年を経たことによって，学生時代と異なる意識や価値観を人々が持つようになったかどうかという点にあったので，上で指摘したことのうち，特に注目すべきなのは，第1と第2の点である。そこで，これらの点について，もう少し詳しく触れてみたい。

　まず，単純な加齢効果がわずかしか見られないことについてだが，当初の予想では，年齢を増すことで「大人」としての自覚がめばえ，社会関心や政治関心が高くなったり，仕事や生活目標などが変化したりするのではないかと考えていたが，どうやら単純な加齢だけではそうした変化はあまり起こらないようだ。図1-1を見てもらえばわかる通り，27歳から32歳では大人自覚意識に大きな差はなく，単に年齢を増しただけでは意識は変わらないようである。しかし，加齢は社会的役割の変化をもたらし，その役割変化によっ

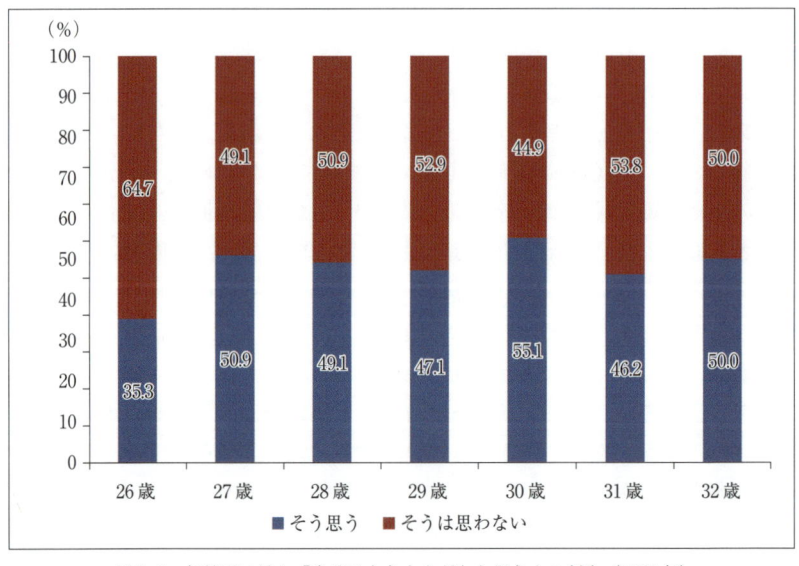

図1-1　年齢別に見た「自分はもう大人だ」と思う人の割合（1995 年）

て意識や価値観は変化していることを考えるならば，加齢も間接的には影響を与えていると見ることもできよう。実際当然のことながら，大学生よりは大人自覚意識はかなり高くなっている（1992年の大学生では25.3％，1997年の大学生では20.5％）。

　次に，社会的役割の変化による影響をまとめておこう。社会的役割の変化は仕事と家庭によってもたらされている。仕事を持つことによって，人々はいわゆる「社会人」となり，学生時代とはまったく異なった生活スタイルをしいられる。自由な時間が大幅に減少するため，友人とのつきあい方が変化し，テレビやマンガといった娯楽に対する関心は弱くなっている。また，経済活動の一端を担う「社会人」として，経済問題への関心を高めている。

　家庭の方では，結婚して親から独立した際に，また子どもを持った時に，社会的役割は大きく変化する。この家庭内での役割の変化こそ，多くの意識や価値観の変化を導いているものである。仕事に対する意識，生活目標，生活に対する満足感，ジェンダー意識など多くの点で，この家庭内役割による違いが見られた。特に，父となり，母となった人々は，仕事志向が強くなったり，家庭や地域の問題に関心が高くなったりと，いわゆる「大人」の意識にもっとも近づいていた（「自分は大人だと思う」人の割合：独身者42.1％，既婚無子49.3％，既婚有子58.7％）。

　しかし，これらの変化は，学生時代の意識や価値観と比べて，質的にまったく異なったものになったというほどのものではない。かつての大学紛争世代のような批判的価値観の持ち主ではない「新人類」世代は，就職をし，家庭を持ったからといって，ドラスティックに変えなければならないような意識や価値観は，初めからあまり持っていなかった。彼ら「新人類」世代の価値観は，もともと若者特有の価値観というよりは，豊かな時代が生み出した中流意識を持った人々に適合的な価値観である。それゆえ，「新人類」世代は，学生時代から持っていた意識や価値観を大きく変えることもなく，「社会人」となることができた。

　しかし，こうした若者特有の価値観が喪失してしまったことにより，ある意味では若者は「大人」へ脱皮しにくくなったとも言えるかもしれない。すでに子の親となった人でも，その4割以上が自分のことをまだ「大人」だと認識していない。若者的価値観と「大人」的価値観の境目が曖昧になったこ

とにより，少なからぬ若者が，就職をしても，結婚をしても，親となっても，「大人」になったという自覚を明確に持てぬまま，年齢を重ねている。もちろん，さらに40歳，50歳と年齢を増し，自分の子どもが大きくなっていけば，「大人」だという自覚を持つ者は増えていくだろうが，子どもが小さいうちは,「新人類」世代の中には,「『大人』になりきれない『若者』たち」であり続ける者が少なからずいるだろう。そして，そうした意識の持ち主が増えることで，長い間自明視されてきた「若者と大人」という区分がどんどん曖昧になっていくのだろう。

　以上が，1995年に若い社会人を対象にして行った調査から私が語ったことである。その後，個人情報保護法の施行などもあり，調査環境が厳しくなり，同様の調査を行いえていないのだが，現実社会の様々な動きを見る限り，「大人」になりきれない社会人——最近では「大人」にならなくてもいいと思っている社会人——は，さらに増えてきていることは確実であるように思われる[8]。

1-4　時代状況に影響される若者の価値観
——1997年調査から——

　1997年の第3回調査のポイントは，10年間の学生の意識や価値観の変化——あるいは変化しなかったこと——を明らかにすることにあったが，第2回調査以降に大きな社会的変化がいろいろあったので，そうした時代状況を踏まえていくつかの新しい質問項目も入れた。ひとつは，1993年の非自民細川連立政権以降に誕生した政権の不安定さと，それと対応する形で広まった「住民投票」などの直接民主主義的決定方式の広まりといった政治状況の変化が学生たちの意識や関心にどのように影響しているかを尋ねた部分である。もうひとつは，1995年に起きた阪神・淡路大震災以後，ボランティアを行う若者が非常に増えたので，学生たちのボランティアの経験や意識について尋ねることであった。他にも，オウム事件，PKO派遣，従軍慰安婦問題，神戸児童連続殺傷事件，援助交際，インターネットの急速な普及，就職氷河期など，学生たちに影響を与えたのではないかと思われる事態が，1992年調査以降にたくさん生じていたので，こうした時代状況が若者たちの価値

観にどう影響したかを把握することを目的として分析を行った。

　価値観の変化を見ていく上での私の基本的な考え方は，次のようなもので
ある。価値観は社会によって作られるものであり，社会が変化すれば価値観
も変化せざるをえない。ただ，社会の変化の中には急速なものもあれば，緩
慢なものもあり，それに伴って価値観の変化も緩急様々である。一般的に
言って，社会にとって突発的で外在的要因による変化は急速で不安定なもの
になりやすいのに対し，漸次的で内在的な要因による変化は緩慢だが安定的
なものになりやすいと言えるだろう。この第 3 回調査の時点で第 1 回調査か
ら数えて 10 年という時間が経っていたわけだが，10 年という時間はこうし
た価値観の変化を測るのに決して十分な長さではないが，かといって何も見
出しえないほど短い時間でもない。10 年程度ではその変化は見えにくい非
常に長期的な変化をする価値観もあれば，10 年程度でも時代の影響による
変化がはっきり見て取れる価値観もあるだろう。その時点で私が語りえたの
は以下のようなことであった。

　　本稿をまとめている最中に，中学生による殺傷事件が頻繁に起こった。「キレ
　る子どもたち」というフレーズで，マスメディアにも大きく取り上げられた。そ
　うした事件の報道を見ながら思ったことはたくさんあるのだが，そのひとつに，
　とりあえず大きな問題も起こさず大学生になれた若者は，やはりそれなりの成功
　者なのかもしれないということがある。今や，4 割を超える若者が大学生・短大
　生になっており，もはや特別なエリートといった存在ではないわけだが，それで
　も中学生たちと比べると，大学生たちには「せっかく大学まで入ったのだから」
　という守るものを持った意識がかいま見られる。さらに，私が調査対象とした大
　学は相対的にレベルが高いことを考慮すれば，ここで調査結果として出てきてい
　るものは，若者の中のかなり上澄み的な一部のデータにすぎないということを認
　識しておかなければならないだろう。だから，たとえば若者の中でボランティア
　志向が強まりつつあるなどという言明や，仕事と余暇によく表れていたような
　バランス感覚の良さも，若者全般に当てはまることと言えないかもしれない。そう
　した限定的なデータであるということを認識しながら，この調査の結果を総括的
　にまとめておきたい。
　　本稿の最大の狙いは，この 10 年間の学生たちの価値観や意識の変化を捉える
　ことにあったわけだが，まず大きく変化してきたものとしては，第 1 に，性別役
　割や性交渉に関する意識があげられる。表れ方も受け入れられ方も異なっている
　が，変化の根幹にあるものは，ともに伝統的なジェンダー観の弱体化であり，共

通性があると言えよう。こうしたジェンダー観の変化は一時的・突発的なもので
はなく，1960年代以降，漸次的・安定的に変化してきたものなので，今後も確実
に変化は進んでいくだろう。

　第2に，ジェンダー関連意識ほどには劇的には変化していないが，社会関心や
上昇志向が低下してきていることがあげられる。この変化の背景には，日本が
安定的な豊饒の時代に入ってから久しいことがある。戦中，戦後のどん底時代ま
で戻らなくとも，1960年代頃まではまだ物があり余っているような時代ではな
かったし，日本社会がそして個々の生活が，もっと豊かにもっとよくなっていく
ことを誰もが望んでいた。それは，上昇志向にも結びついていたし，社会に関心
を持つことにも結びついていた。しかし，今の大学生のほとんどは第1次オイル
ショック後の1970年代後半の生まれである。豊かになりすぎ，国際的にも批判
されることの多くなった1980年代以降の記憶しかほとんどない。そんな時代の
中で育った彼らが，かつての若者のように，上昇志向も社会関心も持ちえないの
は当然であろう。

　第3の変化として取り上げる政治に対する意欲・関心が減退しているのも，日
本の進むべき方向を見出せないという意味では，同様の原因が背景にあるものと
して考えられるが，これに関しては最近5年間に起こった政界の節操なき混乱が
短期的要因として拍車をかけたことも指摘しておかなければならないだろう。逆
に言えば，政治状況が変われば，政治に対する関心は多少戻ってくる可能性を残
していると言えよう。

　第4に，自衛隊に対する肯定的見方が増えたことも意識の変化としてあげられ
る。これは，先に述べたように，「阪神・淡路大震災」や「オウム事件」といっ
た突発的な出来事で「災害救助隊」としての印象が強まったことの影響という側
面が強く，短期的でまだ安定していない変化である。しかし考えてみると，日本
の自衛隊は，1952年に「保安隊」として創設されて以来一度も戦闘に参加した
ことはなく，もともとこうした「災害救助隊」としてもっぱらその役割を果たし
てきたとも言える。それゆえ，「阪神・淡路大震災」や「オウム事件」は確かに
突発的な出来事ではあったが，それによって自衛隊の任務自体が変わったわけで
はなく，変わったのは，人々の受け止め方である。以前も同じような仕事をして
いたにもかかわらず，かつてはそれでも自衛隊に拒否反応を示す人が多かったの
に，今回はそうではなくなったのには，やはり理由はあるだろう。ひとつは，ソ
ビエト連邦の崩壊による東西冷戦の終結，そしてもうひとつは，「自衛隊違憲」
を唱え続けてきた一大勢力であった社会党の政策転換があげられるだろう。そう
考えてくると，自衛隊に対する見方の変化も単純に短期的な変化とは言えないか
もしれない。

　もうひとつ，多少躊躇しながら思いがけない変化として指摘しておきたいの

は，大学別の学生の意識差が縮小していることだ。10年前には，大阪大学の学生たちがいかにも「一流大学」の学生らしく，社会関心が高く，体制批判的といった意識を示していたのだが，今回の調査結果を見ると，ほとんど他の共学大学と差がなくなってきている。伝統的性別役割分業に批判的な人が女子学生にやや多いこと，国政選挙に対する投票意欲が多少高いこと，自衛隊を違憲とする人が多いことなどが異なるぐらいで，1987年調査のようにほとんどすべての面で他大学との違いを示すような結果にはならなかった。前に指摘したように「偏差値教育」のひずみ[9]ということも考えられなくはないが，たぶんそれ以上に大きいのは，1993〜1994年の非自民政権の失敗であろう。かつて体制批判的というのは，自民党批判とイコールだった。そして，自民党から政権さえ奪えば，何かが改善されると漠然と信じられていた。しかし，現実に非自民政権が生まれ，それが惨憺たる結果をもたらしたことにより，体制批判的志向は向かうべきところを失ってしまった。こうした時代状況の中で，いわゆる一流大学の学生と言えども，社会や政治に対する関心と方向性を見失いつつあるとしても仕方がないことなのかもしれない。

　次に，この10年間あまり変化がなかった部分をまとめておこう。社会に関しては，現在の天皇制を維持し，核武装などはせずに，福祉の行き届いた社会を理想とするという考え方がほとんど変化なく支持されている。個人の生活や価値観では，家族や友人との人間関係が大切で，他人との協調性を大事にする。人生観では闘争志向より調和志向，好む上司のタイプはビジネスライクなタイプよりも親分肌のタイプの方が一貫して好まれている。親とのコミュニケーション頻度や親から子に伝えられている教訓などにも大きな変化はなかった。このように見てくると，10年前に提示した「個同保楽主義」という価値観が，ほとんど修正を迫られないものだということが理解されるだろう。

　最後に，今回の調査で新たに導入した質問から得られたものをまとめておこう。「転職志向」，「直接民主制的投票」，「性の商品化」，「傷つきたくない・傷つけたくない症候群」，「自分探し」，「ボランティア志向」などが，今回新たに導入したテーマであったが，この中で特に注目したいのが，「直接民主制的投票」と「ボランティア志向」である。どちらもそれなりに積極的に受け止められているが，この両者に共通するものはなんだろうか。それは，自分の行動の結果がわかりやすい——できることなら文字通り目に見える——形で表れるかどうかではないだろうか[10]。当選したら勝手な行動をする議員を選ぶ選挙にはあまり行く気はないが，身近な地域のたった一人のトップである市長の選挙なら多少は投票しようという気になるし，さらに地域の重要な問題の諾否を直接決められる住民投票や，一国の首相を直接決められる選挙なら一段と投票意欲が増すのは，まさに自分の投じた一票の結果がわかりやすい形で見えるからであろう。また，ボラン

ティアも自分のしたことが，相手に感謝されたり，笑顔で応対されたりするという形で直接的に返ってくる活動であるため，やりがいを感じられるだろうという思いが背景にあって，やってみたいという人がかなりいるのであろう。逆に，一般的な仕事は，その仕事の結果がわかりやすい形で見えにくいため，やりがいや充実感は得られないだろうと予想し，仕事を頑張ってやりたいという意識は少なくなってきているのであろう。

　自分のしたことの結果をわかりやすい形で得たいというのは，若者に限らず誰でも持つものであろう。ただ上の世代にはその結果は必ずしも目に見える形でなくとも，想像力を働かせて，自分の仕事がどのような連関の中に組み込まれており，どういう役割を果たしているかを頭で理解することで納得できる人が少なくない。しかし，映像世代の申し子である現代の若者たちは，非常にわかりやすい目に見える形で現れた場合のみ，初めて理解ができるという人が多い。頭の中で，抽象的な因果連関を構築することは不得意な人が多い。それが，仕事や議員を選ぶ選挙よりも，ボランティアや直接民主制的投票を好む志向性の根底にあるものと言えよう。

　最初に述べたように，この調査の対象となっている大学生は，若者層の一部にすぎない。ただ，この一部がその他の若者層とまったくかけ離れたところに位置する存在だとは思えない。ちょうど氷山の一角が見えているようなもので，水面下の形はどうなっているかはわからないが，すくなくとも連続した全体の一角であることだけは間違いないと思う。確かに，いくつかは表面に出ているがゆえに，水面下の部分とは異なる性質を持ってしまっているものもあるだろうが，大部分はここに現れたものと同じか，より程度が進んだものとして存在しているだろうと確信している。実際，ナイフを振り回す大学生はあまりいないが，「キレた」という言葉は，大学生の会話の中にも頻繁に登場してきている。決して大学生たちは若者の中の特別な存在ではないというのが，10年間調査をしてきた感想である。

（片桐新自「現代学生気質──アンケート調査から見るこの十年」
『関西大学社会学部紀要』第 30 巻第 1 号，1998 年，33-36 頁より）

1-5　収斂する意識と「まじめ」の復権
──2002 年調査から──

　2002 年の第 4 回調査は当初実施するのをやや躊躇した。というのは，第 3 回調査を終えた時点で，一応 10 年間を総括してしまっていた上に，1997 年

から 2002 年までの直近 5 年間は，その前の 5 年間（1992〜1997 年）に比べると，社会状況にも大きな変化はなかったように思え，興味深いファインディングスは出てこないのではないかと不安に思ったのが原因であった。当時の論文には以下のように書いている。

　　今回 2002 年調査を基に本稿を執筆するにあたって，この 5 年の間にどのようなことが生じたかを思い起こしてみた。総理大臣は橋本，小渕，森，小泉と 4 人も変わった。アメリカはジョージ・ブッシュが大統領になり，2 度も戦争をした。そして，暦の上では 21 世紀というまさに新世紀に突入した。しかし，日本社会はこの 5 年で大きく変化したのだろうかと考えると，それ以前の 2 度の 5 年間に比べるとあまり大きな変化はしていないような気がする。経済は相変わらずバブル経済の後遺症から立ち直れずにいる。株価は下がる一方で倒産に追い込まれる銀行や企業が多々出てきているにもかかわらず，多くの国民は深刻な危機感を持たないまま，なんとなく豊かな私生活を続けている。アメリカの戦争も結局はよそ事で，総理大臣なんて自民党政権である限り，結局中身が同じ本の表紙を変えただけで，なんの新鮮さも感じられない。「17 歳の犯罪」や「国立大学附属小学校児童殺傷事件」など理不尽な犯罪は相も変わらず起こったが，その前の 5 年間に生じた「オウム事件」や「神戸児童殺傷事件」に比べると，インパクトは小さかった。

　　このように振り返ってみると，この 1997 年から 2002 年の 5 年間は，日本社会は停滞していたのではないかという気がしてくる。そして，この停滞はたまたまこの 5 年間にのみ当てはまるものではなく，今後の日本社会のありようを示しているような気がしてならない。今や日本は「停滞社会」に入ったのではないだろうか。一般に，社会というものはなんとなく進歩するもの，発展するものと思われているが，必ずしもそうではない。この 5 年間の日本を見れば，進歩や発展はもう望めないのではないかと思わざるをえない。いずれ日本は，「衰退社会」になっていくのかもしれないが，今のところは「停滞社会」というネーミングを与えるのがぴったりだろう。

　　（片桐新自「停滞社会の中の若者たち──収斂する意識と「まじめ」の復権」
　　　　『関西大学社会学部紀要』第 35 巻第 1 号，2003 年，58-59 頁より）

　しかし，3 回続けてきた貴重な継続的調査をここで打ち切るのはあまりにももったいないという思いの方が強かったため，この「停滞社会」の中で学生たちは何を考え，どのような価値観を形成しているのかをやはり調査して

おこうと思い，第 4 回調査を予定通り実施した。ところが，データを集めて分析してみると，最初の危惧に反して，非常に興味深い結果が出てきた。それは，まさに「停滞社会」という大きな社会的変化がなかったことによる若者の意識・価値観の収斂ということであった。当時の論文のまとめの部分を引用しておきたい。

　　今回の調査で見えてきたことをまとめておきたい。ひとつは，価値観が大きな変化の時代から収斂の時代に向かい始めたのではないかということだ。ジェンダー観の収斂，男女の意識差の縮小などがその典型である。現在のような停滞社会がしばらく続く限り，今後も若者の価値観はどんどん収斂に向かい，大きな変化は少なくなっていくだろう。過去 2 度の 5 年間と比べて，今回の 5 年間の変化の小ささは，私にそのような思いを抱かせる。
　　第 2 の発見は，若者たちの間で一貫して価値を失いつつあると思われていた「まじめさ」が，実は静かに復活しつつあるのではないかということだ。これはまだ徴候にすぎず，こう言い切ってしまうのは少し大胆すぎるかもしれない。実際，大学生たち自身に「まじめさ」が復活してきているのではないかと言えば，きょとんとした顔をするかもしれない。しかし，経済的発展の見込めない停滞社会では，いい加減な気持ちでは生きていけないという危機感が，大学生たちの中にも静かに浸透してきているのではないだろうか。今回の調査結果から，「まじめ」な生き方への見直しの徴候が，かすかにだが見えたような気がして仕方がない。バブル経済という，どんなにいい加減に生きても生きられそうだった過剰すぎる豊かさの時代の記憶をほとんど留めない大学生たちが今後さらに増えてくるので，経済状態が大きく変わらない——すなわち停滞が続く——限り，徐々に「まじめな」生き方を見直す学生が増えてくるのではないだろうか。

（片桐新自，前掲論文，84-85 頁より）

そして，「個同保楽主義」的価値観については以下のように述べた。

　　第 3 回の調査である前回の 1997 年調査まで，この価値観にはほとんど変化はないと主張してきた。もちろん，今回もこの価値観は通用しなくなったなどというつもりはないが，4 つの特質に強弱の差がかなり出てきたように思われる。具体的には，同調性や保守性は相変わらず強い——あるいはさらに強まっている——が，個人主義的な面と楽しく楽に生きていたいという面が，以前より弱くなってきているように思われる。私が指摘した個人主義は，もともと自分のことだけしか考えないというものではなく，自分や家族，親しい友人といった身近な

人たちのことしか視野に入らないという意味での「拡大された個人主義」であったので，その意味では今でもあまり変化はしていないと言えるが，以前は多少なりとも見られたまさに個人主義的で勝手な行動といったものをとる大学生を見かけることはかなり少なくなった。いくら「拡大された個人主義」が中心だと言っても，典型的な個人主義的行動をそんなに取らなくなった学生たちに「個人主義的」という言い方は当てはめにくくなってきている。また，「楽しく，楽に」の方は，「まじめさ」の静かな復活との対抗関係の中で弱まってきているように思われる。もちろん，ここで調査対象にしているのは，大学生だけなので，若者一般を代表させることはできない。大学のキャンパス以外の世界には，個人主義的で楽しく楽に生きようとしている若者がそれなりにいることは間違いない。しかし，大学生も若者の重要な一部を形成していることは間違いなく，時代の変化を受けて大学生に表れている変化は，若者全体の変化の方向性とも一致しているはずである。回復しない経済状態はそれなりに若者たちの価値観に影響を与えているのではないだろうか。

　もともと1回目の調査をやろうと思ったきっかけは，若者たちが「新人類」と呼ばれ，まるで別種の価値観の持ち主のように言われていたことであった。調査の結果見出した「個同保楽主義」という価値観のうち「個」と「楽」こそ，旧世代から見ると若者が「新人類」に見える部分であると指摘しておいたが，今やその「個」と「楽」が弱まってきているので，若者たちの「新人類」的特徴は薄れつつあると言えるだろう。

（片桐新自，前掲論文，85頁より）

1-6　不安定社会の中の若者たち
──2007年調査から──

　2007年調査直前の5年間は，長い不況からようやく日本が抜け出す気配が見え，徐々に経済にも明るさが見え始めた時期であった。小泉・竹中の構造改革路線は，格差を広げたものの，他方で，楽天の三木谷浩史やライブドアの堀江隆文や村上ファンドの村上世彰といった時代の寵児も生み出した。大学生の意識に様々な面で影響する就職活動状況も，ちょうど団塊世代が定年で大量に会社をやめていく時期にもあたっていたため，2005年あたりから上向き傾向が出ていた。

　政治面では，小泉首相が郵政民営化にこだわって無理に解散した2005年

の衆議院選挙で圧勝し，自民党と公明党で3分の2を超える議席を持ち，安定政権を作り上げたが，2006年に首相が安倍晋三に交代した後は，次々に政治家の不祥事が明らかになり，一度民主党に政権を担わせてみようという政権交代ムード——それは政治への久しぶりの期待感——が高まりつつあった。

　そうした明るい兆しが見えていたにしても，この時点での大学生たちはバブル崩壊後の日本しかほとんど記憶にない若者たちなので，かつての「大学＝レジャーランド」と言われた時代の学生たちとは違い，気楽に過ごすことはなく，大学を「就職予備校」のように捉え，とりあえず失敗しないように生きていこうとする世代であった。彼ら世代の特徴について，私は以下のように述べた。

> バブル経済の時代に生まれたが，小学校時代から「倒産」や「リストラ」の話ばかり耳にし，価値観を本格的に形成する時期である2000年代に入ると，「格差社会」「ニート」「ワーキングプア」「勝ち組・負け組」といった言葉ばかりが大きく聞こえてくる中で，失敗しないように生きなければという思いを強く持ちながら育った世代と言えよう。高度経済成長期のまっただ中で，学生時代に多少の反社会的行動をしても，雇ってくれる企業は見つかるし，そこで普通に働いていれば，着実に給料も地位も上がっていくということを信じられた1960年代の大学生とは，まったく異なる社会環境にある。今や，全体としてパイが拡大し，放っておいても分け前が増えるような時代ではない。場合によっては，分け前にまったくありつけないかもしれない，そんな恐怖心が，学生たちを手堅い人生を生きさせるように誘っている時代である。たとえ，それが第三者から見ると，チャレンジ精神のない指示待ちロボットのようであっても，リスクの増した現代社会においては，もっとも失敗可能性の低い生き方であれば，進んでその生き方を選択するような価値観を形成せざるをえなかった世代である。
> 　　　　（片桐新自『不安定社会の中の若者たち——大学生調査から見るこの20年』
> 　　　　　　　　　　　　　　　　　　　　世界思想社，2009年，177頁より）

　個同保楽主義をはじめとする価値観がこの世代にどう継承されたのかについては，以下のようにまとめておいた。

> 　最後に，この研究の原点ともなった1987年調査で見出した多数派の学生たちの価値観「個同保楽主義」が，20年経ってまだ維持されていると言えるかどうかを

検討してみよう。2002年調査ですでに表れていた「同調性（協調性）」と「保守性」が強まり，「個人主義的」な面と「楽しく楽に」という面が弱まるという傾向は，2007年調査でさらに明確になってきた。多様な生き方が認められ，個性化教育が唱えられる中で，大多数の学生たちに潜在的逆機能として生じたことは，個人としての生き方を選択する難しさだったのではないだろうか。「自分らしく生きればいいんだよ」と言われても，どう生きたら自分らしい生き方ができるのか確信を持てる人はわずかしかいない。伝統的ジェンダー観が否定的に語られ，選択肢が多様化した分，生き方を決められずに悩む人は増えている。結果として，自分と似たような友人たちを準拠集団として同じような行動をしておくのがもっとも無難だと無意識のうちに考える若者たちが増えている。そのためにも，仲のよい友人を何人も作っておくことは重要で，その関係を保つためには，強い自己主張はせず，しっかり場の空気を読みながらうまく合わせることが何より大事になっている。また，知識があることが下手をすると「おたく」と見られマイナスに評価されてしまう時代になってからは，知識が豊富な人間であることに価値が置かれなくなり，広く浅くコミュニケーションを上手に取れることが，学生たちの中で最大の価値になってきている。個人主義的であると周りから思われることは，「百害あって一利なし」になってきている。つまり，「同調性」圧力が，若者の社会で強まることで，個人主義的要素は影を薄くしてきているのである。

　それに比べれば，「楽しく楽に」という志向性は，学生たちの間でもまだ潜在的にはかなり残っていると言えよう。たとえば，仕事観で「ある程度の収入さえ得られるなら，出世するより気楽な地位にいたい」と思う人や，「働かないでも暮らしていけるだけのお金があれば遊んで暮らしたい」と思う人がたくさんいること，また「子どもでいたい」と思う人が増えていることは，その証左と考えられよう。ただ，今の学生たちは現実的で，そんなことは夢物語で実際にはできることではないと考えている。それゆえ，実際の行動では地道にまじめに人生を手堅く歩んでいこうとしている。1997年には3割強しかいなかった転職はすべきではないという考え方をする学生が，2007年では半数を超えていること，大学の授業への出席が極端によくなったことなど，学生たちがまじめになってきていることを示すデータはいくつもある。本当は「楽しく，楽に」生きたいけれど，現実的に考えれば，人生を失敗しないためにはしんどくてもまじめに生きなければいけないと思っているというのが，現代の学生たちの実態であろう。

　このように見てくると，「個同保楽主義」のうち，同調性と保守性の高さしか残らず，これだけだと，伝統的な「和」を重視する日本人と何ら変わらないと言われそうだ。しかし，時代とともにやはり価値観は変わってきているはずで，当然現在の若者たちに特有な価値観もあるはずなので，以下それを指摘していきたい。

まず残った同調性と保守性の高さだが，これもある意味では現代の学生たちの顕著な特徴とも言えるということを指摘しておきたい。もともと，大学生という社会的立場は，将来のエリート候補生として能力に自信を持ってはいるものの現行の社会を動かす立場にないために，一般の人々よりもはるかに現状に対して批判的な見方をとりやすい立場である。それゆえ，現代の大学生たちがそうした健全な批判精神をあまり持たず保守的立場を取っているのは，逆に現代の学生ゆえの特徴と位置づけられる。5割以上の人が大学・短大に進学する時代ゆえに，自らを「エリート候補」と位置づけられず，能力に自信もなければ，政治にも深い関心がないゆえに保守的になってしまっている。大阪大学の学生などは現在でも十分「エリート予備軍」であるはずなのだが，すでに何度か述べてきたように，ここでも20年前に比べると，エリート大学生らしい批判精神が弱まっている。大阪大学の女子学生は他の大学の女子学生に比べると多少批判精神が強く社会関心も高いが，男子学生に至っては，エリート大学生らしい批判精神や社会関心は特に見られなくなっている。

　同調性の方も，先述の通り，極端なほどに他者に合わせるようになってきており，大学生なら本来できなければならない自分の意見をしっかり主張するということができない学生ばかりになってきている。健全な競争すら差別になるかもしれないという臆病な学校教育と，少子化の結果過大な子育てエネルギーを持った母親たちの過度な保護の中で育ち，「傷つきたくない・傷つけたくない症候群」を身につけた学生たちは，言うべきことも言わない，毒にも薬にもならない明るいさわやかな若者を演じ続けている。日本の将来や大学のあり方をめぐってつかみ合いにならんばかりの激論を交わしていた大学生たちが当たり前のようにいたということが，今の学生たちにはまったく想像もできないことになっている。他者の気持ちを読み波風を立てないことだけが上手な大学生というのは，ある意味で実に奇妙な大学生とも言えるのではないだろうか。

　「個同保楽主義」以外の価値観にも目を向けてみよう。まずは，FEV基準に基づき行動するという点だ。早く効率的で目に見える形で結果が表れることならやるが，いつ結果が出るかわからないようなことにはエネルギーをかけようとしない。抽象的だったり，長期にわたったり，関連性が見えにくいことはやろうとはしない。大学での学びで言えば，理論的な話には興味が持てず，長い時間をかけてひとつのことを研究しようとすることは好まず，深く考えなければわからないようなことには取り組もうとしないといった学生が多い。

　自分で道を切り開き失敗を恐れずにチャレンジしていくという精神も，大学生に関しては確実に弱まっていると言えるだろう。現代の大学生たちにとって，とりあえず大学生であるということは大きく道を踏み外さずに人生を歩んでこられているということの証であり，このまま順調に卒業まで至れば，特別な技能も知

識も身につけていなくとも，その後の人生を平均以上で歩んでいくための最低限のパスポートになる。それゆえ，とりあえずこのまま失敗をしないためには，冒険はせずに，堅実に与えられた課題だけをこなしていこうとする。これが多くの学生たちが無意識に選んでいる「ベストの選択肢」である。まるで，それは与えられた指令だけをこなすロボットのようである。

（片桐新自，前掲書，167-171 頁より）

1-7　不透明社会の中の若者たち
——2012 年調査から——

　2007 年調査から 2012 年調査までの 5 年間は，激動の時代だったと言ってもよいだろう。2007 年調査段階で良好となりつつあった経済は，2008 年秋のリーマン・ショックによって一転した。その責任を負わされる形で自民党に政治を任せておく不満が高まり，ついに 2009 年に民主党が本格的な政権交代を成し遂げた。しかし，急速に肥大化した政党は，政権をきちんと担うには準備不足の感が否めず，政権交代の際に国民に約束した公約が実現できないまま，内部抗争にエネルギーを費やすこととなり，失望感ばかりが国民の間では募っていった。

　民主党政権に決定的ダメージを与えたのは，東日本大震災とその結果生じた福島第一原発事故だった。誰がトップでも対処の仕様がなかったであろう，この重大事故の責任を民主党政権は負わされることとなった。経済もまったく上向かず，2012 年調査の頃には，すべての責任を民主党政権に取らせるというような空気になりつつあった。

　国際関係においては，2008 年にアメリカで，若いバラク・オバマが大統領になりフレッシュなイメージを与える一方で，隣国中国の経済的，政治的，軍事的大国化が急速に進み，日本との間では尖閣諸島問題等での衝突が危惧されるような状況がしばしば生じ，国を守ることを現実的に考えなければならないという意識を広く国民に持たせていった時代でもあった。

　しかし，こうした政治的重大事件より，学生たちにとってより大きな影響を与えたのは，2008 年の iPhone の発売であった。これ以降スマートフォンが急速に普及し，この小型パソコンとも呼べるスマホが学生たちの生活の必

需品となり，人間関係も情報収集もすべてスマホ頼りになっていった。こうした社会情勢に無意識に影響された 2012 年時点の大学生の特徴を，私は以下のように捉えた。

　結論から先に言ってしまえば，現代の学生たちは今までの学生たちに比べて，日本を愛する気持ちを持ち，ルール順守のやさしく素直な若者たちで，強く颯爽とした政治的リーダーを望んでいると言えよう。

　今回の調査対象者になった大学生たちの日本を愛する気持ちは，公立学校の入学式や卒業式において国旗掲揚と君が代斉唱が実質的に義務づけられた 1999 年の「国旗・国歌法」の成立後に，大部分の義務教育時代を過ごしていること，物心がついた頃にはサッカーブームになっており，ワールドカップ出場権やオリンピック出場権の獲得をめぐって，始終「日本代表を応援する」といった状況にあったこと，中国の経済力・軍事力の巨大化によって日本を守らなければという意識が増していること，そして東日本大震災が起こり，みんなで日本を立て直そうという雰囲気が醸成されたことなどから，自然に高まったと考えられる。また，1970 年代，80 年代頃まであった欧米諸国への憧れもすっかりなくなって，日本が一番いい国だと単純に思える時代に育ってきた世代であるというのも大きいだろう。

　ほぼ全員がゆとり教育世代である今回の調査対象学生たちは，競争心に乏しく協調性に富む他者にやさしい若者たちに育っており，ルール厳守に慣れており，若者的逸脱行動は少なく，むしろルール破りに対して厳しい目を向ける [11]。一般に非難されるような行動をした人に対しては集中的に批判するために，ネット上でしばしば「炎上」といった現象が生じるようになっている。かつて「カウンターカルチャー（対抗文化）」とも言われた大人世代から批判される文化の担い手だった若者たちが，今や一般社会のルールの番人のような役割を果たしているかのようである。ネット全盛期のこの時代において，「一億総監視社会」にでもなってしまったかのようで，若者たち——特に大学生たち——は逸脱行動をほとんどしなくなっただけでなく，意識的かどうかは別としてスマートフォンを使った逸脱行動の監視人になってしまっている。

　日常生活のルールには厳しい学生たちだが，知識面では不十分なところが多く，政治問題・社会問題に関しては，長期的で大きな仕組みの中に位置づけて的確に評価を下すことができず，唯一の判断基準は感覚的なものになっている。それゆえ，颯爽としたリーダーが歯切れよく強い言葉で評価を下せば，それを疑うことなく正しいと思ってしまう典型的なフォロワー体質になっている [12]。ただし，現代のネット環境の中では，フォロワーだった人間も積極的に行動を起こすことは容易である。そういう行動を取り始めれば，ただの受け身のフォロワーで

はなく，発信力のあるオピニオンリーダー的役割を果たせることが，過去との違いだろう。

　前回提示した「社会に飼い慣らされた，明るく陽気だが，臆病で長期的視野を持たない『指示待ち症候群』的若者」と根本的に異なるわけではないが，今回の若者の方が意識的に日本社会の一員たることを選び取っている感じがする。明るさや陽気さももちろんあるが，それよりまじめさ，従順さが前面に出てきているように思われる。長期的視野は，この不透明社会の中では持たないというより持てないという方が学生たちの実感に近いかもしれない。将来計画は立てても無駄かもしれないので，身近な人たちとなごやかに，今を楽しむということを生活目標にして毎日を過ごすしかないというところであろう。

　若者たちが受け身で「指示待ち」であることは，今回も確認される。大学への入学目的で「当然だと思っていたから」や「就職を有利にするため」や「大卒の肩書が欲しかったから」が上位に来ることからもわかるように，学生たちはベルトコンベヤーに乗ったかのように，中学から高校へ，高校から大学へ入り，さらには就活をして社会に出て行こうとしている。そこには決められたコースをはみ出さないように，決められた通りに歩む若者たちの姿が見える。自らが信じるよりよい社会を作るためなら反社会的行動すらする学生が皆無になっただけでなく，過大な自己評価を基に大きな夢を語る学生もほとんどいなくなってしまった。日本を愛し，ルールを守り，突出しないように気をつけながら，手堅く人生を生きて行こうとする，やさしく素直な学生たちで，キャンパスは埋め尽くされつつあるのかもしれない。

（片桐新自，『不透明社会の中の若者たち

――大学生調査25年から見る過去・現在・未来――』

関西大学出版部，2014年，188-190頁より）

　以上が過去6回（社会人調査も含めたら7回）の調査から，私が語ってきたことの概要である。詳しいデータ等は，次章以降，2017年調査の結果について語っていく中で示していくこととしたい。

注

1）この時点での「旧世代」をどの世代以上とみるかは難しいが，少なくとも「団塊の世代」までは入るだろう。「団塊の世代」は大学紛争世代で，彼らにとっての「旧

世代」に反抗してきた「新しい世代」だという自負心を持っているかもしれないが，組織への忠誠心が強いこと，「克己勉励」意識の持ち主であることなどの点で，それ以前の世代と共通性を持っている。セクトを会社に置き換え，自分が努力をすれば，会社が，ひいては日本がよくなると信じて熱く行動できた世代である。「団塊の世代」のすぐ後の「しらけ世代」（私もここに入るのだが）は，過激化しすぎた大学紛争の暗い結果と，高度経済成長の終焉によって，単純に明るく考えられなくなった未来を否が応でも受け止めざるをえない立場に置かれ，組織に忠誠心を尽くすことや，社会的問題で熱くなることに懐疑的になった最初の世代である。それでも，「しらけ世代」は熱くなれないことに一抹のコンプレックスを感じていた上に，2度にわたるオイルショック不況の余波をもろに被り，自分自身の生活のためにもまじめに生きないといけないと思う（「勤勉」の価値観）世代だった。だが，「新人類世代」は，旧世代──特に「団塊の世代」──に対するコンプレックスを感じることもなく，経済も低成長ながらも安定したことで将来に対する不安もあまり感じずに，自分の世界に入り込むようになっていたために，「しらけ世代」とは違って，旧世代から強い違和感を持って受け止められたのであろう。

2）1回目の調査にもかかわらず過去との比較が可能なのは，本調査のいくつかの項目を，1953年から行われている統計数理研究所の「日本人の国民性調査」と，1973年から行われているNHK放送世論調査所（現・NHK放送文化研究所）の「日本人の意識調査」から借りてきているためである。特に後者の1973年と1978年の調査に関しては，「短大・大学在学中」の層の人々のデータが示されている書籍が刊行されていたので，より的確な比較をすることができた。ちなみに，女性の生き方に関する考え方や仕事観などに変化が顕著に見られた。

3）「コミュニケーション不全症候群」とは，中島梓によって用いられた言葉で，この頃流行語のひとつとなっていた。従来，人が自然に行いえていた他者とのコミュニケーションをうまく行いえなくなっていることを言う。中島梓『コミュニケーション不全症候群』筑摩書房，1991年参照。

4）社会の周辺部に位置する若者が，その位置ゆえに社会の中核を形成する体制や権威に対して批判精神を持つことを示すために作った私の造語である。1970年代前半頃までは，若者に非常に多かった立場。片桐新自「新人類たちの価値観──現代学生の社会意識」『桃山学院大学社会学論集』第21巻第2号，1988年，141頁参照。

5）「パックス・アメリカーナ」を謳歌していた1950年代のアメリカ社会の労働者に対して，ミルズがラベリングした「陽気なロボット」との類似性が感じられる。C.W.Mills, *White Collar : The American Middle Classes*, Oxford University Press, 1951（杉政孝訳『ホワイト・カラー──中流階級の生活探究』東京創元社，1957年）参照。

6）この時の調査では，日本のさらなる経済的発展を肯定する学生は，約4割（41.5％）しかおらず，6割近くの学生は否定していた。ちなみに，第3回の1997年調査でも肯定する者はほとんど変わらず4割強（41.1％）だったが，第4回の2002年調査から大きく伸びて62.5％，第5回の2007年調査では景気が少し戻っていたためか56.8％と少し減ったが，2012年調査は73.0％，今回は73.5％と伸びている。右上がりの経済も，日本の豊かさが世界から非難を浴びていた時代もまったく経験したことがない近年の大学生たちが，経済発展を期待するのは自然なことなのだろう。

7）1995年8月に960名に郵送で送り，288名（男性164名，女性124名）から有効票を回収した（回収率30.0％）。

8）2005年には，野村一夫が『未熟者の天下──大人はどこに消えた？』（青春新書INTELLIGENCE）という象徴的なタイトルの本を出版し，2008年には岡田斗司夫が『オタクはすでに死んでいる』（新潮新書）の中で，「一億総コドモ化社会」はなぜ生まれたのかについて触れている。また，2010年には，片田珠美『一億総ガキ社会──「成熟拒否」という病』（光文社新書）という本も出版されている。

9）偏差値を上げるための効率的学習と，一般的な社会関心を持つことがずれてしまうこと。

10）若者が行動を起こす気になるこの潜在的な基準を，後に私は「FEV基準」と名づけた。"FEV"とは，"Fast"（すばやく），"Efficient"（効率的に），"Visible"（目に見える形で）の頭文字を取ったものである。片桐新自「停滞社会の中の若者たち──収斂する意識と「まじめ」の復権」『関西大学社会学部紀要』第35巻第1号，2003年，73頁参照。

11）年配者の中には，若者は社会のルールを守っていないものが多いと思う人も多いかもしれないが，世代間のずれによる守るべき社会的ルールの違いがかなり影響しているように思う。多くの若者たちは「他者に直接的な迷惑はかけない」というルールを守って行動している。他方で，環境への負荷や，間接的な迷惑には想像力が働かず，傍から見ていると，かなり迷惑な行為になっていることはある。しかし，後者のような迷惑行動は年配者世代もやっている。それぞれの世代が，それぞれの社会的ルールに従って行動しているので，異なる世代から見たら，迷惑行為に見えることも多いのだろう。違法行為という点では，昔の若者よりも間違いなく少なくなっている。少年犯罪も減っているし，昔は当たり前だった未成年大学生の飲酒，喫煙も大きく減っている。

12）政治家でなくても，メッセージ性の強い歌手やバンドのライブに感動して涙を流しながらそれを受け止めるといった姿をよく見せるが，それはまるで新興宗教の信者の集会のようにも見える。

第2章 調査対象者に関する基本データ

2-1 調査方法と調査対象者の基本属性

　第1章で見てきたように，これまでも調査結果に対してかなり思い切った解釈をしてきたわけだが，あくまでも調査データをベースにしていることは間違いないので，まずは，どういう大学生を対象に，どのような方法で調査を行ったのかを明らかにしなければならないだろう。

　7回の調査の実施期間は，第1回が1987年6月，第2回が1992年11月，第3回が1997年10月，第4回が2002年11月，第5回が2007年10月，第6回が2012年10月，第7回が2017年10月を中心としたおよそ1カ月の期間である。第1回のみが夏休み前の期間であるが，後の6回はいずれも秋に行っている。

　7回ともに調査をさせてもらった大学は，桃山学院大学，関西大学，大阪大学の3校である。たまたま縁があって，この3校では7回とも調査が行えたわけだが，国立と私立，レベルなどから考えて，比較的バランスのよい3校と言えよう。この他に，女子大学はまた違う考え方の学生が多いのではないかと考え，第1回調査から，4年制女子大学を調査対象としている。第1回は同志社女子大学を，第2回以降は6回連続で神戸女学院大学を調査対象大学とさせてもらっている。他には，第1回から第3回までは短期大学の女子学生たちも調査対象としており，また第2回と第3回では関西学院大学も調査対象とした。短期大学は，ひとつの大学のみから集めることが困難だったため，複数の大学から集めた。第4回以降は，短期大学を調査対象からはずした。これは，18歳人口の減少とともに，短期大学生の割合が少なくなり，代わりに4年制共学大学へ進学する女性が増えたことを勘案した結果である [1]。関西学院大学に関しては，2度調査対象にしてみたが，関西大学と

の差が小さく，対象からはずしても問題はないと判断した。

調査方法は，授業の際に配布しその場で記入してもらい回収する集合調査法を基本としたが，時間の都合等で，配布だけして後日回収するという配票調査法も併用している。こうした調査方法では，とうてい厳密な統計的分析に耐えうる標本は抽出できない。しかし，厳密な標本抽出作業をしても，郵送調査などでは回収率が極端に低くなってしまい，結局信頼に足る調査データではなくなってしまう場合も多いことを考えるなら，厳密な標本抽出法ではないが，多数の回答を得られるこういう形での調査方法もやむをえないものとして認められるのではないかと考えている。

こうした調査方法を採用しているため，その時々の調査によって，調査対象者の学年や所属学部などに偏りが出て，同じ大学とは言っても，かなり違う層が調査対象者になってしまっている。その中で，桃山学院大学と関西大学の2校は，比較的標本の属性が安定していて，7回の調査すべてで，各学年の回答者数に極端な偏りがなく，かつ所属学部も大多数が社会学部なので，なるべく正確に学生意識の変化を見ようとするなら，この2校のデータに絞って見た方がいいかもしれない。しかし，この2校においても，この30年間で男女の比率がかなり変化したので，同じ大学の同じ所属学部学生の意識とは言っても，性別割合の変化による影響も決して無視はできず，2校だけを対象にしても，必ずしも適切な標本になるとも言えないだろう。いずれにしろ，標本には偏りがあることを認識しながらも，趨勢を大きく捉えるという形で分析をしていくことにしたい。各回の調査対象者の基本属性は表2-1，表2-2の通りである。

年齢に関しては，25歳以下の学生を原則とし，いわゆる社会人学生は調査対象からはずした[2]。留学生は，2007年調査までは，それを明らかにするための質問項目を作っていなかったので多少入ってしまっている可能性があるが，調査票に一言書いてくれているケースも多く，わかった場合は対象者からはずした。2012年調査と2017年調査では，最後に留学生にはチェックを入れてもらう欄を作ったので，留学生は調査対象者には入っていない。

学部に関しては，社会学部と社会学部的要素が濃い大阪大学の人間科学部に所属する学生が，毎回の調査対象者のうち圧倒的多数を占める。1987年は53.8%，1992年は61.2%，1997年は75.2%，2002年は84.5%，2007年は

表 2-1　調査対象者の基本属性（大学別×性別）　　　　　実数（％）

		1987年	1992年	1997年	2002年	2007年	2012年	2017年
桃山学院大学	男子	141(78.3)	73(58.4)	86(53.1)	113(47.7)	130(46.1)	124(57.9)	151(59.4)
	女子	39(21.7)	52(41.6)	76(46.9)	124(52.3)	152(53.9)	90(42.1)	103(40.6)
	計	180(32.7)	125(21.4)	162(20.6)	237(32.8)	282(39.0)	214(32.8)	254(37.9)
関　西　大　学	男子	76(73.1)	88(55.0)	135(50.0)	90(36.4)	97(40.2)	101(35.8)	130(47.8)
	女子	28(26.9)	72(45.0)	135(50.0)	157(63.6)	144(59.8)	181(64.2)	142(52.2)
	計	104(19.8)	160(27.4)	270(34.4)	247(34.2)	241(33.3)	282(43.3)	272(40.5)
大　阪　大　学	男子	62(70.5)	37(48.1)	47(56.6)	47(43.1)	57(41.9)	58(51.8)	51(51.0)
	女子	26(29.5)	40(51.9)	36(43.4)	62(56.9)	79(58.1)	54(48.2)	49(49.0)
	計	88(16.2)	77(13.2)	83(10.6)	109(15.1)	136(18.8)	112(17.2)	100(14.9)
神戸女学院大　　　学	男子							
	女子		55(100)	54(100)	129(100)	64(100)	44(100)	45(100)
	計		55(9.4)	54(6.9)	129(17.9)	64(8.9)	44(6.7)	45(6.7)
同志社女子大　　　学	男子							
	女子	115(100)						
	計	115(20.9)						
関西学院大学	男子		46(46.0)	85(54.5)				
	女子		54(54.0)	71(45.5)				
	計		100(17.1)	156(19.8)				
短　期　大　学	男子							
	女子	57(100)	68(100)	61(100)				
	計	57(10.4)	68(11.6)	61(7.7)				
総　　　　　計	男子	279(51.3)	244(41.7)	353(44.9)	250(34.6)	284(39.3)	283(43.4)	332(49.5)
	女子	265(48.7)	341(58.3)	433(55.1)	472(65.4)	439(60.7)	369(56.6)	339(50.5)
	計	544(100)	585(100)	786(100)	722(100)	723(100)	652(100)	671(100)

（各大学の計の比率は，全体の中で各大学が占める割合を示す。）

76.1％，2012 年は 89.0％，2017 年は 92.5％である。残りの大多数も学部による意識差の小さい文系学部所属学生である。4 年制大学の理系学部所属学生は，1987 年が 5.7％，1992 年は 0％，1997 年は 1.8％，2002 年は 0％，2007年は 2.1％，2012 年は 2.0％，2017 年は 1.9％で，ほぼすべて大阪大学理学部と工学部の学生である。つまり，この大学生調査は，社会学部系を中心とした文系学生の価値観調査ということになる。

表 2-2　調査対象者の基本属性（大学別×学年別）　　　　　　　実数（％）

		1987年	1992年	1997年	2002年	2007年	2012年	2017年
桃山学院大学	1年	50(27.8)	38(30.4)	28(17.3)	62(26.2)	100(35.5)	60(28.0)	92(36.2)
	2年	50(27.8)	44(35.2)	62(38.3)	89(37.6)	41(14.5)	52(24.3)	51(20.1)
	3年	38(21.1)	25(20.0)	51(31.5)	56(23.6)	96(34.0)	52(24.3)	65(25.6)
	4年	42(28.3)	18(14.4)	21(13.0)	30(12.7)	45(16.0)	50(23.4)	46(18.1)
関 西 大 学	1年	24(23.1)	28(17.5)	63(23.3)	71(28.7)	67(27.8)	69(24.5)	62(22.8)
	2年	47(45.2)	60(37.5)	108(40.0)	80(32.4)	74(30.7)	52(18.4)	72(26.5)
	3年	13(12.5)	33(20.6)	66(24.4)	55(22.3)	52(21.6)	95(33.7)	76(27.9)
	4年	20(19.2)	39(24.4)	33(12.2)	41(16.6)	48(19.9)	66(23.4)	62(22.8)
大 阪 大 学	1年	24(27.3)	0(0.0)	2(2.4)	106(97.2)	37(27.2)	27(24.1)	13(13.0)
	2年	33(37.5)	52(67.5)	36(43.4)	0(0.0)	70(51.5)	56(50.0)	63(63.0)
	3年	13(14.8)	16(20.8)	33(39.8)	1(0.9)	22(16.2)	11(9.8)	16(16.0)
	4年	18(20.5)	9(11.7)	12(14.5)	2(1.8)	7(5.1)	18(16.1)	8(8.0)
神戸女学院大　　　学	1年		19(34.5)	32(59.3)	54(41.9)	21(32.8)	1(2.3)	32(71.1)
	2年		33(60.0)	21(38.9)	41(31.8)	12(18.8)	19(43.2)	1(2.2)
	3年		1(1.8)	1(1.9)	15(11.6)	21(32.8)	19(43.2)	10(22.2)
	4年		2(3.6)	0(0.0)	19(14.7)	10(15.6)	5(11.4)	2(4.4)
同志社女子大　　　学	1年	25(21.7)						
	2年	29(25.2)						
	3年	32(27.8)						
	4年	29(25.2)						
関西学院大学	1年		45(45.0)	56(35.9)				
	2年		16(16.0)	60(38.5)				
	3年		35(35.0)	19(12.2)				
	4年		4(4.0)	21(13.5)				
短 期 大 学	1年		29(50.9)	38(55.9)	37(60.7)			
	2年		28(49.1)	30(44.1)	24(39.3)			
総　　　　　計	1年	152(27.8)	168(28.7)	218(27.7)	293(40.6)	225(31.1)	157(24.1)	199(29.7)
	2年	187(34.4)	235(40.2)	311(39.6)	210(29.1)	197(27.2)	179(27.5)	187(27.9)
	3年	96(17.6)	110(18.8)	170(21.6)	127(17.6)	191(26.4)	177(27.1)	167(24.9)
	4年	109(20.0)	72(12.3)	87(11.1)	92(12.7)	110(15.2)	139(21.3)	118(17.6)

　実は，今回の 2017 年調査では，こうした本調査の偏りを相対化するため
に，比較対象として，関西大学理系学部であるシステム理工学部の学生たち

55 名（男子 54 名，女子 1 名）にも調査対象者になってもらった。ただし，この 55 名分のデータをそのまま過去の調査と比較する今回の調査データに入れてしまうと，理系学生の比重がこれまでより大幅に増してしまうので，過去の調査と比較する全体データには入れないことにした。この 55 名分のデータ——実質的には 1 名の女子学生を除いた 54 名分の男子学生のデータ——は，比較データとして利用することに留めることとした[3]。

2-2　「レジャーランド」から「就職予備校」へ
——「出席度」と「入学目的」から見る大学生の変化——

バブル経済の時代を頂点に 1980 年代から 1990 年代半ばにかけて，大学はしばしば「レジャーランド」と揶揄された。実際，つらい受験戦争から解放されて，社会に出るまでの間，のんびりと楽しむ場所として大学を位置づけている学生たちは少なくなかったように思う。今でも大学生たちは楽しそうで，たいして状況は変わっていないのではと見る人も多いかもしれないが，

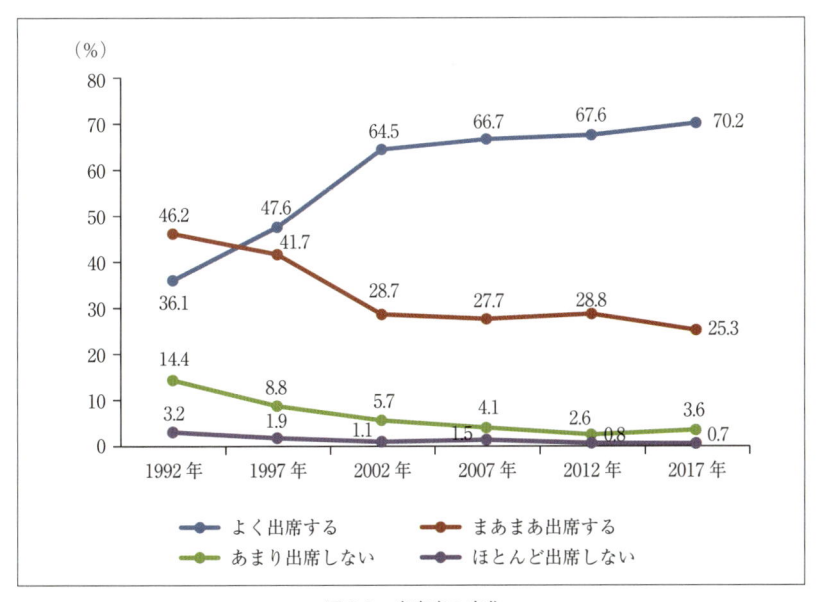

図 2-1　出席度の変化

本調査のデータを見る限り，学生たちは確実に「まじめ」になってきている。

　まず1992年から尋ねている授業への出席度で「よく出席する」と回答した人の比率は，1992年調査では36.1％しかいなかったのに，1997年調査では47.6％になり，2002年調査では64.5％と3分の2近くになってからもじわじわと上昇を続け，最新の2017年調査ではついに70％を超えた（図2-1参照）。2000年代以降，大部分の学生たちにとって授業はまじめに出席するのが当たり前となった。調査対象者に出席率のよい女子学生や低学年が増えているせいではないかと思われるかもしれないので，男女別と学年別のデータも示しておこう。

表 2-3　授業に「よく出席する」割合（性別）　　　　（％）

	1992 年	1997 年	2002 年	2007 年	2012 年	2017 年
男子	25.9	37.7	62.4	62.0	62.5	66.2
女子	43.4	55.7	65.7	69.7	71.7	74.3

　表2-3からは，「よく出席する」という人が2002年調査以降，男女ともに6割を超えていることがわかるだろう。男子は2002年調査から2012年調査までの3回は62％台であまり変化がなかったが，今回66.2％とかなり増えた。女子は毎回少しずつ増え，今回は74.3％と4分の3に近づいてきた。2002年調査を除き男女間での統計的有意差が見られ，女子の方がよく出席すると言えるが，2000年代以降，その差は10ポイント以下で，1997年調査までのような大きな差ではない。

表 2-4　授業に「よく出席する」割合（学年別）　　　　（％）

	1992 年	1997 年	2002 年	2007 年	2012 年	2017 年
1 年	42.9	67.4	66.6	77.3	73.9	77.4
2 年	42.6	46.9	72.9	76.6	79.3	78.0
3 年	26.6	35.9	63.0	58.1	58.8	62.3
4 年	13.9	23.0	41.3	41.8	57.7	57.6

　学年別でも授業の多い1，2年生と授業が少なくなる3，4年生の間に大きな差が今でもあるが，上位年次も含めて「よく出席する」という人が確実に

増える傾向にあることは確認できるだろう（表2-4参照）。

　学生たちはかつてに比べて間違いなく，授業によく出席するようになっている。この学生たちの行動変化を導いている理由はいくつか考えられる。ひとつには，大学教育自体の変貌があげられる。かつての大学では，勉強は自分でするものという考え方が主流で，大学教員自身も学者・研究者と自己規定している者が多く，学生の習得度評価に力を入れる人は多くなかったので，授業に出なくとも単位を取得するのはそれほど難しいことではなかった。しかし，近年の大学教育においては，学生にいかに丁寧な指導をするかが求められている。大学教員は授業に力を注がなければならず，注いだ限りは習得度も正確に判断したいと考えている。このことは，別の角度から見れば，きちんと出席して授業を受けた学生なら単位も取りやすいが，授業にあまり出席しない学生では単位は取りにくいという教育システムになっているということを意味し，学生たちは授業に出席するように動機づけられているのである。

　2番目に，現在の大学生たちが大学を高校の延長として位置づけており，高校に毎日通ったように，大学にも授業があればちゃんと通うのが当たり前と考えている人が多いことがあげられるだろう。今どきの学生たちは，大学のことを「学校」と言い，自分たちのこともしばしば「生徒」と言う。授業でも，教師が板書したことのみ書き写すだけで，参考文献などを読んで自分で理解を深めようとする学生は少ない。まさに高校生が授業を受ける姿勢と変わらない。「大学の高校化」とでも呼べそうなこの事態を嘆く大学教員も少なくないが，とりあえず出席に関してはよくなる方向に作用している。

　3番目に，そしてもっとも重要と思われるのが，多くの学生たちが授業にまじめに出るのは，知識を得たい，思考力を身につけたいという，大学教育が本来狙っているものを理解した上での行動ではなく，3年生までに卒業に必要な単位のほとんどを取り終えて，就職活動を後顧の憂いなく行えるようにするためのベストの選択と考えているからである。

　出席状況が非常によくなった2002年調査の頃は，バブル崩壊から約10年で，日本経済はまだどん底状態にあった。大学生の就職に関しては「就職氷河期」と呼ばれていた時期であり，学生たちはまじめに授業に出て単位を取っていなければ就職もままならないという不安感に囚われていた。

2007年調査の時点では，バブル崩壊から10数年の不況期をようやく脱し，さらには団塊世代の大量退職との入れ替わりで，就職状況は「売り手市場」と言われる時期が来ていた。しかし，バブル経済崩壊以降の10数年の間に，「格差社会」が一般化し，下手をしたら，自分も「フリーター」や「ニート」，あるいは「ワーキングプア」になってしまうかもしれないという不安感は，むしろいっそう強くなっていた。高度経済成長期のようにとりあえず働き口を見つけたら定年までなんとかなると思えていた時代とはまったく異なる時代になっており，いくら「売り手市場」と言われていても，学生たちは必死で就職活動をせざるをえなかった。

　学生たちにとってやや甘めと思われた時代は長続きしなかった。2008年9月にはリーマン・ショックが起こり，就職環境は一気に氷河期に逆戻りした。さらに，2011年3月には東日本大震災という未曽有の大災害が起こり，学生の就職環境は再び最悪に近い状態にまでなった。その痛手から十分立ち直れていなかった時期に，2012年調査は実施しており，就職活動への必死さ

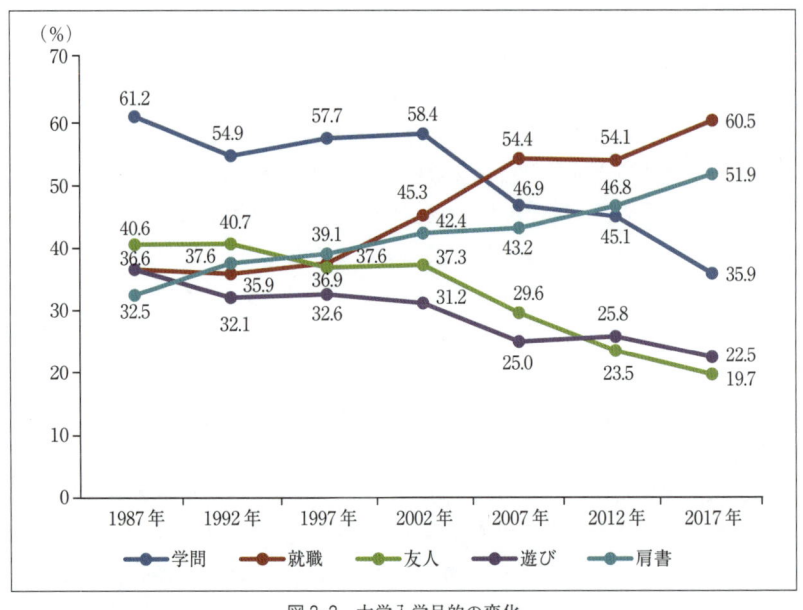

図 2-2　大学入学目的の変化

は 2007 年調査の時よりも増していた。

　2012 年末に誕生した安倍内閣は「アベノミクス」を打ち出し，大企業を中心に景気も多少よくなり，株価も上がり，大学生の就職環境はこの数年良好である。しかし，この 20 年ほどの間に浸透した「大学は就職のために行くところ」という意識は強まることはあれ，弱まることはなく，就職活動に必死になる姿は変わらない。

　このように近年の学生たちにとっては就職活動がもっとも重要なので，これと両立しえない授業は就職活動が本格化する前に片づけておきたいという意識が，授業にまじめに出る大学生を大量輩出しているのである。そもそも大学に入学するのも，学びたいことがあるという以上に，「大卒」という肩書が就職する上で――さらに言えば，その後結婚する上でも――不可欠な肩書だからだ。今や私立大学を中心に，行き届いた就職支援――「キャリアデザイン」という名称を使って一般化している――が売りになる時代になっている。大学は今や「レジャーランド」から「就職予備校」へと変貌したと言っても過言ではないだろう。

　学生たちのこうした意識は，私の調査の「入学目的」からも見て取れる。大学の「就職予備校」化を示すのは，「就職を有利にするため（就職）」と「大卒の肩書きが欲しかったから（肩書）」の伸びである。「学びたいことがあったから（学問）」「友人を作るため（友人）」「遊びたかったから（遊び）」を含めた 5 つの入学目的の選択率のグラフは大学生の変化をもっとも端的に示していると言えるだろう（図 2-2 参照）。第 1 回調査である 1987 年調査では下位にあった「就職を有利にするため」と「大卒の肩書きが欲しかったから」は，その後どんどん選択する人が増え，今回の調査では，他の 3 つの理由を大きく引き離して，上位になった。

　他方で，大学本来の目的である「学びたいことがあったから」を選ぶ学生は，2007 年調査以降大幅に減り，また大学が「レジャーランド」と呼ばれていた時代に選択する人が多かった「友人を作るため」や「遊びたかったから」も 2007 年調査以降大きく減ってきている[4]。「学問」ばかりでなく，「遊び」や「友人」という人間関係を作ることも，ある意味で，積極的に大学という場を生かしたいと考えているという位置づけができるだろう。こうした積極的に大学で何かをしたいという意識が減り，「就職」や「大卒の肩

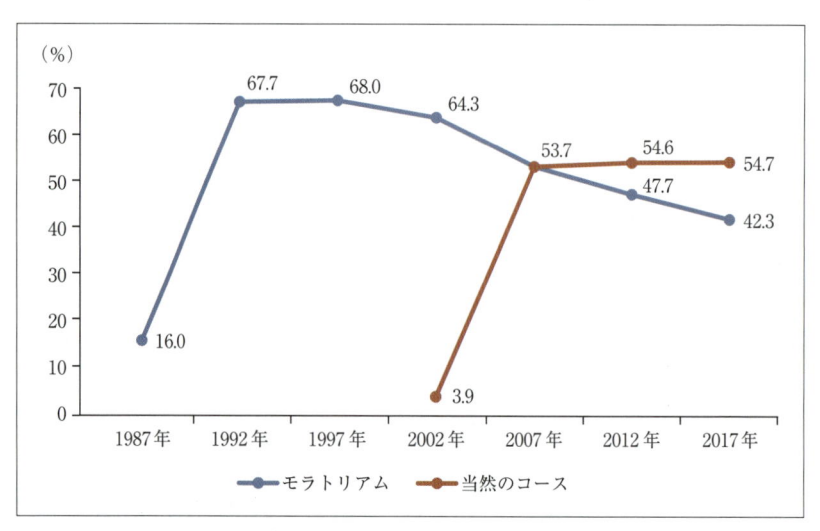

図2-3 大学入学目的（モラトリアムと当然のコース）

書」だけを求める学生が増えるというのは，まさに今や大学というのは，特別な期待を持たずに当然通る人生のひとつの段階にすぎないという位置づけになっていることを示していると言えよう。現代の日本においては，平均並み以上の生活をするためには，大卒という肩書は当然持っていなければならない「エントランス・チケット（入場券）」になっていることを，若者たちは無意識に自覚しているのである。

　このことは，大学入学目的の別の回答からも確認できる。この大学入学目的を問う質問項目には，私の想定外の回答が出てくる可能性も考えて，「その他」という選択肢を設け，具体的に内容を書き込んでもらっている。こういう面倒な記述を必要とする項目を選んでわざわざ書き込むことは少ないはずなのだが，1987年の第1回調査の時に，約6人に1人が「社会に出る前にもう少し時間が欲しかった」といった内容を書き込んだ。この「モラトリアム」[5] として大学生活を求める人は実際にはもっと多いのだろうと気づかされ，2回目の1992年調査からは，事前に独立の選択肢として置くことにした。その結果，この選択肢はもっとも多く選ばれる選択肢となった。1992年調査では67.7%，1997年調査では68.0%で，ともに2番目に選択が多かっ

た「学びたいことがあった」（1992 年 54.9％，1997 年 57.7％）を 10 ポイント以上上回っていた（図 2-2 および図 2-3 参照）。

　2002 年調査でも 64.3％でもっとも多く選ばれてはいたが，「学びたいことがあった」（58.4％）との差は縮まり，それ以外に「その他」を選んで，「大学に行くのは当然だと思っていたから」といった内容を書き込んだ人が 30 人近くにも及んだ。1997 年までの回答でもこういう内容のものは多少あったが，これほど多くはなかったので，「モラトリアム」とあまり大きな差はない意識ではないかと思っていたが，これだけ多くの人が「モラトリアム」選択肢とは別にわざわざ書き込むということは，やはり別の感覚なのだろうと判断し，2007 年調査から独立した選択肢として置いた。その結果，2007 年調査では「モラトリアム」とまったく同数の 53.7％の人が，そして 2012 年調査では 54.6％もの学生がこの選択肢を選び，もっとも多くの人が選ぶ入学理由となった。

　今回の 2017 年調査では，「モラトリアム」が 42.3％に減り，「当然のコース」は 54.7％でほぼ前回と同じ選択率だった。「モラトリアム」がこの 20 年減り続けていることは，実は「学問」「遊び」「友人」が減り続けているのと軌を一にした現象として解釈できる。それはつまり，大学で何かをしたいという意欲の減少を示している。「学びたい」「遊びたい」「友人を作りたい」と同様に「社会に出る前に考えたい」というのも，ある意味大学という場の大事な生かし方なのだが，それすら求めていない人が増えているという解釈が可能となる。

　1950 年代には半分くらいの人しか行かなかった高校 6) に，今や 98％もの人が進学し，「なぜ高校に行くのか」という問いがまったく意味を持たなくなったように，50％以上の人が進学するようになった大学も，今や少なくない人々にとって，小中高と同様，人生で歩むべき当然のコースになっており，「なぜ大学へ」という問いが意味を持たなくなってきている。「就職を有利にするため」「大卒の肩書きが欲しかったから」という理由を選んだ人の多くも積極的に選択したというより，「不利な就職活動にならないため」とか「大卒の肩書程度は持っていないと結婚すらままならないから」といった消極的な選択にすぎなかったと見るべきだろう。今や，大卒の肩書きは，豊かな生活を送るための「プレミアム・チケット」ではなく，そこそこの人生

を歩んでいくために最低限必要な「エントランス・チケット」となり，それをなぜ手に入れたいのかなどという理由はわざわざ考える必要のないものとなっている。

　全体的な趨勢としては，こうした変化があると言えるわけだが，男女別・大学別に分けて見てみると，それなりに違いがある（表 2-5，表 2-6 参照）。2007 年からの 3 回の調査で，全体としては激減してきている「学びたいことがあった」という入学目的は，大阪大学では男女ともこの 3 回とも 6 割を超える学生が選択し，男子では毎回 1 位，女子では「当然のコース」と拮抗して 1 位か 2 位になっている [7]。桃山学院大学と関西大学の場合，男子はともにこの 3 回とも 1 番多く選ばれているのは，「就職を有利にするため」だが，関大の男子学生の選択率は 6 割前後であるのに対し，桃大の場合は 5 割程度しか選ばないという違いがある。女子の場合，関大では「当然のコース」がこの 3 回とも 1 位であるのに対し，桃大では「モラトリアム」を選ぶ人の方が多いという違いがある。神戸女学院の学生たちにおいても，「当然のコース」が多いが，「学びたいことがあった」は，女子の中では阪大に続いて多くの学生が選んでいる。

　ここで，理系学生との比較についても述べておきたい。同じく関西大学に在籍する男子学生で，社会学部学生 129 名とシステム理工学部学生 54 名の入学目的を比較したものが，図 2-4 である。このうち，5% 以下の危険率で統計的に有意な差があると言えるのは，「モラトリアム」「肩書」「友人」の 3 つで，「遊び」も 5% をわずかに超えるが，有意差があると言ってよいだろう。これら 4 項目はいずれも社会学部学生の方がより多く選んでいる理由である。理系学部生が多く選んでいるのは「学問」で，これは十分な統計的有意差が出ているとは言えないが，幅の広い——別の言い方をすると，何の勉強をするのかよくわからない——学問である社会学を選ぶ学生と，理系学部を選ぶ学生では，やはり後者の方が「学びたいことがあった」人が多いのは当然の結果と言えるだろう。ただし，ほとんどの調査対象者が文系学生である阪大男子学生と比べると，関大理系学部生の「学問」選択率はかなり低いので，文系か理系かという以上に，大学差が大きいことが確認できる。

表 2-5　大学別入学目的（男子）　　　　　　　　（％）

桃大	学問	就職	友人	遊び	肩書	資格	モラトリアム	当然のコース	その他
2007 年	34.6	53.1	27.7	21.5	43.8	16.2	46.2	40.8	2.3
2012 年	28.2	48.4	21.0	27.4	40.3	4.8	41.1	37.1	6.5
2017 年	24.5	47.7	14.6	15.9	40.4	9.3	39.1	31.1	6.6
関大									
2007 年	39.2	60.8	28.9	27.8	46.4	16.5	56.7	50.5	5.2
2012 年	46.5	57.4	25.7	29.7	50.5	9.9	45.5	55.4	3.0
2017 年	34.6	66.9	23.8	30.8	60.0	4.6	44.6	58.5	3.1
阪大									
2007 年	73.7	57.9	24.6	26.3	47.4	3.5	49.1	52.6	5.3
2012 年	60.3	46.6	22.4	31.0	39.7	8.6	31.0	58.6	1.7
2017 年	64.7	54.9	15.7	15.7	43.1	2.0	33.3	58.8	

表 2-6　大学別入学目的（女子）　　　　　　　　（％）

桃大	学問	就職	友人	遊び	肩書	資格	モラトリアム	当然のコース	その他
2007 年	41.4	50.0	27.6	21.1	40.9	10.5	55.3	43.4	1.3
2012 年	30.0	51.1	23.3	27.8	54.4	2.2	58.9	42.2	3.3
2017 年	27.2	59.2	21.4	24.3	55.3	5.8	54.4	42.7	2.9
関大									
2007 年	41.7	59.7	36.9	29.9	44.4	5.6	58.3	61.8	2.8
2012 年	47.0	56.9	26.0	24.9	49.2	5.0	54.7	68.0	1.7
2017 年	28.2	72.5	22.5	23.2	62.7	2.8	41.5	76.1	2.1
阪大									
2007 年	74.7	46.1	29.1	25.3	44.3	8.9	53.2	77.2	1.3
2012 年	68.5	66.7	20.4	13.0	50.0	1.9	44.4	68.5	
2017 年	79.6	67.3	24.5	24.5	59.2	4.1	53.1	79.6	
神女									
2007 年	50.0	50.0	28.1	25.0	34.4	6.3	54.7	62.5	7.8
2012 年	65.1	53.5	20.9	20.9	37.2	9.3	46.5	51.2	4.7
2017 年	42.2	48.9	11.1	20.0	26.7	8.9	20.0	51.1	4.4

1位　2位　3位　50%以上

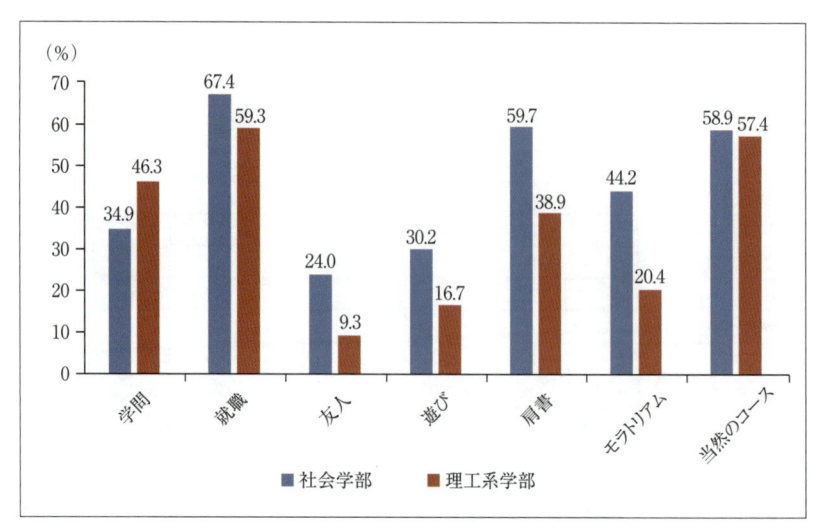

図 2-4 大学入学目的（2017 年関大男子社理比較）

注

1）7 回の調査年の女子の 4 年制大学と短期大学の進学率は，以下の通りである。
1987 年（13.6 %：21.5 %），1992 年（17.3 %：23.5 %），1997 年（26.0 %：22.9 %），
2002 年（33.8 %：14.7 %），2007 年（40.6 %：11.9 %），2012 年（45.8 %：9.8 %），
2017 年（49.1%：8.6%）。

2）例外的に，1987 年調査では，26 歳 2 名，不明 1 名が，1992 年調査では 26 歳 1 名，
27 歳 1 名，不明 1 名が入っている。

3）比較対象に使う理系男子学生 54 名の学年は，1 年生 24 名（44.4%），2 年生 6 名
（11.1%），3 年生 3 名（5.6%），4 年生 21 名（38.9%）である。

4）2007 年調査以降の「友人を作るため」という選択の大幅な減少に関しては，SNS
の浸透によって高校までの友人たちともまるでいつも会っているかのようにコミュ
ニケーションを取れるため，大学という場で無理に友人作りに励む必要性が下がっ
たことの影響が大きいと考えられる。

5）モラトリアムとは，執行猶予という意味の英語で，社会に出ることを猶予されて
いる若者たちの状態を指す言葉として，E.H. エリクソンが心理学用語とした。日本
では，小此木啓吾の『モラトリアム人間の時代』（中央公論社，1978 年）が刊行さ
れて，一般に広まり，卒業後進むべき方向を見出せない大学生が熟慮する時間を求

めて留年することなどを「モラトリアム留年」と言うようになった。

6 ）高校進学率は, 1954 年に初めて 50％を超え, 1950 年代は一貫して 50％台であった。
1954 年 50.9％ → 1955 年 51.5％ → 1956 年 51.3％ → 1957 年 51.4％ → 1958 年 53.7％
→ 1959 年 55.4％。

7 ）大阪大学の女子の場合,「当然のコースだったから」が毎回 1 位なのだが, 2012
年調査と 2017 年調査では,「学びたいことがあった」が同点 1 位となっている。

第3章　男と女，どう生きるか

　2015年10月に，安倍内閣が打ち出した「一億総活躍社会」とは，高齢者も若者も，障がいをもつ人も，小さな子どもをもつ女性も，誰もが活躍できる社会をめざすものだが，現実的には，子育てで離職せざるをえなくなる既婚女性たちを主たるターゲットとし，彼女たちの離職を減らそうという政策が中心になっていると一般には捉えられている。しかし，その割には，都市部の待機児童問題の解決が進まず，本気で「一億総活躍社会」を作る気があるのかと揶揄されたりすることも多い。本章では，そうした社会のあり方の基礎となるジェンダーや男女関係をめぐる価値観についてみていきたい。

　男女の生き方や，その関係をめぐる考え方は，本調査を実施してきた30年の間に，社会の変化を受けて複雑に変化してきたもののひとつである。男女雇用機会均等法が施行されたばかりで，女性が男性と対等に働くことに対して社会的にはまだ十分受け入れられていなかった第1回調査の頃の学生たちと，法的にも社会的にも受け入れ態勢がかなり整ってきた最近の学生たちとでは，意識が異なるのは当然であろう。ただし，その意識の変化というのは，女子学生たちが働くことに対して着実に積極的になってきたというような単純で一方向的な変化ではなく，積極的になっていた時代の後に，いったん消極的な時代が来て，また積極的な時代がやってくるといった複雑な変化をしている。

　また，単に女子学生の働く意欲の変化だけの話に留まらず，男子学生も含めて，結婚観，家庭観，それぞれのジェンダー（社会的・文化的に作られてきた性差）の受け止め方，性的関係に関する考え方などに幅広い変化を引き起こした。そして，それらの変化はその他の様々な意識や行動（たとえば，リーダーシップを取るか，群れ行動をするか，など）にも影響を与えている。以下，具体的に見ていこう。

3-1　働きたいというよりも
──女性の仕事と家事・育児の分担──

　まずは,「一億総活躍社会」の焦点ともなっている，女性の働き方について，学生たちがどのような考えを持っているのかを見てみよう。図 3-1 は男女合わせてトータルで見た 30 年間の推移であるが，非常に興味深い変化をしている。1980 年代から 90 年代にかけての最初の 10 年間は,「結婚して子どもが生まれても，できるだけ職業を持ち続けた方がよい（できるだけ続ける)」という考え方が大きく伸び,「結婚したら，家庭を守ることに専念した方がよい（結婚退職)」だけでなく,「子どもができるまでは，職業を持っていた方がよい（出産退職)」という考え方も 1997 年調査では減る傾向にあった。しかし，2000 年代に入ってから逆転が始まり，その後 15 年間は「できるだけ続ける」という選択肢を選ぶ人が減り，代わりに「出産退職」という選択肢を選ぶ人が増えていた。しかし，今回また逆転が起こり,「できるだけ続ける」が増え,「出産退職」が減るという傾向が表れている。

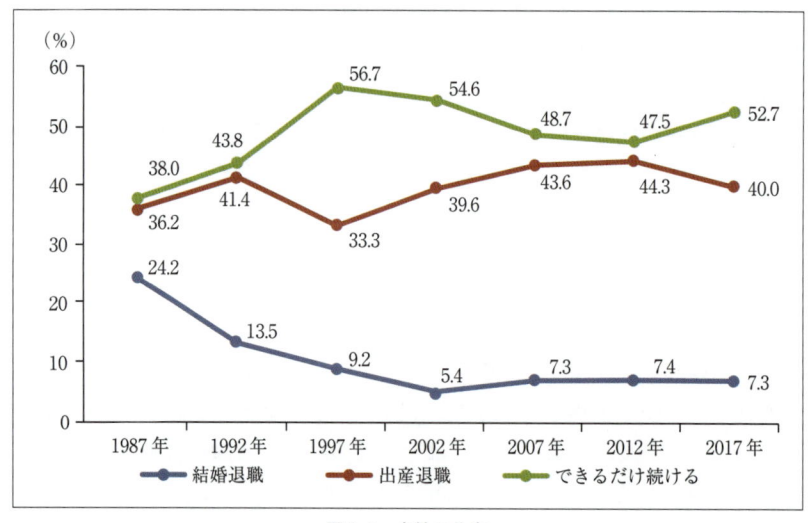

図 3-1　女性の仕事

　この質問に関しては，男女で受け止め方がかなり異なるので，男女別にデータを見る必要がある（図3-2参照）。グラフを見やすくするために，「出産退職」をはずし，「結婚退職」と「できるだけ続ける」の2つの選択肢だけのグラフにしてある。このグラフを見ると，「できるだけ続ける」が増えるという再逆転は，女子学生においては，すでに前回の2012年調査から表れ，今回は男子学生においても表れたため，トータルでも再逆転傾向がはっきりと表れたということがわかる。

　この問題は，男子学生にとっては自分の問題というよりパートナーとなる女性の問題である。それゆえ，自分自身の意向以上に，女子学生たちがどのような意識を持っているかを漠然とながらも察知し，その意識に合わせているという側面が見られる。それゆえ，意識の変化も女子学生の後追い的なものになりやすい。女子学生たちが仕事を続けるという意識を高めていた1980年代から90年代は，男子学生もそれを受け入れる方向に変化していた。それが2000年代に入ってからは，女子学生たちの間で家庭に入りたいという意識が進行しているのを感じとり，男子学生の方も保守的な方向へ意識を

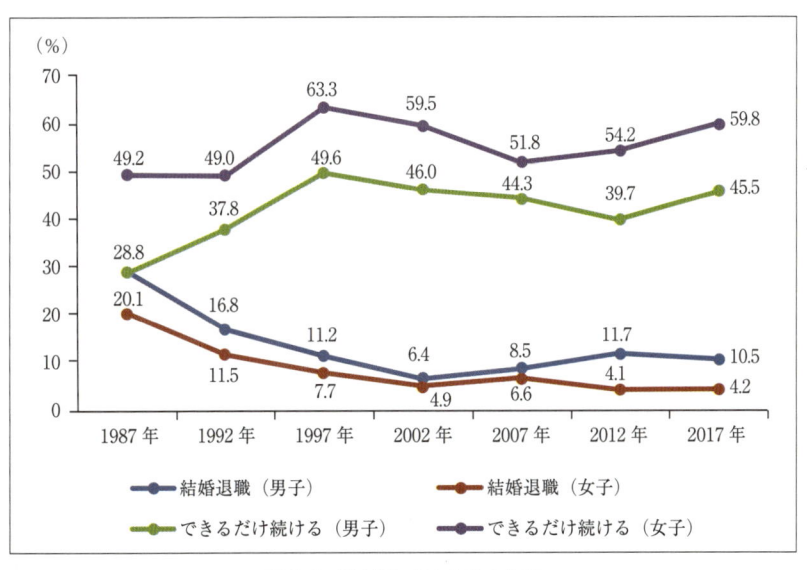

図 3-2　男女別に見た女性の仕事

変化させていた。そして，最近の女子学生たちの「できるだけ続ける」という意識の増加に合わせて，今回の調査で男子学生も再び意識を変えてきたわけである。

　では，この問題でイニシアチヴを取る女子学生たちは，なぜ「できるだけ続ける」という意識を増しているのだろうか。単純に考えれば，女性も家庭だけに縛られるのではなく，仕事を持ち社会と関わっていたいからだろうという理由が浮かぶが，これは必ずしもそうではなさそうだ。というのは，「できるだけ続ける」を選んだ女子学生たちでも，「働かないでも暮らしていけるだけの収入があるなら遊んで暮らしたい」という考えに「そう思う」と答える人が，64.5％もいるからだ。「できるだけ続ける」と答えた人のうち，約3分の2の人が，本音では「遊んで暮らしたい」と思っているわけである。「遊んで暮らしたい」と思っている人の割合は，結婚とともに仕事をやめるというグループでは71.4％，子どもができたら家庭に入るというグループでは68.3％で，3グループの間に有意な差はない。つまり，「できるだけ続ける」と答えた女子学生たちも，仕事は面白そうだからできるだけ続けたいと思っているわけではなく，本当はそんなに働きたいわけではないけれど，働かざるをえないだろうという気持ちでいる可能性が高い。

　女子学生の「できるだけ続ける」という意識が，今回と同じくらい高かった1997年調査や2002年調査のデータと比較してみると，「できるだけ続ける」と答えた人のうち，「可能なら遊んで暮らしたい」と答えた人は，1997年調査の時は41.0％，2002年調査の時は36.7％と4割前後だった。同じく仕事を「できるだけ続ける」という選択をしていても，2000年前後と現在とでは，その内実は異なっていると見ることができよう。

　働きたいというよりも働かなければならないという気持ちに女子学生たちをさせているのは，ひとつには，男性も1人で働いて家族を養えるほどの収入を得られるのはほんの一握りであって，多くの場合，共働きでないと家計がやりくりできないのではないかという認識を女子学生たちが持っているからだろう。また，もう一つの理由として考えられるのが，最近の学生たちは，かなり多くの人が高額の奨学金を借りていて，その返済のためにも長く働かなければならないという実態があることだ[1]。もちろん，そうした必要性に迫られてというだけでなく，自分の能力を試したいからとか，社会と関

わりを持っていたいからという女子学生もたくさんいるとは思うが。

　その内実はいろいろあるとしても，ともかく女性も仕事を「できるだけ続ける」という考え方が増えているという事実は間違いなくある。そう思えるようになるには，「働かなければならない」と思う個人的理由だけでなく，やはり「働いていける」と思える社会的条件も整ってきている必要がある。待機児童問題に表れているように，都市における保育所などはまだまだ不十分ではあるが，以前に比べれば，育児休業制度も大分充実してきて，取得しやすくなってきており，妊娠・出産しても仕事を続けられる環境は少しずつ整いつつある。また，「負け犬」[2]や「アラフォー」[3]といった，仕事をしてきて婚期を逃したり，出産のタイミングを逃したりした女性たちを揶揄する言葉が 2000 年代初頭にはやったが，そういう風潮も 10 年代に入ってからは一段落した。かつてのように，「家庭か仕事か」ではなく「家庭も仕事も」という選択ができる環境に少しずつなりつつあることが，仕事を「できるだけ続ける」という回答を選びやすくしていることも指摘しておく必要があるだろう。

　大学別での結果を見ておくと，「できるだけ続ける」という考えをもっとも多くの学生が支持するのは大阪大学である。今回，男子学生において，初めて関西大学が大阪大学より高い選択率を示したが，過去 6 回は大阪大学がトップであり，女子学生に至っては，7 回すべてで大阪大学がトップである。大阪大学の学生たちの場合は，他のジェンダー質問項目への回答なども併せて見ると，男女平等意識が強く，女性の仕事に関しても，「女性も男性と同様，仕事を持つのは当然である」と考えていることがわかる。今回，大阪大学の女子学生で，「結婚退職」を選択した人は 1 人もいなかった。

　この女性の仕事についての質問は，もともと NHK 放送文化研究所の「日本人の意識調査」から借りてきたものなので，ここで NHK の調査と比較して，一般の人々と大学生の意識の違いについても触れておきたい。NHK の調査は，1973 年から 5 年おきに行われているが，私の調査と比較しやすい 1988 年以降の結果を見てみよう。「結婚して子どもが生まれても，できるだけ職業を持ち続ける」を選ぶ人の割合は，1988 年 33.3 %→ 1993 年 37.1 %→ 1998 年 45.5 %→ 2003 年 48.5 %→ 2008 年 48.1 %→ 2013 年 56.3 %→ 2018 年 59.9 %である[4]。1980 年代から 2000 年代初めにかけては，私の調査の大

学生の方が選択率が高いが，00 年代後半以降は一般調査とほぼ変わらなくなり，10 年代前半には大学生の方が低くなっている。2000 年代に入ってから，若者の保守化がしばしば言われるようになってきているが，この問題でもそうした傾向が表れているようだ。また，NHK 調査でも，「できるだけ続ける」という考え方は，1970 年代からずっと増え続けてきたのが，2008 年の時にわずかだがいったん下がり，また 2013 年から増え始めるという趨勢を示している。私の大学生調査の方が，下がり始めたのは早かったが，大きく見れば，同じような趨勢を示していると言えよう。

　逆転，再逆転と変化してきたこの女性の仕事に関する考え方は今後どうなっていくだろうか。90 年代に「できるだけ続ける」という考え方が急速に増加していた時は，家庭より仕事を重視するような空気があったが，今回の再逆転は，「家庭も仕事も」という選択であり，それを可能にする条件がまだ不十分とはいえ，徐々に整備されつつあるので，三度の逆転は生じないだろうと予想したいところである。ただし，実際に「できるだけ続ける」という選択をする女子学生が増えたとしても，実は定年までやめずにずっと働くと考えての選択ではないかもしれない。というのも，子育ての負担が長く女性に偏ってかかるという実態は解消されていないので，子どもが生まれてすぐにはやめなくても，育児休暇が切れるタイミングでとか，小学校入学のタイミングなどで仕事をやめる[5]ことを視野に入れての「できるだけ続ける」という選択になる可能性は小さくないからだ。

　この質問の選択肢にはないので，学生たちも選ぶことができないが，現実的に女子学生たちの多くが考えているのは，子どもが生まれても育児休暇や保育園を利用して頑張って仕事を続けてみるけれど，あまりにしんどくなったら，いったん仕事を離れて家庭に入り，また子どもに手がかからなくなったら，改めて仕事をしたいという考え方であろう。ただ，それだと結局，仕事から離れるタイミングが少し遅くなっただけで，母親世代，祖母世代の働き方と似たようなものだということになってしまう。半世紀以上前から続く，女性を非正規雇用労働者として扱い続ける社会のままであってはならないだろう。子育てが大変な時期でも女性が仕事をやめなくてもよいような仕組みづくりと，それが難しいなら，子育て後の正規雇用の門戸が広く開かれているような社会にしていく必要がある。それができなければ，「一億総活

躍社会」など, 絵に描いた餅にすぎない。

　こうした社会に変わっていくためには, パートナーとなる男性の意識の変化も重要である。たとえ女子学生の意識の後追い的変化ではあっても, 今回, 女性が仕事をできるだけ持ち続けることに対して, 男子学生の意識も高まってきたことは好ましいことである。子を持つ女性が働き続けるためには, 家庭内での仕事をどれだけ省力化できるかにかかっていると言えるが, 親との同居が減る中で, 基本的にはパートナーとなる夫との家事・育児の分担がどの程度可能かが, 重要なポイントとなる。そこで, 次にそのベースとなる意識を見てみよう。

　この質問は 1992 年調査から尋ねているが, 図 3-3 を見てもらえばわかる通り, この質問への回答でも, 「女性の仕事」と同様に, 逆転, そして今回再逆転が生じている。1992 年から 2002 年までは「本来女性の方が向いているので, 妻がやった方がよい」と「どちらかといえば女性の方が向いているとは思うが, 夫もできるだけ協力すべきだ」が減り, その分「どちらの方が

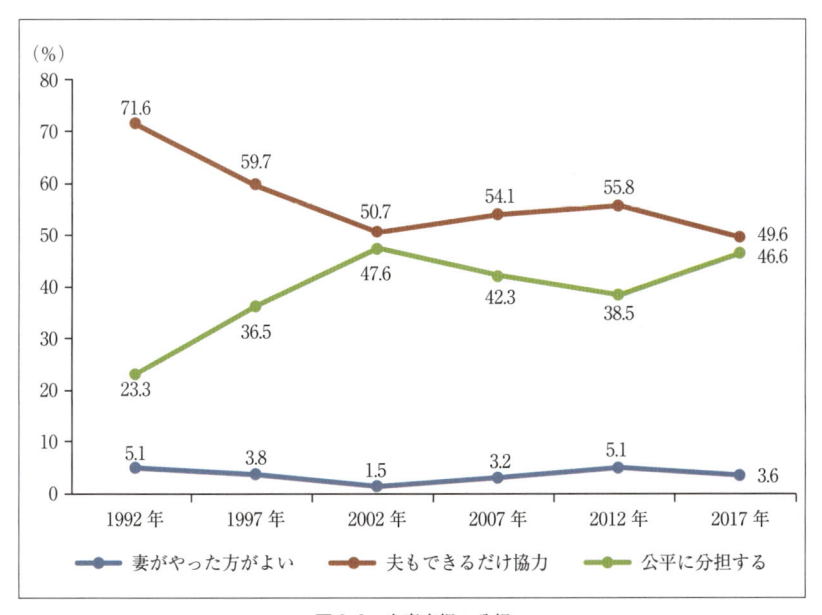

図 3-3　家事育児の分担

向いているかなどとは言えないので，公平に分担すべきだ」が大幅に増えていたのに対し，その後の10年はなだらかだが逆向きの動きが生じ，そして今回再び逆転傾向が表れ，「公平に分担すべき」という意識が15年ぶりに上昇した。

　図3-4は，この項目を男女別で見たものであるが，このグラフも見やすくするために，「本来女性の方が向いているので，妻がやった方がよい」と「どちらかといえば女性の方が向いているとは思うが，夫もできるだけ協力すべきだ」を，どちらも「家事・育児は女性の方が向いている」と考える立場ということでひとつにまとめ，「どちらの方が向いているかなどとは言えないので，公平に分担すべきだ」を「そうは思わない」立場として対比させた。これを見ると，選択率には差はあるが，推移に関しては男女とも同じような趨勢を示しており，男女トータルで見た傾向と同様の意識変化が表れている。

　男子学生で「女性の方が向いている」と思う人が6割を切ったのは初めてのことである。25年前の1992年調査の際には8割を超えていたことを考

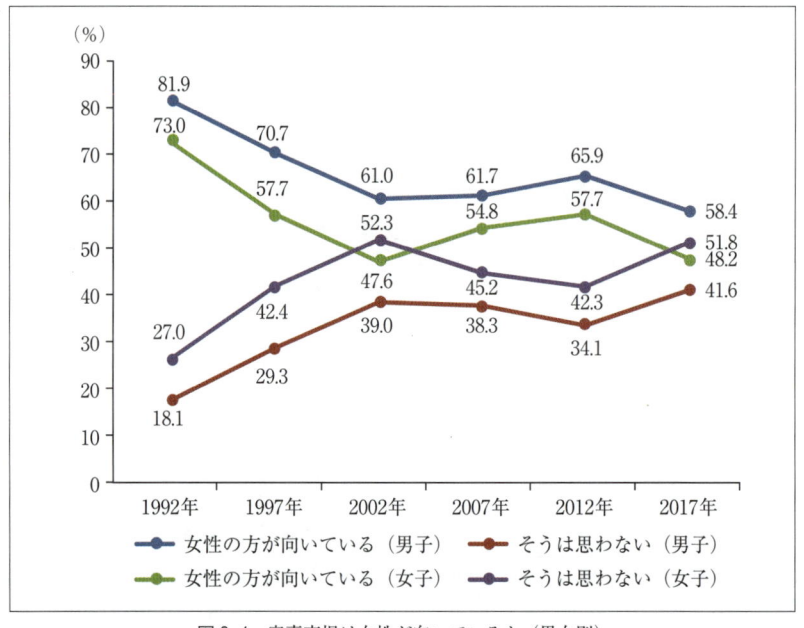

図3-4　家事育児は女性が向いているか（男女別）

えると, 25 年の間に男子学生の意識もかなり変わってきたと言えるだろう。
2002 年から 2012 年にかけて逆転傾向が起きていたとはいえ, その 10 年間
の変化はなだらかなものだったので, 「女性の方が向いている」という考え
方を支持する人は, 2002 年以降でもっとも高くなった 2012 年調査でも, 3
分の 2 には届かず, 1992 年調査はもちろん, 1997 年調査の比率にすら達し
ていなかった。

　自分のお弁当を自分で作って持っていく「弁当男子」が注目されたのが
2009 年, 厚生労働省が育児に積極的に関わる男性を「イケメン」をもじっ
て「イクメン」と呼んだ「イクメンプロジェクト」を打ち出したのが 2010
年である。「弁当男子」の方はその後広まったという印象はないが, 料理の
できる男性は女性から評価されるという雰囲気は確実に高まっている。「イ
クメン」の方は, 新たに作られた言葉が現実を変えていくという典型例と
なった。10 年前には少なかった父親だけで幼い子ども連れて町に出ている
姿をこの数年非常によく見かけるようになった。こうした世の中の変化も受
けて, 家事育児には男性もある程度関わるべきだという意識は, 男子学生の
間にも少しずつ根付いていたのであろう。

　大学生の意識は再び家事・育児の公平分担に向かい始めているが, この質
問項目は, 家事だけでなく, 育児も含みこんでいるために, ある程度女性の
方が向いているという意識は残り続けるだろう。また, 大学生たちが家事・
育児の分担ということで想定しうるのは, 乳幼児がいる頃だろうが, 現実に
働いている子を持つ女性たちの話を聞くと, 大変なのはむしろ小学校入学後
である。先に述べた「小 1 の壁」をなんとか越えても, すぐにまた「小 4 の
壁」[6] といった次の困難な事態も現れる。こうした事実がもっと知られるよ
うになれば, 家事・育児の分担に関する学生たちの考えもまた変わっていく
のではないだろうか。

3-2　家族を作るという「物語」の行方

　ここまで結婚した女性の仕事継続や, 家事・育児の分担という項目で再逆
転傾向が出ていると指摘してきたが, いずれも結婚すること, 子を持つこと
を前提に議論をしていた。しかし, 実際のところ, 大学生たちの結婚意思や

子を持つ意思はどのくらいあるのだろうか。

　結婚の意思に関しては，「いずれは必ず結婚したい」が，男子 67.5%，女子 67.0%で，ともに 3 分の 2 を超えており多数派である。しかし，図 3-5 を見ればわかるように，今回男女ともその意思は弱くなった。また，子を持つ意思の方も，今回は男女とも下がった（「いずれは必ず持ちたい」男子：2002 年 74.7%→ 2007 年 69.9%→ 2012 年 74.4%→ 2017 年 70.8%，女子：2002 年 71.5%→ 2007 年 75.9%→ 2012 年 70.4%→ 2017 年 61.5%）。男子で 7 割，女子で 6 割を超え，多数派は子を持ちたいと思ってはいるものの，2002 年調査から導入しているこの項目の選択率としては，女子は過去最低，男子も 2 番目の低さである。男子の方は，上がったり下がったりしているので今後どうなるかは読みにくいが，女子の方は，2 回連続で下がり，2007 年調査時と比べると 14.4 ポイントも下がっており，これは今後もこの方向に進んでいくのではないかと推測させる。

　結婚し，子どもを持ち，性別役割分業に基づいて暮らすのが幸せそうだという考え方は，00 年代に増加していたが，10 年代に入ってやや異なる傾向を見せ始めていると言えるだろう。前著において，「不透明な時代において

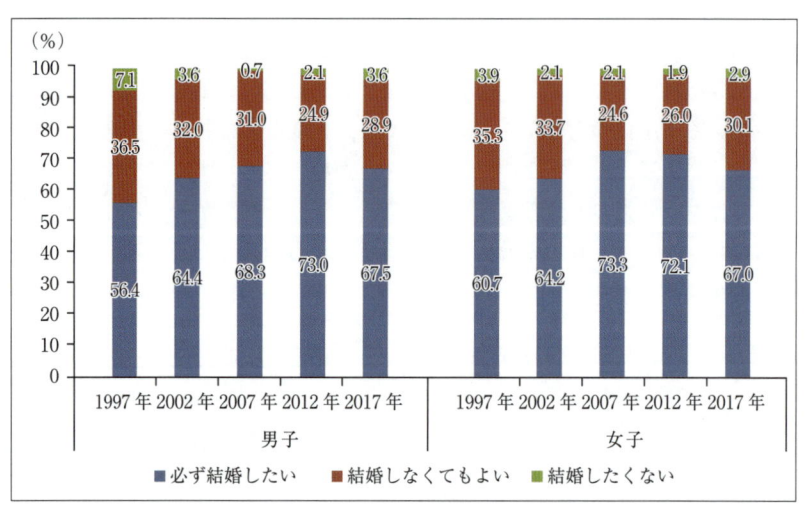

図 3-5　結婚の意思

は，結婚し子どもを持ち育てるという『小さな物語』が，唯一の現実的な目標として相対的な魅力を増しているのだろう」[7] と述べたのだが，今回の結果を見ると，その「小さな物語」すら持たない人が少しずつ増え始めているようだ。

　大学別・性別で見ると，男女とも結婚意思や子を持つ意思がもっとも弱いのは，大阪大学の学生たちである。今回の場合，「いつか必ず結婚したい」という人は，男子全体では 67.5％なのに対し阪大男子は 52.9％であり，女子の場合は，全体では 67.0％に対し阪大女子は 55.1％である。過去の調査結果を見ても，過去 5 回のうち，阪大男子は 4 回，女子は 5 回とも，結婚意思がもっとも弱い。また自分の子どもをいずれは必ず持ちたいという意思も，男子全体では 70.8％に対して阪大男子は 51.0％，女子では全体が 61.5％に対し，阪大女子は 51.0％にすぎない。伝統的性別役割分業に対して，もっとも否定的な考え方を持つ大阪大学の学生たちなので，結婚の意思も子を持つ意思も弱いという関連が出るのだろう。

　結婚の際に名字をどうするかという質問に対する回答結果にも，わずかな変化ではあるが，これまでとは異なる傾向が表れている。図 3-6，図 3-7 を見てもらうとわかるように，1987 年の第 1 回調査から 1997 年の第 3 回調査までは単純に，「女性が変える方がよい」（「当然夫の名字を名のるべき」＋「現状では夫の名字を名のった方がよい」）という古い考え方が減り，「合わせる必要はなく別姓でよい」や「男女どちらが改めてもよい」という新しい考え方が増えていると総括できたが，その後は逆方向への変化が見られた。2002 年の第 4 回調査の際には 5 年前の 1997 年調査からの変化が小さく，もしかしたら収斂値になったのではないかとも考えたが，2007 年，2012 年と調査をしていくと，収斂したのではなく結婚の際の名字選択に関しては保守的な考え方への逆転現象の始まりだったことが明らかになった。2007 年調査では，女子学生において逆転傾向がはっきり表れたが，男子学生においてはまだ変化は小さかった。2012 年調査で，男女とも保守的方向への逆転傾向がはっきり表れた。ところが，今回の調査では，女子学生において再逆転傾向が表れ，20 年ぶりに「夫の名字を名のった方がよい」を選択する人が減り，「別姓でよい」を選択する人が増えた。男子学生は前回と比べてほとんど変化がなかったが，女子学生の変化の影響を受け，全体としても保守的傾向の

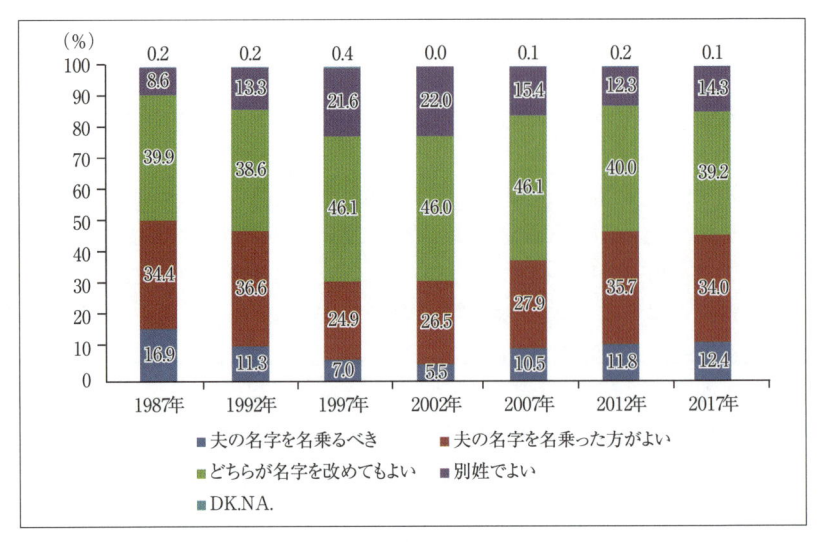

図3-6　結婚の際の名字

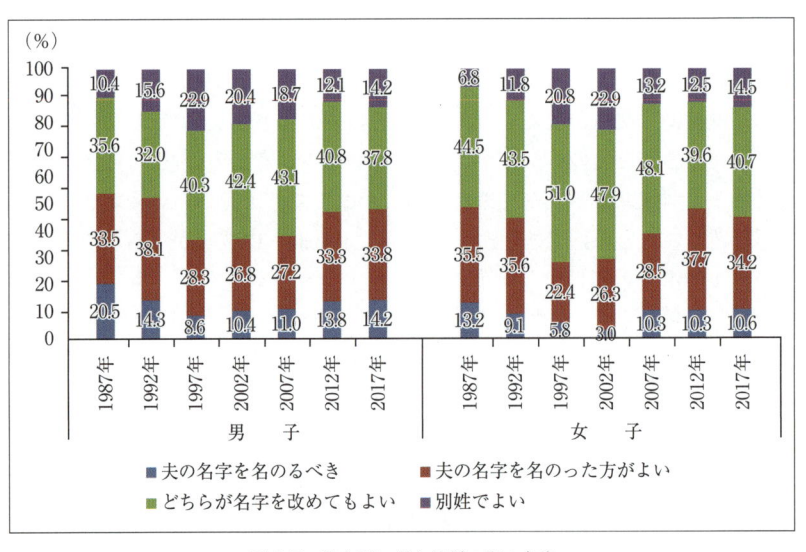

図3-7　男女別に見た結婚の際の名字

増大に歯止めがかかった。

　この問題に関しては実際に名字を変えることになる女子学生の方が敏感であり，女性の仕事継続の考え方と同様に，女子学生の意識の変化に男子学生が後追いをするような形で意識を変化させていく。1990年代までは名字変更に抵抗を示す女子学生が増えていたので，男子学生もそれを後追いする形で認めるようになっていたのに対し，その後名字を変えることに抵抗を感じない女子学生が増えてきたことが男子学生にも感覚的にわかってきて，遅れて，男子学生にとっては都合のよい保守的意識を堂々と出せるようになった。そして，今回は女子学生に再逆転傾向が表れたので，次回には男子学生にも再逆転傾向が表れている可能性は高い。ただし，今回の女子学生の意識変化はまだ小さい上に，「夫の名字を名のるべき」という考え方は女子学生においても減ってはいないので，このまま再逆転傾向が女子学生においても続くのかは微妙なところである。

　結婚の際の名字の問題に関しては，政治の動きも軽視できない。1990年代に入って本格的な検討が始まった「選択的夫婦別姓制度」は，1996年には法制審議会が選択的夫婦別氏（別姓）制度を含む「民法の一部を改正する法律案要綱」を答申し，それを受けて超党派の議員が「選択的夫婦別氏制度」を導入する民法改正案を議員立法で提出するなど，実現可能性が非常に高まっていたため，それを望む学生も多くなっていた。しかし，この民法改正が遅々として進まず，2000年代に入ってからはメディアで取り上げられることも少なくなり，現実主義的な学生たち——特に女子学生——にとって，別姓婚は現実的な選択肢として考えにくい時代となり，それが調査結果にも表れたと言えよう。今回女子学生において再逆転傾向は見え始めているが，民法改正議論が再度本格化してきたというような事実はないので，この傾向が本格的に根付くかどうかは不明である。

　この質問もNHK放送文化研究所の「日本人の意識調査」との比較ができる[8]。最新の2018年のNHK調査の回答分布は，「当然夫の名字を名のるべき」が28.8%，「現状では夫の名字を名のった方がよい」が21.7%，「どちらが改めてもよい」が32.3%，「別姓でよい」が14.2%である。この問題に関しては，「イエ意識」がまだそれなりに残っている高齢者が調査対象者に含まれる一般の人々の方が保守的と思われそうだが，学生たちも「当然夫の名字を

名のるべき」という強い保守的意見の支持者は少ない（12.4%）ものの,「現状では夫の名字を名のった方がよい」という弱い保守的意見の支持者は一般よりも多く（34.0%）, 結局夫の名字を選択するという意味では, 一般と学生の差は 4.1 ポイントしかない。この問題に関する大学生たちの男女平等意識がかなり高まっていた 1997 年調査を NHK の 1998 年調査と比べると, 両者の差は 31.4 ポイントもあったことを考えると, 最近の学生たちの保守化がうかがえる。

　なお, 本節で取り上げてきた, 結婚の意思や子を持つ意思と, 結婚の際の名字をどうするかという考え方には強い関連がある（図 3-8, 図 3-9 参照）。「いずれは必ず結婚したい」や「いずれは必ず子を持ちたい」と考えている学生は, 男女とも過半数が「女性が名字を変える」ことを受け入れているのに対し, 結婚や子を持つ意思が低くなるほど, 名字変更に関しても女性が変えるという考え方が減り,「別姓でよい」が増えている。別姓夫婦が認められていないから, 結婚する気になれないと思う学生はそう多くはないだろうが, 結婚に対する意欲が下がっていく予測がされる中で, 少しでも結婚の障

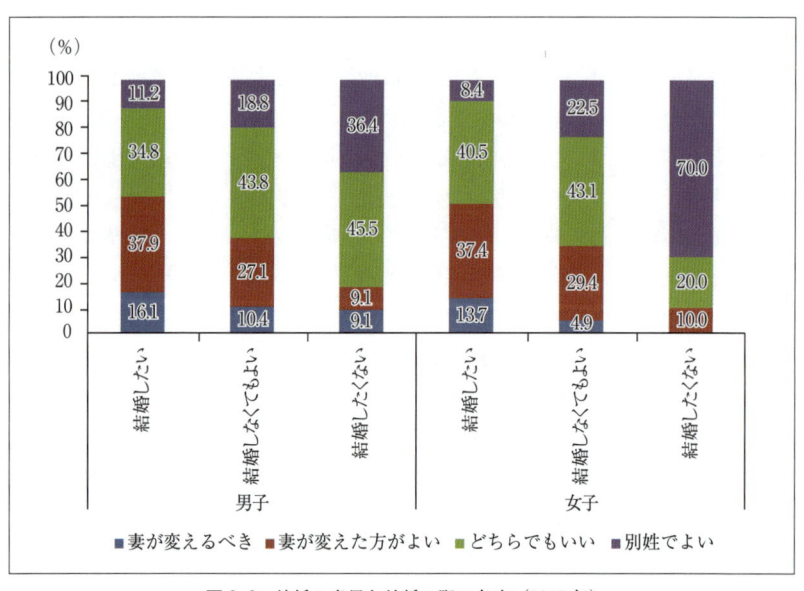

図 3-8　結婚の意思と結婚の際の名字（2017 年）

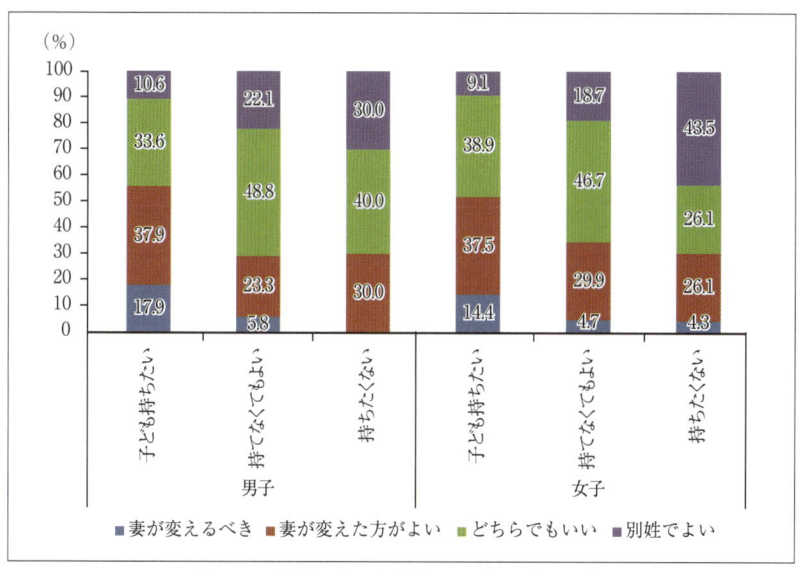

図 3-9　子を持つ意思と結婚の際の名字（2017 年）

害になることは取り除いていくべきだという観点から言えば，別姓夫婦も法的婚姻と認められるようにしていくべきだろう。一億総活躍社会を打ち出した安倍内閣は子育てをしやすい環境を作る前に，子どもを作りたいと思える環境，さらには結婚したいと思える環境をも作っていかなければならないはずだ。家族を作るという「物語」を多くの人が普通に持ちたくなるような社会であってほしいものだ。

3-3　ジェンダーの受け止め方

　社会的・文化的に作られた性差と言われるジェンダーを，学生たちはどのように受け止めているのだろうか。こうしたジェンダーは，もっとも端的な形では，「男らしさ」「女らしさ」という性別ごとに作られる社会的性格として捉えられているので，1992 年調査から尋ねている，「男（女）らしさ」をどう受け止めているかという質問に対する回答から見ていこう。
　図 3-10 に見られる通り，「男（女）らしさ」を肯定する人（「絶対必要」

＋「どちらかといえば必要」）は，1992 年調査から 2002 年調査まで男女と
もに減り続けていたが，2007 年調査では他のジェンダー関連項目の変化と
同様に反転した。2012 年調査では再び減ったものの，男子で「絶対必要」
という人は増えていたし，男女ともに肯定派はまだ 8 割以上という高い比率
をキープしており，「男（女）らしいと言われて嬉しい」と答える人は男女
とも増えていたので，再逆転が始まったと解釈しなかったが，今回の調査で
は男女とも肯定的選択肢がすべて減ったことを考慮に入れると，前回のわず
かな減少も実は再逆転の始まりを示していたようだ。もちろん，それでもま
だ男女ともに 7 割以上の人が「男（女）らしさ」を必要と考えている。「男（女）
らしさ」は，男女の本質的な特徴と関係があると考える人も多いので，性別
役割分業の平準化がどれほど進んでも肯定派が 5 割を切ることはおそらくな
いだろう。

　一般論で考えるのと，自分の問題として考えるのとでは違った結果が出て
くるものだが，この「男（女）らしさ」についても同様のことが言える。特
に，女性にこの言葉が向けられる時には，しばしば行動を制約されたり過剰
な期待を持たれたりといった，好ましからざる状況も生まれることがあると

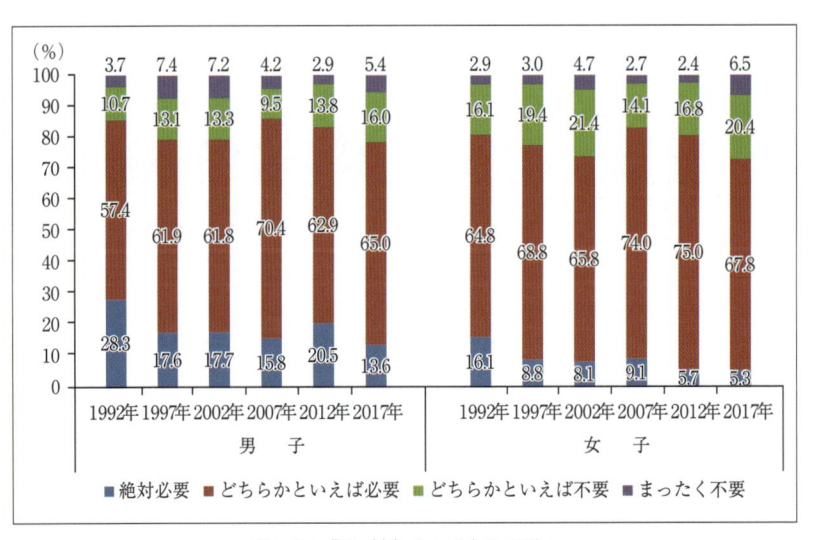

図 3-10　「男（女）らしさ」は必要か

考える人は少なくない。そのため，「女らしいね」と言われたら嬉しいかという質問には，単純に「嬉しい」と肯定する人より「一概に言えない」とケース・バイ・ケースと答える人の方が女子学生には長らく多かった。1997年調査では，「女らしい」と言われて素直に「嬉しい」と思う人は，女子学生ではわずか3分の1強程度になっていた（図3-11参照）。

　これが2000年代に入って伝統的性別役割肯定意識が復活する中で，徐々に増えてきて，2012年調査では，女子学生でも初めて過半数を占めた。男子学生では，68.6％と初めて3分の2を超えた。しかし，今回は他の性別役割意識と同様に，ジェンダーを否定する方向に向かい始めたようで，「嬉しい」と答える人が男女ともに減った。

　このジェンダーに関する2つの質問に関しても，大学別で差が出る。「男（女）らしさ」の必要性を肯定するのは，高い順に，桃大男子（83.4％），神戸女学院（77.8％），関大女子（76.7％），関大男子（76.1％），桃大女子（72.6％），阪大男子（70.5％），阪大女子（59.2％）となる。また，「男（女）らしさ」を嬉しいと思う割合の方は，関大男子（63.1％），桃大男子（62.9％），桃大女子（58.3％），阪大男子（54.9％），関大女子（45.8％），神戸女学院

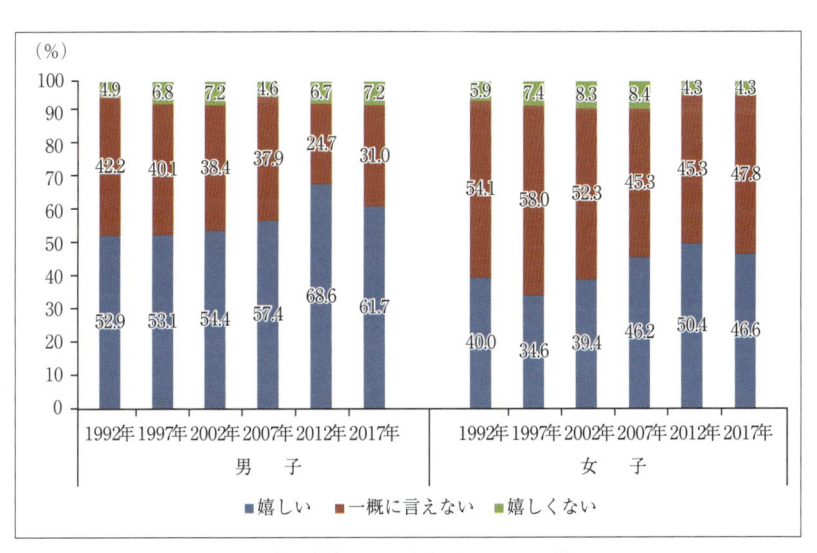

図3-11　「男（女）らしい」と言われるのは嬉しいか

（40.0％），阪大女子（34.7％）である。毎回同じ傾向が出ているのは，大阪大学の女子学生が，必要性に関しても，主観的受け止めに対してももっとも低い評価だということだ。知的能力が相対的に高く自信を持つ女子学生たちにとって，「女らしさ」はまだ制約として受け止められることの方が多いのだろう。もうひとつ，この2回同じ傾向が出ているのは，神戸女学院の女子学生たちである。彼女たちは必要性に関してはかなり高く評価しているが，嬉しいと主観的に認知する人はかなり少ない。阪大女子と異なり，ここ2回ほどの傾向であるので断定はしにくいが，女子大ゆえにジェンダー規範に基づく厳しめの制約をかけられることが多く，一般論としては必要性を認めながらも，個人的には不満を感じているのかもしれない。

　前節までで取り上げてきた他のジェンダー関連項目（「家事・育児の分担」「女性の仕事」「婚姻の際の名字」「結婚の意思」「子を持つ意思」）と，ここで取り上げた「男（女）らしさ」の受け止め方との間には当然ながら強い関連が見られる。ジェンダーに対して肯定的な人は，そうでない人よりも，男女ともに，「家事・育児」は女性の方が向いていると思い，女性ができるだけ仕事を続けることに懐疑的で，名字は女性が変えた方がいいと思い，結婚や子を持つことをぜひしたいと思っている。ジェンダーの受け止め方が，生き方選択に大きく関わっているのである。

　もうひとつこのジェンダーの受け止め方と関連が深いのが，「生まれ変わり希望」である。実はこの項目は，第1回調査を行った時に，結果を見てもっとも驚いたもののひとつだった。それは，男子学生の女性への生まれ変わり希望の多さにだった。もともと生まれ変わり希望について調査してみようと思ったのは，かつては非常に多かった女性の男性への生まれ変わり希望[9]が，女性の社会的地位が向上する中で，かなり少なくなっているだろうと予想されたために，その変化の程度を女子学生の意識から明らかにしてみようと思ったからだった。他方，男性の場合は，時代，年齢に関わりなく，女性への生まれ変わり希望はほぼ6％前後であったので[10]，男子学生に関して尋ねても，この比率はそう変わってはいないだろうと漠然と考えていた。しかし，実際に調査結果を出してみたら，予想を超えて，約2割（19.7％）もの男子学生が女性への生まれ変わりを希望していた[11]。

　以前から苦労が多いのは男性であるという認識はないわけではなかった

が，男性にはそれを補って余りある楽しみがあると考えられてきた [12] ため
に，女性に生まれ変わりたいと考える男性は少なかった。つまり，［（男性の
楽しみ）−（男性の苦労）＞（女性の楽しみ）−（女性の苦労）］と大多数の男性
たちは考えていたわけである。それが，この時点の男子学生の間で上記の不
等式が逆転したと判断する者が約 2 割にも増えていたのは，かなり驚くべき
ことであった。

その後 6 回の調査結果も含めたものが図 3-12 である。1992 年調査で男子
学生の女性への生まれ変わり志向はいったん減ったが，その後の 2 回は増
え，2002 年調査では男子の 27.6 ％，女子の 33.5 ％が異性への生まれ変わり
志向を持ち，その差がもっとも小さくなったので，このまま男女とも 3 人に
1 人ぐらいが別の性に生まれ変わりたいという希望を持つ「男女同等社会」
に向かっているのではないかと 2002 年調査の分析の際に予測した [13]。しか
し，次の 2007 年調査では男女ともに男性志向が増し，2012 年調査では逆に
男性志向が男女ともに少し減った。今回は，男女ともに異性への生まれ変わ
り志向が増した。女子では男性への生まれ変わり志向が 44 ％になり，過去
最高値となった。男子の方は，女性への生まれ変わり志向が 23.2 ％で過去 2

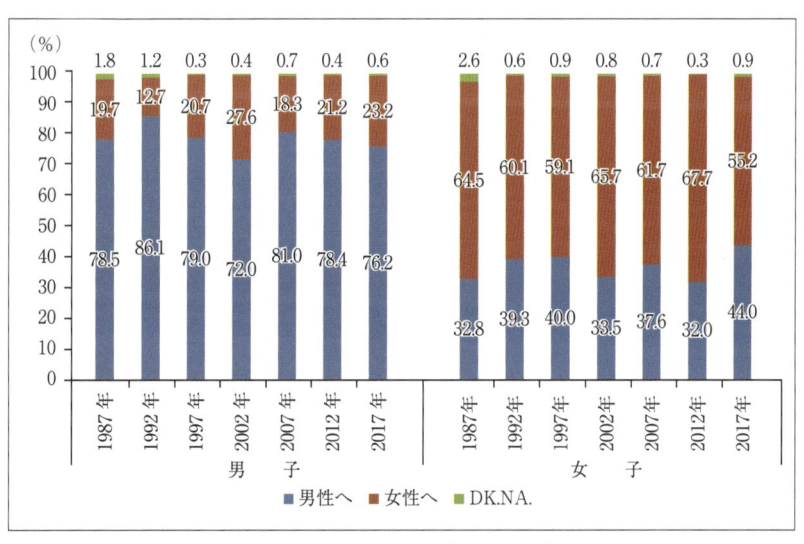

図 3-12　生まれ変わり希望（男女別）

番目の高さである。ただし，女子学生の男性への生まれ変わり希望の伸びが大きく，異性に生まれ変わりたいという男女の差は 20.8 ポイントと，25 年ぶりの大きな差となった。

正直言ってこの比率の変化の解釈は非常に難しい。しいて説明しようとするなら，やはり伝統的ジェンダーに基づく生き方をどう受け止めるかということと関連していると見るのが妥当かもしれない。ただし，その説明をするためには，男女ともに，例外的な調査結果があったとせざるをえないのだが。

女子学生の場合は 2007 年の調査結果を例外とすれば，1980 年代から 90年代は伝統的ジェンダーを否定する傾向（＝男性への生まれ変わり志向）が強まり，2000 年を境に肯定傾向（＝女性への生まれ変わり志向）に逆転し，今回再逆転して再び伝統的ジェンダー観否定傾向（＝男性への生まれ変わり志向）が強まったという説明が可能になる。

他方，男子学生の場合は，1992 年の調査結果を例外とすれば，1987 年から 2002 年までは伝統的ジェンダーに基づく生き方を否定する意識が強まり，女性への生まれ変わり希望も増えていたが，2007 年に大きく揺り戻し（＝男性への生まれ変わり志向の増加）が起こり，その後はまたじわじわと伝統的ジェンダーを否定する傾向（＝女性への生まれ変わり志向）が増えつつあると説明できる。

この問いに関するより興味深いことは，一般の調査結果と大学生の調査結果の違いである。まず男性に関して見ると，統計数理研究所の国民性調査[14]では，男性で女性に生まれ変わりたいという人は，一般では相変わらず5〜6％にとどまったままである。20 歳代の男性だけで見ると，1988 年 3％→1993 年 3％→1998 年 12％→2003 年 4％→2008 年 5％→2013 年 8％である。1998 年と 2013 年にやや高くなった時期があるが，大学生ほど高くはない。

他方，女性の男性への生まれ変わり希望はどうかと言うと，一般の女性ではどんどん減り（1988 年 34％→1993 年 29％→1998 年 28％→2003 年 25％→2008 年 23％→2013 年 23％），また大学生と比較的近い年齢である 20 歳代女性だけで見ても，1988 年 39％→1993 年 24％→1998 年 28％→2003 年26％→2008 年 26％→2013 年 28％という推移で，1990 年代以降は，一貫して本調査の女子学生の方が高い。

　つまり，男女ともに大学生の方が異性に生まれ変わりたいという志向が強いということになる。大学生という立場は，まだ実社会において社会的立場を得ておらず，それぞれの性として生きることの充実感をつかめていない人が多いために，異性への生まれ変わり志向がやや高めに出るのかもしれない。

　説明の難しい「生まれ変わり希望」だが，少なくとも「異性への生まれ変わり希望率の差」＝〔（女性の男性への生まれ変わり希望率）－（男性の女性への生まれ変わり希望率）〕という指標で，どの程度「男性優位社会」であるかは測れるのではないかと考えている。この差が小さくなればなるほど，「男女同等社会」に近づいたと言えるだろう。たとえば，これを統計数理研究所の調査データに関して見てみると，1988 年 30 ポイント→ 1993 年 26 ポイント→ 1998 年 23 ポイント→ 2003 年 20 ポイント→ 2008 年 17 ポイント→ 2013 年 17 ポイントとなり，少しずつその差が縮まっていることがわかる。つまり，日本社会は全体としてはゆっくりだが，確実に男女同等社会に向かっていると見ることができる。

　他方，私の 30 年間の大学生調査では，1987 年 13.1 ポイント→ 1992 年 26.6 ポイント→ 1997 年 19.3 ポイント→ 2002 年 5.9 ポイント→ 2007 年 19.3 ポイント→ 2012 年 10.8 ポイント→ 2017 年 20.8 ポイントとなる。2002 年のように，その差が非常に小さくなった時期もあったが，最新の 2017 年調査では，20.8 ポイントとなり，一般の人々よりも差が開いた。女子学生の男性への生まれ変わり希望が過去最高の 44.0％になったことが大きく影響している。今回調査の女子学生たちは，伝統的性別役割を肯定的に受け止め，女性として生きることを楽しむという人がやや少なめだったようだ。

　両性にとっての理想の社会は，どちらの性に生まれても，もう一度その性に生まれてきたいと 100％の人が思えることだと思うが，世の中には様々な価値観の持ち主がいるので，実際には 100％の人がそう思うというような事態は生じないだろう。せめて，男女の生まれ変わり希望の差が 0 ポイントに限りなく近づくようになることが，男女共生社会のめざすべきところではないだろうか。

3-4　男女交際をめぐる考え方

　男女間の性交渉に対する考え方も，伝統的ジェンダー観に対する評価と連動して変化をしてきた意識と言えよう。明治期以降，日本の近代化が進む中で，女性に対する性規範は「純潔教育」という形で厳格に求められてきた。1970年代まではこうした言説が強く残っていたが，女性たちの伝統的性役割からの解放が求められる中で，性に関する意識・行動の束縛からの解放もめざされるようになり，80年代後半以降，性をめぐる意識も大きく変化してきた。

　図3-13に見られる通り，私の調査でも，1970年代や1980年代の空気感の中で成長した第1回の1987年調査の時の学生たちでは，「結婚式がすむまでは性的交渉をすべきではない」と「結婚の約束をした間柄ならよい」という選択肢を選ぶ人は，男女合わせて約3割（女子学生だけなら44.3%強）も

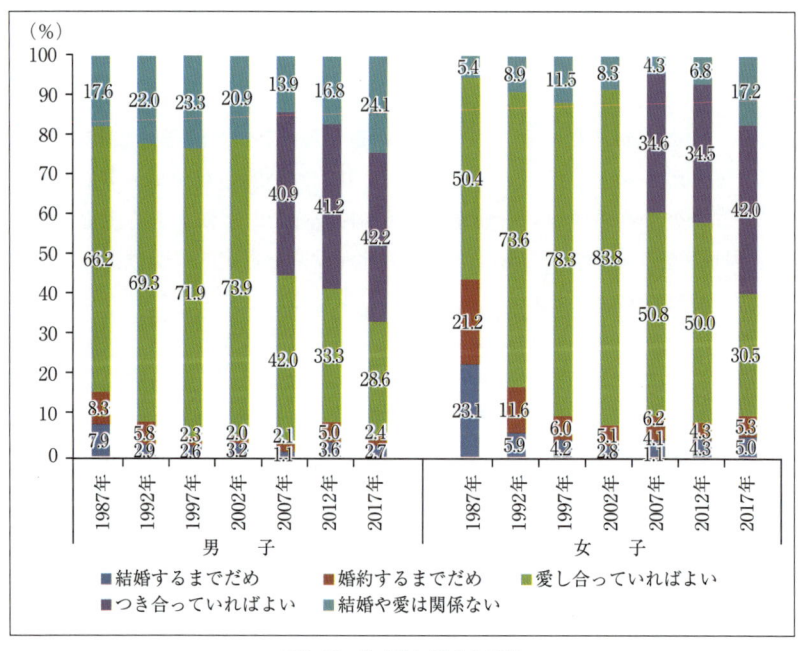

図3-13　性交渉に関する意識

いたが，1992年調査では15％を切り，1997年調査では8％弱となった。この時期逆に増えていたのは，「結婚や愛は関係ない」という考え方と「深く愛し合っているならよい」という考え方であった。ちょうど伝統的ジェンダー観が弱体化していく時期と重なっている。そして，ジェンダー観に関する意識と同様，2002年調査の際に停滞あるいはわずかながらの反転傾向が見えたが，8割を超える学生たちが「深く愛し合っているならよい」を選ぶようになったため，2007年調査からは，実態をより正確に把握するために，選択肢をひとつ増やして，「つきあっていればよい」という選択肢を入れてみた。学生たちの恋愛の話を聞いていると，性交渉を重く考えずに行っている学生も少なくないようだったので，愛の程度を分けて尋ねないと，実態は把握できないだろうと思ったからである。その結果，2007年調査では，男子学生では4割が，女子学生でも3分の1以上の人がこの選択肢を選んだ。「深く愛し合っているならよい」という選択肢だけでなく，「結婚や愛は関係ない」という選択肢を選ぶ人が減ったのも，より自分の意識に近い選択肢が作られたためと解釈した。

　5つの選択肢にして3回目の調査である今回の調査結果は，過去2回と比べて大きく変化をした。男女とも「深く愛し合っているならよい」という考え方が大きく減り，「結婚や愛は関係ない」が大きく増えた。男子学生においては，2012年調査の際に，「結婚式がすむまでは性的交渉をすべきではない」と「結婚の約束をした間柄ならよい」という保守的な考え方が初めて増加に転じ，「草食系男子」や「絶食系男子」の増加傾向によるものかと思ったが，今回は，その保守的な考え方は再び減少し，その分も「結婚や愛は関係ない」が増えることとなった。

　女子学生に関しては，今回の調査結果は劇的な変化と言ってもよい。過去2回5割を切ることがなかった「深く愛し合っているならよい」という考え方が，一気に30.5％に激減し，これまで3分の1強だった「つきあっていればよい」が42.0％に，そして過去2回4.3％，6.8％だった「結婚や愛は関係ない」が17.2％に大きく伸びた。

　性的交渉に関する考え方が，たった5年間でこんなにハードルが下がってしまった原因を探り当てるのは難しいが，ひとつ考えうるのが，今回の調査の行われた前年あたりから不倫報道のニュースが頻繁に流されたこと

である。性的関係が夫婦や恋人以外の関係でも安易になされているという印象を，そうしたニュースから学生たちが持ってしまったのではないかと考えられる。そして，もうひとつより重要と思われるのが，若者の恋愛離れである。「恋愛が面倒」と思う若者は年々増えている。それは大学生においても見られる傾向である。恋愛を求めて恋愛にエネルギーを使っている人にとっては，性的関係はその先に来るものと想定されるだろうが，恋愛をしたいと思っていない人が性的関係について考える時には，「恋愛」を前提にしない考え方になるのは当然だろう [15]。

　この性的交渉に関する質問も，もともとは NHK 放送文化研究所の「日本人の意識調査」から借りてきたものである。2007 年調査以降，選択肢をひとつ独自に増やしたのでその点に配慮しながら，一般の人々と大学生の違いを見てみよう。この問題に関しては，世代差が大きく，古い世代は厳格に考えるため，一般の人々の方が安易な性交渉に対して否定的である。「深く愛し合っているなら性的交渉があってもよい」という考え方ですら，過半数に届いていない（1988 年 30.9％→ 1993 年 35.1％→ 1998 年 42.8％→ 2003 年 43.7％→ 2008 年 44.2％→ 2013 年 46.2％→ 2018 年 46.6％）。ましてや，「性的交渉に結婚とか愛とかは関係ない」は，2013 年までは 5％程度，2018 年はやや増えたものの 7.2％に留まっている。NHK の調査でも，20 歳代前半の若い世代だけなら当然もっと開放的なので，この一般との差は，大学生であるかどうかという以上に，世代差が表れていると考えるべきだろう [16]。

　この質問に関しては，文理比較のデータも示しておきたい。図 3-14 を見てもらえばわかるように，社会学部の男子学生よりシステム理工学部の男子学生の方が保守的な考え方を持っている。性別役割においてもやや保守的な考え方をする理系学生 [17] は，性的関係においても文系学生よりは保守的な考え方を持つようである。

　次に，デート費用の負担割合について見てみよう。この質問は，1992 年と 1997 年——さらには，1995 年の社会人調査——において尋ねたが，ちょうど時代が男女平等化に向かって意識変化が急速に進んでいた時代だったこともあり，男性の負担割合は，1992 年の 5 割 9 分から 1997 年には 5 割 7 分に下がっていた。特に男子学生の回答で負担割合が大きく減る（6 割 1 分→ 5 割 8 分）という変化をしていた [18] こともあり，今後どんどん男女平等

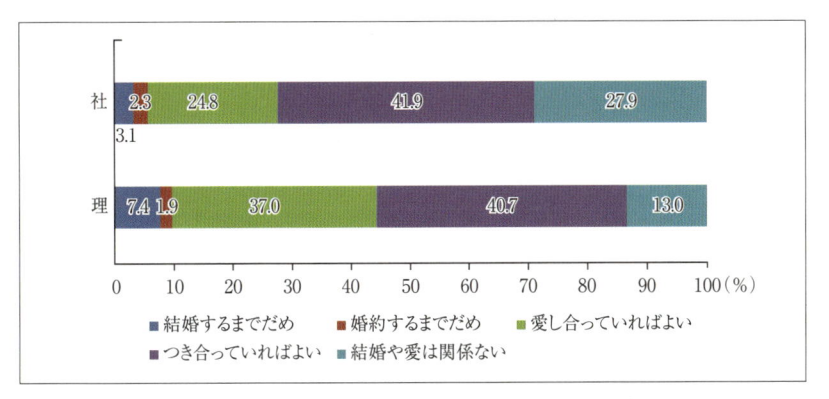

図 3-14　性交渉に関する意識（2017 年関大男子社理比較）

化に向かって進み，男性の負担割合も 5 割に近づいていくのだろうと思い，2002 年調査からは尋ねるのをやめた。

　しかし，2000 年代に入ってから，伝統的ジェンダー観を肯定する意識が復活していることが確認されるようになったので，この質問も改めて設ける必要性を感じ始めた。2012 年調査では，正規の調査票自体にはこの質問を入れなかったのだが，正規調査の直後にフォローアップ調査として，関西大学の 2〜4 年生の学生たち男女 104 名（男子 44 名，女子 60 名）を対象にして，この質問をしてみたところ，やはり 1992 年や 1997 年とはかなり違う結果が出てきた。男性の負担すべき割合の平均値は，男子学生では 6 割 5 分を超え，女子学生でも 5 割 9 分を超え，1992 年から 1997 年の趨勢とは完全に逆転していた。

　そこで今回の調査では，20 年ぶりに正式にこの質問を復活させたところ，2012 年に行ったフォローアップ調査とほぼ同じような結果が出た。90 年代とは異なる，デートの際の経済負担は男性がかなり多めにするという考え方が戻っていることは確実だと言えよう（図 3-15 参照）。

　この質問への回答は当然ながらジェンダー観と関連が強く，「男らしさ・女らしさ」を必要だと考える人ほど，男性の負担割合が多くなる傾向が出ている（図 3-16 参照）。今回の調査では，ジェンダー観に関しては，平等化に向かって再逆転傾向が表れているということを指摘したが，この「男らしさ・

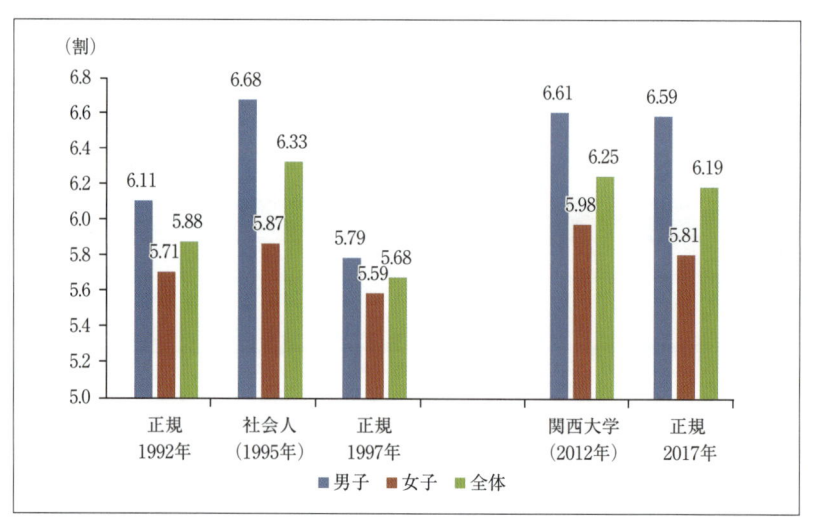

図 3-15　デート費用の男性負担割合

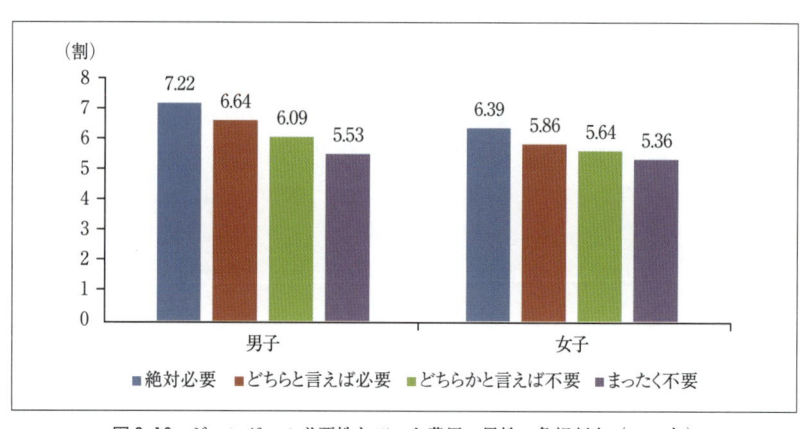

図 3-16　ジェンダーの必要性とデート費用の男性の負担割合（2017 年）

女らしさ」に関しても，必要だ（「絶対必要」＋「どちらかと言えば必要」）と思う学生は 75.6％に留まり，92 年や 97 年よりも低い比率になっている。しかし，このデート費用の負担に関しては，90 年代の低め水準に戻ることはなく，男性の負担割合が高止まりしている。これに関して，学生たちの意

見を聴取したところ，デートという言葉で頭に浮かぶのは，初デートや付き合い始めの頃のデートで，そういう段階では，男性が経済負担を多めにするのは，男性自身の顔をつぶさないためにも必要なことではないかという意見があった。調査する側としては，そういう初期段階だけではない通常の男女交際としてデートを考えていたし，1990 年代は調査対象者であった学生たちも，こちらの考えに近いイメージを持ってくれていた気がする。それに対して，確かに今は，付き合いが長くなった学生たちの恋愛においては，「デート」という言葉はあまり聞かない。たまに，そうした言葉をあえて使う時は，特別な記念日などで，そういう時もやはり男性が経済的負担をするのがエチケットになっているようである。

注

1 ）「結婚相手に借金を払わせるわけにはいかないので，働かないといけないんです」といった発言を，最近は女子学生からしばしば聞くようになった。ちなみに，学部生の奨学金受給率は，1990 年代は 2 割強で推移していたが，2010 年に 5 割を超え，その後は 5 割前後で推移している。日本学生機構『平成 28 年度学生生活調査結果 』2018 年（https://www.jasso.go.jp/about/statistics/gakusei_chosa/__icsFiles/afieldfile/2018/06/01/data16_all.pdf）32 頁参照。

2 ）酒井順子『負け犬の遠吠え』講談社，2003 年参照。この本では，30 歳をすぎても結婚できていない，あるいは子どもがいない女性を「負け犬」と称した。

3 ）「アラフォー」とは，"Around Forty" の略語で，2007 年頃から使われるようになり，2008 年にはテレビドラマにもなり，流行語大賞に選ばれるほどに浸透した言葉となった。本来は，単純に 40 歳前後の人を表す言葉だが，使われ始めた当初は，テレビドラマの影響もあり，40 歳近い独身女性に対して使われることが多かった。

4 ）NHK 放送文化研究所編『現代日本人の意識構造 ［第八版］』NHK 出版，2015 年，「付録 1」の 12 頁，および最新の 2018 年調査の結果に関しては，NHK 放送文化研究所のウェブサイト「第 10 回日本人の意識調査（2018）結果の概要」（https://www.nhk.or.jp/bunken/research/yoron/pdf/20190107_1.pdf）を参照。

5 ）現在，「小 1 の壁」という言葉が，小さな子を持つ働く女性たちの間ではよく知

られた言葉になっている。これは，保育園が母親たちが働いていることを前提として仕組みが出来上がっているのに対し，小学校は母親たちが働いていることを前提にしていないため，働く母親たちにとっては対応のつかないことが多く，保育園から小学校への切り替えが容易ではないことを表す言葉である。

6）「小4の壁」とは，子どもが学童保育から退会を求められる年齢になるが，他方でまだ1人で過ごさせるには不安が多いため，女性がフルタイムの仕事を続けるべきかどうか悩むことになるという事態を表す言葉である。

7）片桐新自『不透明社会の中の若者たち――大学生調査25年から見る過去・現在・未来』関西大学出版部，2014年，36頁。

8）NHK放送文化研究所のウェブサイト「第10回日本人の意識調査(2018) 結果の概要」（https://www.nhk.or.jp/bunken/research/yoron/pdf/20190107_1.pdf）を参照。

9）たとえば，女性全体の男性への生まれ変わり希望は，1958年が64％，1963年が55％，1968年が43％，1973年が42％であった。統計数理研究所国民性調査委員会編『第3　日本人の国民性』至誠堂，1975年，471頁参照。

10）たとえば，男性全体の女性への生まれ変わり希望は，1958年が5％，1963年が7％，1968年が5％，1973年が5％で，20歳代の男性だけで見ても，1958年が5％，1963年が6％，1968年が7％，1973年が6％だった。統計数理研究所国民性調査委員会編『第3　日本人の国民性』至誠堂，1975年，471，554頁参照。

11）ちなみに，この1987年調査では女子学生の男性への生まれ変わり希望は32.8％で，統計数理研究所国民性調査の70年代調査の女性一般よりは低くなっていたが，ほぼ同じ時期（1988年）に行われた同調査の女性一般は34％，20歳代女性は39％だったので，少し少ないくらいでほとんど変わりはなかった。

12）苦労と楽しみはそれぞれ男女どちらが多いかという質問も，統計数理研究所国民性調査で行われている。基本的には男女ともに男性の方が女性よりも苦労が多いと答えているが，楽しみに関しても1970年代までは男女ともに圧倒的に男性の方が楽しみが多いと答えていた（『統計数理研究所研究リポート99　国民性の研究　第12次全国調査』統計数理研究所，2009年，96-99頁参照）。

13）片桐新自「停滞社会の中の若者たち――収斂する意識と「まじめ」の復権」『関西大学社会学部紀要』第35巻第1号，2003年，62頁参照。

14）国民性調査の最近のデータに関しては，統計数理研究所のウェブサイトである「日本人の国民性調査」（http://www.ism.ac.jp/kokuminsei/index.html）から引用している。

15）牛窪恵は，『恋愛しない若者たち――コンビニ化する性とコスパ化する結婚』（ディスカヴァー携書，2015年）で，恋愛と切り離されたセックスが若者の間で広まっていることを指摘している。

16）NHK 放送文化研究所編『現代日本人の意識構造［第八版］』NHK 出版，2015 年，
　32-40 頁，「付録 1」の 21 頁，および最新の 2018 年調査の結果に関しては，NHK
　放送文化研究所のウェブサイト「第 10 回日本人の意識調査（2018）結果の概要」
　（https://www.nhk.or.jp/bunken/research/yoron/pdf/20190107_1.pdf）を参照。

17）ジェンダー関連の項目で，社会学部男子との間で十分な統計的有意差が出てい
　るものはないのだが，女性がずっと仕事を続けた方がいいと思う人の割合は，社
　会学部男子が 54.3％に対し，システム理工学部男子は 40.7％，家事・育児を公平
　分担すべきと考える人の割合は，社会学部が 42.6％に対し，システム理工学部は
　37.0％といった結果が出ている。

18）女子学生では，5 割 7 分から 5 割 6 分に下がっていた。ちなみに，男女平等化が
　進んでいたこの時代でも，社会人となると意識が異なり，1995 年の社会人調査で
　は，割り勘でよいと考える男性は 30％しかおらず，平均でも 6 割 7 分も男性が負
　担する意識を持っていた。

第4章　反抗期なき若者たちの親子関係

4-1　親のようになりたいか？

　尊敬する人を大学生に尋ねると，「両親」と答える人が多くなったという話は，もうかなり前から言われている。また今や，反抗期らしい反抗期を経験したという学生に出会うことはめったになくなった。高度経済成長期に子ども時代を過ごした私のような世代だと，父親が「家長」的な意識を持ち，家庭の独裁者的な振る舞いをするので，青年期に入るとそういう父親に反発心を持ったという人が多かったのだが，いつのまにか時代は変わり，やさしくて理解力のある父親，友だちのようになんでも話せる母親といった「仲良し親子」が当たり前になってきた。

　こうした親像の変化は，団塊の世代（第1次ベビーブーム世代）が家庭（「ニューファミリー」と言われた）を築くようになってから始まったと見てよいだろう。それでも，団塊世代は大学紛争世代でもあり，まだ社会や組織への貢献意識が高い層で，特に男性は私生活に重心を置くことを潔しとしない世代だったが，その後の世代は，私生活に重心を置くことを疑問視しない志向性を養いながら成長したため，家庭を居心地のよいものにするための努力を惜しまなかった。結果として，母親だけでなく父親もあたたかくてやさしい家庭が多く築かれ，良好な親子関係ができあがっている。それは一見すると，好ましい変化のように見えるが，自立心を養い，社会の一員となっていかなければならない学生たちにとって，一概にプラスに作用しているとばかりは言えないかもしれない。しかし，影響分析は後ですることとし，まずは学生たちが親をどのように評価しているかを客観的に見てみよう。

　図4-1は，1992年調査から尋ねている「（同性の）親のようになりたいかどうか」という質問に対する回答結果である。これは同性の親を総合的にど

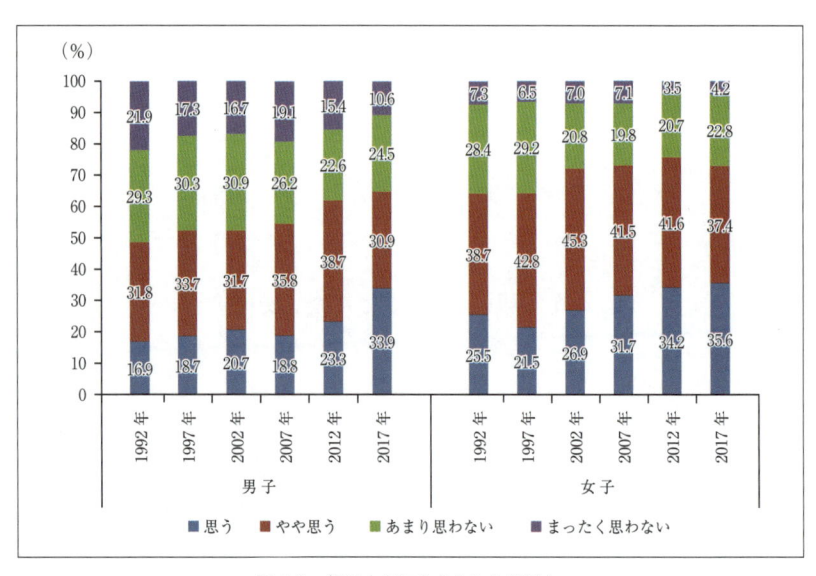

図 4-1　親のようになりたいと思うか

う評価しているかの指標になるだろう。肯定的な選択肢である「思う」と「やや思う」を足した割合は，男女合わせると，1992 年 57.6％→ 1997 年 58.9％→ 2002 年 65.1％→ 2007 年 65.9％→ 2012 年 69.3％→ 2017 年 68.6％という推移になる。今回少しだけ下がったのは，女子学生において「やや思う」という人が 4 ポイント強減ったことによるものである。女子学生の場合は，仕事継続意欲が高まっていた 1992 年から 1997 年にかけても一度減少したことがあった。今回も仕事継続意欲が高まっているので，同じ傾向が表れているのかもしれない。女子学生の母親たちは家庭を中心に生きてきている人が多いので，仕事をずっと続けるという考え方を持つと，母親のようにはならないという意識が増すのかもしれない。

　ただし，男子では肯定的な回答が増えているし，女子でも単純に「思う」という選択肢を選ぶ人は前回より増えているので，この小さな比率の減をもって全体として親のようになりたいという人が減り始めたと，今の段階で言い切ることはできない。次回以降の調査結果を見てみないと趨勢はわからない。現時点では，むしろ親のようになりたいという学生はまだ圧倒的多数

派であると指摘しておきたい。

　バブル崩壊後，経済的な発展が期待しにくい社会になってから，多くの学生たちの目標は，親のように結婚し子どもを持ち，自分たちが与えてきてもらったくらいの幸せを自分の子どもに与えたいというものになっている。それゆえに7割近くもの学生たちをして，「親のようになりたい」と答えさせているのだろう。実際に，図4-2，図4-3に見られるように，結婚の意思や子を持ちたいという意思との関連は非常に強い。今回の調査で，結婚の意思や子を持ちたいという意思が，男女とも減少し始めたので，中長期的には，親のようになりたいという学生はやや減っていく可能性もある。ただ，先の見えない現在のような社会に生きている若者からすれば，とりあえずずっと働いて，自分たちを大学まで行かせてくれた両親というのは，それだけで立派だと思える存在なのかもしれない。であれば，自分が結婚するか否かにかかわらず，ちゃんと生きてきた身近な存在として，親は目標になりうるのかもしれない。

　表4-1，表4-2は，親のようになりたいと思う（「思う」＋「やや思う」＝「は

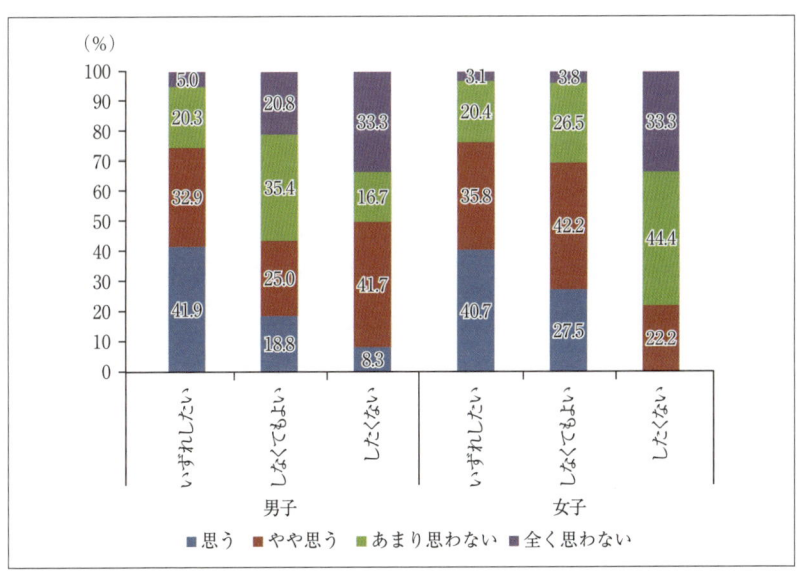

図4-2　結婚の意思×親のようになりたいと思うか（2017年）

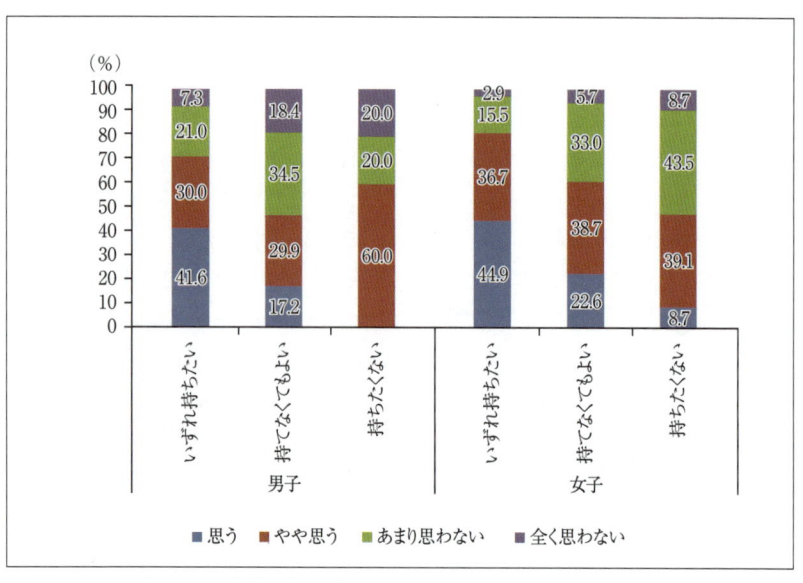

図4-3　子を持つ意思×親のようになりたいと思うか（2017年）

い」）学生と，そう思わない（「あまり思わない」＋「まったく思わない」＝「いいえ」）学生の2グループに分け，男女別にジェンダー観との相関関係を過去6回分，示したものである。相関関係が明確に見えない項目もあるが，総じていえば，やはり親のようになりたいと思う学生の方が，そう思わない学生たちより，伝統的ジェンダー観に対して肯定的である。結婚したいとか子を持ちたいという考え方は，基本的には伝統的な性別役割を素直に受け入れるという考え方でもあるので，こういう結果が出てくるのは当然と言えるだろう。

表 4-1　親のようになりたいかどうかとジェンダー意識の関連（男子）　　　（%）

＜親のようになりたいか＞	男子											
	1992 年		1997 年		2002 年		2007 年		2012 年		2017 年	
	はい	いいえ	はい	いいえ	はい	いいえ	はい	いいえ	はい	いいえ	はい	いいえ
男（女）らしいは嬉しいか	***		**				***				**	
1. はい	57.6	49.2	56.5	49.4	51.9	57.3	66.9	46.0	71.7	63.2	64.5	56.9
2. 一概に言えない	42.4	41.1	40.2	39.9	41.1	35.9	30.5	47.6	20.8	31.1	30.8	31.0
3. いいえ	0.0	9.7	3.3	10.7	7.0	6.8	2.6	6.3	7.5	5.7	4.7	12.1
男（女）らしさは必要か	*		***						***		***	
1. 絶対必要	31.4	25.8	16.8	18.6	15.6	19.7	18.8	12.5	21.4	19.8	15.4	9.6
2. どちらかといえば必要	59.3	54.8	70.3	52.7	64.8	59.8	68.2	73.4	68.8	53.8	69.2	57.4
3. どちらかといえば必要ない	8.5	12.9	9.2	17.4	12.5	14.5	10.4	7.8	8.7	20.8	10.3	27.0
4. まったく必要でない	0.8	6.5	3.8	11.4	7.0	6.0	2.6	6.3	1.2	5.7	5.1	6.1
結婚の際の名字	***		***				**		***		*	
1. 妻が改めるべき	17.0	11.3	10.9	6.0	6.2	14.5	11.0	10.9	16.9	8.5	16.4	10.3
2. 妻が改めた方がいい	48.3	28.2	35.9	19.9	29.5	23.9	33.8	19.5	38.4	26.4	37.1	28.4
3. どちらが改めてもよい	23.7	40.3	33.7	47.6	43.4	41.0	40.9	45.3	36.6	47.2	34.3	43.1
4. 別々でよい	11.0	20.2	19.6	26.5	20.9	20.5	14.3	24.2	8.1	17.9	12.2	18.1
女性の仕事	**		***						*		**	
1. 結婚したら家庭に専念	19.0	15.0	11.5	10.8	4.7	7.7	9.7	7.1	12.7	7.6	9.8	12.1
2. 子どもができたら家庭に専念	52.6	38.3	46.4	31.3	48.8	47.0	50.0	44.1	52.0	43.8	49.5	33.6
3. できるだけ職業を持ち続ける	28.5	46.7	42.1	57.8	46.5	45.3	40.3	48.8	35.3	48.6	40.7	54.3
家事・育児									*		***	
1. 妻がやった方がよい	6.8	6.5	8.1	5.4	0.8	4.3	3.3	4.7	10.5	7.7	3.7	7.8
2. 夫もできるだけ協力すべき	77.8	72.6	66.5	61.1	58.6	59.0	63.4	50.8	60.5	50.0	60.3	40.5
3. 公平に分担すべき	15.4	21.0	25.4	33.5	40.6	36.8	33.3	44.5	29.1	42.3	36.0	51.7
生まれ変わり希望												
1. 男性	89.7	85.2	82.2	76.0	76.0	69.0	81.8	81.1	79.2	77.1	78.0	74.6
2. 女性	10.3	14.8	17.8	24.0	24.0	31.0	18.2	18.9	20.8	22.9	22.0	25.4

（カイ二乗検定　***…p ＜ 0.01　**…p ＜ 0.05　*…p ＜ 0.10）

表 4-2　親のようになりたいかどうかとジェンダー意識の関連（女子）　　　（%）

＜親のようになりたいか＞	女　子										
	1992 年		1997 年		2002 年		2007 年		2012 年		2017 年	
	はい	いいえ	はい	いいえ	はい	いいえ	はい	いいえ	はい	いいえ	はい	いいえ
男（女）らしいは嬉しいか	***		**									
1. はい	47.2	27.1	35.6	32.5	40.8	35.9	46.1	46.6	53.0	42.7	48.8	41.8
2. 一概に言えない	48.6	63.9	59.4	55.8	51.3	55.0	47.0	40.7	43.4	50.6	46.3	50.5
3. いいえ	4.1	9.0	5.0	11.7	7.9	9.2	6.9	12.7	3.6	6.7	4.9	7.7
男（女）らしさは必要か			**		**		*		**		**	
1. 絶対必要	18.3	12.3	7.9	10.4	8.2	7.6	11.2	3.4	5.8	5.6	5.7	4.4
2. どちらかといえば必要	66.2	62.3	73.3	60.4	65.0	67.9	73.5	75.4	78.4	64.0	72.2	56.0
3. どちらかといえば必要ない	13.2	21.3	17.0	24.0	23.5	16.0	12.8	17.8	14.0	25.8	17.1	29.7
4. まったく必要でない	2.3	4.1	1.8	5.2	3.2	8.4	2.5	3.4	1.8	4.5	4.9	9.9
結婚の際の名字			**		***		**		**			
1. 妻が改めるべき	11.4	5.0	5.8	5.8	2.6	3.8	10.9	8.5	10.8	7.9	11.8	7.7
2. 妻が改めた方がいい	37.9	31.4	27.3	13.0	28.2	21.4	30.2	23.7	41.2	27.0	35.4	30.8
3. どちらが改めてもよい	41.1	47.9	48.2	56.5	48.1	47.3	48.3	47.5	36.9	48.3	41.1	40.7
4. 別々でよい	9.6	15.7	18.7	24.7	21.1	27.5	10.6	20.3	11.1	16.9	11.8	20.9
女性の仕事	***		*		**				*			
1. 結婚したら家庭に専念	14.7	5.8	7.2	7.8	5.6	3.1	7.5	4.3	5.4	0.0	3.7	5.6
2. 子どもができたら家庭に専念	41.7	35.5	33.0	22.1	38.8	27.5	42.1	40.2	41.5	41.4	37.3	33.3
3. できるだけ職業を持ち続ける	43.6	58.7	59.8	70.1	55.6	69.5	50.5	55.6	53.1	58.6	59.0	61.1
家事・育児	***		**		**		*		***			
1. 妻がやった方がよい	4.6	3.3	1.1	1.9	1.2	0.0	1.9	5.1	2.2	1.1	1.6	2.2
2. 夫もできるだけ協力すべき	76.3	55.7	60.6	48.1	50.1	38.2	54.5	45.3	61.6	37.1	48.4	41.1
3. 公平に分担すべき	19.2	41.0	38.3	50.0	48.7	61.8	43.6	49.6	36.2	61.8	50.0	56.7
生まれ変わり希望					***		**					
1. 男性	36.5	45.0	38.4	44.1	29.4	45.3	34.9	46.1	30.2	37.1	42.4	49.4
2. 女性	63.5	55.0	61.6	55.9	70.6	54.7	65.1	53.9	69.8	62.9	57.6	50.6

（カイ二乗検定　***…p ＜ 0.01　**…p ＜ 0.05　*…p ＜ 0.10）

4-2　さらに高まる母親評価

　次に，学生たちが両親のどういうところを評価しているのかを詳しく見て
みよう。表4-3，表4-4は，8つの評価項目に対して，学生たちが父親と母
親のそれぞれをどう評価しているかを示したものである。各表の右の3列は，
評価状況を一目でわかるように得点化したもので，「非常に思う」を3点，「ま
あ思う」を2点，「あまり思わない」を1点，「まったく思わない」を0点と
して計算した各項目の平均点である。

表4-3　父親の評価（2017年）　　　　　　　（得点以外は％）

（父親評価）	非常に思う	まあ思う	あまり思わない	まったく思わない	DK/NA	全体	男子	女子
						（得点）		
a. 仕事熱心	52.2	34.9	8.2	2.4	2.4	2.40	2.43	2.37
b. 家族思い（やさしい）	39.3	39.9	13.7	4.6	2.4	2.17	2.19	2.15
c. 頼りがいがある	38.5	38.9	15.5	4.8	2.4	2.14	2.17	2.11
d. 尊敬できる	39.5	36.8	13.9	7.3	2.5	2.11	2.15	2.07
e. 自分を理解してくれている	20.7	40.4	25.5	10.9	2.5	1.73	1.83	1.63
f. こわい	7.3	19.5	39.2	31.4	2.5	1.03	1.05	1.00
g. うるさい	8.8	21.0	34.3	33.5	2.4	1.05	1.04	1.07
h. うっとうしい	7.6	18.9	38.0	33.0	2.4	1.01	0.98	1.04

表4-4　母親の評価（2017年）　　　　　　　（得点以外は％）

（母親評価）	非常に思う	まあ思う	あまり思わない	まったく思わない	DK/NA	全体	男子	女子
						（得点）		
a. 仕事（または家事に）熱心	55.6	35.9	6.4	1.6	0.4	2.46	2.43	2.50
b. 家族思い（やさしい）	65.3	30.0	3.1	1.2	0.4	2.60	2.61	2.59
c. 頼りがいがある	48.6	38.3	10.7	1.8	0.6	2.34	2.28	2.41
d. 尊敬できる	50.7	36.8	10.3	1.8	0.4	2.37	2.33	2.41
e. 自分を理解してくれている	42.6	39.3	13.4	3.9	0.7	2.22	2.20	2.24
f. こわい	5.8	19.5	40.1	34.0	0.6	0.97	0.92	1.02
g. うるさい	12.5	31.3	34.1	21.5	0.6	1.35	1.41	1.29
h. うっとうしい	6.3	19.8	43.7	29.8	0.4	1.03	1.09	0.96

　a～eの5つがプラスイメージの項目，f～hの3つがマイナスイメージ
の項目になる。表4-3，表4-4の得点部分を比較してもらえばわかるように，
5つのプラスイメージの項目は，すべて男女ともに母親が父親より高く評価

されている。しかし，父親の評価も低いわけではなく，父親も「自分を理解してくれている」という項目に関しては，「そう思う」（＝「非常に思う」＋「まあ思う」）人が6割強だが，その他の4項目に関してはすべて4分の3以上の学生たちから肯定的に評価されているので，父親の評価が低いのではなく，母親の評価が非常に高いということである。

f〜hのマイナスイメージの3項目に関しては，母親が「うるさい」という項目で，4割以上の学生から「そう思う」とされているが，あとの項目はすべて「そう思う」人は3割未満である。要するに，親の評価は父母ともに高く，特に母親の評価が非常に高いというのが現在の状況である。では，こうした状況は以前からずっとそうだったのだろうか。次に，この親評価の推移を見てみよう（表4-5〜表4-10参照）。

この質問は，1992年から導入したが，1997年調査の際にいったんはずし，2002年調査以降は毎回尋ねているので，今回で5回目の実施となる。それぞれの項目で一番評価が高かった年を色づけしてある[1]。まず男女合わせた全体の得点に注目すると，プラスイメージ項目に関しては，父親の「仕事熱心」以外は，すべて今回の調査の得点がもっとも高くなっている。男子学生では，すべての項目で今回が最高点となっている。女子学生では，父親の3項目でまだ2002年調査の得点を超えられていないが，この10年間で見る限り，その3項目も上昇してきている。両親の評価は確実に上がっていると言えるだろう。

各項目別により詳細に見ていこう。まず「仕事熱心」——母親に関しては「仕事（または家事に）熱心」——と思うかどうかという項目に関しては，今回の調査で初めて母親の得点が父親の得点を上回った。総じて，母親の評価が高まる中，この項目だけは過去4回の調査ですべて父親の評価が男女ともに母親より高い唯一の項目だったが，ついにこの項目も母親が父親を上回り，プラスイメージの項目はすべて男女ともに，母親が父親より高く評価されるようになった。この質問項目を導入した1992年調査の時は，男子学生では，「仕事熱心」以外に，「頼りがいがある」と「尊敬できる」で，父親が母親の得点を上回っていたのだが，2002年調査以降は，この「仕事熱心」が唯一の父親が母親より高く評価されている項目になっていた。

ただし，本当は2007年調査ですでに逆転していたかもしれない。という

表4-5　父親評価（全体）

	1992年	2002年	2007年	2012年	2017年
仕事（または家事に）熱心	2.40	2.45	2.31	2.32	2.40
家族思い（やさしい）	2.06	2.14	1.99	2.09	2.17
頼りがいがある	2.03	2.09	1.96	1.99	2.14
尊敬できる	2.00	2.04	1.97	2.00	2.11
自分を理解してくれている	1.58	1.59	1.58	1.64	1.73
こわい	1.08	1.06	1.04	1.04	1.03
うるさい	1.24	1.08	1.19	1.25	1.05
うっとうしい	1.02	0.98	1.09	1.15	1.01

表4-6　母親評価（全体）

	1992年	2002年	2007年	2012年	2017年
仕事（または家事に）熱心	2.37	2.34	2.20	2.23	2.46
家族思い（やさしい）	2.38	2.50	2.50	2.50	2.60
頼りがいがある	2.02	2.17	2.17	2.26	2.34
尊敬できる	2.05	2.20	2.23	2.31	2.37
自分を理解してくれている	1.92	2.12	2.07	2.15	2.22
こわい	0.95	0.91	0.93	0.94	0.97
うるさい	1.51	1.45	1.49	1.51	1.35
うっとうしい	0.97	0.90	0.98	1.11	1.03

表4-7　父親評価（男子）

	1992年	2002年	2007年	2012年	2017年
仕事（または家事に）熱心	2.37	2.37	2.29	2.31	2.43
家族思い（やさしい）	1.98	2.00	1.92	2.06	2.19
頼りがいがある	1.97	2.01	1.92	2.05	2.17
尊敬できる	1.99	1.98	1.95	2.01	2.15
自分を理解してくれている	1.63	1.55	1.61	1.73	1.83
こわい	1.08	1.06	1.11	1.11	1.05
うるさい	1.12	1.02	1.23	1.25	1.04
うっとうしい	0.94	0.92	1.09	1.10	0.98

表4-8　母親評価（男子）

	1992年	2002年	2007年	2012年	2017年
仕事（または家事に）熱心	2.32	2.36	2.16	2.25	2.43
家族思い（やさしい）	2.29	2.43	2.44	2.45	2.61
頼りがいがある	1.82	2.02	1.99	2.11	2.28
尊敬できる	1.90	2.11	2.10	2.19	2.33
自分を理解してくれている	1.80	2.05	1.97	2.09	2.20
こわい	0.87	0.79	0.72	0.85	0.92
うるさい	1.56	1.50	1.49	1.63	1.41
うっとうしい	1.08	1.01	0.99	1.23	1.09

表4-9　父親評価（女子）

	1992年	2002年	2007年	2012年	2017年
仕事（または家事に）熱心	2.42	2.48	2.32	2.30	2.37
家族思い（やさしい）	2.11	2.21	2.03	2.12	2.15
頼りがいがある	2.07	2.14	1.98	1.95	2.11
尊敬できる	2.01	2.07	1.97	2.00	2.07
自分を理解してくれている	1.55	1.61	1.55	1.58	1.63
こわい	1.07	1.06	0.99	0.99	1.00
うるさい	1.33	1.11	1.17	1.25	1.07
うっとうしい	1.08	1.01	1.09	1.19	1.04

表4-10　母親評価（女子）

	1992年	2002年	2007年	2012年	2017年
仕事（または家事に）熱心	2.40	2.34	2.22	2.21	2.50
家族思い（やさしい）	2.45	2.54	2.54	2.54	2.59
頼りがいがある	2.16	2.23	2.29	2.37	2.41
尊敬できる	2.16	2.25	2.32	2.41	2.41
自分を理解してくれている	2.01	2.15	2.14	2.20	2.24
こわい	1.01	0.98	1.07	1.02	1.02
うるさい	1.47	1.43	1.49	1.43	1.29
うっとうしい	0.89	0.85	0.99	1.02	0.96

のは，実は 2007 年調査と 2012 年調査の際には，母親の評価を聞く際に「（または家事に）」という文言を入れずに，父親と同じく単純に「仕事熱心」かどうかで尋ねていた。全体に母親の評価が上がる中で，この項目の 2007 年調査と 2012 年調査の得点は 2002 年までより低いという結果が出ていたのは，この「（または家事に）」という文言がなかったせいとも考えられる。今回の調査で再び，この文言を質問文に戻し，「仕事（または家事）熱心」と思

うかどうか聞いたところ，前回の調査からの伸びがもっとも大きな項目となった。この結果を見ると，2007 年調査と 2012 年調査も同じ文言で聞いていたら，もっと得点は高く，この項目でも 10 年前にすでに父母逆転は生じていたと考えるのが妥当のようにも思われる。

　「家族思い（やさしい）」という項目に関しては，母親の評価が非常に高い。男女ともに，母親のこの評価項目の得点は 1992 年調査の男子学生の回答で 2 位だった以外は，すべての項目の中で毎回もっとも得点が高い。母親が「家族思いでやさしい」のは昔から多くの家庭でそうだったと考えられるが，ますますその評価は高くなっている。父親に関しては，上ったり下がったりしているが，総じて「仕事熱心」の次に得点の高い項目であり，評価されている部分と言えよう。

　ちなみに，父親に対する「仕事熱心」と「家族思い」という評価をそれぞれ肯定的と否定的の 2 グループにしてクロスさせることで，「仕事も家庭への関わりも評価の高い父親（両立派）」(74.7％)，「家族思いでやさしいが，仕事熱心とは評価されていない父親（家庭派）」(4.8％)，「仕事熱心だと評価されているが，家族思いと思われていない父親（仕事派）」(12.5％)，「仕事熱心でもなく家族思いとも思われていない父親（ダメ親父）」(5.8％) の 4 タイプができあがる。「両立派」の父親がもっとも高く評価され，「ダメ親父」がもっとも評価が低いのは当然だが，「家庭派」の父親と「仕事派」の父親とではどちらの方が評価が高いだろうか。父親を尊敬できるかどうかという質問との関連でその評価を見てみよう。

　図 4-4，図 4-5 に表れているように，男女ともに，「家庭派」の父親の方が「仕事派」の父親より評価されている。特に，女子学生の場合は，「家庭派」の父親に関しては，3 分の 2 の学生が尊敬できると答えているのに対し，「仕事派」の父親を尊敬できると答える人は半数に満たない。今や熱心に仕事をしていても家族思いと評価されなければ，娘からの父親の評価は上がらないようだ。男子学生の場合も，やはり「仕事派」の父親の方が，「家庭派」の父親より評価が低いが，「非常に尊敬できる」と答える人はともに 14.3％であり，「まあ尊敬できる」も含んだ割合は，「家庭派」50.0％，「仕事派」42.9％で，女子学生よりは両者の差が小さい。いくら家族思いであっても仕事熱心でないことに対しては男子学生の方がより厳しく評価するようだ。

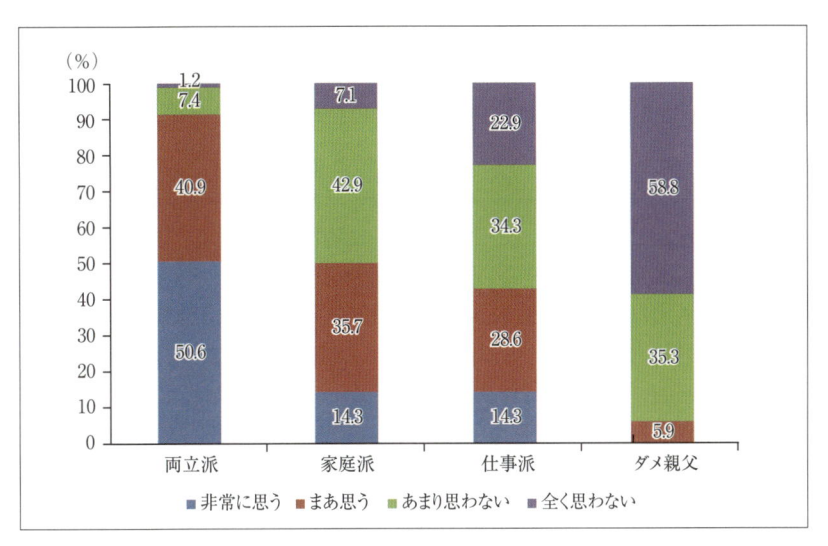

図 4-4 父親のタイプ別に見た父親を尊敬できるかどうか（男子）（2017 年）

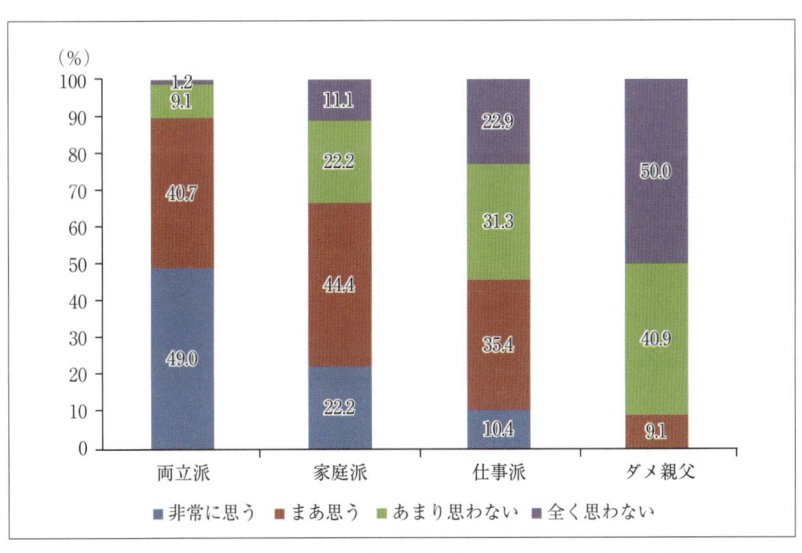

図 4-5 父親のタイプ別に見た父親を尊敬できるかどうか（女子）（2017 年）

次に「頼りがいがある」という評価項目について見てみよう。25 年前の 1992 年調査では，男子学生においては父親の評価が母親よりかなり高く，その結果として全体でもわずかだが，父親の方が母親より評価が高かったが，15 年前の 2002 年調査以降は，男女ともに母親の方が高く評価される項目となっている。2007 年，2012 年とあまり伸びていなかった父親の得点が今回の調査ではかなり大きく伸びたが，母親の得点も伸びており，両者の差はまだかなりある。

　かつての「父親は一家の大黒柱」という考え方からすると，同性の子である息子からさえ母親の方が頼りがいがあると思われているのは，家庭における父親の地位や役割の変化を想像させる。父親の権威の低下がよく話題になったのは 1980 年代後半から 90 年代前半くらいのことであり，今や当たり前になりすぎて話題にもならなくなっている [2]。ただし，この評価の変化には，学生自身がいつまでも未成熟な子ども気分のままでいるという要素も大きいのではないかと思っているが，これについては後で詳述したい。

　「尊敬できる」という項目も「頼りがいがある」と似たような推移を示し，前回調査までは母親の得点が大きく伸び，父親の得点はあまり伸びていなかったが，今回は父親の得点もかなり伸びた。しかし，男女ともに母親の方が父親よりも高く評価されているという事実に変化はない。息子からも娘からも，父親より母親の方が頼りがいもあり，尊敬できると思われる家庭の方が多くなってきているわけである。

　父親を尊敬する場合，かつてなら仕事をする父親役割を評価してということだったと思うが，最近では，上で述べた父親のタイプ別評価でも表れていたように，仕事を熱心にやっていても家族思いと思われなければ，尊敬されない時代になっている。大学生たちも卒業して働き始めたら，仕事をきちんと続けることの大変さが理解できて，父親の評価が学生時代より上がるというようなことも考えられるが，想像力の弱くなった現代の学生たちにとっては，目に見えるわかりやすい形で，家庭で気を配ってくれる母親の方が，自分たちが知らないところで努力している父親より尊敬するという評価は生まれやすいのだろう。

　「自分を理解してくれている」という項目は，プラスイメージの項目の中では毎回もっとも評価が低い項目である。ただし，25 年前と比べるなら，

この評価項目の得点もかなり伸びている。特に，男子学生の母親が自分を理解してくれているという評価は大きく伸びている。女子学生の父親評価は男子学生の母親評価ほどには伸びていないが，それでも他のプラスイメージ項目よりは伸びている。総じて，大学生とその親とのコミュニケーションがより密になり，親の理解力が増していると考えられよう。

　続いて，ややマイナスイメージを持つ 3 つの評価項目——「こわい」「うるさい」「うっとうしい」——について見ていこう。まず，全体的に見た場合，母親を「うるさい」と思う学生が 1.50 前後いるだけで，後は得点がいずれも 1.00 前後であまり高い得点ではないということだ。この得点が低いということは，親にマイナスイメージを持つ人が少ないことを表す。経年変化では一定の方向への変化は見て取れず，狭い範囲で上がったり下がったりを繰り替えしてきている。

　個別に見ていくと，「こわい」という項目に関しては，父母ともにトータルではあまり大きな変化は見られない。唯一やや変化がはっきり見られるのは，女子学生が父親を 15 年，25 年前よりこわいと思わなくなっている点である。「こわい」というイメージは単なるマイナスではなく，権威につながるイメージでもあることを考えるなら，得点が低くなればなるほどよい親子関係になっているのかどうかは判断の難しいところである。

　「うるさい」という評価項目は，男女ともに毎回母親の方が父親よりははるかに得点が高い項目である。これは，いろいろ口出ししてくる母親を「口うるさい」存在として，学生たちが見ているということだろう。しかし，この得点も男女ともに今回が過去 5 回の調査でもっとも低くなった。その意味では，この面でも母親と大学生の子どもとの関係は良好になっていると言えそうである。

　「うっとうしい」という評価項目は，前回の調査の時に父母ともに過去最高得点になっていたが，今回はすべて下がった。この項目に関しては，基本的には，男子学生は父親より母親を，女子学生は母親より父親をよりややうっとうしい存在と見ている[3]。男子学生の場合は，「うるさい」と近い感覚で，愛情を押しつけてくる母親をやや「うっとうしい」と感じるのであり，女子学生の場合は，若い女性の生活感覚と合致しない「おじさん感覚」が，少なからず父親を「うっとうしい」存在に感じさせているのだろう。

以上8つの項目の評価を総括すると，男女ともに父母の評価は高いが，特に母親の評価が一段と高くなってきており，今や一家の精神的な大黒柱は母親になってきていると言えるだろう。

　女子学生にとって，「将来親と一緒に住みたいか」という質問に対する回答は，毎回この親評価の様々な項目との関連が出ている。今回の調査で，危険率5％未満の関連が見られるのは，父親の「理解度」，母親に関しては「理解度」と「尊敬できるか」の3項目，そして10％未満の関連まで見るなら，父親が「家族思い」かどうかと母親が「頼りがい」があるかどうかの2項目も入ってくる。男子学生では，10％未満の危険率で有意だと言える関連はひとつもない。

　親との同居という問題は，男性よりも女性にとってよりシリアスな問題である。家庭の中心になることが多い女性にとって，夫の親と同居するのか，自分の親と同居するのか，同居はせずに済ませるのかは悩ましい問題である。どちらかの親と同居しなければならないなら，自分の親の方がよいと思う人は多いだろう。その際に自分にとって親がどういう存在であるのかによって，女子学生の同居希望意識に影響が出るのは当然だろう。

　しかし，現在のように未婚率が高まってくると，この将来の親との同居希望は，結婚せずに同居を続けるということも念頭においての回答と解釈する必要もある。そこで，「早く親から自立したいかどうか」と「結婚したいかどうか」いう2つの質問とこの「将来の同居希望」を性別ごとにクロスしてみると，女子学生ではその両方において5％未満の危険率で，「自立したくない人」や「結婚したくない人」の方が，そうでない人より自分の親との同居を望んでいるという関連が明確に出る。今や，結婚せずに親元に同居し続けるパターンもかなり想定されていると考えるべきであろう。

4-3　大人自覚と自立心

　女子学生はもちろん男子学生においても，父親より母親を頼りがいがあり，尊敬できる存在と評価する親子関係が当たり前となりつつある時代において，大学生たちの成熟度が私には気になる。こういう結果は，単純に読み解くなら，母親の権威の上昇を示しているということになるのだが，実は大

学生たちが幼くなっていることの表れではないかという気がしてならない。幼い子どもたちにとっては，男の子であろうと女の子であろうと，母親は自分を理解してくれる頼りがいのある存在である。しかし，成長していくにつれ，だんだん親を対等の人間としてしっかり評価するようになり，幼い時のように，単純に頼れる存在とは思えなくなってくるのが，かつては普通であった。特に，自立心を強く植え込まれるはずの男性にとっては，母親をいつまでも頼れる存在と思い続けるのは難しいことであった。私が学生の頃は，大学生にもなって母親を頼りにするのは男としては恥ずかしいことだという意識が存在したが，そういう感覚が今は非常に薄れてしまっている。それが，こうした母親に対する高い評価を生み出す一因になっていると思われてならない。

　最近の学生たちは，「大学に行くのは当然だったから」という入学目的を半数以上が選ぶことに表れているように，高校に通うのと同じような気分で大学に通っている学生も少なくない。社会的慣習もかつてとは変わり，大学生であっても未成年の間はお酒を飲むのは絶対いけないという法律順守になっている。以前であれば，大学生になったら，お酒くらい飲めないといけない，難しい本も読めないといけない，政治や社会問題に関心も持たなければいけないといった大学生特有の暗黙のノルマがあったが，今はほぼすべてなくなってしまった。結果として，少なくない大学生が家と大学を往復するだけという高校生と変わらない生活をしている。これにアルバイトとサークル活動を加えれば，大多数の学生たちの生活パターンができあがる。こうした大学生活を送る学生たちが自らをまだ子どもであると認識し，それに比べて親は偉いと思うのは自然なことと言えるだろう。

　親の方も子どもが未成熟なのはよく知っているので，大学受験には付き添い，入学後は入学式を皮切りに親が参加できる様々な大学の行事に顔を出す。何か問題が起これば，小学校時代と同様に，母親が問い合わせをしてきたり，クレームをつけてきたりする。確かに，こうした母親の行動を見ていれば，大学生たちにとって，今や母親は頼りがいのある存在なのだろうということはよく理解できる。

　しかし，この私の仮説は単純には証明されない。図4-6に見られるように，2007年までは自分はもう大人だと自覚する学生は減ってきており，そ

こまではこの仮説は当てはまるのではないかと思っていたが，2012年調査，2017年調査では，親の評価がさらに上がる一方で，大人だと自覚する学生も増えた。また，表4-11に見られるように，大人自覚のない人の方が親を高く評価しているという結果も出ていない。

　このように，親の評価とは単純な関連を見せない大人自覚意識だが，親との関係を考える上では不可欠な項目なので，ここで詳しく扱っておこう。まず注目すべきは，なんと言っても，前回の2012年調査から，それまでずっと減り続けてきていた「自分はもう大人だ」と思う人の割合が逆転して増えたことだ（図4-6参照）。今回の調査では男子でわずかに減ったものの，基本的には2012年調査とほぼ同じ割合の大人自覚を持つ学生がいる。しかし，日頃学生たちと付き合っている私の実感としては，2012年頃から，学生たちが急に大人になってきたとはまったく思えない。実際，図4-7を見てもらえばわかるように，「子どもでいたい」という人の割合はじわじわ増えているし，「早く親から自立したい」と思う人は減り，「早く働きたい」と思う人も増えていない。にもかかわらず，主観的な大人自覚だけがこの間上昇した。一体これはどういうことなのだろうか。

　この説明は非常に難しいのだが，ひとつ考えられることとしては，2007

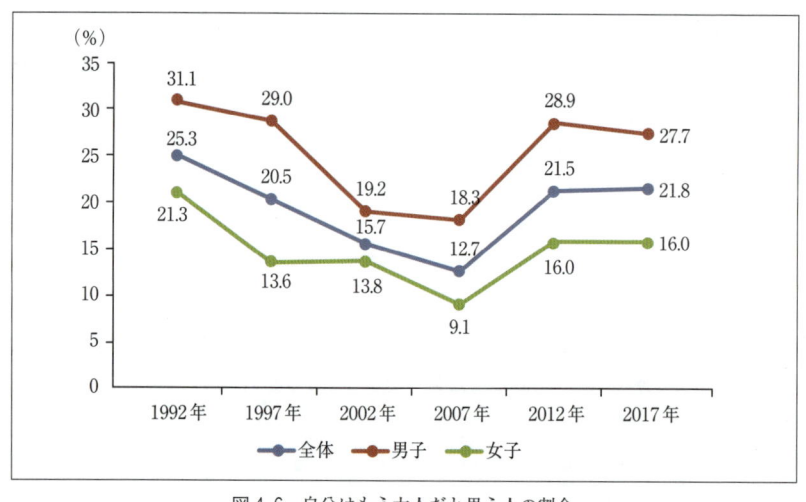

図4-6　自分はもう大人だと思う人の割合

表 4-11　大人自覚と親評価（得点）

	男　　子				女　　子			
（2017 年調査）	父頼り	母頼り	父尊敬	母尊敬	父頼り	母頼り	父尊敬	母尊敬
自分はもう大人だ	2.22	2.29	2.17	2.32	2.11	2.43	1.92	2.30
まだ大人ではない	2.14	2.28	1.98	2.34	2.11	2.41	2.10	2.43
（2012 年調査）	父頼り	母頼り	父尊敬	母尊敬	父頼り	母頼り	父尊敬	母尊敬
自分はもう大人だ	2.17	2.21	2.09	2.29	1.89	2.32	1.86	2.29
まだ大人ではない	1.99	2.07	1.98	2.15	1.96	2.38	2.02	2.43
（2007 年調査）	父頼り	母頼り	父尊敬	母尊敬	父頼り	母頼り	父尊敬	母尊敬
自分はもう大人だ	1.96	2.00	1.98	2.21	1.85	2.36	2.02	2.38
まだ大人ではない	1.91	1.99	1.94	2.08	1.99	2.29	1.97	2.31
（2002 年調査）	父頼り	母頼り	父尊敬	母尊敬	父頼り	母頼り	父尊敬	母尊敬
自分はもう大人だ	1.96	1.83	1.85	2.04	2.15	2.32	2.26	2.25
まだ大人ではない	2.02	2.11	2.02	2.12	2.14	2.21	2.04	2.26
（1992 年調査）	父頼り	母頼り	父尊敬	母尊敬	父頼り	母頼り	父尊敬	母尊敬
自分はもう大人だ	1.92	1.80	1.95	1.92	1.93	2.07	1.90	2.24
まだ大人ではない	2.00	1.83	2.01	1.89	2.10	2.18	2.04	2.14

（大人自覚別に見た両親の評価：濃い青：0.10 ポイント以上高い。薄い青：0.05〜0.09 ポイント高い。）

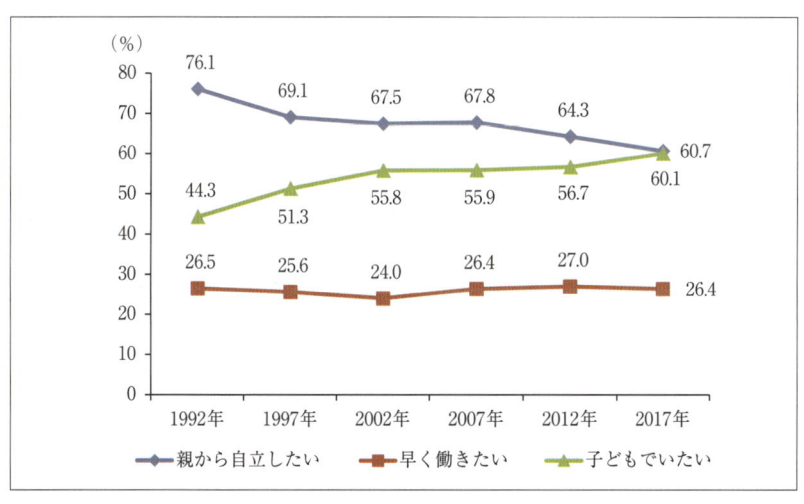

図 4-7　自立心等の推移

年5月に「国民投票法」が成立し，そこに18歳から投票できると規定され，その頃から民法の規定も「18歳成人」に変えようという議論が本格化してきたことが影響しているかもしれない[4]。

　もともと「大人」という概念は曖昧で，何を基準として自分を大人と考えるかどうかは人それぞれである。第1章で紹介したように，20歳代後半から30歳すぎの若い社会人を調査した1995年調査でも，大人だという自覚を持つ人は5割に届いていなかったし，年齢が上がると大人自覚が高まるという結果も出ていなかった。他方で，独身者より既婚者が，既婚者の中でも親となった人の方が大人自覚は高くなるという傾向は明確に出ていた[5]。

　大学生の場合も2007年調査まで大人自覚が確実に減ってきていたのは，その頃まではまだ年齢以外の大学生なりの「大人役割」のようなものが想定され，それを果たせているという意識が薄れてきていた結果だったろう。しかし，ここに来て急速に大学生の高校生化が進み，その結果として大学生なりの「大人役割」のイメージが一段と曖昧化し，他方で「18歳成人」議論が本格化することで，18歳を超えたら成人＝大人と考えてもよいのではないかと思う学生が増えてきたのではないだろうか。2018年に民法が改正され，2022年4月からは18歳成人法が施行されるので，もしもこの仮説が正しければ，次回の2022年調査の時には，さらに大人自覚を持つ学生たちは増えているかもしれない。ただし，前回から今回にかけて，より18歳成人の議論は本格化していたにもかかわらず，大人自覚を持つものは増えなかったので，5年後もそうは増えないかもしれない。

　大人自覚を持つ人とそうでない人を比較して，大人自覚を持つ人の相対的特徴を明らかにしておこう。男女ともに5％未満の統計的有意差が見られるのは，「友人と何かする時に中心になる」（男子「大人自覚あり」62.0％：「大人自覚なし」44.1％，女子「大人自覚あり」63.0％：「大人自覚なし」47.2％）だけであるが，10％未満まで基準を下げると，「子どもでいたいとは思わない」（男子55.4％：44.6％，女子46.3％：29.3％）と，「自分らしさがつかめている」（男子59.8％：42.2％，女子48.1％：32.8％）も有意差があると言える。他に，女子では十分な有意差があるとは言えないが，「人生観」（「人生は闘争だと思う」男子53.3％：35.8％，女子33.3％：26.5％）や，「早く親から自立したい」（男子78.3％：65.8％，女子61.1％：50.9％）という意識に関しても，男子で

はそれなりの差が見られる。

　毎回の調査で出ている傾向だが，大人自覚を持つ人はそうでない人に比べ，積極的で意欲的だと言えよう。ただし，前回から大人自覚を持つ人が 2 割ほどに増えたとはいえ，まだ全体の 8 割近くという大多数の学生たちは「自分はまだ大人ではない」という認識であることは忘れてはならないだろう。

　次に，大人自覚と関連が深いはずの「親からの自立」や「子どもでいたい」という意識について見てみよう。まず「早く親から自立したいか」という意識は，1992 年調査では 4 分の 3 以上（全体 76.1％，男子 82.2％，女子 71.8％）の学生たちが「そう思う」と答えていたが，じわじわ減り，今回の 2017 年調査では約 6 割（全体 60.7％，男子 69.3％，女子 52.5％）になった。確実に減ってきていて今後も減り続けていくだろうと予想されるが，とりあえず今の段階では，6 割という多数派は，親からの自立を求めていることになる。ただし，「自分は大人だ」と思う人は 2 割程度，「早く働きたい」という人も 4 分の 1 程度しかおらず，逆に「大人になるより子どものままでいたい」という人が 6 割以上いる [6)] のだから，「親からの自立」を望むと答えた人の大部分にとって，この「自立」とは経済面も含めた本格的な独立を意味していないことは明らかだろう。

　ここで学生たちによって漠然と考えられている「親からの自立」の意味を明らかにするために，男女別に早く親から自立したい人とそうでない人のグループに分け，親評価の得点を比較してみた。そのうち，自立したい人の得点からそうでない人の得点を引いたものが 0.20 ポイント以上の大きな差になったものをあげてみると，男子に関しては，「父・こわい（0.26）」だけであるが，女子に関しては，「父・家族思い（− 0.21）」，「父・理解度（− 0.21）」，「母・頼りがい（− 0.21）」，「母・尊敬（− 0.23）」，「母・理解度（− 0.39）」，「母・こわい（0.25）」，「母・うるさい（0.24）」「母・うっとうしい（0.32）」である。この結果から，女子学生は親——特に母親——との関係性が良好であれば自立心が弱まり，親の評価が低いと自立心が高まると言えよう。女子学生たちの「早く親から自立したい」という意識は，母親から自由になりたいということを意味すると言えよう。つまり，自立といっても，決して本格的な独立を意味するものではなく，「経済的にはスネかじりのままでいたいが，母親の干渉からはもう少し自由になりたい」といった程度のものと考えられよう。

他方男子学生の場合は，自立心の有無と親評価の関係は明確ではなく，親との関係よりも，自分らしさをつかんでいて，男性役割に肯定的で，働く意欲が強い人が，より自立心が強いようだ[7]。とはいえ，「早く自立したい」という男子学生でも，早く働きたいと答える人は，36.5％——「早く自立したい」と思わない人では26.5％——しかおらず，男子学生でも本格的な独立を考えている人が多数派とは言えない。

　「できることなら大人になるより子どものままでいたい」と思う人は，「早く親から自立したい」と思う人が減るのと同じ志向性から出る回答なので，こちらは増加傾向にある。1992年調査では44.3％（男子41.4％，女子46.5％）しかいなかったのに，2017年調査では6割（全体60.2％，男子52.4％，女子68.0％）を超えている。この25年間で，多数派は「大人になりたい」から「子どもでいたい」に変化したわけだ。

　このようなデータを見てくると，やはり20年前，30年前のような意味での「大人役割」を取得しようとする学生たちはどんどん減り続けており，そのことが「大人役割」をしっかりこなしている親評価の上昇と結びついているのではないかと改めて指摘したくなる。

注

1）上の5つのプラスイメージ項目に関しては得点がもっとも高いところを評価が高いものと考え，下の3つのマイナスイメージ項目に関しては得点がもっとも低いところを評価が高いものとした。

2）「亭主元気で留守がいい」というCMがはやったのが1986年，妻の実家あるいはその近くで婿のように暮らす人が増えてきていることを表した「マスオさん現象」が流行語になったのは，1987年のことだった。また，父親不在について語った，中野収の『「家族する」家族 ——父親不在の時代というが……』（有斐閣）が刊行されたのは1992年のことであった。

3）2007年調査の男子学生の回答で父親の方が母親よりうっとうしいと評価された以外は，すべての調査において，男子は母親を，女子は父親をよりうっとうしい存在と見ている。

4）18歳から成人とするという民法改正は，2018年6月13日に正式に決定した。な

お，18 歳から様々な選挙の投票ができる公職選挙法の改正は，2015 年 6 月 17 日に成立している。

5 ）1995 年調査において，自分が大人だという自覚を持つ人の割合は，独身者で 42.1 ％，子のいない既婚者は 49.3 ％，子を持つ既婚者は 58.7 ％であった。片桐新自「『新人類』は今──『大人』になりきれない『若者』たち」『関西大学社会学部紀要』第 28 巻第 1 号，1996 年，134-135 頁参照。

6 ）「早く親から自立したい」と思っている人のうち，49.1 ％が「子どものままでいたい」と答えている。ちなみに，「早く自立したい」と思っていない人の場合，「子どもでいたい」と答える人は 77.5 ％いる。

7 ）自立したい男子学生とそうでない男子学生との間で統計的に見て有意な差が表れているものに，「自分らしさをつかめている」（50.9 ％：38.2 ％），「男らしいと言われるのは嬉しい」（65.7 ％：52.9 ％），「仕事と余暇」（余暇派 40.8 ％：55.9 ％，均等派 42.6 ％：26.5 ％）などがある。

第5章　スマホ世代の友人関係

5-1　友人関係をめぐる社会状況の変化

　友情という感情自体は普遍的な親愛感情であり，時，場所を選ばずあまり変わらないものかもしれないが，友人関係というコミュニケーションのあり方は時代とともに変化する。私が最初にこの変化を意識するようになったのは，自分が大学教師になってしばらくしてのことだった。ある時大学近くの喫茶店で昼食を取っていたら，男子学生が4人入ってきてテーブルを囲み，それぞれに食事を注文したのだが，その後食事が出てくるのを待つ間も，食事中も食後も，その4人はそれぞれに漫画雑誌を読み，ほとんど会話をしないという光景を見た。なんで一緒に昼食を食べに来たのに，ほとんど会話をしないのだろうと，私には不思議に思えてならなかった。私の世代の感覚では一緒にいるのに会話をしないのは非常に気まずい気持ちになり，そんな気持ちになるくらいなら，一人で食べた方がいいと考えるのが普通であった[1]。

　あまりに奇妙な光景に思えたので，その後親しい学生たちに，この場面の話をし，どう思うかと聞いたところ，多くの学生が「別に普通じゃないですか。そんなに喋らなくても，一緒にいることには意味があるのですから」と答えた。そんなものなのかと不思議に思うとともに，学生たちの友人関係や意識について調べてみたいと思い，2回目の1992年調査で，友人関係，友人とのコミュニケーションのあり方を尋ねた。その結果，確かにたいした目的がなくとも一緒にいることを重視する人は多いものの，根本的にかつての若者とは違う友人関係になっているかどうかは確信できなかった。

　しかし，その後毎回調査を続けていく中で，いくつかの要因が影響して友人関係はかなり変化してきているのではないかと確信するようになった。ひとつは社会の変化に伴う若者たちの価値観の変化である。1990年代前半に

バブル経済が終わった後，日本社会がこれ以上右上がりの成長をしていくと思えなくなった学生たちは，将来何者かになるために若いうちは克己勉励するという日々を送ることよりも，現在を楽しむことを自然に望むようになってきた。そうした現在を楽しむという価値観をより重視するようになった時，友人たちの存在というのは相対的に重要性を増す。魅力的な人間とは，何かができる人間という見えづらい基準で判断されず，友人が多い人間という目に見える基準で判断されるようになってきた。

　こうした価値観の変化は，特に男性において劇的に起こったことと言えよう。女性たちは昔から――というか，昔の方がより強く――将来何者かになるより，家庭を作り守るという価値観を引き受けさせられてきていたので，家族・近隣を含めた人間関係を大切にしながら毎日を楽しむという生き方を選択しやすかった。これに対し，男性たちは何者かになる，できれば「功成り名遂げる」ことが求められてきたし，そういう価値観を持ちやすかった。それゆえ，将来への前向きな希望が持ちにくい時代の中では，こうした男性的価値観はそのまま継承されにくくなってきたのである。

　そこに，さらに 1980 年代以降急速に浸透していくジェンダーに囚われない教育が加味され，伝統的な男性的価値観を引き受けようとする意識を持つ者が大幅に減り，身近な人たちと今を楽しむという価値観の持ち主が増え，その生活をするためには，友人関係は大切だという考え方を持つ人が増えてきている。女性たちの方は，ジェンダーに囚われないという教育の結果を，仕事中心の厳しい男性的な生き方を選択するという形で受け止める人は少なく，生き方に関しては相変わらず多数派は，身近な人たちと今を楽しむという生き方選択をし続けたため，やはり友人関係は大切だという意識は増えることはあっても減ってはいない。

　さらに 1980 年代以降の教育の変化として，競争より協力や共生を重視するようになっていったことも大きいだろう。1980 年代前半は校内暴力が荒れ狂い，1980 年代半ば以降は学校内での「いじめ」が大きく取り上げられるようになり，教育現場では競争させて勝者と敗者を生むことに極端に慎重になっていき，友人たちは競争相手ではなく，ともに協力する仲間なのだという意識を子どもたちに強く植えつけていった [2]。そうした教育を子ども時代に受けた大学生が 1990 年代以降はどんどん増えてきており，そのことも

また友人関係が大事だという意識を強める役割を果たしてきたと言えよう。

　教育方針の変化でもうひとつ影響していると思われるのは，1990年代以降の個性重視教育である。「男らしく，女らしく」といったジェンダーに基づく生き方を否定的に伝えられ，他方で個性を伸ばすようにと言われ続けてきた若い世代は，自分らしく生きたいと強く願っているが，実際にどう生きたら自分らしく生きられるのかは簡単にはつかめず，結局周りの友人たちを準拠としながら生きるようになっている。その意味でも多くの友人を持つ必要性が増していると言えよう。

　このように友人関係を重視する大学生が増大する中で，その生き方をサポートするコミュニケーション・ツールとして，この四半世紀の間に急速に発展してきたICTが大きな役割を果たすこととなった。この学生調査を始めた1987年調査，そして友人関係についての調査を始めた1992年調査の頃までは，コミュニケーション・ツールは，私が学生生活を過ごした1970年代とあまり変わらず，電話や手紙というものがほぼすべてであった。しかし，1997年調査の時には，ネット環境を大きく変えた「Windows95」がすでに発売されており，パソコンでのメールのやりとりは徐々に一般化しつつあり，また，携帯電話やPHSを持つ学生たちがかなり登場するようになっていたし，ポケットベルを利用して作られる友人関係（「ベル友」）が話題になる時代となっていた。ただ，まだこの時代は，パソコンも家にあっても一家に1台がせいぜいという状況だったし，携帯電話やPHSの使い方は通話によるコミュニケーションがほとんどだったので，連絡が取りやすくなったという変化はあったものの，友人間コミュニケーションのあり方が根本的に変わるというほどの役割を果たしていたとまでは言えなかった。唯一，ポケベルを利用しての友人関係やコミュニケーションの取り方が新しいものとして注目されるべきものであったが，ポケベルは女子高生を中心とした文化という位置づけで，大学生になると，ポケベルからは卒業していくのが一般的であった。

　この状況を大きく変えていくのが1999年のi-modeの登場である。携帯電話の通話以外の機能の充実が一気に進んだこのi-modeの登場によって，携帯電話は電話としてよりもメールのやりとりをするツールとなり，「携帯電話」と呼ぶよりも「携帯（ケータイ）」と呼ぶのが一般的になっていった。

2002年調査時の大学1年生は，高校入学とともにi-modeに出合った世代で，すでに恋愛関係も友人関係も携帯——特にメール——の存在を前提にする世代となっていた。この2002年秋に1年生の授業で，「恋愛に携帯は不可欠か？」と質問したところ，半数以上の学生が肯定したことを印象的な出来事としてよく覚えている。もちろん，上位学年もこの頃にはほぼすべての学生たちが自分の携帯を所有する時代となっていた[3]。

　誰もが携帯を持ち，携帯のカメラ機能が充実してきた2000年代前半は，ブログが急速に普及するようになった。「ブログの女王」と呼ばれるタレントが登場し，ブログという情報発信ツールが一般に知られるようになったのは2004年のことだった。一般の学生たちでもブログを開設する人たちもいたが，まだこの頃は少数派に留まっており，ブログは有名人の日常を知るものという位置づけで捉えられることの方が多かった。この状況を大きく変えていったのが，SNS（ソーシャル・ネットワーキング・サービス）と呼ばれる交流サイトの普及である。SNS自体の誕生は1990年代まで遡れるが，日本で一般に普及してくるのは，GREEやmixiが登場してくる2004年以降のことである。特に，日記が書きやすく，かつ18歳未満の加入禁止，招待加入制，マイミク申請方式などで，加入者に適度な安心感を与えることに成功したmixiは大学生を中心に急速に利用者を拡大した。

　2007年調査の頃は，mixiがまさに全盛期だった。mixiで「マイミク」になっている人の近況を知ったり，自分の近況を知らせたりすることが容易になった。2007年調査において，「友人のミクシィやブログを読むか」という質問に対し，「よく読む」と答えた人は44.7％，「たまに読む」と答えた人は23.0％で，3分の2以上の学生たちが，この時点でネットを利用して，友人たちの近況を知るようになっていた。こうしたSNSの普及によって，遠く離れて住みめったに会えないような地元の友人とも，まるで毎日会っているかのようなコミュニケーションが取れるようになったり，会ったこともない人とでも親しくコミュニケーションを交わしたりということができるようになった[4]。また，電話をするとかメールを送るというのは特定の友人にだけ自分のことを知ってもらうことになり，相手がこちらの気持ちを受け止められるような余裕がない時や，相手に心理的負担を与えてしまうのではないかといったことも心配しなければならなかったが，SNSを使えば，特定の友

人に負担をかけることなく，友人たちに自分の近況や思いを知ってもらい，誰かからコメントが返ってくることを期待できるようになった。つまり，1対1を基本としていた友人関係から，1対多あるいは多対多という友人関係へという変化を可能にしたのだった。

　2007年調査から2012年調査の間に登場したスマートフォンは，大学生の友人関係にさらに大きな影響を与えた。iPhoneの日本での発売開始が2008年7月であり，スマホが普及していくのはそれ以降である。つまり2007年調査の段階では大学生たちが持っていたのは，今や年配者を除いてはほとんど利用者がいなくなりつつある「ガラケー（ガラパゴス携帯）」と揶揄される携帯電話であった。それが2012年調査の時点では大学生の圧倒的多数がスマホを利用するようになっていた[5]。2007年調査の時点では，大学生たちの携帯の利用法としてはまだメールが中心で，SNSとしては上記に述べたようにmixiがもっともよく利用され，ブログも個人的な情報発信手段としてよく利用されていた。それがスマホ中心となった2012年調査の時点では，直接に連絡を取る方法としてはメールよりもLINEがよく使われ，SNSとしてはTwitterとFacebookがよく利用され，mixiはすでに過去のものという印象になっていた[6]。

　持ち歩き用の小型パソコンとも言えるスマホの普及は大学生たちのつながり方を大きく変えた。LINEというアプリケーションを使うことで，1対1のコミュニケーションだけではなく，多対多というコミュニケーションが別々の場所にいながら可能となった。かなり以前からあったチャットというコミュニケーションと類似の機能であるが，スタンプだけで反応したり，写真や短いメッセージを送りやすかったりするので，軽いコミュニケーションが取りやすいのが魅力となっている。また，LINE同士なら実質無料で通話も可能だし，仲のよい友人との間では便利な連絡手段として使われている。交流のためというよりメールに代わる便利な連絡手段として急速に普及した。

　Facebookはmixiに対する不満をカバーするSNSとして普及したと言えよう。mixiがニックネームでの登録を基本としていたのに対し，Facebookは実名登録を基本としているため，より信頼性のある情報発信がされるようになり，「友達申請」を受けた時にも，申請してきた相手が誰かをより正確に知ることができる。また，mixiでは「足跡」と言われる，アクセスした

かどうかが記録されてしまう機能があったため，友人の近況をちょっと知ろうと思っても，何かコメントを書き残さないといけないような気にさせるという問題があった[7]。しかし，Facebook では，見るだけの人は友人の近況を「足跡」を残さずに知ることができる上，読んだことだけを知らせるための「いいね！」ボタンがあるため，友人の近況をより知りやすくなった。

Twitter は鍵がかけられていない限り，「友達申請」などが要らないので，著名人のフォロワーになっている人も多い。自分自身も知らない人からもフォローされてしまうし，字数制限もあるので，たわいのないことのみをつぶやく手段となっている。最近は，Twitter のアカウントを複数持ち，現実社会の友人用，趣味の友人用，匿名用などと使い分けている人も少なくないようだ。

2012 年以降の 5 年間で大学生の間に急速に浸透したのが，Instagram である。写真共有アプリケーションであり，写真を中心とした SNS として大学生をはじめとする若い世代に大人気となっている。2017 年には「インスタ映え」という言葉が流行語大賞に選ばれるほどに広く知られるようになった。

最近の大学生がよく利用しているのは，この Instagram と Twitter である。Facebook はやや年上の人たちが利用している SNS だという認識を学生たちは持っている。Instagram と Twitter はともに文章でしっかりと伝える SNS ではない。LINE も含め，写真やスタンプや短い文章でコミュニケーションを取ることが大学生たちのルールになってきている。このことが友人関係をどう変化させているのかは興味深いところである。

以上のような社会状況の変化を踏まえた上で，次節以降，大学生たちの友人関係について分析していきたい。

5-2 群れ行動と群れ意識

大学生たちがどの程度群れ行動を取っているのかは，最初に友人関係について知りたかったことなので，1992 年の第 2 回調査からずっと尋ねている。まずはその最新の結果を男女別に見てみよう（図 5-1 参照）。

5 つの，群れ行動やそれを導く意識を尋ねている。今回の調査結果で，つ

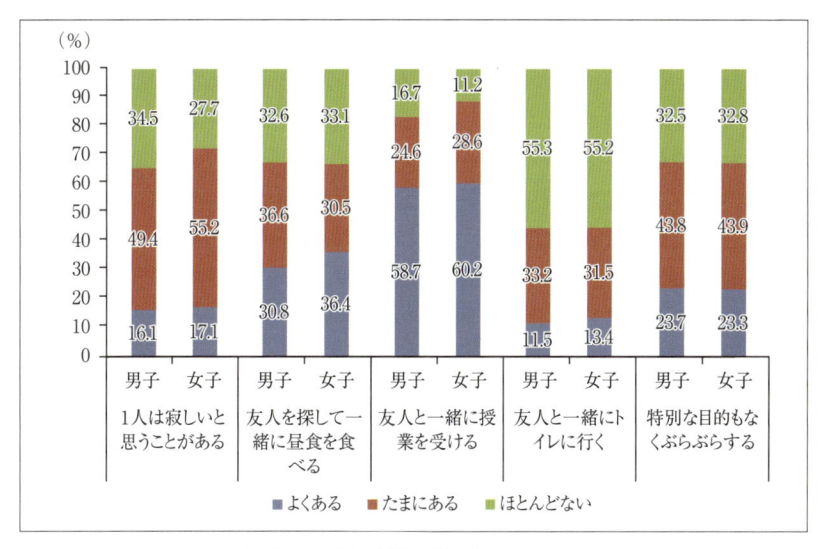

図5-1　男女別に見た群れ意識・群れ行動（2017年）

いにどの意識・行動も男女の間で有意な差がなくなってしまった。「友人と一緒に授業を受ける」という行動と「友人を探して一緒に昼食を食べる」という行動は，前回までの5回の調査で一貫して，女子学生の方が男子学生よりも多くとる行動と言えていたが，ついにそう言えなくなってしまった。

　1992年調査で初めてこれらの群れ意識や群れ行動を尋ねた時には，「特別な目的もなく友人とぶらぶらする」という行動以外は，すべて女子学生の方が有意に多く行う行動であるという結果が出たが，それは伝統的ジェンダー観の立場からは説明のつきやすいことだった。つまり，知人に目撃されやすい場所に一人でいることのマイナスイメージが，男子よりも女子の方ではるかに強かったからである。伝統的ジェンダー観に従えば，女性の場合は男性よりも協調性が重視される。授業中や昼食時といった多くの人の視線に晒される場面において，1人でいるというのは，女性としてはかなり変わった人だという印象を与える。誰かと仲よく過ごしている姿を見せておく方がプラスになるということを，女性として20年前後生きてきた女子学生たちの多くは自然に学んできている。

図5-2は，共学3大学の女子学生を対象に「女らしさの必要性」をどう考えているかによって，「友人と一緒に授業を受ける」ことや「友人を探して一緒に昼食を食べる」ことをよくする人がどのくらいいるかを見たものである。見てもらえばわかるように，女らしさを必要だと思う人ほど，キャンパス内群れ行動をよくしていることがわかる。

　ちなみに，こうした他者の目が気になるのは，特に共学大学においてのことであって，女性しかいない神戸女学院大学の女子学生たちのキャンパス内群れ行動は毎回低い。今回の調査でも，「友人と一緒に授業を受ける」という行動をよくする人は女子学生全体では60.2％もいるのに神戸女学院の女子学生だけだと40.0％しかいない。「友人を探して一緒に昼食を食べる」も女子学生全体が36.4％のところに20.0％しかいない。異性の目のないところでは，「女らしい」行動をあまり意識しなくてもよいということなのだろう。

　「友人と一緒にトイレに行く」という行動も，1992年調査や1997年調査の頃は，明確に女子の方がよく行う行動として統計的有意差があった（「よくある」と答えた人の割合＝1992年男子4.9％：女子17.3％，1997年5.1％：

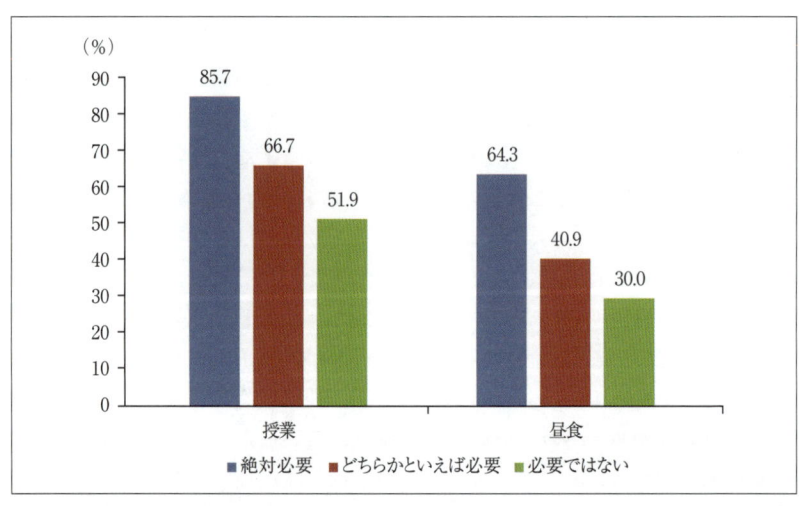

図5-2　女らしさの必要性認識グループ別に見た群れ行動をよくする人の割合（2017年共学大学女子）
（「必要ではない」グループは，「どちらかといえば必要ではない」と「まったく必要ではない」と答えた人を合わせたもの。）

14.4％）。しかし，2002年調査（12.4％：14.9％）でその差が縮まり，2007年調査ではわずかながらも男子学生の方が「よくある」と答える人が多くなり（19.1％：18.5％），2012年調査では，男女とも割合が下がったものの，「よくある」と答える人は男子の方がはっきりと多くなった（13.5％：10.6％）。今回の調査では女子学生の比率がやや上がり，再び男女逆転したものの（11.5％：13.4％），もうこの行動も男女差があるとは言えない行動になった（図5-3参照）。

　図5-3から，かつてはキャンパス内群れ行動は男女差が大きかったのが，どんどん差がなくなってきたことがよくわかるだろう。誰かと一緒にいることがプラスイメージにつながり，逆に一人でいることがマイナスイメージにつながるというのは，今や女子学生だけの話ではなくなりつつある。男女ともに友人が多いことが魅力的な人間に見える大きな要素となっている。図5-4に見られるように，男らしさをより必要だと認識している男子学生もキャンパス内群れ行動をよくしている。また，友人と何かする時に中心になる人の方が群れ行動をよくしているという結果も男子学生では出ている[8]。

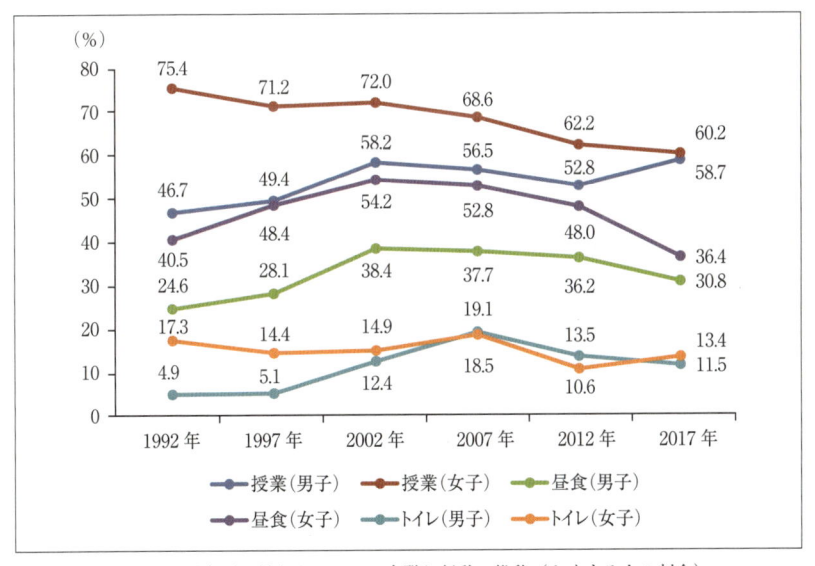

図5-3　男女別に見たキャンパス内群れ行動の推移（よくする人の割合）

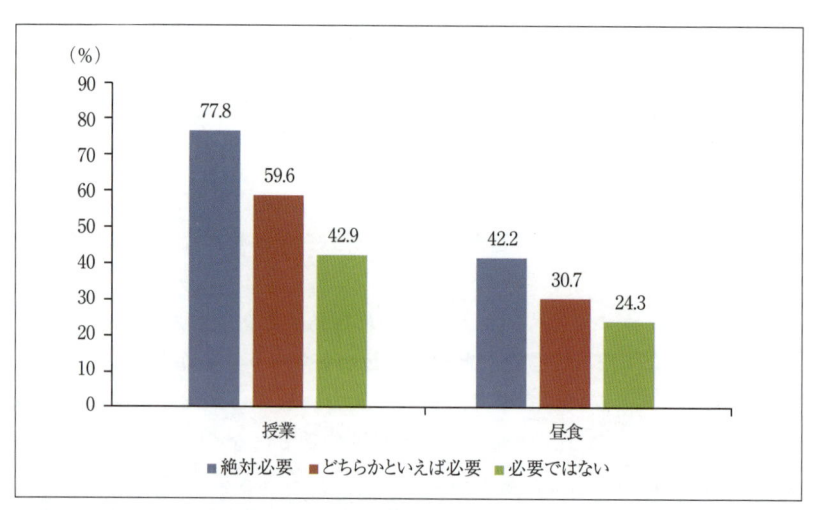

図 5-4　男らしさの必要性認識グループ別に見た群れ行動をよくする人の割合（2017 年男子）

（「必要ではない」グループは，「どちらかといえば必要ではない」と「まったく必要ではない」と答えた人を合わせたもの。）

今や多くの友人とともにいることは，男らしいリーダーシップを示す上でもプラスに作用すると男子学生たちは無意識のうちに考えていると言ってよいだろう。

　ただし，図 5-3 からこの 15 年くらいの傾向としてもうひとつ注目すべきなのは，男女ともキャンパス内群れ行動が総じて減り気味であるという点だ。女子学生における「授業」と「昼食」の際の群れ行動はこの 15 年間一貫して減り続けているし，男子学生においても「昼食」は減り続けている。全体としては，確実にキャンパス内群れ行動は減りつつあると言えよう。ここにも，急速に普及してきた SNS の影響がある。離れたところにいる友人ともいつでも容易に連絡を取ることができ，近況を知りうるコミュニケーション・ツールの登場によって，キャンパスという現実空間で友人とともにいる必要性が以前より弱くなっているのだろう。

　次に，群れ行動に影響を与える意識を見てみよう。図 5-5 は，「一人でいるのが寂しいと思うことがある」という質問への男女別回答の 25 年間の推移だが，5％未満の危険率で男女間に統計的有意差が出たのは，1992 年，2007 年，2012 年の 3 回である。他の調査年の結果も含めて言えることは，

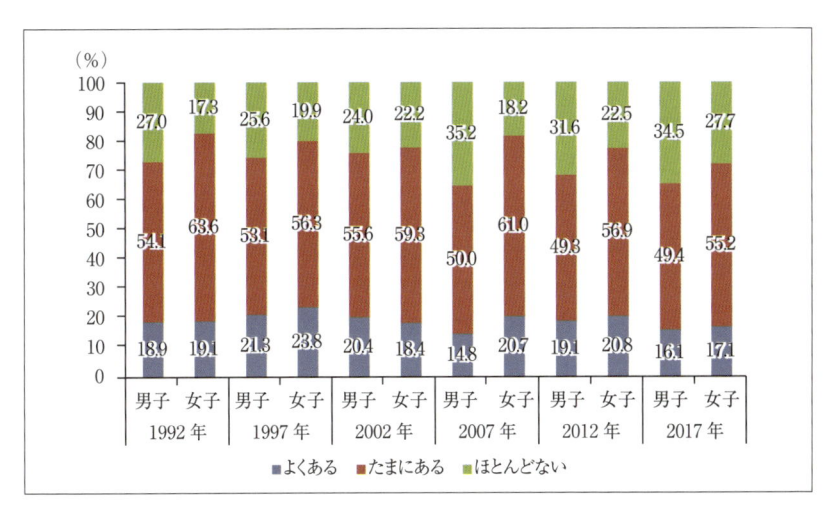

図5-5　「一人でいるのが寂しいと思うことがある」の推移

「よくある」という人の割合は男女で大きく異なるわけではないが，「ほとんどない」と答える人が男子学生に毎回多い。特に，2007年以降の調査では，一人でいても寂しいと思わない男子学生が3割を超えるようになってきているのは，やはりネット環境がよくなり，一人で過ごすことの手持ち無沙汰感や孤独感が減っているからなのだろう。当然のことながら，この「一人でいるのが寂しいと思うことがある」という項目と，他の群れ行動との間にはすべて「寂しいと思うことがある人ほど群れ行動をしている」という関連が出ている。

　学年別に見ると，「友人を探して一緒に昼食を食べる」に関しては，男女とも下位学年の方がより多く行っている行動であることがわかる。「友人と並んで授業を受ける」は1，2年生の下位学年と3，4年生の上位学年という分け方をすると，男女とも差が見られるが，1年と2年，3年と4年の間の差はほとんど見られない。

　大学別では，男子の場合はあまり差がはっきり出ないが，女子の場合は，神戸女学院と大阪大学で群れ行動が少なく，次いで，関西大学，桃山学院大学の順になり，すべての群れ行動に関して5%以下で統計的有意差が出ている。ただし，前回調査や前々回調査を見ると，神戸女学院の女子学生の群れ

行動が少ないということが確認されるだけなので，今回の共学大学の女子学生の差はたまたま出た結果であり，一般的な傾向とまで言うことはできない。

　また，今回比較対象として調査した関西大学の理工系学部男子学生を社会学部男子学生と比較してみたが，ここでも差はほとんど見られなかった。共学大学か女子大学かの違いは大きいが，共学大学間で，あるいは学部間での差はあまりないと見ておいた方がよいだろう。

5-3　ネットを通した友人関係

　先に述べたように，この30年間，特に最近20年間のネット環境の変化は友人関係や友人コミュニケーションを大きく変えてきた。本節ではそれに直接に関連したデータを分析していきたい。

　ネットと友人関係の変化はあまりに急速だったため，私の大学生調査で取り込むようになったのは4回目の2002年調査からである。それも1問だけで，その質問が図5-6のグラフで示す「面識のない人と携帯やパソコンを通して友だちになることはできますか」という質問である。メールやi-modeが急

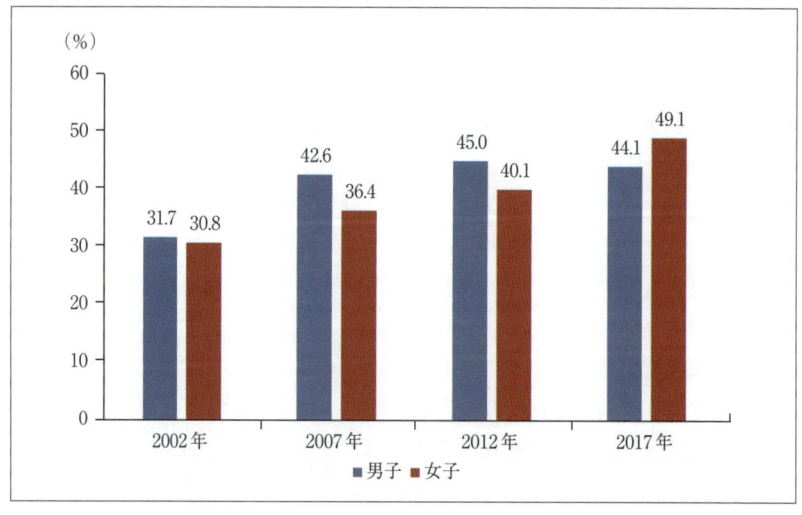

図5-6　「面識のない人とネットを通して友人になれる」という人の割合

速に一般化しつつあったこの時期は,「メル友」と呼ばれたメールを通して友だちができたりする一方で,「出会い系サイト」などによる危ない事件も生じていたので,学生たちがどの程度警戒心を持っているのかを知りたくて入れた質問だった。この時は,男女差もほとんどなく,ともに約3割が「友人になれる」と回答していた。一方で,学年差が出ていて,この時点での1年生だけが男女とも35〜36％の人が「なれる」と答えており,3割に届かなかった2年生以上よりかなり高めだった。この時の大学1年生は,高校入学時に i-mode が始まり,携帯が不可欠になった最初の学年だったことが影響したのだろうと分析した[9]。

2007年調査,2012年調査になると,男女差がやや出た。十分な統計的有意差ではなかったが,女子の方に警戒心が強く働き,男子の方が「友人になれる」人が多いのは妥当な結果と思った。しかし,今回は男女が逆転し,女子の方が「なれる」という人が多くなった。ただし,これも統計的な有意差はない。結局,この問題に関しては,男女差は基本的にないと考えた方がよいのだろう。

むしろ,ここで注目しておきたいのは,全体的な趨勢である。2002年から2012年までは,男女ともに「友人になれる」人が着実に増えてきていたが,今回は女子学生では大きく伸びたものの,男子学生ではわずかだが初めて減った。しかし,SNS の利用が若者のコミュニケーションにとって不可欠になっている状況から見て,やはり中長期的にはネットを通して友人になることに抵抗感のない人は徐々に増えていく可能性が高いと予想される。

2007年調査からは,質問項目を増やしたので,いくつかのネットを通してのコミュニケーションについてはこの10年の変化を見ることができる。図5-7がそれであるが,この3つの項目の変化が一致していないことが気になるだろう。基本的な趨勢は,スマホの登場により2007年から2012年にかけて SNS を利用した友人とのコミュニケーションは大幅に増えたのに対し,2012年から2017年にかけては,「SNS 疲れ」もあり,増えないどころか減り始めているのだと思う。

「友人とのメール・LINE」だけが2017年調査で伸びているのは,実は質問文が変わったせいである。2007年調査と2012年調査の際には,「たいした用もないのに友人と何度もメールのやりとりをする」というものだったが,

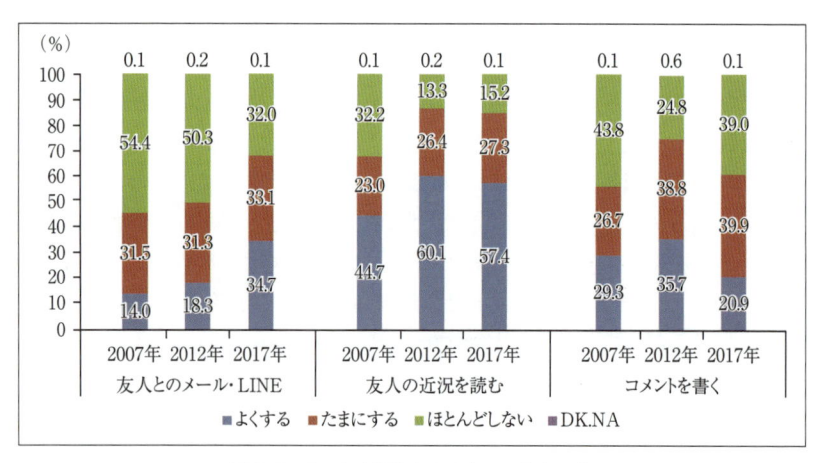

図5-7 ネットを通した友人とのつきあい方

すでに2012年調査の段階では，大学生が友人と連絡を取る手段はLINE中心に変わっており，「メール」と問われたために，LINEとメールを明確に区別する人は「よくする」「たまにする」を選択しなかったために，あまり増えないという結果を導いたと考えられる。今回の2017年調査では，「たいした用もないのにLINE等で友人と何度もやりとりをする」と質問文を変えたために，「よくする」人が大きく増えた。2007年調査の段階でも，LINEを質問文の中に入れておけば，その時点で大きく伸び，今回の伸びがこんなに大きくなることはなかっただろう。

　今回の調査で，ネットを通したコミュニケーションに関しては，さらに質問項目を増やし，その男女別で結果を出したものが，図5-8である。この5項目のうち，統計的に見て男女差がないのは「SNS等にコメントを書く」だけであり，後の4項目に関しては，女子学生の方が男子学生よりよくしていることが確認される。

　キャンパス内群れ行動に関しては男女差が見えなくなってしまったが，このネットを通した友人関係においては，女子学生の方が男子学生よりまめに行っている。ちなみに，当然ながら男女ともキャンパス内群れ行動をよくする人の方が，ネット・コミュニケーションもよく行っているという結果が出ている。

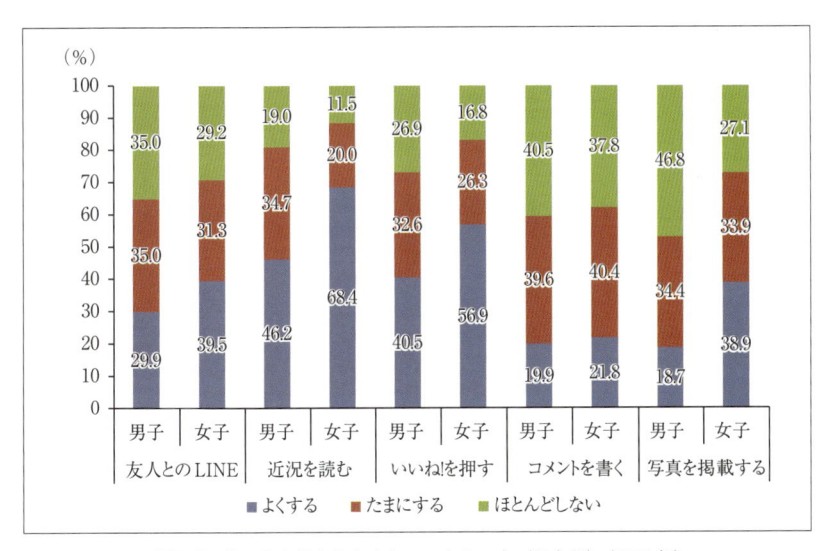

図 5-8　ネットを通した友人とのつきあい方（男女別）（2017 年）

　群れ行動とは男女ともにすべて関連が見られた「一人でいるのは寂しいと思う」という意識とネット・コミュニケーションの関連を見ると，「たいした用もない LINE のやりとり」は，男女とも「一人でいるのは寂しいと思う」人ほどよくやっていると言えるが，他に統計的有意差が出るのは，男子で「友人の近況を読む」と「SNS に写真を掲載する」である。女子学生においては，友人の近況を読んだり，「いいね！」を押したり，SNS に写真を掲載したりすることが，一人でいるのが寂しいからといった理由でやるものではなく，ほとんどの人が普通にやっていることになっているがゆえに差が出なくなっていると解釈できる。男子の方で差が多少出るのは，一人で寂しいと思わない人が，こうしたネット・コミュニケーションをあまりしないと答えたからである [10]。

　「面識のない人とネットで友人になれるか」という質問との関連は高く，上記の 5 項目すべてで「友人になれる」と答えた人の方が，ネット・コミュニケーションをより多く行っている。ちなみに，「友人になれる」と答えた人は，「なれない」と答えた人よりも，匿名での書き込みも多く行っている

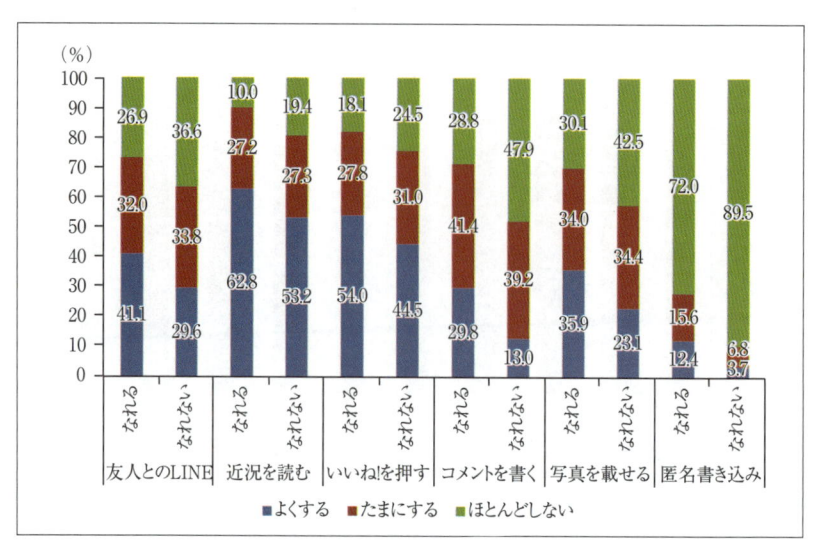

図5-9　ネットで面識のない人と友人になれる×ネット・コミュニケーション（2017年）

（図5-9参照）。要するに，ネット・コミュニケーションをよく行っている人は，ネットを通してのコミュニケーションに不安よりも可能性を強く感じている人たちと言えよう。

　「友人と何かする時に中心になるか」という質問との関連も高く，中心になる人の方がネット・コミュニケーションをよく行っているという関連が出る（図5-10参照）。中心になると答えた人は，男女合わせて半数近い49.2%もおり，そのすべての人がいわゆるリーダータイプとは考えられないわけだが，こういうネット・コミュニケーションとの関連が出ることから考えると，要するに友人関係の中で面倒がらずに連絡調整役をやる人が，中心になると回答した人たちなのだろうと推測できる。

　中心になると答える人は，毎回40%台であるが（2002年47.1%→2007年44.0%→2012年44.9%→2017年49.2%），その特徴としては，中心にならないと答える人と比べて，生活満足度が高く，より自分らしさをつかんでいて，大人自覚も高く，闘争志向的で，若い頃の苦労は大事と考え，早く働きたいと考えており，気楽な地位に留まっていたいとは思っていない。また，新聞

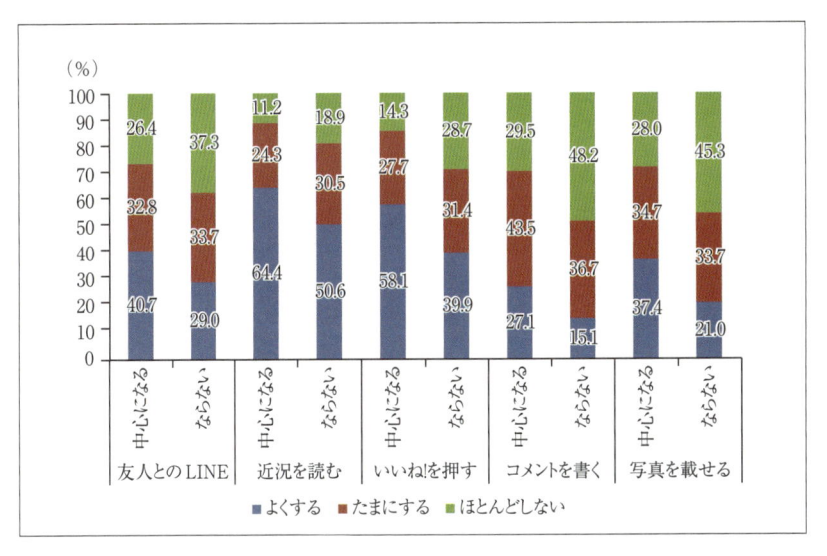

図 5-10　中心になるか×ネット・コミュニケーション（2017 年）

　購読度もやや高く，投票意欲やボランティア参加意欲も高い。つまり，友人
関係で中心になると答える人たちは，社会と積極的に関わりを持ち，人生を
前向きに生きていこうとする人たちだと言えよう。
　ネット・コミュニケーションに関しては，文系学生と理系学生とで少し差
が出ているので，それについて触れておこう。図 5-11 に見られるように，
システム理工学部生の方が社会学部生より，ネット・コミュニケーションの
利用度は低い。他方で，ネットを通して，面識のない人と友人になれるか
という質問に対しては，社会学部生が 42.6％に対し，システム理工学部生は
57.4％と有意に多い。図 5-9 で示したように，正規調査のデータで見る限り，
ネットを通して面識のない人とでも友人になれるという人はそうでない人よ
りも，ネット・コミュニケーションを行っているはずだ。システム理工学部
生に関して，こういう関連が出ないのは，暇な時間が社会学部生より少ない
のが原因ではないかと考えている。ネットを通して友人の近況を読んだり，
やりとりしたりするのは，基本的に暇な人の遊びである。忙しく過ごしのん
びりする時間のない人は，SNS に使う時間は減らざるをえない。大学生で

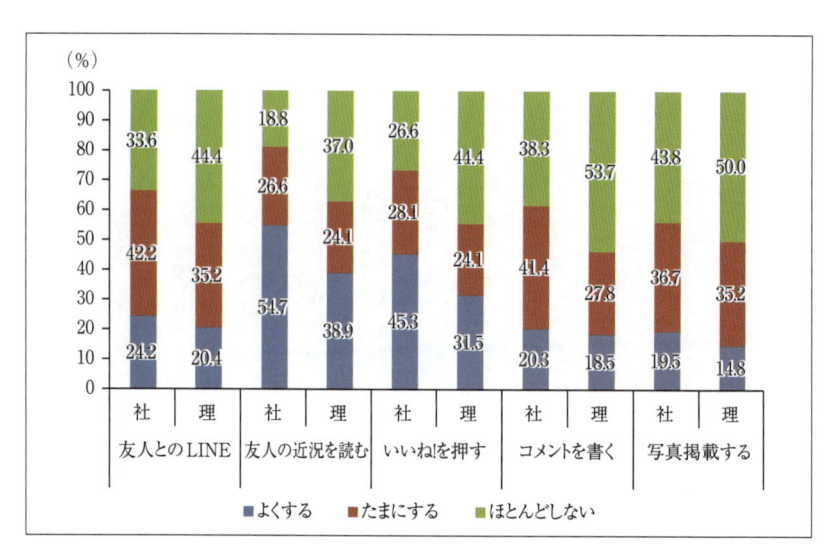

図 5-11　ネット・コミュニケーション（2017 年関大男子社理比較）

考えるなら，明らかに文系学生の方が理系学生より暇である。その結果がこの差になって表れているのだろう。なお，面識のない人とネットを通して友人になれると思う人が理系学生に多いのは，専門分野や趣味の世界などで同好の士と出会うことが多いということなのかもしれない。

5-4　友人の数と質

　本調査では「親友数」を 1992 年調査から一貫して尋ねている。「親友」という概念を心と心の触れ合うような深い関係と捉えるなら，時代が変わってもそんなに数は増えないものかもしれないが，そうした抽象的な関係として把握するのは難しいため，密にコミュニケーションを取っている相手を「親友」と捉える人も少なくはないだろう。以前であれば，コミュニケーションを取る手段としては，手紙や電話，あるいは会って話すといった方法しかなく，これらのコミュニケーション手段を利用するためには，時間や費用といったコストがそれなりにかかり，それだけのコストを払ってでも密にコミュニ

ケーションを取ろうとする相手は「親友」と言ってもあながち間違いではなかった。しかし，現代のように，ネットを通して多くの友人の近況を知りえたり，多くの友人と時間も費用もそれほどかけずに容易に連絡を取れたりする時代になると，密にコミュニケーションを取っている人を「親友」と考える人たちの場合は，その数が非常に多くなってくる。本調査でも，SNS がかなり普及してきた 2007 年調査から，その影響が見て取れるようになった。

　図 5-12 を見てもらえばわかるように，1992 年から 2002 年調査までは，親友数は大きな変化ではないが，男女とも少し減り気味だった。それが，2007 年，2012 年調査では男子学生の平均値が大きく伸びたために，全体の平均値も大きく伸びた。この集計をするにあたっては，51 人以上の回答は無効としているが，きちんと顔を思い浮かべずに数字だけ書き入れたのではないかと思われる 20 人以上という回答者が，男子だけで 2007 年調査では 21 名（20 人が 12 名，30 人が 4 名，40 人が 3 名，50 人が 2 名）おり，2012 年調査ではさらに増えて 26 名（20 人が 17 名，30 人が 6 名，40 人が 1 名，48 人が 1 名，50 人が 1 名）になり，それぞれ平均値を大きく引き上げた。2002 年はわずか 6 名（20 人が 4 名，30 人が 2 名），1997 年は 15 名（20 人が 13 名，30 人が 2 名），1992 年は 7 名（20 人が 1 名，25 人が 1 名，30 人が 2 名，33 人が 1 名，35 人が 1 名，50 人が 1 名）だったのに比べると，そ

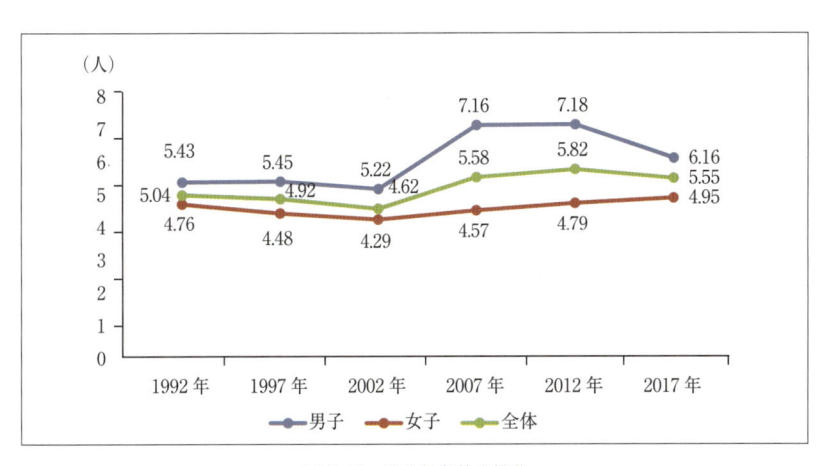

図 5-12　平均親友数の推移

の影響が大きいことがわかるだろう。

　SNSの浸透ぶりから考えれば，親友数は増えることはあっても減ることはないのではないかと予測していたが，実際にふたを開けてみると，今回は，男子学生の平均親友数は1人以上減っていた。20人以上の親友数を書いた人が15名（20人が8名，25人が1名，30人が4名，40人が1名，50人が1名）に減ったことの影響が大きい。男子学生において多人数の親友数を書く人が減った原因として考えられるのは，SNSを通したコミュニケーションが今や当たり前のものとなったためかもしれない。10年前，5年前であれば，まだSNS普及以前の友人間コミュニケーションのあり方をよく知っていた学生も多く，SNSによる変化を強く感じ，こんなに密に連絡が取れているのだから親友と考えてもいいだろうという判断を導いていた。しかし，2017年段階の大学生たちは，SNS普及以前の時代はまだ小中学生で，高校生以上の年齢になってからはSNSは当たり前のように存在し，SNSで密に連絡が取れるからと言って，彼らをすべて親友と数えるという考え方をしない人もまた増えてきているのではないだろうか。図5-13に見られるように，親友数5名までという，世代を超えて出てきそうな常識的な人数以内の回答をする人が，2007年と2012年調査の時には，6割を切っていたが，今回は，65％まで戻った。

　他方，女子学生はそんなに親友数の平均値が伸びているわけではない（1992

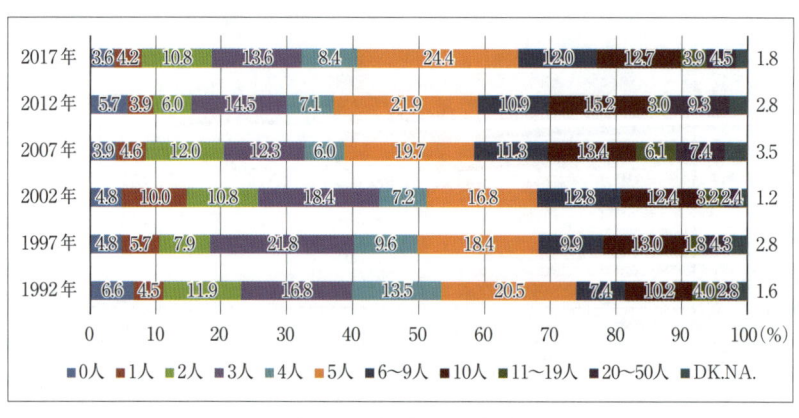

図 5-13　男子学生の親友数

年 4.76 → 1997 年 4.48 → 2002 年 4.29 → 2007 年 4.57 → 2012 年 4.79 → 2017 年 4.95, 図 5-12 参照)。当然ながら, 20 人以上という極端に多い人数を書く人は少なく, 平均人数が過去最高の 4.95 人になった今回の調査でも 5 名 (20 人が 3 名, 25 人が 1 名, 50 人が 1 名) しかおらず, 7 割以上の人が 5 名以下の人数を書いている。大部分の女子学生にとって, 親友とはただ単にコミュニケーションが多い人ではなく, 普通の友人には話せない深い話までできる関係の人という, 昔ながらの定義に近い見方が取られているようである。男子よりも SNS をよく利用している女子学生だが, もともと友人とのコミュニケーションが多い女子学生にとって, ＜コミュニケーション量が多いこと＝親友＞とはならないのだろう。ただし, 2007 年以降じわじわと親友数が増えているのには, やはり多少は SNS を通してのコミュニケーション頻度増大の影響もあるのかもしれない。

　親友数の多い人, 少ない人にはどのような違いがあるだろうか。親友数が 0 人, 1〜4 人, 5〜9 人, 10〜19 人, 20 人以上の 5 グループに分けて見てみると, 親友数の多い人ほど, 友人とのコミュニケーション行動をよくしてい

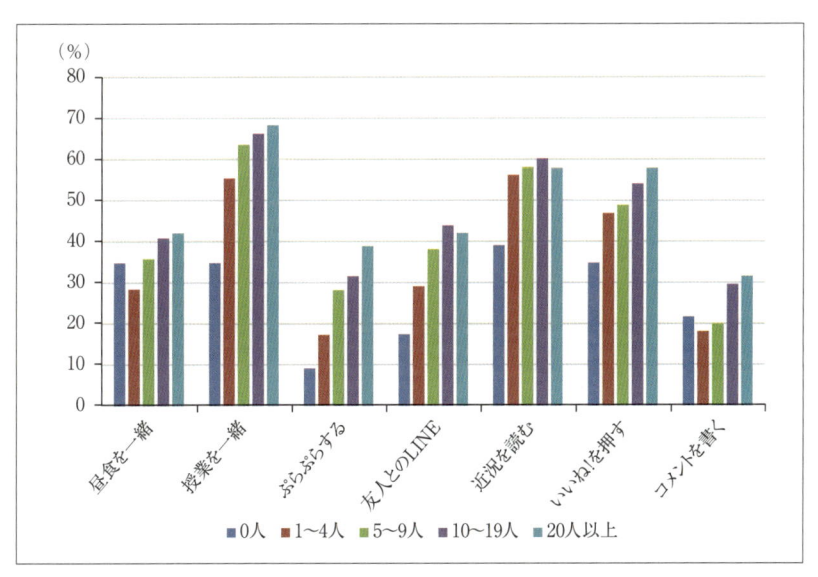

図 5-14　親友数グループ別に見た友人とのコミュニケーションをよくする人の割合（2017 年）

るという関係がほぼ確認される（図5-14参照）。これらの項目との間で関連が見られるというのは，やはり親友と一般的な友人との差異が希薄化し，一緒に行動していたり，SNSを通してコミュニケーションを取っていたりする友人を，そのまま親友として数えている人がそれなりに多いということだろう。

「友人たちと何かする時に中心になるか」という質問との関連を見ると，男子では，中心になる学生の親友数は6.33人に対し，ならない人は6.02人，女子では，中心になる人が5.44人で，ならない人が4.45人となっている。今回の結果で見ると，女子学生で有意な差があるが，前回の2012年調査の際には，中心になる人が4.70人で，ならない人が4.90人と逆転していたし，それ以前の結果も併せて見るなら，中心になる女子学生がならない女子学生より親友数が多いとは言い切れないだろう。むしろ，2007年調査の時などは，男子学生の方で，中心になる人の方が有意に親友数が多いという結果が出ていた。しかし，男子も2002年調査では逆転しているので，中心になる人は，親友数が多いという単純な関連にはならないと見るべきであろう（図5-15参照）。

次に，好む友人の性質について見てみよう。表5-1に見られるように，1

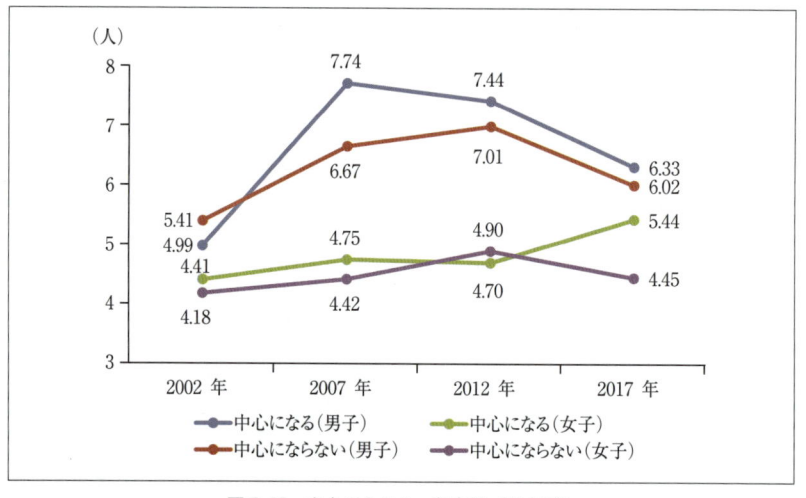

図5-15　中心になるか×親友数（男女別）

表 5-1　好む友人の性質　　　　　　　　（順位（選択率））

順位	性質	2017 年	2012 年	2007 年	2002 年	1997 年	1992 年
1	思いやりのある	65.9	1（66.7）	1（69.8）	1（71.3）	1（68.1）	1
2	明るい	56.2	2（61.2）	2（66.3）	2（65.4）	2（62.3）	2
3	ノリのよい	53.1	4（54.4）	5（54.2）	6（52.8）	8（37.4）	9
4	頼りになる	51.6	5（53.8）	4（54.2）	3（57.1）	5（51.8）	4
5	ユーモアがある	49.0	3（57.5）	3（54.9）	4（56.0）	3（56.2）	6
6	礼儀正しい	48.9	6（44.8）	9（36.2）	11（30.6）	11（28.1）	11
7	親切な	47.7	9（40.5）	8（43.6）	7（43.2）	7（38.0）	13
8	正直な	42.2	8（41.4）	6（46.3）	5（54.3）	4（53.9）	3
9	元気な	37.0	7（41.9）	7（44.4）	8（40.9）	9（33.3）	12
10	寛大な	31.1	10（33.3）	11（34.6）	10（35.3）	10（29.3）	7
11	まじめな	26.1	12（29.1）	12（27.5）	13（26.9）	13（22.9）	10
12	聞き上手な	25.5	13（24.2）	13（23.8）	12（28.3）	14（21.6）	14
13	責任感のある	24.6	11（29.3）	10（35.7）	9（40.7）	6（44.8）	5
14	知的な	17.3	14（23.2）	14（19.1）	14（22.0）	12（23.4）	8
14	かわいい	17.3	15（17.2）	15（16.5）	——	——	——
16	男（女）らしい	6.0	16（ 8.9）	16（ 4.4）	15（ 6.4）	16（ 5.5）	15
	【かっこいい】	——	——	——	15（ 6.4）	15（ 7.6）	16

（1992 年は 3 つだけを選択する回答方式で，1997 年からすべて選択可という回答方式。2007
年からは，「かっこいい」をやめ，「かわいい」を入れた。）

位の「思いやりのある」，2 位の「明るい」は不動である。ただし，2 位の「明
るい」は，前回に引き続き 5 ポイントも選択率が落ちた。3 位の「ノリのよい」
という性質は，1997 年には 37.4％しか選ばれず 8 位だったのが，2002 年以
降選択率を伸ばし，今回は選択率は少し下がったものの，相対的に順位を上
げ，ついに 3 位になった。前回 3 位だった「ユーモアがある」は 8 ポイント
以上大きく選択率が下がり，5 位に落ちた。9 位に落ちた「元気な」も含め，
1997 年から 2007 年の 10 年間順位と選択率を上げてきた，表面的なつきあ
いやすさを示すような性質が，この 10 年は選択率を落としており，好む友
人の性質に変化が見える。
　前回から今回にかけて大きく増えたのは，6 位の「礼儀正しい」と 7 位の
「親切な」である。特に，「礼儀正しい」という性質は，この 20 年一貫して
選択率を上げ，順位を上げてきている（1997 年 11 位 28.1％→ 2002 年 11 位
30.6％→ 2007 年 9 位 36.2％→ 2012 年 6 位 44.8％→ 2017 年 6 位 48.9％）。実は，
最近の学生たちはまじめでルールを順守する人が多い。かつての学生たちの

ような理想のためなら多少の反社会的行為も辞さないと考える学生は，今やほとんどいなくなった。逸脱行動を起こしやすい「イッキ飲み」なども，以前の学生たちに比べると確実に減ってきている。

この20年間で選択率も順位も下げたのは，「責任感のある」（1997年6位44.8%→2002年9位40.7%→2007年10位35.7%→2012年11位29.3%→2017年13位24.6%）である。また今回は，選択率も順位も下げ止まったが，「正直な」（1997年4位53.9%→2002年5位54.3%→2007年6位46.3%→2012年8位41.4%→2017年8位42.2%）という性質もかなり下がった。いずれも長くつきあっていく上では，時代を問わず大事な性質だと思うのだが，やや重たくまじめすぎる印象を与える性質なのだろう。しかし，友人の性質として重視しないということは，自分自身の性質としても重視しないということにならないだろうか。1990年代には5位，6位という上位にあった「責任感のある」という性質を大事だと思う人が4人に1人もいなくなり，順位

表5-2　男女別に見た好む友人の性質（2017年と2012年）

		2017年				2012年			
		男子		女子		男子		女子	
		順位	選択率	順位	選択率	順位	選択率	順位	選択率
1	思いやりのある	2	55.0	1	77.2	4	54.8	1	76.4
2	明るい	4	54.1	2	58.8	2	57.3	2	70.8
3	ノリのよい	1	58.3	7	48.4	2	57.3	5	52.7
4	頼りになる	3	55.0	6	48.7	5	53.7	3	54.3
5	ユーモアがある	5	50.2	7	48.4	1	62.6	4	54.1
6	礼儀正しい	6	41.7	4	56.4	6	43.1	7	46.5
7	親切な	7	39.0	3	56.7	10	30.2	6	48.6
8	正直な	9	35.6	5	49.0	8	36.3	8	45.7
9	元気な	8	38.4	9	35.9	7	42.3	9	41.8
10	寛大な	10	29.0	10	33.5	9	32.4	10	34.2
11	まじめな	11	23.9	11	28.5	11	28.1	12	30.2
12	聞き上手な	13	23.0	12	28.2	14	19.9	13	27.7
13	責任感のある	12	23.0	13	26.4	12	26.7	11	31.5
14	知的な	14	19.3	15	15.4	13	24.6	14	22.3
14	かわいい	15	16.9	14	17.8	15	17.1	15	17.4
16	男（女）らしい	16	9.4	16	2.7	16	14.6	16	4.6

（男女間で順位の差が2ランク以上高いか，選択率の差が5ポイント以上高いところに色をつけている。）

も 13 位まで落ちていることには不安な思いも感じる。

　男女別に見ると，重視する友人の性質がかなり異なる（表 5-2 参照）。男子で 1 位の「ノリのよい」（58.3％）という性質は女子では 7 位（48.4％）である。他に男子の順位が女子の順位より 2 ランク以上高いのは，「頼りになる」（男子 3 位 55.0％，女子 6 位 48.7％）と「ユーモアがある」（男子 5 位 50.2％，女子 7 位 48.4％）である。「頼りになる」は，前回は女子の方が順位が上だったが，「ノリのよい」や「ユーモアがある」は前回も男子の方が 2 ランク以上高かった。男子学生の方が女子学生より，軽いノリのよい友人関係を求めていることは間違いないだろう。

　他方で，女子の方が男子より 2 ランク以上順位が高い友人の性質は，「明るい」（男子 4 位 54.1％，女子 2 位 58.8％），「親切な」（男子 7 位 39.0％，女子 3 位 56.7％），「礼儀正しい」（男子 6 位 41.7％，女子 4 位 56.4％），「正直な」（男子 9 位 35.6％，女子 5 位 49.0％）の 4 つである。この中で，前回も 2 ランク以上女子学生の方が高いのは，「親切な」だけだが，男子学生より選択率がかなり高いという点に目をつけるなら，「明るい」と「正直な」も入ってく

表 5-3　親友数グループ別に見た好む友人の性質の選択率（2017 年）　（％）

	0 人	1～4 人	5～9 人	10～19 人	20 人以上
思いやりのある	60.9	65.2	71.2	64.3	55.0
明るい	30.4	50.7	61.4	65.3	70.0
ノリのよい	21.7	45.6	61.4	57.1	85.0
頼りになる	43.5	49.3	51.2	59.2	65.0
ユーモアがある	39.1	49.3	48.8	52	65.0
礼儀正しい	56.5	51.0	47.4	41.8	40.0
親切な	34.8	46.3	49.8	50	60.0
正直な	47.8	42.9	38.6	45.9	45.0
元気な	17.4	33.8	38.6	39.8	75.0
寛大な	52.2	33.4	26.5	26.5	50.0
まじめな	21.7	24.7	27.4	26.5	45.0
聞き上手な	21.7	29.1	23.3	23.5	25.0
責任感のある	30.4	23.6	23.3	28.6	25.0
知的な	21.7	16.9	17.2	17.3	25.0
かわいい	21.7	14.5	17.2	20.4	25.0
男（女）らしい	0.0	6.4	5.6	6.1	10.0

（　　　　最大の選択率）

る。また，今回の順位差は小さいが，「思いやりのある」という性質も前回，今回ともに女子学生が男子学生より選択率が20ポイント以上も高い項目である。やはり，女子学生は男子学生より友人の性質としてまじめなものを好む傾向が強いと言えよう。

　表5-3は，親友数別に，好む友人の性質がどの程度選択されているかを見たものである。見てわかる通り，親友数20人以上と答えた人たちが10項目でもっと選択率が高かった。さすがに親友数が多いと答えるだけあって，様々な性質の友人を受け入れることができるようだ。しかし，ここでより注目したいのは，親友数0人と答えた人たちが，4項目でもっとも選択率が高かったことである。「礼儀正しい」「正直な」「寛大な」「責任感のある」というまじめな性質ばかりであるが，実はこの4項目は，前回の2012年調査でも，やはり親友数0人と答えた人たちがもっとも多く選択していた。他方で，「明るい」「ノリのよい」「頼りになる」「ユーモアがある」「親切な」「元気な」「まじめな」「聞き上手な」「男（女）らしい」の9項目ではもっとも選択率が低い。まじめな性質の友人を好む人は，親友という言葉も重く受け止める傾向にあり，それが「親友はいない」という回答を導くことになったのだろう。

注

1）私が見たのと同じような光景に出くわした中野収は，こうした若者に「カプセル人間」という名前をつけた。中野がその光景を見たのは，1960年代末なので，その当時の学生は私より上の世代にあたる団塊世代である。「しらけ世代」と呼ばれた私たちの世代ですら，あまり見かけなかった光景なのに，中野がこういう光景に出くわしたことにある種の驚きを感じる。若い時から，時代の空気に流された若者たちの政治的議論をシニカルに見，普通の若者たちに関心を寄せていた中野ゆえに気づいた光景だったのだろう。中野収『若者文化人類学——異人としての若者論』東京書籍，1991年，172頁参照。

2）通常「ゆとり教育」と言うと，2002年度から導入された，大幅な教育内容の削減を含む教育改革を指すことが多いが，私は，この1980年代から始まった，競争させない教育，落ちこぼれを生まない教育こそ，「ゆとり教育」の本質だと考えている。

3 ）私のゼミでは，学年ごとにメーリングリストを作り連絡事項などを一斉メールで送っているが，このメーリングリストを作るようになったのが，2000 年度入学生のゼミ所属が決まった 2001 年 12 月からである。この頃には，携帯は学生たちのほぼすべてが所有しているものとなっていたことの証左になるだろう。

4 ）大学の入学目的で「友人を作るため」を選択する人は，1987 年調査から 2002 年調査までは 30％台後半から 40％程度で推移していたが，2007 年調査では 29.6％，2012 年調査では 23.5％，2017 年調査では 19.7％と，急速に落ちてきている。これは，高校時代までの友人たちとも密に連絡を取ることが容易になり，また SNS で友人をいくらでも作れるという状況が生まれたため，大学で友人を作るという意義が薄れてきていることの表れだろう。

5 ）2012 年の正規調査では使用機種を聞かなかったので，フォローアップ調査として，2013 年 5 月に，関西大学社会学部の学生 256 人（1 年生 97 人，2 年生 55 人，3 年生 72 人，4 年生 32 人）に調査をしたところ，スマホ利用者は 245 人（95.7％）であった。2012 年調査の実施時期はこのフォローアップ調査より少し前になるが，2013 年になってからスマホにしたというのは，2013 年度入学生ばかりなので，2012 年秋の段階でのスマホ普及率もほぼ同じ程度はあったものと推測できる。2011 年度入学生は大学 1 年生だった 2011 年に 60.3％がスマホに変えているが，2010 年度入学生は入学した 2010 年にスマホにした人は 19.4％しかおらず，半数近い 48.4％がスマホに変えたのは 2 年生だった 2011 年であった。スマホは 2010 年から大学生に普及し始め，2011 年に一気に広まったと言えよう。

6 ）上記のフォローアップ調査では，友人の近況を知ったり，連絡をしたりするために，よく利用しているものも聞いた。LINE は 94.8％，Twitter が 72.3％，Facebook が 50.6％だったのに対し，mixi はわずか 8.0％，メールも 38.2％になっていた。

7 ）後に修正されて，「足跡」を消せるようにもなったが，読んだのに消すというのも，何か悪いことをしているような気分で，あまり好ましい機能強化とは思われなかったようだ。

8 ）群れ行動をよくする人の割合を，中心になる男子とならない男子別に示すと，「昼食」（36.0％：26.2％），「授業」（69.4％：48.5％），「トイレ」（16.8％：6.5％），「ぶらぶらする」（30.2％：17.9％）となっており，「昼食」以外は，5％未満で統計的有意差がある。ちなみに，女子の場合は，「トイレ」で有意差が見られるが，それ以外では有意差はない。

9 ）2007 年以降の調査では，1 年生だけが突出して高いという結果は出ていない。最新の 2017 年調査で，ネットを通して友人になれると答えた人の割合は，1 年生 50.0％，2 年生 42.2％，3 年生 45.2％，4 年生 50.0％である。

10）統計的有意差はないが，女子でも一人で寂しいと思うことのある人の方が，ほとんどないという人よりは，ネット・コミュニケーションをよく行ってはいる。

第6章 情報源の変化と社会関心

6-1 新聞の読み方の変化

新聞記事の各欄をどの程度読むかは，第1回調査からずっと尋ねてきているが，この30年間の変化は劇的である。図6-1，図6-2を見てもらえばわかるように，学生たちは急激に新聞を読まなくなってきている。

第1回の1987年調査では，新聞閲読度得点が1を超える——すなわち，「必ず読む」人が「ほとんど読まない」人より多い——項目は「テレビ欄」「社会記事」「スポーツ記事」「マンガ」の4項目あったが，2007年調査からは「テレビ欄」だけになり，今回の調査ではその「テレビ欄」の得点も0.70とついに大きく1を下回ってしまった。実は，他の欄は読まれなくなってきて

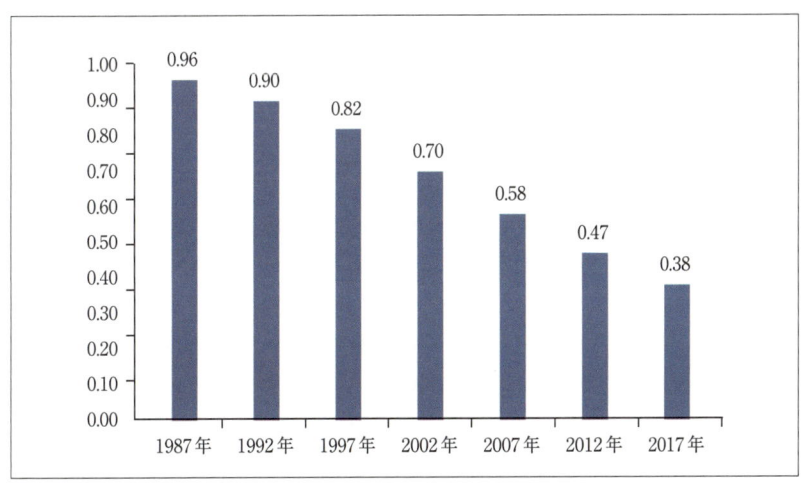

図6-1 新聞記事の読み方（12項目の平均得点の推移）

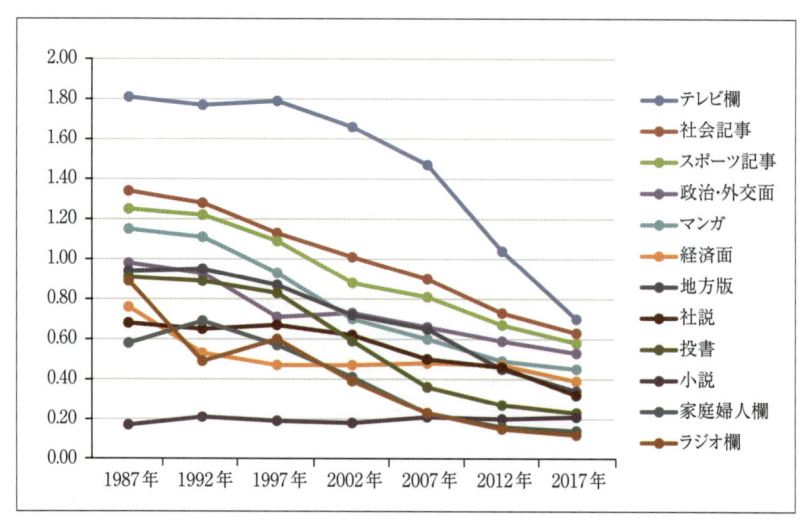

図 6-2　新聞各記事の読み方

(新聞閲読度得点は,「必ず読む」を 2 点,「時々読む」を 1 点,「ほとんど読まない」を 0 点として計算している。)

いた 1990 年代も, テレビ欄だけはかなり読まれていた。1997 年の第 3 回調査でも「テレビ欄」はまだ 8 割以上が「必ず読む」と答えていた。それが, 2002 年調査で 7 割に減り, 2007 年調査では 6 割を切り, 2012 年調査で 3 分の 1 を切り, 今回は 18.9％ と 2 割を切った。他の欄を読まなくなっていても, テレビ欄を多くの人が「必ず読む」と答えていた間は, 新聞自体はほぼ毎日手に取っていたと見ることができたが, 最近では新聞自体を手に取らない人が大多数になってしまったわけである。

　このように, 大学生の情報源としての重要性を減らしつつある新聞だが, 30 年間一貫して同じ方法で調査してきた貴重なデータなので, もう少し詳しく語っておきたい。得点は大きく下がっているが, 上位 3 項目(「テレビ欄」「社会記事」「スポーツ記事」) の順位は不動である。ただし, この 10 年の得点の変化を見ると, 次回にはテレビ欄が 1 位から落ちていることも考えられる。現在のテレビは, リモコン操作で番組表を画面に示すことができるので, わざわざ新聞のテレビ欄を見る必要がなくなっているし, ネット上でもテレビ番組表を調べることが簡単にできる。新聞のテレビ欄を見なくなるのも当

然と言えよう。テレビを貴重な情報源として意識している人なら，新聞のテレビ欄をチェックして，どんな番組内容なのかを知りたくなるが，そこまでしてテレビを見ようと思う学生は今や少数派である。見たいドラマなどがあれば録画しておき，時間のある時に見る。後は，アルバイトから帰ってきて適当に深夜の番組を見るといった見方が大半のようである。ニュースなどもスマホで知るのが一般的であり，今の大学生にとって，テレビは情報源としては十分機能しなくなってきている。

　他方で，社会記事，スポーツ記事は得点が下がっているとはいえ，テレビ欄に比べると，この10年の減少度は小さい。予想のできないドラマが生じる事件やスポーツに対する関心は相対的に高く，関心のある事件や試合の詳細な情報を手に入れようと思ったら，新聞にアクセスしようという思いを持つ学生はまだそれなりにいる。この10年の趨勢が続くならば，次回の調査時にはこの2項目がテレビ欄より上位になっている可能性は十分にあるだろう。

　4位以下の順位は，この30年間でかなり変動してきた。最近4回の調査で4位につけているのは，政治・外交面である。政治・外交面は2002年調査の際に，5年前より得点が高くなった唯一の項目であった。これは，2001年9月11日の「アメリカ同時多発テロ事件」以来，アメリカを中心とした国際関係が緊張の度合いを高め，アフガニスタンへの侵攻が行われ，2002年調査を実施した時期には，イラクとの緊張関係が高まっていたこと，さらには北朝鮮に拉致された日本人5人が帰国したばかりだったことなどで，関心が高まっていたためだった。2007年調査以降は再び得点が低下しているが，その減少度は他の項目と比べれば小さい方である。政治や外交も予想のできないドラマチックなことがしばしば起きるため，学生たちもそれなりに関心を持っているようだ。

　最初の3回の調査では4位につけており，特に1987年調査，1992年調査では1以上の得点があったマンガは，その後どんどん読まれなくなり，2017年調査では0.45で5位となっている。新聞の4コママンガはかなり以前から若者にとって興味をそそられるものではなかったが，この30年大きく得点を下げ順位も落とした背景には，若者のマンガ離れ傾向もあると考えられる。かつて1990年代前半には600万部以上の売り上げを誇った『週刊少年ジャ

ンプ』も今や 200 万部に満たない。マンガも今や大学生にとっては，ネット上で読むものになっており，同じようにネット上で見られる動画サイトなどと同列のものになっている。もともと若者たちにとってそれほど魅力的ではなかった新聞マンガは，マンガという表現方法自体に対する関心の低下の影響も受け，今後さらに読まれなくなっていくのは確実だろう。

　マンガ以上に 30 年前と比べて大きく得点を下げたのがラジオ欄である。ラジオは 1970 年代までは若者文化そのものとも言える媒体だったが，ウォークマンの登場などから徐々に若者文化としてはその価値を薄れさせていたが，それでも 1987 年の第 1 回調査の時には，ラジオ欄の得点は 0.89 あり，全体の 8 位だった。その後，第 2 回調査までにラジオ欄の掲載面がテレビ欄と完全に切り離された[1] こともあって，一気に 0.49 まで得点を落とし，順位も 11 位と大きく下げた。これは新聞社側の都合とも言えるが，そういう目につきにくいところに移動させても購読者も納得する程度の価値しかラジオにはなくなったということの表れでもあったと言えよう。そして前回，今回とラジオ欄は最下位に位置している。今や独立した欄として問うこと自体，無理のある項目となりつつある。

　地方版，投書欄も得点を大きく下げた項目である。いずれも最初の 3 回はそんなに大きく得点が落ちていなかったが，携帯電話とネットが急速に普及してきた 2002 年以降急速に読まれなくなってきた。ただし，この 2 つの欄から得られる情報は，意識的に探さないとネットからは得にくいタイプの情報なので，新聞離れの結果こうした情報を学生たちが知り得なくなるという問題が生じる。地方版に関して言えば，新聞というのは，大都市圏を除くと都道府県ごとにそれなりのシェアを持つ地方新聞があることからわかるように，地域の情報を流す役割を果たしている媒体である。これに対してネットの情報はローカリティが薄いので，新聞を手に取らず地方版を見る機会が減ることにより，身近な地域で起きていることに関する情報を若者たちが得なくなる可能性は高い。また，投書欄はネットに自分の意見を書き込むことがない年配者の意見などがよく掲載されているため，投書欄を学生たちが読まなくなることで異なる世代の考え方を知る機会が減るという問題が生じる。

　家庭婦人欄は，1992 年にいったん得点が上がったが，その後は大きく下がった。家庭婦人欄に関しては，1990 年代半ば頃まではマスメディアで積

極的なキャンペーンを張っていた男女平等化に関するテーマをこの欄で扱っていたため，学生たちも家庭婦人欄に対する関心を高めていたが，2000年代に入って，若者の保守化の進行とともに関心は薄れ，ここ2回の調査ではラジオ欄に次いで下から2番目の得点となってしまった。この欄も，今や新聞紙面の中で明確な位置づけを持っていないため，ラジオ欄とともに，独立した項目として尋ねるのに値するかどうかが怪しくなってきている。

　経済面は1997年から2012年まで得点がほとんど変化しなかった珍しい項目である。今回は少し下がったものの，1997年から0.08ポイントしか落ちていないのは，もともとポイントが低く変化の乏しい小説欄を除けば，一番関心が薄れていない項目と言えよう。他の項目の得点が大きく下がり，新聞自体に接触をしなくなっている人が急速に増えている中で低下しなかったことの意味は大きい。学生たちの話を聞くと，就職活動を始める際に，『日本経済新聞』などを読み始めるというパターンが今でもそれなりにあるようだ。実際，4年生の経済面の得点は高く，4年生だけなら経済面は0.54で5位になる。事件やスポーツはネットの情報からでも十分得られるが，経済全般の動きなどを知るためには，まだ新聞の方がわかりやすいという見方はあるようなので，新聞全体はどんどん読まれなくなっていっても，経済面への関心はそれほど低下しないということは十分ありそうである。

　社説欄も就職がらみか，2002年頃まではあまり得点が落ちない項目だったが，その後は他の項目と同様得点が着実に落ちてきた。それでも，4年生では0.44で6位に入っているので，就職活動の際に社説は読んでおいた方がいいという考えはまだ多少生きているのかもしれない。

　小説はこの30年間で変化がもっとも小さいというより，1987年より2017年の方が得点が高い珍しい項目である。新聞小説欄はかなり早い時期から関心のある極少数の人しか読まない欄であったため，1987年時点ですでに最低ラインまで落ちていた。それゆえ，この30年間得点がほとんど変わらないという結果が出たのだろう。

　次に，性別，学年別，大学別の得点を見てみよう。性別で見ると，男子学生が女子学生より統計的に見て有意によく読んでいるのは，社会記事，スポーツ記事，政治・外交面，経済面，ラジオ欄の5項目あるのに対し，女子が有意により読んでいるのは，家庭婦人欄だけである。前回の2012年調査の時

は，男子が有意によりよく読むものとして，他にテレビ欄，地方版，マンガの3項目もあったが，今回女子以上に男子の新聞閲読度の減少度が大きかったために，差が少しだけ縮まった形になった（新聞閲読度12項目の平均得点：男子2012年0.56 → 2017年0.44，女子2012年040 → 2017年0.32）。また，男子においてテレビ欄がスポーツ記事に抜かれ，2位に落ちたのも注目すべきだろう。テレビ欄は，これまで6回の調査で男女に分けても常にもっとも読まれている項目だったが，ついに2位に落ちた。社会記事との差も0.01しかなくテレビ欄の凋落が嫌でも目につく（図6-3参照）。

　学年別では，全体としては4年生がもっともよく新聞を読んでいるが，男女に分けてみると，4年生男子はもっとも新聞をよく読んでいるが，4年生女子は1年生男子よりも読んでいないことがわかる（表6-1参照）。スマホ

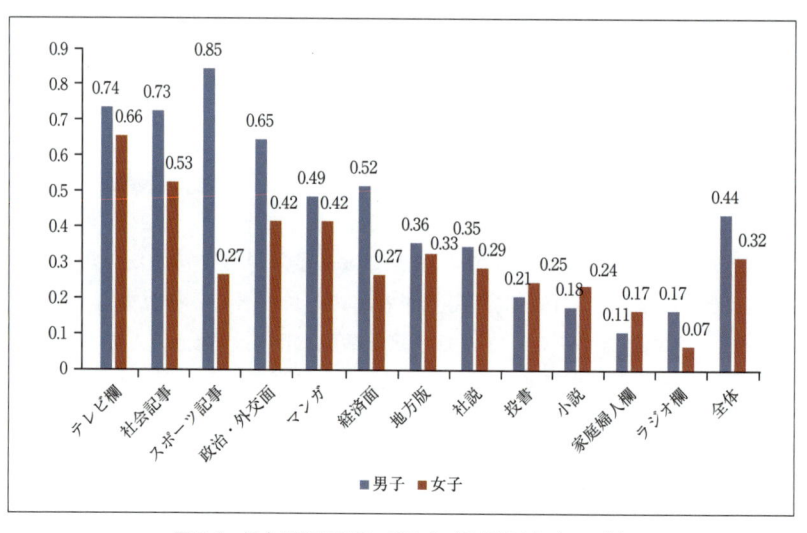

図6-3　男女別新聞記事の読み方（性別得点）（2017年）

表6-1　新聞記事の読み方（学年別得点）（2017年）

【学年別】	4年生（0.45）＞2年生（0.43）＞3年生（0.35）＞1年生（0.32）
	①4年男子0.520　②2年男子0.452　③3年男子0.422　④2年女子0.418
	⑤1年男子0.405　⑥4年女子0.340　⑦3年女子0.280　⑧1年女子0.236

の利用度が高い女子学生の新聞離れは深刻なようだ。男子だけで見ても，2年生が3年生より得点が高く，学年が上がるほど，新聞をよく読むようになるとは言えない。

表6-2　大学×性別で見た新聞記事の読み方の推移（得点）

	1987年	1992年	1997年	2002年	2007年	2012年	2017年
桃大男子	0.97 ④	0.91 ④	0.85 ①	0.68 ⑥	0.62 ③	0.52 ④	0.43 ④
関大男子	1.03 ③	0.86 ⑥	0.85 ①	0.74 ②	0.66 ①	0.56 ②	0.46 ②
阪大男子	1.09 ①	0.89 ⑤	0.78 ⑥	0.76 ①	0.59 ④	0.65 ①	0.45 ③
桃山女子	0.93 ⑤	0.93 ③	0.82 ④	0.64 ⑦	0.50 ⑦	0.27 ⑦	0.23 ⑦
関大女子	0.86 ⑦	0.96 ②	0.83 ③	0.70 ④	0.55 ⑥	0.41 ⑥	0.30 ⑥
阪大女子	1.04 ②	1.01 ①	0.79 ⑤	0.74 ③	0.65 ②	0.47 ⑤	0.55 ①
神戸女学院	(0.93 ⑤)	0.79 ⑦	0.75 ⑦	0.69 ⑤	0.57 ⑤	0.55 ③	0.35 ⑤
全体	0.96	0.90	0.82	0.79	0.58	0.47	0.38

（○数字は順位を表す。1987年の神戸女学院のデータは同志社女子のデータ）

■ 1位　■ 2位

　これまでの7回の新聞閲読度得点の推移を，大学×性別で見ると，表6-2のような結果になる。1回目の1987年調査の時は大阪大学の学生たちが男女ともに得点が高く，やはり偏差値レベルの高い大学の学生たちは社会関心も高いのだろうと思ったが，その後の結果を見ると，大阪大学の学生が毎回上位を占めるわけでもない。ただし，毎回1位と2位を占めているのがどのグループかを見るなら，やはり大学差は多少あると言えるだろう。

6-2　スマホが引き起こす社会関心の低下

　以前は，新聞を読んでいなければ，社会関心は低いと単純に言えた[2]が，今は情報機器が普及し，好きな時にニュース情報をスマホやパソコンから得ることができるようになっており，新聞を読まないことが即社会関心が低いとは言えなくなってきている。実際，2002年調査以降の急速な新聞離れやテレビ離れの一因には，やはりネットの普及が大きく影響していると見るべきだろう。遅ればせながら，本調査でも2007年から「携帯（スマホ）でニュースを見る」と「パソコンでニュースをチェックする」という行動をどの程度

よくするかを尋ねている。

　図6-4を見ればわかる通り，この10年間の変化は顕著なものがある。スマホの普及によって，携帯（スマホ）でニュースを見る人は大幅に増えたのに対し，パソコンでニュースをチェックする人は大きく減ってきている。小型パソコンとしての機能を持つスマホが普及することによって，大学生たちはパソコン離れの傾向すら見せている。学生たちに話を聞くと，レポートを作成する時しかパソコンを立ち上げないという声がかなり聞こえてくる。中には，レポートさえスマホで書き，パソコンを全然使わないという人も出てきている。

　図6-5と図6-6は，携帯（スマホ）とパソコンでニュースをよく見る人の割合を大学×男女別で示したものである。2007年調査の時は，関西大学男子（携帯：パソコン＝43.3％：49.5％），大阪大学男子（33.3％：42.1％），大阪大学女子（21.5％：31.7％）の3グループは，携帯でのニュース・チェックより，パソコンでのニュース・チェックをより多くしていたが，前回の2012年調査からそういうグループはひとつもなくなり，今回さらにその差は広がった。10年前には31.7％あり，5年前でも29.6％あった阪大女子のパソコンでのニュース・チェックは，今回はわずか10.2％と，10人に1人程

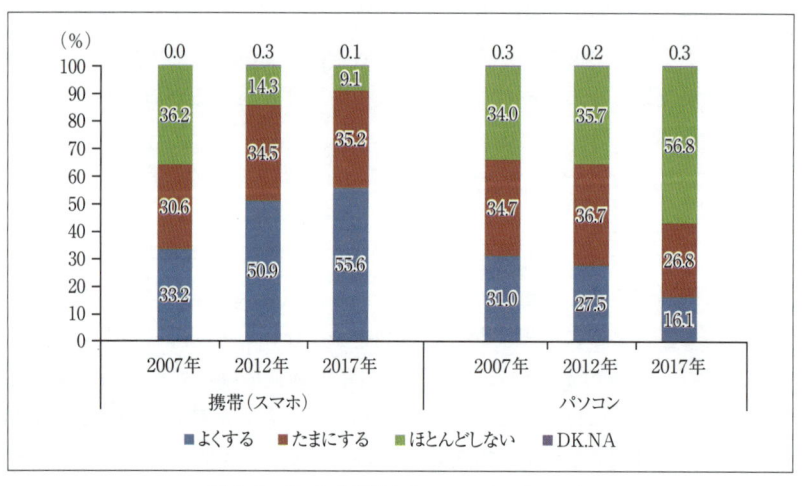

図6-4　ネットを利用したニュース・チェック

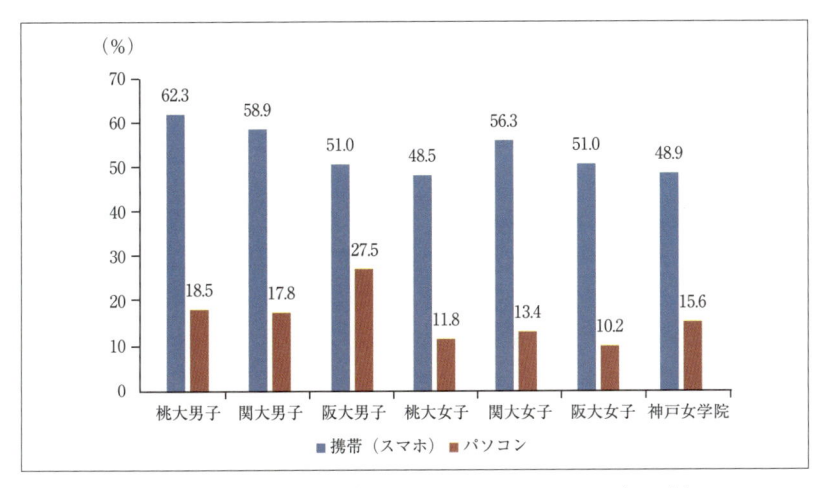

図 6-5　大学×性別で見たネットでのニュース・チェック（2017 年）

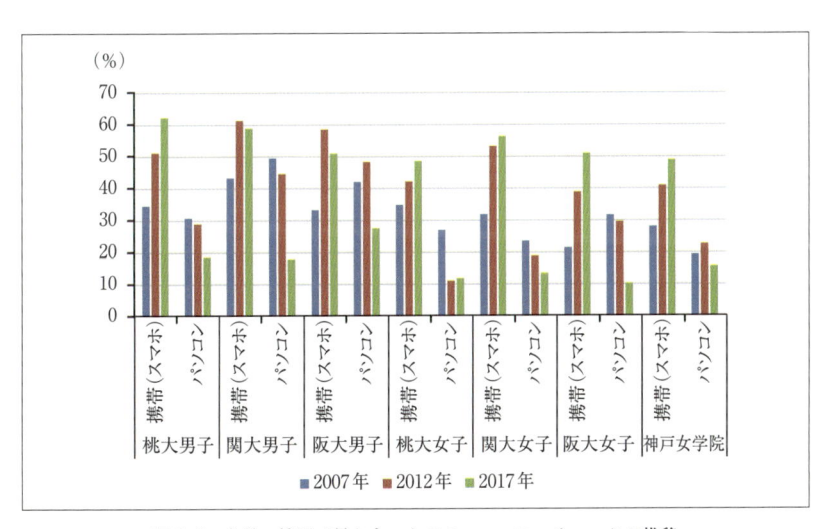

図 6-6　大学×性別で見たネットでのニュース・チェックの推移

　度になってしまった。前回スマホでのニュース・チェックよりは少なかった
が，それでも 4 割以上がパソコンでもニュースをチェックすると答えていた
大阪大学男子や関西大学男子も，それぞれ大幅にその割合を減らした。明ら

かに，両者の差は広がっており，パソコン離れが確認される。

　しかし，パソコン離れが起きていたとしても，スマホを通してニュースをチェックする人が一段と増えれば，それはそれで社会関心は高まる可能性がある。そこで，その点を確認してみよう。パソコンと携帯（スマホ）の両方でよくニュースをチェックする人は，2007年の17.3%から2012年は23.1%に増えたが，今回2017年は15.2%と2007年よりも下がった。どちらか片方ででもよくチェックする人は，2007年の47.0%から2012年は55.5%とかなり増えたが，今回は56.7%に留まり伸びはわずかになった。特に注目すべきは，ニュース関心度が高い関西大学や大阪大学の男子学生において，2012年より今回の方が低くなったことである（関大男子2012年70.3%→2017年58.9%，阪大男子2012年67.2%→2017年51.0%）。

　どうやら，スマホというニュース情報を見やすくかつ容易に入手できる媒体を持ったからと言って，学生たちの社会関心は単純には高まらないようだ。2012年調査の頃は，スマホを持ち始めて間もない時期で，以前のガラケーに比べるとはるかにニュース情報も見やすくなり，アクセスする人も多くなったが，この5年間では新たにスマホにした人は少なく，スマホでニュース・チェックをする人の割合もそれほど伸びていない。関西大学や大阪大学の男子学生の場合は2012年より減ってきている。他方で，スマホが一般化してからパソコンでニュースを見る人は劇的に減ってしまったため，結果として，関大男子や阪大男子のようにニュース・チェックをする人が2007年より減ってしまうという事態を引き起こしている。

　新聞記事の読み方と比較するために，携帯（スマホ）とパソコンでのニュース・チェックを「よくする」を2点，「たまにする」を1点，「ほとんどしない」を0点として，新聞閲読度得点と同様に得点化してみた。2007年調査ではどちらも0.97で，新聞各記事との読まれ方との比較では，テレビ欄に次いで2位という結果だったが，2012年調査では，携帯（スマホ）が1.37，パソコンが0.92になり，前者は新聞記事でもっとも読まれているテレビ欄の1.04を大きく上回った。今回の2017年調査でも，スマホは1.47，パソコンが0.59となった。この得点から見る限り，今やスマホがニュースのもっとも重要な情報源になっていることは間違いないが，ネットでのニュース・チェックは新聞ほどに様々な情報が目に入りやすくはなく，もともと自分が

関心を持っていたことに偏って情報を得る傾向があり，本物の社会関心の向上とは結びつかないのではないかと危惧される。さらに，上で見たように，パソコンでニュース・チェックをする人が大きく減り，スマホでニュース・チェックをする人の伸びが小さくなっているということは，学生たちの社会関心はさらに落ちていくことになりそうだ。

　ネット情報に関しては，新聞情報とは違い，自分からも容易に発信することができるのが特徴である。TwitterやFacebookといったSNSに書くのは，日本では近況とそれへのコメントだけという印象が強いが，匿名での書き込みでは，しばしば社会的問題に関する意見なども書かれ，時にはそれらが集中することで「炎上」という現象を引き起こしたりしている。それゆえ，匿名での書き込みをする人は，しない人に比べ，社会関心が高いのではないかという仮説も成り立つように思われる。本調査では，ネットに匿名で書き込みをよくするかどうかを2007年調査から尋ねているので，その結果から分析してみよう。

　まず全体的な推移だが，2007年は，「よくする」4.0%，「たまにする」8.2%，「ほとんどしない」87.7%，2012年は，それぞれ6.9%，12.3%，80.5%，そして2017年が7.7%，10.7%，80.8%である。2007年から2012年にかけ微増し，2017年は2012年から大きな変化はないというところだろう。ただ，Twitterで友人にも教えていない「裏アカウント」を持つ人も少なくないようなので，そうした書き込みも「匿名」と見なすならば，実際にはもっと多くの人が，実名をさらさずにネット上に書き込みをしていることだろう。しかし，ここではそういう人たちが入っているのか，いないのかを割り出すことはできない。とりあえず，ここでできることは，ネット上に匿名の書き込みをよくすると答えた人（52名）がどのような特徴を持つ人かを明らかにすることくらいである。

　男女差も大学差もあまり大きくないこの匿名書き込みをよくする人たちは，キャンパス内群れ行動はあまりしないが，ネットを通して面識のない人とでも友人になれると思っており（全体が46.5%に対し74.5%），友人のSNSにもよく「いいね！」を押したり（全体が48.9%に対し69.2%），コメントを書いたりする（全体が20.9%に対し55.8%），ネット上のコミュニケーションに関してはまめに行っている人々である。また，スマホでもパソコン

でもニュースをよくチェックし（スマホは，全体が55.9%に対し69.2%，パソコンは，全体が16.2%に対し38.5%），新聞全体の閲読度得点は特に高いわけではないが（全体が0.38に対し0.40），社会関心と関連の強い「政治・外交面」の得点だけは高い（全体が0.53に対し0.69）。以上のことから，匿名での書き込みをする人は，そうでない人に比べ，ネット・コミュニケーションをまめに行い，社会関心がやや高い人々と言えそうである。

6-3　社会関心の中核としての政治関心

「社会関心が高い人」と言った時に想定される人はどんな人だろうかと改めて考えてみると，「自分・家族・友だち」といった身近な世界の範疇には入らない「大きな社会」に関心を持っている人ということだろう。その大きな社会に対する関心をもっとも端的な形で示すのが，政治関心である。大きな社会をどういう方向に進めていくのかを決めるのが政治の機能であるので，その大きな社会に対する関心を持つ人なら，当然，政治に関心を持たざるをえない。社会関心が高い人とは，政治関心が高い人とほとんど同義と言ってもよいかもしれない。そこで本節では，大学生たちの政治関心について見てみたい。なお，この節で捉えたいのは，あくまでも学生たちの政治に対する関心であり，どういう政治が望ましいと考えているかという政治的志向性ではない。その観点から，利用できる質問項目を探すと，新聞記事の「政治・外交面」に対する関心，投票意欲——特に国政選挙に対する投票意欲——，そして政党という政治組織に対する関心があげられる。

社会関心の高い人は，新聞の「政治・外交面」をよく読み，国政選挙に対する投票意欲は高く，政党に関する知識もそれなりに有しているので，支持政党なしや嫌いな政党なしという回答選択にはならないのではないかという仮説が成り立ちそうである。では，実際この30年どのような推移をしてきたかを見てみよう。

まず，新聞記事の政治・外交面をどの程度読んでいるかを見てみよう（図6-7参照）。新聞離れが進んでいるので，当然ながら全体として見ると，政治・外交面を読む人も減ってきている。人数で言うと，2017年調査の際には，「必ず読む」人が46名，「時々読む」人が262名，「ほとんど読まない」人が

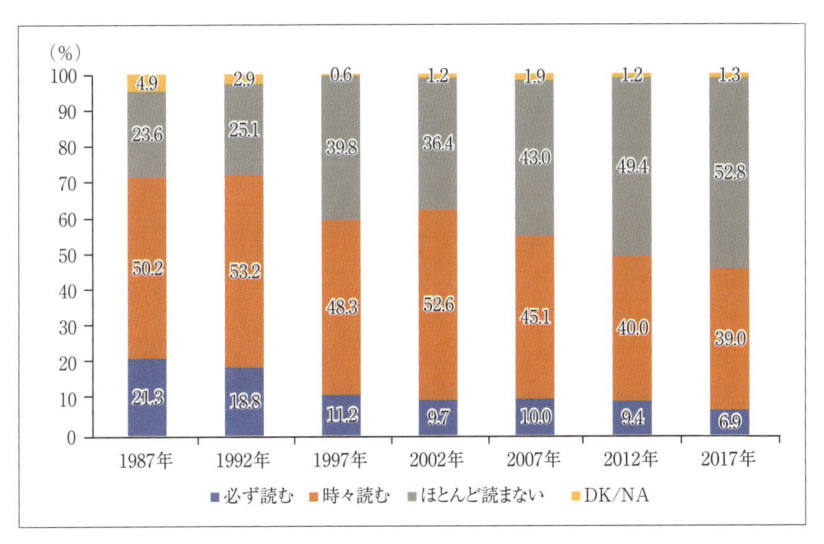

図6-7　政治・外交面の読み方の推移

354名であり，半分以上の大学生たちは新聞の政治・外交面を読んでいない。では，どのような人たちが，この政治・外交面をよく読んでいるのであろうか。

　大学と性別でグループ分けして閲読度得点でその差を見てみると，阪大男子0.80，阪大女子0.71，関大男子0.68，桃大男子0.57，神戸女学院0.43，関大女子0.42，桃大女子0.28の順となる。新聞12項目すべての平均閲読度では3位の大阪大学男子学生がこの政治・外交面では1位となる。ちなみに，7回の調査で阪大男子が1位にならなかったのは，1997年調査の際に関大男子に後れを取った時だけで（阪大男子0.79，関大男子0.86），後はすべて1位である。阪大女子と関大男子が毎回のように2位争いをしている。最近4回だけ見ておくと，今回と2002年調査は阪大女子が2位で，2012年と2007年調査は関大男子が2位に位置している。いずれにしろ，この3グループに比較的政治関心の高い人が多いと言えよう。

　投票意欲との関連を見ると，「ほとんど読まない」人がすべての選挙で投票意欲がもっとも低いのは当然の結果だが，地方選挙に関しては「時々読む」人の方が「必ず読む」人より行くと答えている人が多い（図6-8参照）。市町村長や都道府県知事選挙は，政治・外交面をほとんど読まない人の投票意

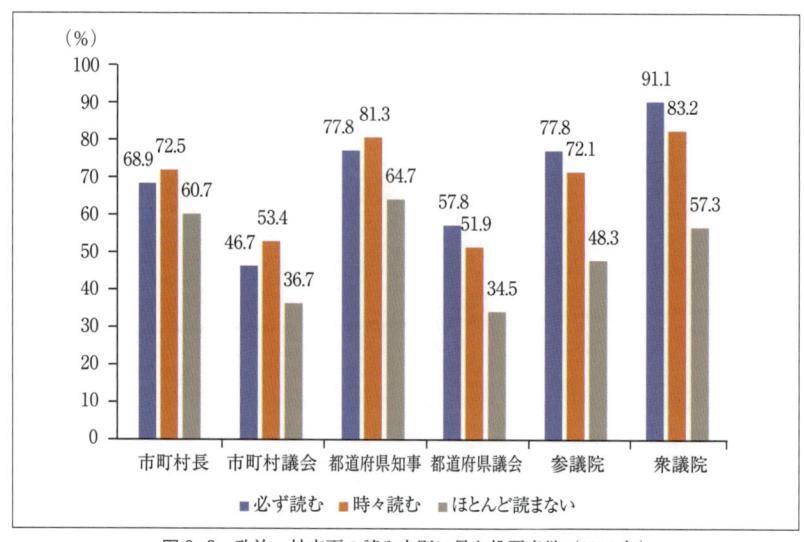

図6-8　政治・外交面の読み方別に見た投票意欲（2017年）

欲もかなり高いので，政治に対する関心以外の要素も少なからず働いている
のだろう。やはり，国政選挙，それも衆議院選挙への関心こそ，政治関心を
よく示していると言えるだろう。

　また，この政治・外交面を必ず読む人は，支持政党なしや嫌いな政党なし
と答える人が少なく（単純に尋ねた時に「支持政党なし」と答える比率：「必
ず読む」27.3％,「時々読む」41.8％,「ほとんど読まない」58.6％／「嫌い
な政党なし」と答える比率：「必ず読む」26.7％,「時々読む」37.8％,「ほと
んど読まない」68.0％），様々な問題に関して「どちらとも言えない」とか「一
概に言えない」という判断保留回答を選ぶことが少ない。肯定的意見であれ，
否定的意見であれ，自らの意見をきちんと示そうとする人々である。しかし，
こういう政治関心の高い人々は少数派で，圧倒的多数派は政治・外交面をほ
とんど読まない人たちである。彼らは，よく読む人の真逆で，判断保留回答
を選ぶことが多い。政党に関しても，支持なしも嫌悪なしも非常に多い。こ
うした政治や社会に対する関心を持たず，自分の意見を持たない人たちが多
数派を形成しているというのが大学生の現実である。

　次に，投票意欲から政治関心を見てみよう（図 6-9 参照）。まず学生たち
の政治関心をよく示す国政選挙だが，その投票意欲は，地方選挙に対する投
票意欲と異なり大きく上下している。1992 年，2007 年，そして今回の 2017
年は大きく上がっている。これらの調査時点では，確かに大学生たちの政治
関心は高まっていた。

　1992 年と 2007 年に投票意欲が高まっていたのは，ともに政権交代への期
待感が高まっていた時期だったからである。1992 年は，日本新党の誕生，「佐
川急便事件」の余波によって長く政界を牛耳ってきた「田中―竹下派」に分
裂含みの動きが起こり，政治が変わるかもしれないという雰囲気が生まれて
いた時期であり，2007 年は，参議院選挙で自民党が大敗したにもかかわらず，
やめるつもりはないと言っていた安倍首相が調査直前の時期に突然辞任する
と発表し，それが連日報道されていた時期であった。そして実際にも，1993
年の衆議院選挙後には細川護熙を総理大臣とした非自民連立政権ができ，38
年間続いた自民党政権がいったん終わったし，2009 年には民主党が衆議院
選挙で大勝し，本格的な政権交代を行った。しかし，どちらも国民の期待に

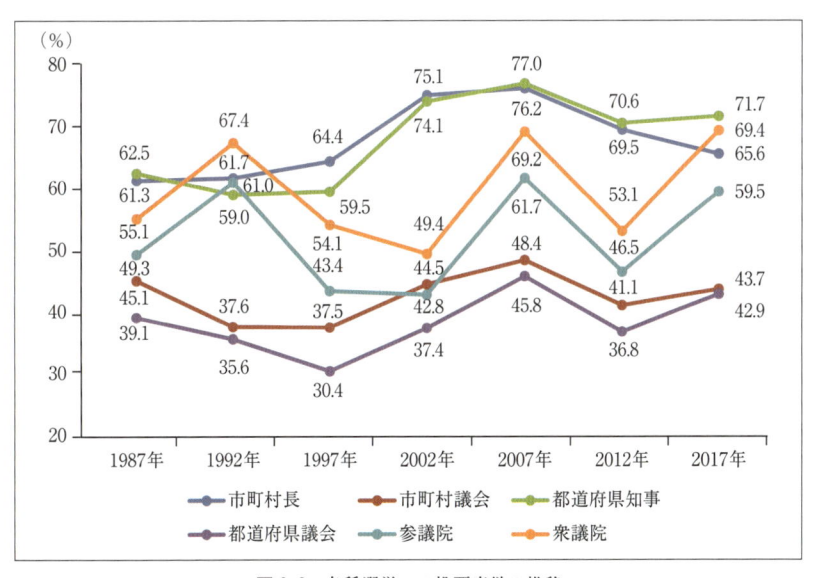

図 6-9　各種選挙への投票意欲の推移

応えることはできなかったため，政治に対する失望感を強め，再び国政選挙の投票意欲は大きく下がることとなった。

今回の場合は政権交代への期待感はまったくなかったが，調査を行った直前の時期に衆議院選挙があり，その選挙をめぐって様々な政治家がからむ人間ドラマ[3]が生まれたのを，学生たちも新鮮な記憶として持っていたために，国政選挙への関心が高くなったのであろう。いずれにしろ，政治にドラマが起きるかもしれないという時に投票意欲は高くなり，失望感とともに低下するというパターンが見て取れる。国政選挙に対する投票意欲の高さは，確かにある程度政治関心の高さを反映しているとは思うが，その関心はドラマチックな出来事への短期的関心であって，それはスポーツや事件への関心と近いものがあり，本当の意味での政治関心——政治の仕組みやあり方に対する関心——とは，別のものと考えた方がよいだろう。

男女別や大学別も見ておこう（図6-10参照）。これまでの調査では，衆議院選挙も参議院選挙も男子学生の方が女子学生より毎回有意に投票意欲が高かったが，今回は女子学生の投票意欲が大幅に伸び，男女の差はかなり小さくなった。大学×性別でグループ分けしても，衆議院選挙と参議院選挙の投票意欲は，阪大女子が91.8％と87.8％でトップに立つ。次いで，阪大男子が

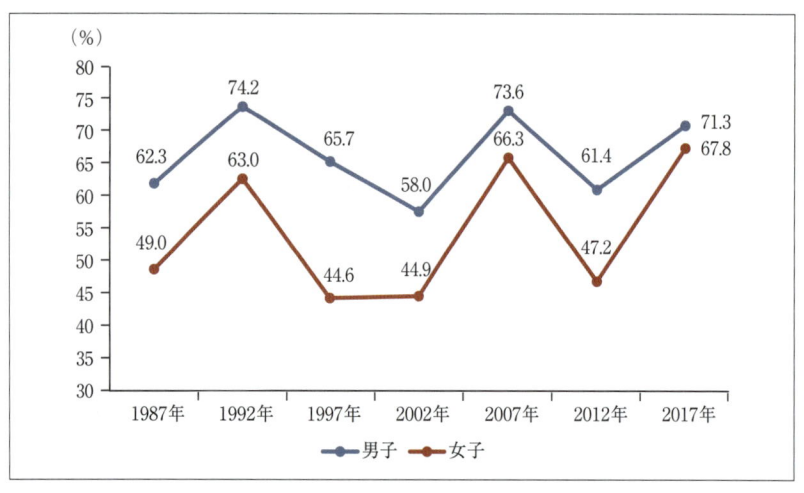

図6-10　衆議院選挙への男女別投票意欲の推移

82.4％と 68.6％，関大男子が 75.4％と 62.3％，神戸女学院が 73.3％と 64.4％，関大女子が 69.0％と 59.9％，桃大男子が 64.0％と 54.0％，桃大女子が 52.4％と 43.7％となる。女子学生の国政選挙に対する投票意欲の伸びが，本格的な政治関心の上昇ということであればよいのだが，これまでにも政権交代というドラマが起きそうな時には，女子学生の投票意欲は大きく上昇し，次の調査の時はまた大きく下がるということを繰り返しているのを見ると，今回も小池百合子という女性知事を中心とした人間ドラマに対する関心であったという解釈の方が妥当性がありそうだ。

　次に，政党に対する関心を示すデータを見てみよう（図 6-11 参照）。仮説としては，大学生の政治関心は低下してきているはずなので，政党に対する支持なしや嫌悪なしの比率は上昇し続けているのではないかと考えていたが，ほぼその読み通りの結果を示すのは，嫌いな政党はないという比率だけ

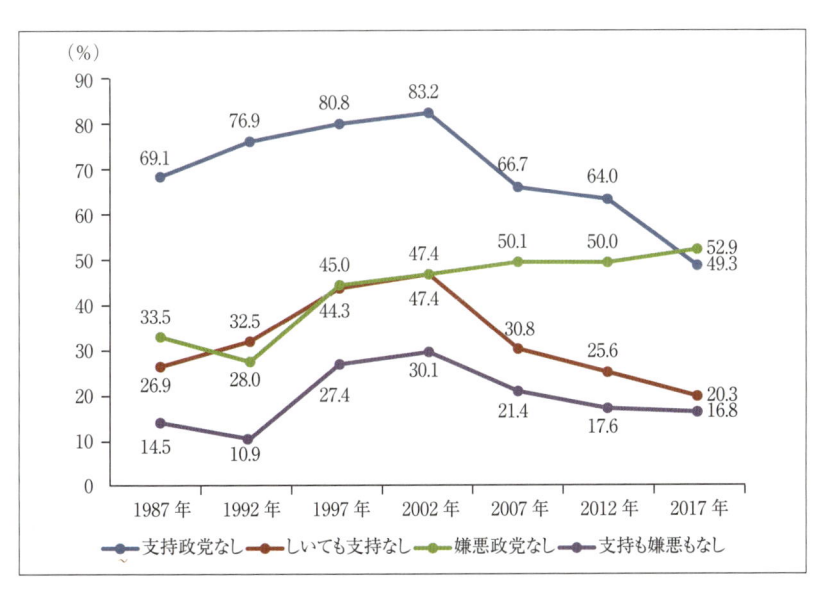

図 6-11　支持政党・嫌悪政党から見る政治的関心の推移

（「支持政党なし」は単純に支持政党を聞いた時に「ない」と答えた人。「しいても支持なし」は単純に聞いた時に「ない」と答えた人に，しいて支持できそうな政党を聞き，それでも「ない」と答えた人。「嫌悪政党なし」は嫌いな政党はひとつもないと答えた人。「支持も嫌悪もなし」は「しいても支持なし」の人のうち，嫌いな政党もひとつもないと答えた人。）

で，支持政党なしと答える学生は，2002年調査までは仮説通りの増加傾向を示していたが，2007年調査以降は減り続けている。これはどういうことだろうか。

　おそらく，政治関心と直接連動するのは，嫌悪政党なしの比率だけなのだろう。1992年調査の時は減っていた——つまり政治関心が高まっていた——が，その後は1997年に大きく増えた後，なだらかに増え続けている——つまり政治関心は低下し続けている——ことが見て取れる。

　他方，支持政党なしの場合は，政治関心が低く，政党のことがよくわからないからなしという人（無関心層）と，政治に関心はあるが，どの政党も信頼できないので支持政党はなしという人（無党派層）に分かれる。支持政党なしが増えていても，無党派層が増えているのなら，政治関心が低下したとは言いにくい。図6-11のデータで見ると，嫌いな政党も支持政党もないという人が無関心層にあたると考えられるので，それは紫のグラフで表されており，無党派層はその紫のグラフと赤のグラフの差——［しいても支持なしの割合］－［支持も嫌悪もなしの割合］——で示されていると考えることができる。支持政党なしという人が減ったため，無関心層も減っているが，それ以上に大きく減っているのが無党派層である。1992年には21.6％もいた無党派層は，今回の調査ではわずか3.5％になってしまっている。この無党派層が減っているところにも，政治的関心の減退を見ることができるだろう。

表6-3　嫌悪政党なしと回答した人たちの支持政党　　　　　　（%）

	1987年	1992年	1997年	2002年	2007年	2012年	2017年
支持政党なし	45.1	39.3	62.0	63.8	43.4	35.3	31.8
政権政党支持	29.5	41.7	22.8	26.5	32.5	24.5	49.9
野党第一党支持	16.2	9.2	4.9	2.9	18.8	23.3	4.2
（政権政党）	自民党	自民党	自民党	自民党	自民党	民主党	自民党
（野党第一党）	社会党	社会党	新進党	民主党	民主党	自民党	立憲民主党

　さらに，2007年調査以降の傾向としては，政治にあまり関心はなくどこの政党が嫌いとは言えないけれど，政権を担っている政党，あるいはそれに匹敵する野党第一党があれば，それを支持政党として回答しておこうとい

う意識も強まっているようだ[4]。この頃から衆議院に小選挙区比例代表並立制が導入された1993年以降の記憶しかない大学生になっており，彼らは選挙とは政党選びだという意識を自然と身につけているが，かといって，各政党の詳細はわからないので，とりあえず安定をもたらしてくれる政権政党を支持しておけばよいのだろうという判断をしていると考えられる。今回の調査では，嫌いな政党はないという人のうち，自民党を支持政党とする人は49.9％にも及び，支持政党はないという人の31.8％を大きく凌駕している（表6-3参照）。

　この節の最後に，「今の世の中は権力をもった少数の人が動かしていると思うか」という質問への回答も見ておこう（図6-12参照）。明らかに，この15年「そう思う」という人が減ってきている。前回までの減少は選挙で政権交代が起こせるという印象が強かったからではないかと推測していたが，今回はほぼ安倍内閣のままの5年間だったので，「そう思う」という人が増えるのではないかと予想していたが，そうはならなかった。現実には，2007年，2012年頃にあった「二大政党制」に近い状況がまったく消えてしまい，有権者が自らの意思を反映させることはかなり困難な状況になってきている

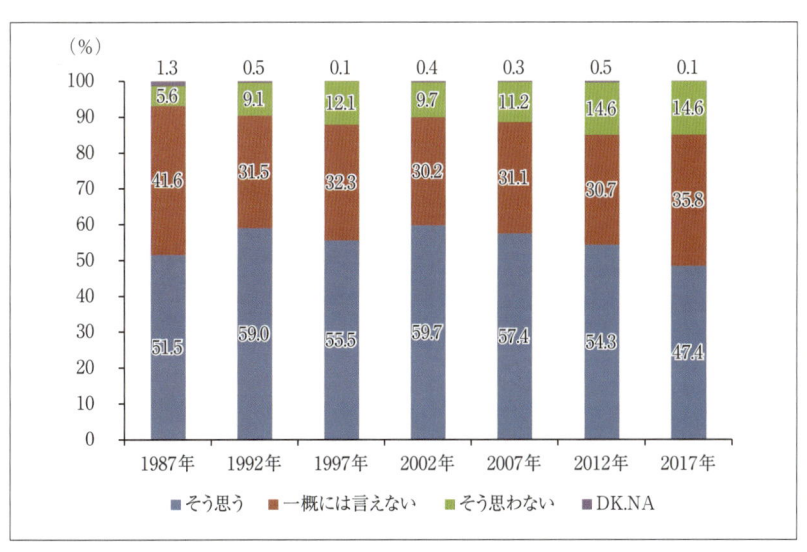

図6-12　世の中は少数の権力者が動かしているか

にもかかわらず，「そう思う」が減るのは不思議な気がする。ただ，これは私が「世の中を動かす」ということを政治寄りに考えすぎているせいかもしれない。大学生たちからすれば，今世の中を動かしているのは，インターネットで配信される様々な情報であって，そういうものが重要性を増す時代においては，少数の政治権力者が世の中を動かすなんてできはしないという感覚なのかもしれない。

6-4　現代的リスクへの関心

　政治関心以外の社会関心についても見てみよう。現代社会は様々なリスクを抱え込んでいるが，そうしたリスクについて学生たちはどのように認識しているだろうか。食品の安全性，原子力発電，戦争について学生たちはどのように捉えているかを見てみよう。

　食品の安全性に関しては，1997年調査から尋ねている（図6-13参照）。1997年調査と2002年調査は「保存や発色のために使われている食品添加物が気になるか」という質問で，2007年調査以降は範囲を広げて「食品の安全性が気になるか」という質問に変更した。その質問文の変更は多少影響したかもしれないが，それほど大きくはなかったようで，「気になる」（「非常

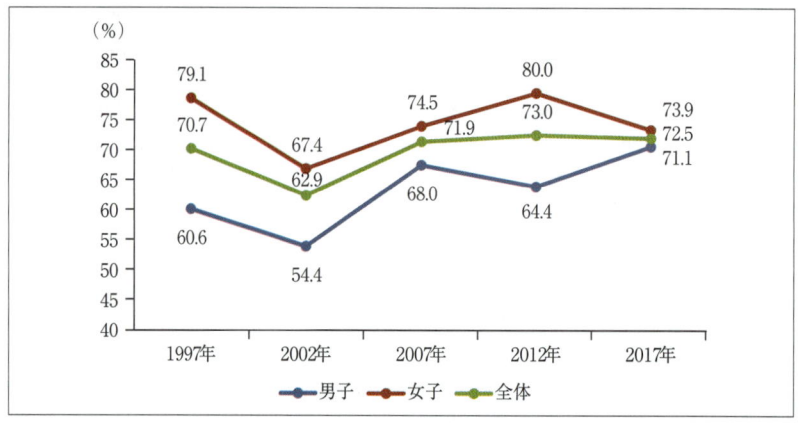

図6-13　食品の安全性が気になる人の割合

に気になる」＋「やや気になる」）と答えた人は，1997年70.7％→2002年62.9％→2007年71.9％→2012年73.0％→2017年72.5％と6〜7割で推移している。前回まで，毎回女子学生の方が男子学生より有意に「気になる」人が多いという結果が出ていたが，今回はほとんど差がなくなった。将来子を産む性として，自らの身体へ害になる可能性のあるものを摂取することに女子学生の方が敏感になるのは当然だと思っていたので，今回女子学生で気になるという人が減り，男子学生で増えてほとんど差がなくなったのはなぜなのか理解するのはなかなか難しい。

　そもそも前回，今回と男女の比率の上下動が逆になるのもよくわからない。前回は，福島第一原発事故の影響のイメージも残っていたので，男女とも気になるという人が増えるのではないかと予想していたが，男子学生では下がった。今回は，この5年間に特に食品の安全性に関わる大きな問題が起きなかったので，男女とも減少してもおかしくないと思っていたが，男子に関しては，気になる人が増え，過去最高値となった。男女それぞれの変化など，詳細については説明が難しいところもあるが，全体としては，この10年気になる人が7割台という高めで安定しているのは，食品の安全性という問題が，万一の場合は直接自らの健康を害する可能性がある身近な問題なので，大きな社会の問題に関心を持つことが苦手な現代の学生たちでも関心を持てる問題だからであろう。

　次に，原子力発電所に対する考え方を見てみよう。この問いの選択肢は，東日本大震災の際に起きた福島第一原発の事故を境に，2007年調査以前と2012年調査以後で少し変えてあるが，基本的には踏襲できるものと考えている。2007年調査段階では，約7割の学生が原発は増やすか現状維持が望ましいと肯定的に捉えていたが[5]，原発事故から約1年半後に行った2012年調査では当然ながら肯定的意見が減り5割強になった。しかし，事故の記憶が鮮明だったこの時期でも，「いますぐ一切の利用をやめる」（4.3％）という強い脱原発や反原発の声は，大学生の間ではそれほど大きくはなかった。

　それゆえ，ある意味予想通りであるが，事故から6年半ほど経った今回の調査では，肯定的意見が6割に増えた。被災地から離れている関西地区の学生たちが調査対象者であることも多少影響しているかもしれないが，それ以上に現代の大学生は現実主義的で，理想論だけでは物事が進まないと考えて

いるからだろう。現代の生活を維持するのに必要なだけのエネルギーを効率的に生み出す方法が見出されてもいないのに，原発をすぐにとめてしまうのは不安で賛成できないということなのだろう。

　この原発に対する考え方も男女間で毎回有意差が出る項目である（図6-14参照）。女子学生の方が男子学生より原発利用に関して慎重である。原子力発電という科学技術がもたらすメリットと万一事故があった場合に生まれるデメリットを秤にかけると，女子学生はデメリットの方が大きいと考える人が多く，約半数が「いますぐ一切の利用をやめる」か「最小限度の利用にとどめ，近い将来廃止する」を選ぶのに対し，男子学生では約7割が「新設も含めて積極的に利用する」か「安全が確認されたものは継続的に利用する」という肯定的な選択肢を選んでいる。

　なお，この原発に対する考え方は文系と理系の間で有意な差が見られる。

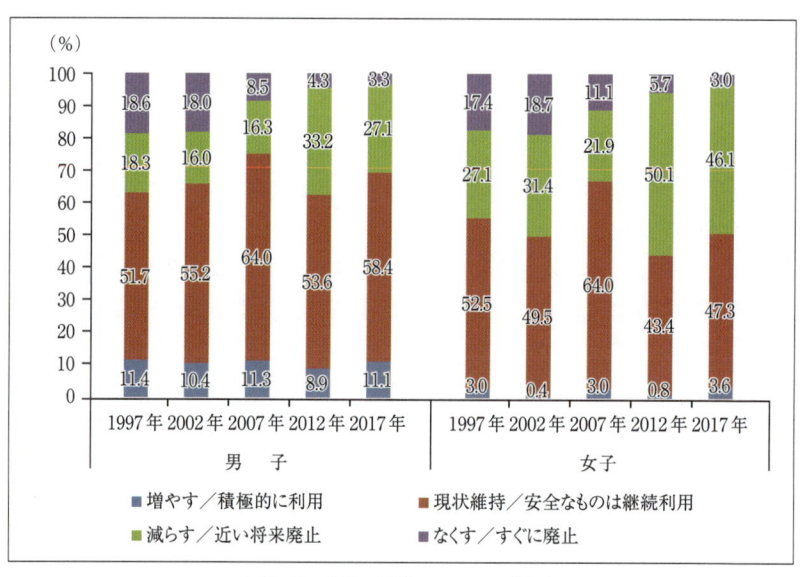

図6-14　今後の原発についての考え方

（2007年調査までの選択肢は，「もっと増やすべき」／「現状維持」／「もっと減らすべき」／「早くなくすべき」。2012年調査以降は，「新設も含めて積極的に利用する」／「安全が確認されたものは継続的に利用する」／「最小限度の利用にとどめ，近い将来廃止する」／「いますぐ一切の利用をやめる」に変更。）

原発に対して肯定的意見を持つものは，関西大学社会学部男子では 65.2% に対し，システム理工学部男子では 81.5% もいる。この差は科学技術に対する知識の差が生み出すものなのかもしれない。原発について詳しく知識を持った上で廃止を望む人もいるとは思うが，学生たちの場合は，原発に関する詳しい知識はないまま，事故が起きた時の悲惨さをイメージして否定的な考えを持つ人が多いと考えられる。将来技術者になる人が多いであろう理系学生は，文系学生ほどには原発に対する漠然たる不安感は抱かないのだろう。

　次に，戦争の危険性を学生たちがどう予測しているかを見てみよう。まず，「核戦争が近い将来に起こると思うか」という質問に対する回答の推移を見てもらいたい（図 6-15 参照）。学生たちの意見はその時々の国際情勢に影響されて大きく変化していることがわかる。第 1 回の 1987 年調査の頃はまだソビエト連邦が存在し，アメリカ大統領は保守派のレーガンであり，核戦争の危機が真剣に叫ばれ，核廃絶をめざす国連軍縮会議も開かれていた 1980 年代前半からあまり年数も経っていなかったため，核戦争が起こるのではという危機感を持つ学生が過半数を占めていた。第 2 回の 1992 年調査の際には，前年にソビエト連邦が崩壊し，東西冷戦の危機感は小さくなっていた。他方

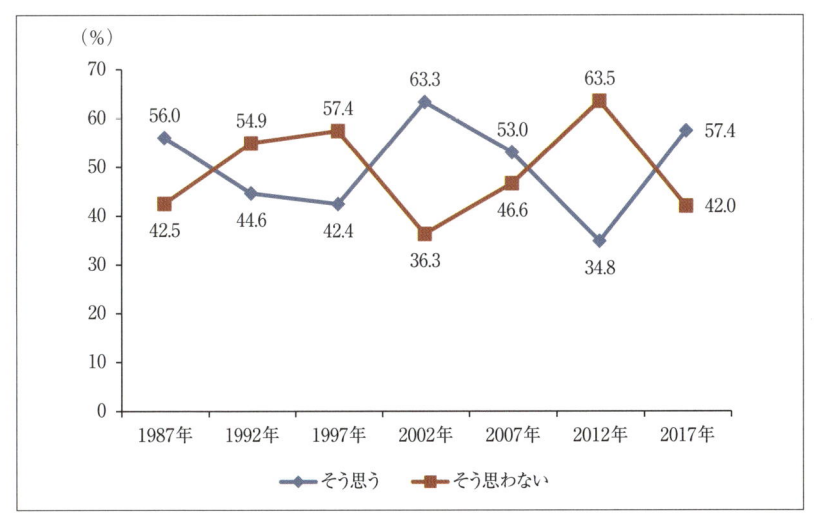

図 6-15　近い将来核戦争が起こる

で同じ年に湾岸戦争が起きていたが，あっという間にアメリカを中心とした多国籍軍によってイラクは制圧され，むしろ今後はこういう形で戦争は核を使わずに終結するのだろうという印象を学生たちに与えた。1997年調査はその延長線上にあり，直前5年間には核戦争を心配しなければならないような国際情勢の緊張は生まれていなかったため，「そう思わない」という人が6割に近づいた。

　この意識が一転するのが，2001年9月のアメリカ同時多発テロである。攻撃を受けたアメリカはすぐに軍事力を行使して，テロの首謀者と判断したタリバンの本拠地アフガニスタンを攻撃し制圧した。しかし，イスラム原理主義をベースにしたアメリカ批判とその行動を支持する人は世界各地に無数におり，テロの恐怖は消えず，テロが起きるたびに戦争が起きるという印象が強まった。また，当時のブッシュ大統領は，イラン，イラク，北朝鮮を「悪の枢軸」と呼び，このまま放置してはいけないという主張さえしていた。こういう雰囲気の中で2002年調査は行われたため，核戦争が近い将来起こりそうだと思う学生たちは，一気に6割を超えることとなった。その後の10年間は，アメリカ同時多発テロ後のような緊張状態の高まりは生じていなかったため，学生たちの核戦争に対する危機感は減り，2012年調査では，「近い将来核戦争が起きる」と思う人は，初めて4割を切った。

　しかし，この意識は2017年調査でまた大きく逆転する。2017年は北朝鮮が何度も核実験とミサイル発射実験を行い，この年就任したトランプ大統領との間で幾度も非難の応酬をし，今にも戦争が起きそうな状況だった。アメリカが軍事行動に動けば，北朝鮮は核兵器を搭載したミサイルを発射するのではないかという危機感は現実的なものとなっていた。それゆえ，核戦争が起きると思う人が，これまでの7回の調査で2番目に高い比率になったのは当然と言えよう。

　次に，「現在の国際情勢から考えて，近い将来日本が戦争に巻き込まれる危険がある」と思うかどうかという質問に対する回答を見てみよう（図6-16参照）。これも，上述した国際情勢の変化を受けて上下してはいるが，「核戦争」に比べてかなり高い割合で「そう思う」人が多い。究極の殺戮手段である核兵器が使われる戦争は，国際情勢がかなり緊迫していない限り，まず使われることはないだろうと思えるのに対し，実際に武器を取って戦うかど

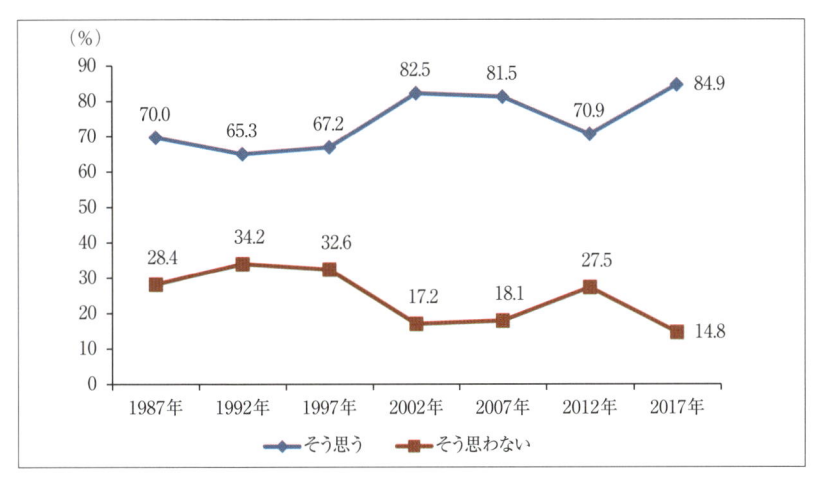

図 6-16　近い将来日本が戦争に巻き込まれる

うかは別にして日本が戦争に巻き込まれる可能性は，一見平和な時代でも十分可能性はあると学生たちは見ているようだ。

　一番低かった 1992 年調査でも 65.3％が「そう思う」と答えているし，同時多発テロ後の危機感は去ったと思われて，核戦争の危険に関しては大きく「そう思う」人が減った 2007 年調査でも，この質問への回答は「そう思う」人がそれほど減らなかった。これは，日米安保条約と，1992 年に成立した PKO 協力法で，日本も他国での戦争に様々な形で協力をしなければならないし，実際にしてきたという事実があったためだと考えられる。

　オバマ大統領時代でアメリカが平和主義的だった 2012 年の調査では，日本が戦争に巻き込まれると思う人は，10 ポイント以上減り 70.9％になったが，2017 年には再び増えて過去最高の 84.9％になった。上で述べたような，この年のアメリカ vs. 北朝鮮の緊張状態を考えれば，それだけでも当然の数値であるが，さらに 2015 年に安倍内閣が集団的自衛権を行使できるように安保関連法を整備していたことの影響も大きいだろう。学生たちも詳しくはわからないまでも，北朝鮮との戦争が始まれば，新しい安保関連法の下で，日本の自衛隊も今度は後方支援ではなく，前線にアメリカとともに出ていくことになるということを認識していただろう。そのことが，この日本が戦争に

巻き込まれると思う人の多さにつながったと言えよう。

　こういう戦争に関する学生たちの意識を見る限り，学生たちもそれなりに国際情勢に関心を持ち，感覚的ではあっても的確な状況判断力を持っていると言えそうである。

注

1）ラジオ欄が最終面のテレビ欄から切り離されて，目につきにくい中の面に移ったのは，朝日新聞朝刊は 1986 年 3 月 1 日から，同夕刊は 1988 年 10 月 1 日から，毎日新聞朝刊は 1987 年 11 月 16 日から，同夕刊は 1986 年 5 月 6 日から，読売新聞朝刊は 1987 年 3 月 26 日から，同夕刊は 1990 年 9 月 3 日からであった。

2）以前も，テレビやラジオからでもニュースは得られたが，情報を留めることがしにくかったので，社会関心のある人なら，新聞でのニュースのチェックは不可欠と考えることには妥当性があった。

3）当時人気のあった小池百合子東京都知事が「希望の党」という新政党を立ち上げ，野党第 1 党であった民主党が党としては公認候補を出すのをやめ，全員希望の党公認にしてもらうという思い切った戦略を打つが，「全員を受け入れるつもりはない」という小池百合子の発言で，立憲民主党という新たな政党が作られ，後者が「判官びいき」のような人気を得て，「希望の党」は選挙前に失速するという事態が生じた。

4）1992 年調査時点での「嫌いな政党なし」層も自民党支持が 41.7％と高かった。1992 年頃は自民党がもっとも混乱を極めていた時期で，44.1％もの学生が自民党を嫌いな政党にあげていたが，そんな中で「嫌いな政党なし」と答えた学生たちの 4 割以上が自民党支持者だったことは興味深い。

5）2007 年頃は，地球温暖化問題がマスメディアで頻繁に取り上げられ，政府の方針としても二酸化炭素などの温暖化物質を排出しない原発はむしろ積極的に推進していこうという流れにあった。

第7章　減退する社会活動意欲

7-1　ボランティアの経験と意欲

　大学生たちがボランティア活動に積極的に関与するようになったと注目され始めたのは，1995 年の阪神・淡路大震災がきっかけだった。この年は後に「ボランティア元年」と呼ばれるようになり，1998 年の「特定非営利活動促進法」（通称 NPO 法）の制定へのはずみとなり，その後大学でもボランティア・サークルが多数できたり，ボランティアを学ぶ講座を生んだりするきっかけになった。

　阪神・淡路大震災の際には，確かに，学生たちが誰かの手助けをしなければと言い，動き出したという印象は私にもある。関西の人口密集地域を襲ったこの地震は，多くの学生たちの家族，親族，友人たちに被害を与えた。おそらく，被災者が関係者に一人もいないという人は，阪神地区にはほとんどいなかったのではないだろうか。自分たちにとって身近に感じられない問題に関して行動するのは苦手な学生たちも，この阪神・淡路大震災の救援・復旧のために活動をすることには何の躊躇もなかった。ちょうどこの時期は学年末試験期間で，大学としては試験をどうするかの判断を迫られた。私の所属する関西大学社会学部では，当初被害にあった学生に関しては特別対応をするが，被害を受けていない学生に関しては通常通り試験を実施するという方針を出した。これに対し，少なからぬ学生たちから，「自分の家はそんなに被害を受けていないが，親戚や知人が被災しているので手伝いに行きたい。試験なんか受けている場合ではない。配慮してほしい」という強い異議申し立てがなされた。大学の打ち出す方針に学生たちが逆らうことなどほとんどなくなっていた時代だったが，この時の学生たちの切羽詰まったような真剣な眼差しは忘れることができない。

阪神・淡路大震災は，関西の多くの大学生にとって，直接的に被災者を知っているような身近な大災害だったが，その後生じた災害等は必ずしも自分たちにとって直接知っている人が被災者になったものではなかった。それでも学生たちは関心を持ち，時には遠距離であっても，救援・復旧の手伝いに出掛けた。1997年調査では，2年前に起きた阪神・淡路大震災のボランティアをしたかという質問とともに，調査年に起きた福井県三国町での原油流出事故でのボランティアをしたかどうかを尋ねた。前者のボランティア経験者は63人（8.0％）で，後者は8人（1.0％）だった。数自体はもちろん少ないが，行かなかった人でも「興味がなかった」と「無意味だと思った」といった否定的な理由をあげた人は，阪神・淡路大震災で14.3％と2.4％，三国の原油流出事故で18.9％と3.9％でほんのわずかしかいない。行かなかった理由で多かった回答はどちらも，「家が遠かった」，「時間がなかった」，「ツテがなかった」，「なんとなく行きそびれた」といった消極的なものであった。

　これ以降，ボランティア活動は大学生たちの重要な社会活動であるという認識の下，毎回ボランティアの経験と意欲を尋ねてきている。2002年調査では，具体的にどのようなボランティアをしたのかを尋ねて，集計した。その結果によれば，「社会福祉活動」（123人），「自然環境保護活動」（51人），「青少年健全育成活動」（27人），「募金活動」（21人），「体育・スポーツ活動」（18人），「公共施設での活動」（13人），「国際交流活動」（12人），「災害援助・防災活動」（11人）となっていた。

　図7-1は，ボランティアの経験率を男女別に見たものである。2002年から2007年にかけて経験率が増していたところに，2011年には東日本大震災が起きたので，2012年調査ではさらに経験率が増しているかもしれないと思ったが，そういう結果は出ず，むしろ減っていた。被災地が関西から遠かったこと，福島第一原発事故のために，被曝することを恐れて二の足を踏んだ人が多かったのかもしれない。

　しかし，学生たちの話を聞くと，こうした要因はボランティア活動経験とはほとんど関係がないようにも思えてくる。というのは，男女とも約半数が活動経験ありと答えているが，その多くは中学生時に学校行事の一環としてやらされたボランティア活動だからだ。ほとんどの公立中学では，中学2年の頃に生徒たちにボランティア活動をさせるようだ。それゆえ，実際はもっ

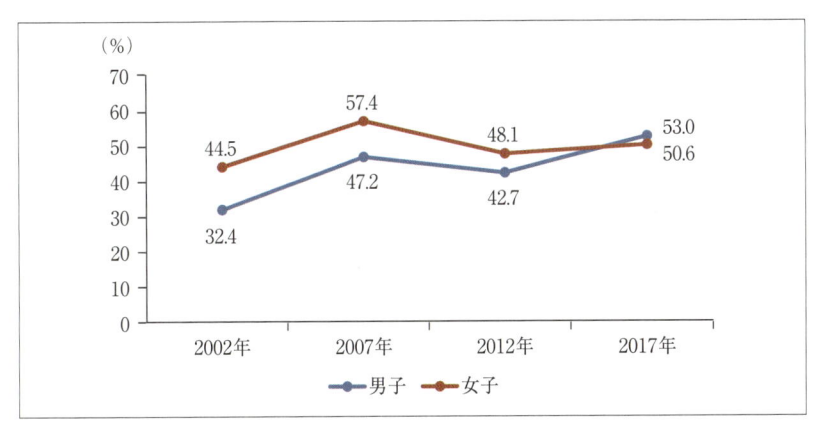

図 7-1　ボランティア活動の経験

と経験者が多くてもおかしくないのだが，この強制されたボランティア経験をもってボランティア経験ありと答える人と，これは自発的に行ったものではないのでボランティア経験とは言えないと考え，経験なしと答える人がいるために，この程度の経験率として表れてきているのだろう[1]。

　他方，ボランティアの意欲——特に災害ボランティアに対する意欲——の方は，時代状況を反映すると考えられる（図 7-2 参照）。東日本大震災後の2012 年調査でボランティア意欲が増し，今回また減ったのは，まさに学生なりの社会状況に対する反応だろう。

　このボランティア意欲に関しては，男女でかなり違いがある。男子は，この質問を初めて導入した 1997 年調査の時点では，災害ボランティアの意欲も福祉ボランティアの意欲も 3 割程度で低かったが，2002 年以降，災害ボランティアは大きく伸びて，2007 年，2012 年は女子学生との差も有意ではなくなった。しかし，今回は初めて大きく減少したため，減少が小さかった女子との間でまた有意差が出た。

　男子の福祉ボランティアの意欲はあまり大きく伸びず，2002 年以降は 3分の 1 程度で推移していたが，今回大きく落ちて，過去最低の 27.8 ％になった。福祉ボランティアは，身の回りのケアをするというイメージが学生たちに強く，男性に向いたボランティアではないという意識を持つ人が多いので

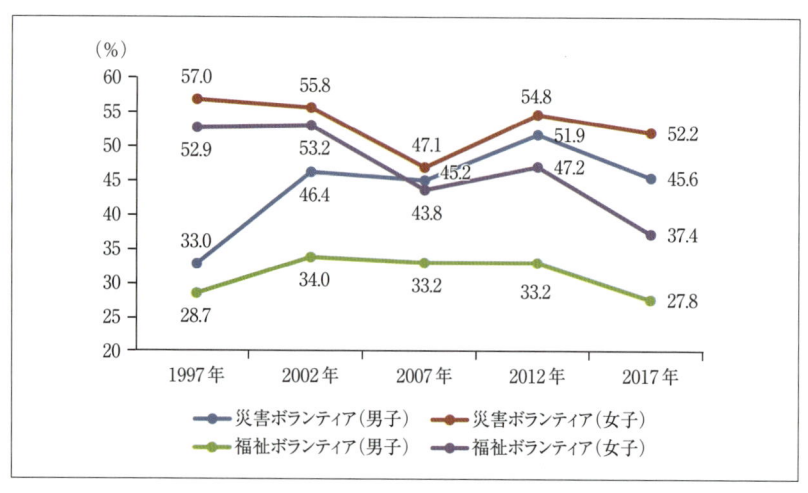

図 7-2　男女別見たボランティア活動への参加意欲

（「災害ボランティア」，「福祉ボランティア」を「ぜひしたい」と答えた人と「ややしたい」と答えた人の比率を足したもの。）

あろう。

　女子学生のボランティア意欲は，この質問を導入した 1997 年が災害ボランティアも福祉ボランティアももっとも高かった。災害ボランティアに関しては，2007 年にいったん大きく減少したが，2012 年にまた戻して，今回は少し減ったが，それでも 5 割は維持している。災害ボランティアは力仕事も多く，男子学生の方が多くなってもおかしくないボランティアだが，やはり愛他精神のようなものは，女性の方が相対的に強いということなのかもしれない。

　他方，女子学生の福祉ボランティアの意欲は大きく見ると，減少傾向にある。1997 年，2002 年には 5 割以上の女子学生が，福祉ボランティアをしたいと答えていたが，2007 年に 10 ポイント近く落ち，2012 年には多少戻したが，今回再び 10 ポイント近く落ち，初めて 4 割を切った。この減少傾向は今後も続いていくのではないかと予想される。というのも，福祉ボランティアは，1 日限りの参加でも感謝される災害救援ボランティアと違い，継続的に行わないといけないのではというイメージが強いからだ。それだけの労力

を使ってでもボランティアをしたいと思う人は，今後もそんなに増えていかないだろう。

　もともと私は，それなりに多くの若者がボランティア活動をしたいという意欲を持つのは，FEV 基準に基づいて意欲の湧く活動だからという点と，自らの存在意義を確認できる活動だからという点をあげてきた[2]。FEV 基準とは，「すばやく」（Fast），「効率的に」（Efficient），「目に見える形で」（Visible）の頭文字を取って作った私の造語だが，要するに「結果がすばやく効率的に見えること」が行動を起こす基準となることを示したものである。災害救援のボランティアでは，1 日だけでも感謝の言葉が得られるし，それでもよいのだろうと思えるのに対し，福祉ボランティアとなると，1 日だけではいけないのではという意識が学生たちにも働く。FEV 基準に照らせば，やはり災害ボランティアの方が福祉ボランティアより意欲が湧く活動ということになろう。

　自らの存在意義の確認という点に関しては，ボランティア経験の充実感と関係が深い。毎回ボランティア活動をした者の 8 割前後が充実感を得たと答えているのだが，その充実感とは，1997 年調査の際に得られた，阪神・淡路大震災のボランティアを経験した女子学生の次のような言葉に端的に表されている。

　　「最初は，"結果"というものが目に見えてこないのでとまどいましたが，何かボランティアをした後に，お年寄りの方が"また来てほしい"と言って笑顔を見せられた時に，これが"結果"なんだと感じた。その笑顔にボランティアすることの意味を見出した気がした。」[3]

　肯定的感想を持った人の多くが，こうした言葉と笑顔に充実感を得ていた。「また来てほしい」という言葉は，自分が誰かにとって必要とされていることをわかりやすい形で確認させてくれる。自分がどういう方向に進めば価値のある人間になりうるかが見えにくい不透明な社会の中で，こうした目に見える"結果"が得られるなら，ボランティアは若者たちにとって魅力的な活動になる。そして実は，たくさん友人を持ち，その友人関係の中で必要とされるのも，ボランティアで必要とされるのも，人間関係の中で自分の存在意義を見出すという点では本質は同じなのではないかとかつて分析した[4]。こ

の分析自体は今でもはずれていないのではないかと思っているが，それゆえにこそSNSが普及する時代においては，以前より容易に友人関係の中で，自分の存在意義を確認ができるようになってきているため，つらいボランティアをしてまで自分の存在意義を確認したいという意欲は相対的に弱まっていってもおかしくない。

　このように考えると，今回，男女ともに災害ボランティアも福祉ボランティアも意欲が減退したが，これは一時的傾向ではないだろうという予測ができる。2012年に意欲が上昇したのは，東日本大震災という未曽有の災害が起きた後だったがゆえで，大きなトレンドとしては2000年初頭あたりを頂点に，ボランティア意欲は下がってきているのではないかと考えている。

　それでも，災害ボランティアに関しては5割近くが，しんどい福祉ボランティアでも3分の1近くの学生がしたいと答えている。一体どのような学生たちがそう考えているのだろうか。様々な項目との相関を見てみたところ，男女ともにボランティアに意欲的なのは，若い時の苦労は買ってでもした方がよいと思う人，楽に暮らしていけるお金があっても遊んで暮らしたいとは思わない人，多少無理は言うが面倒見のよい上司の方がビジネスライクな上司よりよいと思う人，将来の地域行事への参加意欲が高い人，反核平和運動に参加したいと思ったことがある人，などである。要するに，まじめで自分に厳しく，かつ社会貢献意欲が高く，濃い人間関係を嫌がらない人たちが，よりボランティア意欲が高い人たちと言えるだろう。

7-2　ボランティア以外のNPSA（非営利型社会活動）

　「ボランティア元年」と言われた1995年以降，ボランティア活動には注目が集まりやすくなったが，営利を求めない社会活動というのは，考えてみれば他にもたくさんある。地域の行事に参加することも，市民運動に参加することも営利を求めない社会活動と言えるし，身近なところでは，「小さな親切」[5]や「ちょボラ」（ちょっとしたボランティア）[6]といった言葉でも表されてきた見知らぬ他者を思いやる行動なども非営利的な社会活動に入れてよいだろう。私は，こうしたちょっとした思いやり行動からボランティア活動，さらには地域行事や社会運動への参加までも含められるより広い概念と

して，NPSA（Non-Profit Social Activity = 非営利型社会活動）という概念を作り使用している[7]。本調査でもこうした活動についても大学生たちに尋ねている。前節ではこのうちボランティア活動について詳しく扱ったので，本節ではそれ以外の NPSA について述べていこう。

　まず，学生たちの「小さな親切」的な行動についてだが，これについては，1997 年から尋ねている「電車やバスの中で，あなたの座っている前に，高齢者の方が来られたら，あなたは席を譲りますか」という質問で見てみよう。その結果を図 7-3 で示しているが，「譲る」（「必ず譲る」＋「だいたい譲る」）という人は，2002 年にいったん減った後，前回調査までは，男女ともじわじわと増えてきていた。そして，今回，男子はそのままの趨勢を引き継いでいるが，女子は 15 年ぶりにわずかだが減少した。男女間の有意差も，2012 年調査からなくなっていたが，さらに差がなくなった。ただし，女子学生の「譲る」という回答率がわずかに下がったとはいえ，男女とも 8 割以上の人が「譲る」と回答しており，まだ非常に高い状態にあることは間違いない[8]。

　競争より協調を重視する豊かな成熟社会の教育方針の下で，他者へのいたわりや思いやりが大切だと教えられてきた最近の若者は，対面状況における

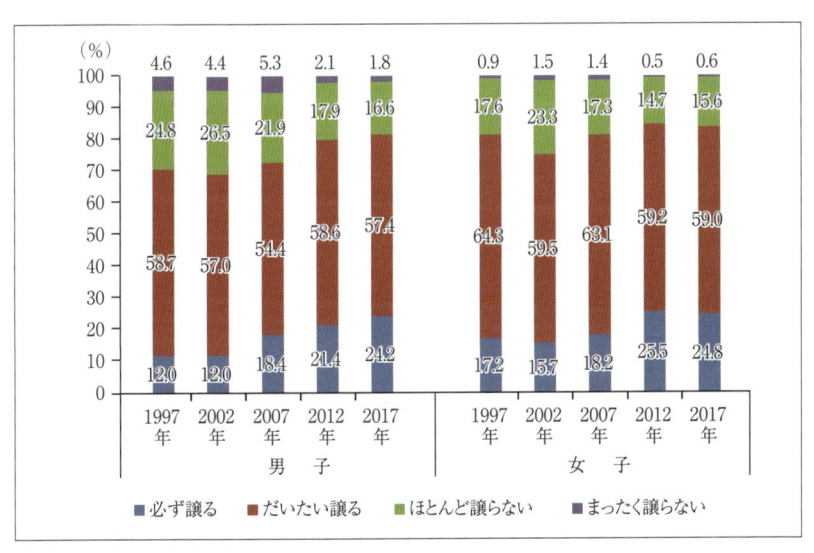

図 7-3　電車やバスで席を譲るか（男女別）

他者への思いやり行動を素直にできる人が多い。私がよく見かけるのは，エレベーターに乗り合わせた時に，扉近くにいる若者が「開」ボタンを押して，他の人の乗降を優先させる姿である。当たり前そうに思うが，年配者だと意外にこの行動を取る人は少ない。

　乗り物で席を譲るかというこの質問項目と，災害や福祉のボランティアをしたいかどうかという質問項目との間には，当然ながら強い相関関係がある。行動やコストはそれぞれ異なるが，見知らぬ他者から感謝をされる行動としては，この3つは類似の社会活動である。愛他精神が強く，他者への思いやりを行動として示せる人にとっては，いずれもすべき行動としてきちんと意識されているのであろう。

　次に，地域行事への参加について見てみよう。この質問は，2002年調査から尋ねているが，今回の調査結果は明らかにこれまでの趨勢とは異なる傾向が出てきている（図7-4参照）。地域行事に参加している（「よく参加する」＋「たまに参加する」）人の割合は，前回までは毎回男女とも大きく伸びてきていたが，今回は女子はわずかに増えたものの，男子が大きく減ったため，全体としても少し減った。

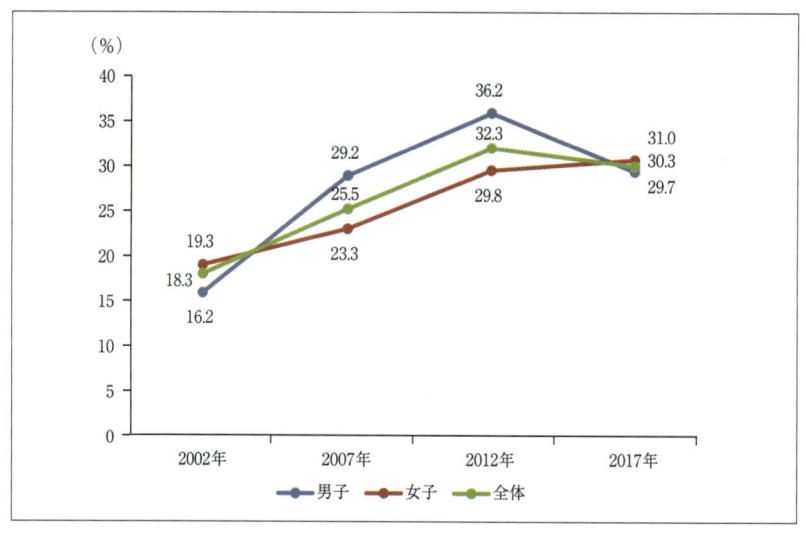

図7-4　現在，地域行事に参加している人の割合

　正直言ってこの原因はよくわからない。そもそも前回まで地域活動への参加が大きく伸びていたこと自体が不思議だった。私自身もその典型だったが，かつて多くの大学生は，国の政治や社会問題と言われるようなものには関心を持っても，地域行事などにはほとんど関心を持たないものだったので，2002 年から 2012 年の 10 年間で男子学生が 20 ポイントも参加率が上がったことがそもそもなかなか理解しにくい事態だった。前著では，最近の若者は地元志向だと言われることが多いので，そういう志向性が，地元の祭りなどに参加する人を増やして，こういう結果になっているのかもしれないと指摘した [9]。その志向性を示すものとして，「勤務地はできれば地元がよい」と思うかどうかの質問で 5 割以上が「そう思う」と答えていたこともあげておいたが，今回はこの地元勤務希望も減った（2012 年 53.1%→ 2017 年 46.2%）。ただし，男女別で見ると，地域行事の参加率が少し上がった女子の方が地元勤務希望はより減っているので（男子：2012 年 49.5%→ 2017 年 47.0%，女子：2012 年 56.4%→ 2017 年 45.7%），もともとこの関連はないと見た方がよいかもしれない。

　このように増減の説明はうまくできないのだが，男女合わせて 30% を超える大学生が，現在，地域の行事に参加しているというのはまだそれなり高いと見ることもできよう。むしろ心配なのは，将来（20 年後くらい）の地

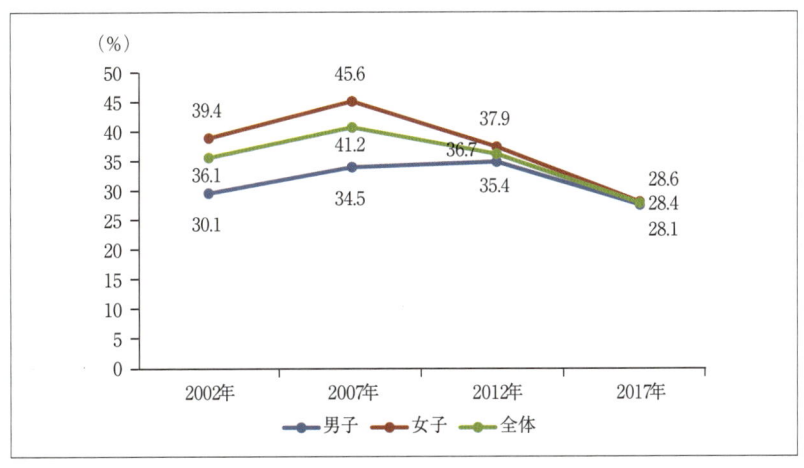

図 7-5　将来，地域行事に参加するつもりと答えた人の割合

域行事への参加意欲の方である。こちらは，今回男女ともに大きく減少し，全体では 28.3% しか「参加するつもり」という人がいなくなり，現在の参加率より低くなった（図 7-5 参照）。この将来の地域行事への参加意欲を問う質問は，選択肢が「参加するつもり」，「参加する気はない」，「一概には言えない」となっていて，「一概に言えない」が 50.2% で過半数を占める。ただし，この「一概には言えない」は毎回 5 割程度選択されており（2002 年 53.3%→2007 年 48.8%→2012 年 46.6%→2017 年 50.3%），今回の「参加するつもり」という人が減ったのは，「参加する気はない」という人たちが増えたことによる（2002 年 10.4%→2007 年 10.0%→2012 年 16.5%→2017 年 21.3%）。

　将来の地域行事への参加としてイメージされるのは，自分が育った地元の祭りへ参加するというよりも，結婚して子どもを持って移り住んだ地域で，自治会活動や子供会活動に参加するというものだろう。2002 年調査や 2007 年調査の段階で，女子学生の参加意欲が男子学生より有意に高かったのも，こういうイメージからすれば妥当であろう。それが女子学生では前回から，男子学生でも今回から大きく下がっている。

　今育った地域の行事に参加すること以上に，先々家庭を築いて，参加する地域行事の方が非営利的社会活動としてはより重要性が高いと考えるが，そこに参加する意欲が大きく減ってきていることは，この世代が親世代になった時には，地域のつながりがより薄くなっているであろうことを予測させる。現在の親世代も，地域の付き合いを急速にしなくなってきているが，その傾向がさらに進むであろうことが容易に推測できる。

　もうひとつこの減少に影響を与えたかもしれないのは，前回 2012 年調査から，女子学生の中で子どもができてもずっと働くという意識が再び高まってきていることだ（1987 年 49.2%→1992 年 49.0%→1997 年 63.3%→2002 年 59.5%→2007 年 51.8%→2012 年 54.2%→2017 年 59.8%）。女子学生も自分が働き続けているというイメージを持つなら，地域の行事などにはあまり参加できないだろうと思う人が増えるのは当然と言えよう。専業主婦志向が高まっていた 00 年代は，主婦としての仕事の一環として地域行事への参加意欲も増していたが，10 年代に入って風向きが変わってきたということかもしれない。

　男子学生の場合は，前回までは少しずつ上昇しており，その段階では「イ

クメン」をはじめとして，仕事だけではなく，家庭や地域のことにもできる限り関わっていかなければいけないと考える若い男性が増えているのだろうと推測した[10]。そうした空気は強まることはあっても弱まってはいないのに，今回は将来地域行事に参加するという人は，男子でも大幅に減った。家庭への関わりを重要視する意識は減っていないが，地域への関わりということになるとまた別なのだろう。そもそも，男性の場合は，女性よりも20年後の地域行事への関わりというイメージが像を結びにくい。しいて想像すれば，新たに移り住んだ地域での行事より，出身地である地元の行事にまだ関わっていたりするというイメージかもしれない。現在の地域行事に参加している人が増えていた時には，将来の参加も増え，現在の参加が減った今回は，将来も減ったということなのかもしれない。

　NPSAとしてもうひとつ取り上げておきたいのが，社会運動への参加である。本調査では，第1回から「反核・平和運動に参加したいと思ったことがあるか」という質問と，「徴兵制が実施されそうになったら，その反対運動に参加するか」という質問で尋ねてきている。図7-6を見てもらえばわかるように，男女差はあまりない上に，1987年から2002年頃までは参加意欲に大きな変化はなかったが，その後の15年で男女ともに参加意欲は明らかに

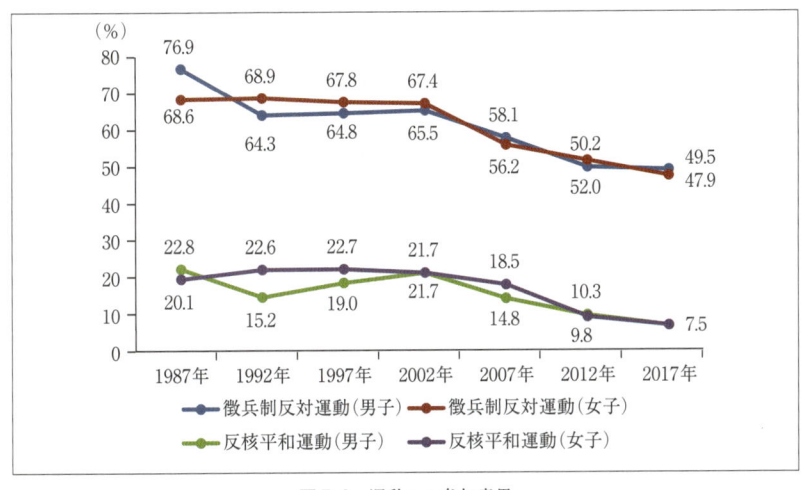

図7-6　運動への参加意思

低下してきている。全体で見ると，「反核・平和運動へ参加したいと思ったことがある」人は，1987年20.9％→1992年19.5％→1997年21.0％→2002年21.6％→2007年17.0％→2012年10.0％→2017年7.5％であり，徴兵制反対運動への参加意欲は1987年70.9％→1992年66.7％→1997年65.6％→2002年66.5％→2007年56.7％→2012年50.9％→48.6％である。今回は調査の2年前に，集団的自衛権の行使を可能にする安保関連法案の採決をめぐって反対の運動をするSEALDsという学生団体の動きが注目されたことがあったため，もしかしたら反核平和運動に参加したいと思った人が増えているかもしれないと思ったが，まったくそんなことはなく，これまでの趨勢を踏襲して，また低下した。

　最近の学生たちは，反核平和運動などをやっている人たちを，非常に冷めた白けた目で見ている。2015年にSEALDsがマスメディアで頻繁に取り上げられていた時も，キャンパスにいる普通の学生たちはほとんど関心を持っていなかった。実際，学生たちが久しぶりに動き出したというニュース報道でも，よく見ると，マイクを握る学生たちの周りにはたくさんの年配者がおり，この時の運動も多くの学生たちの目には年配者たちの運動に映っていた。こういう空気の中では，平和のための運動に参加するという気持ちを持つ学生が減っていくのも当然と言えよう。

　以上見てきた通り，今回調査対象者となった学生たちは，ボランティアも含めた非営利型社会活動（NPSA）に対する意欲が全体に減退している。これには，それぞれの活動別に個別の理由もあるのだろうが，共通の要因としては，ネットでたくさんの友人とつながりそれで充足感を得て，現実生活でのつながりをあまり重視しない人が増えているということも影響している気がする。もしその影響が強いのであれば，今後もこうした非営利型社会活動への意欲は減ることはあっても増えることはないという予測ができる。

　しかし，他方で現在の若い世代は，競争に勝つことよりも，他人の痛みを分かち合える思いやりの心を持って生きることが大切と教えられてきたはずであり，そういう彼らにとっては，ボランティアをはじめとする他者に優しくする行動は，自分たちが大切と習ってきたことを生かせる，まさに自分たちがすべきことと思える活動なのではないだろうか。社会や政治について考えるのは難しく，どの方向に進むべきかが簡単に決められないので行動もし

にくいが，感謝の言葉がすぐに返ってくるボランティアはわかりやすい。天下国家のことはわからなくても感謝してくれる人がおり，感謝されることはすべきことと確信できる。そう考えると，今後も大学生のボランティア意欲や高齢者に席を譲る気持ちはそれなりに維持されるのではないかとも考えられる。

ただし，将来の地域行事への参加や，運動への参加は，FEV 基準に照らしても，参加意欲は減っていくと予想せざるをえない。ボランティアや席を譲る行為などと違い，将来の地域行事への参加や運動への参加となると，自分が参加したとしても，一体どういう結果が得られるのか想像がつきにくく，行動する意欲が湧かないということになってしまうのだろう。

NPSA の中でも差が出てきそうだが，いずれにしろ，競争せず協調性を重視するゆとり教育の中で育ってきた若者世代が，他者との共生を求める方向に進むのか，それとも個人の幸せと楽しみを追い求めるだけの方向に進むのか，今という時代はその分かれ道にある気がしてならない。

7-3　政治的意思表示としての投票意欲

投票という形での政治的意思表示活動も FEV 基準で説明できる重要な社会活動である。本節では，学生たちの様々な投票意欲や評価について見ていこう。まず，第 6 章で示した各種選挙への投票意欲のグラフを再度ここでも示させてもらう。第 6 章では，学生たちの政治関心を見るのに，国政選挙への投票意欲について触れた。ここでは，政治的意思表示行動をする意欲について，地方選挙も含めて同じデータから語ってみたい。

前回の 2012 年調査の際にすべての選挙に対する投票意欲が 2007 年調査より下がったが，今回は，市町村長選挙以外はすべて上がった（図 7-7 参照）。特に，2 つの国政選挙が大幅に上がった。国政選の場合は，これまで政権交代というドラマチックな変化が起きそうな時に上がってきたが，今回の場合は，そういう状況にはなかったが，調査の直前に衆議員選挙が行われていたため，これが影響したのは確実である [11]。印象に強く残っていれば関心を持ち，投票意欲も増すのは当然だろう。

2 つの地方議会選挙の上昇は，選挙権年齢が 18 歳に引き下げられ，調査

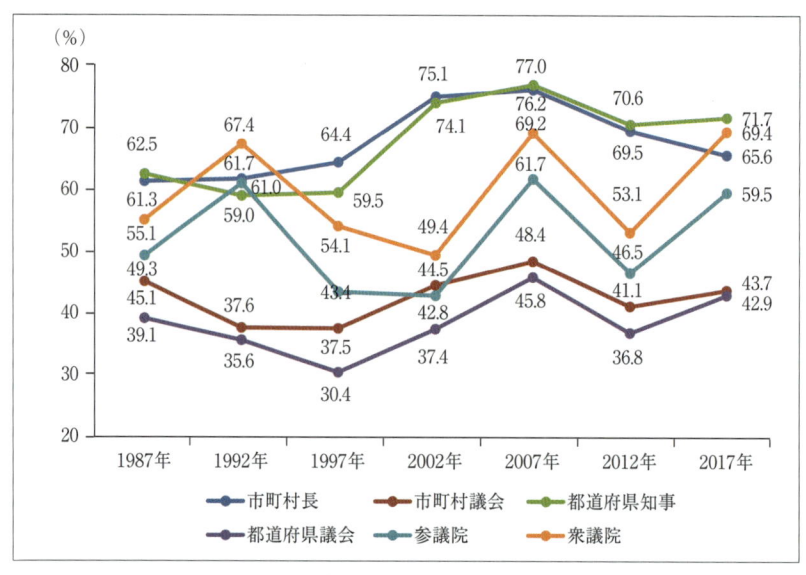

図7-7　各種選挙への投票意欲の推移

対象者がすべて有権者になったことが多少は影響しているかもしれない[12]。ただし，それほど大きな上昇でもないし，過去にも同程度の上昇をしたことはあったので，たまたまなのかもしれない。地方議会の場合，ニュースになることも少なく，学生たちが強く関心を持ち，ぜひ投票に行こうという気持ちにはなりにくい選挙である。

　他方で，都道府県知事選挙と市町村長選挙は基本的には投票意欲の高い選挙である。今回は衆議院選挙直後の調査だったために，衆議院選挙の投票意欲が大きく伸び，市町村長選挙を抜き，知事選挙に肉薄したが，1997年調査から前回の2012年調査までの4回の調査では，知事選挙と市町村長選挙が1，2位を独占していた。1997年調査や2002年調査の時などは，国政選挙の投票意欲は下がったのに，知事選挙と市町村長選挙はむしろ投票意欲が上がるという事態も生んでいた。これは，政治的有効性感覚の違いによって生じるものとして説明ができる。議員を選ぶ選挙は，政権交代につながる場合以外は，自分が投票した候補者が当選したとしても，その議員が議会でどういう行動を取り，現実の政治にどのような貢献をしたのかがわかりにくい。

これに対し，たった一人の市町村長や知事を選ぶ選挙は，票を投じた候補者が選挙に勝てば，そのまま政策を作る自治体トップの立場になるわけで，投票の意義を実感しやすい。すなわち，市町村長や知事を選ぶ選挙は，FEV基準に照らして意欲の湧く行動ということになる。

それゆえ，この2つの首長を選ぶ選挙はこれまでほぼ同じような変化をたどり，投票意欲の差もほとんどなかったが，今回は明確に分かれた。これは最近のマスメディアにおける知事と市長の取り上げられ方の違いが影響したのではないかと思われる。知事に関しては，調査年だった2017年は小池百合子東京都知事や翁長雄志沖縄県知事などの発言や行動がしばしばニュースで取り上げられ，知事の存在感は目立っていたが，市町村長に関しては大きく取り上げられる人がほとんどいなかったため，これが投票意欲の差になって表れたのであろう。

多くの有権者にとって，たった1人選んだ首長であっても，彼らが何をしてくれているのかを知るのは，実質的にマスメディア——ネット・ニュースを含む——を通してである。なので，目立った活躍をしている市町村長が出てこない時には，自分たちの1票がどう生きたのかわからないという気持ちになるのだろう。そうなると，FEV基準に照らすと，投票意欲が減退するということになる。逆に言えば，マスメディアに注目されるような市町村長が出てくれば，また市町村長選挙の投票意欲も戻ることになろう。

性別で見ると，第3回調査までは，首長選挙は女子の方が投票意欲が高く，議会選挙は国政，地方ともに男子の方が高いという傾向だったが，第4回調査以降は，議会選挙も含めて地方選挙は女子の方が投票意欲が高く，国政選挙のみ男子の方が高いという状況になっていた。そして，今回はわずかの差だが，参議院選挙も女子の方が高くなり，衆議院選挙以外はすべて女子の方が投票意欲が高いという結果が出た。特に，大阪大学の女子学生の投票意欲は高く，6つの選挙すべてで男子学生も含めてトップである。2番目に投票意欲が高いのは，都道府県議会選挙以外は大阪大学の男子学生となる。やはり，レベルの高い大学の学生の方が，選挙という形での政治的意思表示の重要性を理解しているようである。

選挙以外の投票行動として，有権者が直接政治的意思表示のできる住民投票と首相公選制について尋ねているので，次にこれらの質問への回答結果を

分析してみよう。

　まず住民投票については，地域の重要な問題を住民投票で決めることについての評価を尋ねている。今回も含めて過去5回，「非常に良い」と「どちらかといえば良い」を合わせて8割前後という圧倒的多数派が肯定的に評価している（図7-8参照）。ただし，同じ肯定的評価でも，1997年調査の頃と今回の調査では肯定する度合いがだいぶ異なっている。1997年調査では「非常に良い」と思う人が過半数を占めていたが，その後「非常に良い」と強く肯定する人は減り，今回の調査では約3分の1になっている。代わって「どちらかといえば良い」が増えてきている。

　こういう変化が生じている原因としては，最近，住民投票がインパクトのある結果を出したというニュースがほとんど聞かれないことが影響していそうだ。1997年調査で「非常に良い」を選ぶ人が多かったのは，前年の1996年に新潟県巻町で原発建設をめぐって住民投票が行われ，反対派住民が勝利し話題を呼んだことや，同じ頃，平成の大合併が進んでおり，合併すべきかどうかの判断をするためにしばしば住民投票が行われ，ニュースにもなって

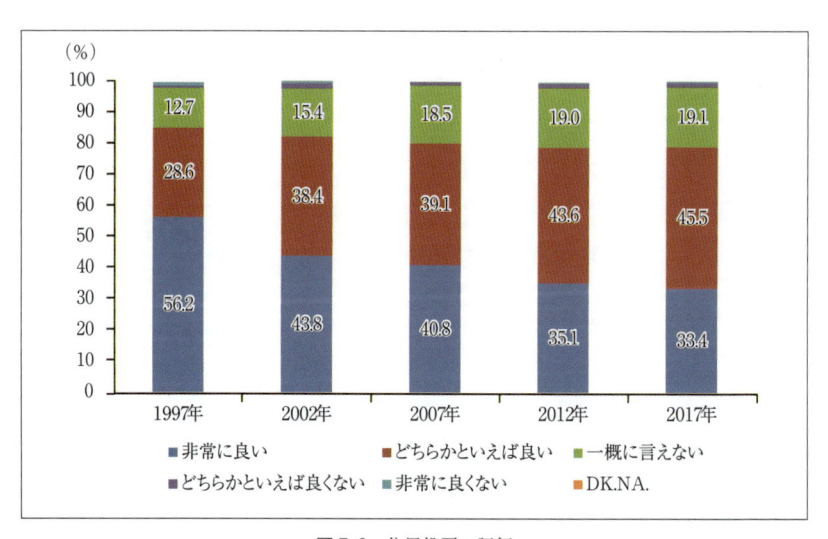

図7-8　住民投票の評価

（「どちらといえば良くない」と「非常に良くない」という否定的意見は，合わせても毎回3%以下である。）

いたことなどが影響していただろう。しかし，平成の大合併も落ち着いたこ
こ10年ほどは住民投票が大きな話題になることもなくなってしまった。現
在の学生からすれば，内容的には住民投票を否定する必要はなく肯定すべき
制度だということは理解できるが，自分たちの記憶の範囲で，住民投票がイ
ンパクトのある結果を出したという事実を知らないため，その効果のほどが
わからず，曖昧に「どちらかといえば良い」という選択肢を選ぶ人が多くなっ
ているのだろう。

　次に，首相公選制についてだが，今回は，「賛成」と答える人が13.9ポイ
ントも減り，「どちらとも言えない」と答える人を下回った（図7-9参照）。
前回までわずかな減少がじわじわ進む感じだったのが，今回一気に大きな変
化として表れた。この大きな減少は，5年近く安定的な安倍内閣が続いてい
たことによるものと考えられる。政治のことをよくわからない人間が，人気
投票のように首相を決めるより，現行の議院内閣制度の下で安定した政治を
作れる首相が生まれるなら，その方がよいと思う人が増えていることの表れ
だろう。

　もしも首相公選制が導入されたら，その投票率は現在の衆議院選挙の投票

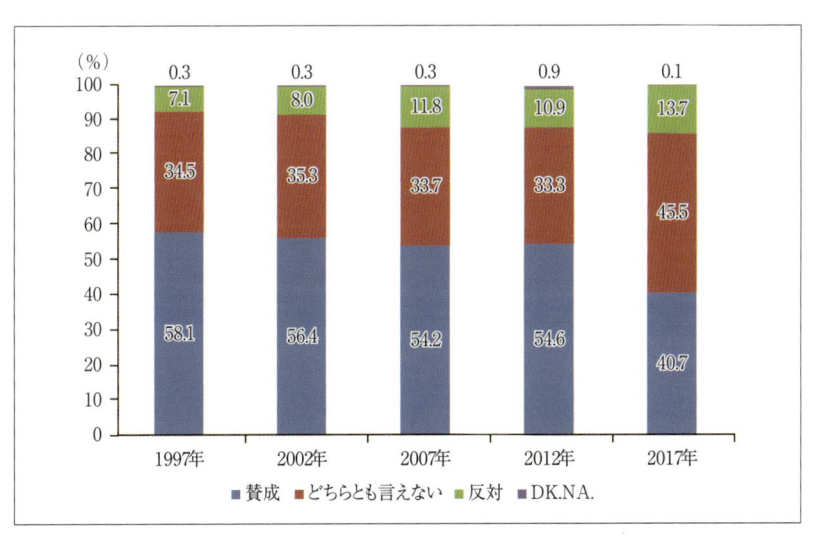

図7-9　首相公選制の評価

率よりはるかに高くなるであろうことは，FEV 基準に照らせば容易に予測されるが，この制度に賛成する人が政治に対して高い関心を持ち，参加意欲の高い人だということではない。実際に，新聞の政治外交面の読み方や国政選挙への投票意欲との関連を見ると，毎回，首相公選制に関しては反対という立場を取る人がもっとも政治関心も高く，投票意欲も高いという結果が出ている。次いで，賛成の人たちで，どちらとも言えないという判断保留回答を選ぶ人たちが，もっとも政治関心も投票意欲も低い。首相公選制への評価は，単純に肯定的評価が高い人ほど，政治参加意欲が高いとは言えないようである。

注

1）しかし，たとえほとんどの学生が学校行事で強制されたボランティア経験だったとしても，充実感を得たという人が 8 割以上いるので（2002 年 76.8％→2007 年 82.1％→2012 年 81.8％→2017 年 81.6％），こうした経験を中学生時にさせることに意味はあると言えるだろう。

2）片桐新自「現代学生気質――アンケート調査から見るこの十年」『関西大学社会学部紀要』第 30 巻第 1 号，1998 年，33 頁，および，片桐新自『不安定社会の中の若者たち――大学生調査に見るこの 20 年』世界思想社，2009 年，103-108 頁参照。

3）片桐新自「現代学生気質――アンケート調査から見るこの十年」『関西大学社会学部紀要』第 30 巻第 1 号，1998 年，31 頁。

4）同上，33 頁参照。

5）1963 年に東京大学の総長だった茅誠司が，社会で行う「小さな親切」の重要性を卒業式に学生たちに語ったことが紹介され知られるようになった言葉。

6）公共広告機構が，ボランティア国際年だった 2001 年から広めようとしたキャッチフレーズ。身近なところで，困っている人にちょっと手を差し伸べてあげることも，「ちょっとしたボランティア」になるという意味。

7）詳しくは，片桐新自「NPSA（非営利型社会活動）の理論的検討」（片桐新自・丹辺宣彦編『近代資本主義と主体性』東信堂，2002 年）を参照してほしい。

8）調査結果ほどには，乗り物で席を譲る行動をする若者を実際にはあまり見ないように思う。むしろ見かけるのは，中年の女性などが譲ってあげている場面である。ただ，若者の行動を見ていると，最初から座らない若者も少なくない。学生たちに話を聞くと，声をかけて席を譲るのは，相手が素直に喜んでくれるかどうかわから

ない場合もしばしばあり，なかなか難しいそうだ。電車やバスでは最初から座らないという行動も，「席を譲る」行動と認識しているのだろう。

9 ）片桐新自『不透明社会の中の若者たち――大学生調査 25 年間から見る過去・現在・未来』関西大学出版部，2014 年，133-134 頁参照。

10）片桐新自『不透明社会の中の若者たち――大学生調査 25 年間から見る過去・現在・未来』関西大学出版部，2014 年，135 頁参照。

11）第 48 回衆議院選挙の投票日は 2017 年 10 月 22 日。本調査はその翌日から 3 週間ほどの間に実施した。

12）第 4 章でも触れたが，選挙権年齢を 18 歳に引き下げる公職選挙法改正案が成立したのは，2015 年 6 月 17 日である。

第8章 保守化した大学生

8-1 混乱から自民党一強へ
——政党激変の30年——

　この大学生調査を行ってきた30年間は，政党の離合集散，誕生と消滅が繰り返される，日本の政党政治史上でもまれに見る大混乱の時代だった。

　1990年代に始まったこの大混乱の政治は，2009年の民主党政権の誕生で終止符が打たれ，これからは選挙によって，自民党と民主党の間で政権交代が起きるまっとうな二大政党制の時代になるものと思われた。ところが，実際に政権を取った後の民主党は，野党時代の理想と政権政党になってからの現実とのギャップに苦しみ，そこに東日本大震災と福島第一原発の事故が重なり，混乱を極めることになった。その混乱に党内部の権力闘争がからみ，不安定な政権運営という醜態を晒すこととなった。

　こうした姿を見せつけられた国民は，民主党政権を継続させることを選ばず，1期で自民党に政権を戻すことを強く望み，2012年末の衆議院選挙で自民党を大勝ちさせ，民主党は二大政党の一角をなすとはとうてい呼べないわずか57議席という壊滅的な大敗を喫した。そして，その後2017年までに行われた4回の国政選挙のすべてに自民党は圧勝し，二大政党制の一翼を担うと考えられた民主党という政党は消滅してしまった。

　今や55年体制時にもなかったほどの強力な自民党一強体制が出来上がっている。この四半世紀の間追い求めてきた二大政党制は，日本には定着しないものと結論づけられつつある。

　本調査では，1987年の第1回調査から，学生たちの支持政党と嫌いな政党を尋ねてきている。この調査を行ってきた30年間は政党の誕生と消滅，離合集散の動きがあまりに激しく，データの解釈はなかなか難しいのだが，

継続性のある貴重なデータなので，まずはこのデータを見ながら，学生たち
の政治意識の変化を語っていこう。

　まず表8-1を見てすぐ気づくことが，この30年間7回の調査期間に名称

表 8-1　支持政党と嫌悪政党　　　　　　　　　　　　　　（%）

（調査年）	＜政党支持＋政党支持色＞							＜嫌いな政党＞						
	2017	2012	2007	2002	1997	1992	1987	2017	2012	2007	2002	1997	1992	1987
自民党	52.3	33.6	32.9	29.2	22.8	30.6	28.7	9.1	10.2	18.3	23.1	26.1	44.1	30.4
たちあがれ日本		0.5							3.5					
日本のこころ	0.3							7.6						
日本維新の会	8.8	12.3						6.6	12.3					
みんなの党		1.8							5.4					
新党改革		0.3							2.0					
国民新党		0.3	1.1						2.8	7.3				
公明党	2.7	0.9	2.9	0.9		1.4	3.8	14.3	14.9	24.2	18.4		32.6	23.6
保守党				0.7							10.1			
新進党					6.0							23.5		
日本新党						8.6							6.0	
自由党	0.3			2.8				4.6			5.4			
太陽党					0.9								12.7	
希望の党	2.1							19.4						
民社党						1.1	1.3						17.4	9.6
民主党		20.6	25.4	9.0	8.3				22.7	10.5	11.6	7.4		
民進党	0.6							13.3						
立憲民主党	9.1							8.5						
国民生活第一		1.2							15.8					
新党きずな		0.0							2.8					
新党大地		0.0							2.9					
さきがけ					1.3							10.9		
社民連						3.8	1.4						7.9	5.1
社会党						12.0	23.7						22.2	8.5
社民党	0.4	0.2	1.8	4.6	4.1			7.9	7.0	11.5	15.4	16.3		
共産党	2.1	1.5	2.9	3.7	9.9	5.8	6.4	19.5	11.0	18.7	23.3	23.9	33.2	35.5
なし	20.3	25.6	30.8	47.4	44.3	32.5	26.9	52.9	50.0	50.1	47.5	45.0	28.0	33.5

（「政党支持＋政党支持色」は，単純に尋ねた時の政党支持と，しいて支持できそうな政党を尋ね
た政党支持の合算値。それゆえ，「なし」もしいて尋ねても「なし」と答えた人の割合になる。ま
た，その他の政党支持と DK.NA. は表から除いている。）

変更もせずに存在し続けた政党が，自民党と共産党しかないということであ
る。いかに政党の存在が軽かったかをよく示していると言えよう。中には，
5 年の調査間隔の間に誕生し消滅していったため，存在はしていたけれど，
この調査では一度も支持率を聞かなかった政党——たとえば，「新生党」や「新
党平和」など——もあり，それらはこの表に名前すら出てこない。また，今
回の調査後にも，民進党が消滅し，国民民主党という政党ができており，野
党の混乱はいまだに続いている。

　1955 年に日本社会党の再統一と自由民主党の結党がなされて以降，自民
党が与党になり，社会党が第 1 野党になる「55 年体制」が，この調査が始まっ
た頃まで 30 年以上にわたって安定的な政治体制として続いてきていた。学
生たちは政権を執り続ける自民党に批判的で，社会党，共産党を中心とした
「革新政党」に対する支持が相対的に高いと言われてきた。それゆえ，上記
の 3 党の支持率を押さえておけば，学生たちのおおよその政治的傾向はつか
めるという状態が長らく続いた。それが，1990 年代以降の政党激変時代に
入ってからは，政党支持の変化で学生たちの政治的傾向をつかむのは容易で
はなくなってきた。しかし，それでもどの政党を支持するのか，あるいはど
の政党も支持しないのか，また嫌いな政党はどこなのかといったデータを丁
寧に見ていくなら，やはり，この政党に関するデータは，それなりに学生た
ちの政治意識を読み取ることのできるものである。

　第 1 回調査を行った 1987 年はまだぎりぎり「55 年体制」が残っていたと
言える時期で，学生たちの政党支持意識も従来の「学生たちはやや革新的」
という見解を裏づけるものになっていた。自民党がもっとも支持率が高いも
のの，社会党との差は 5 ポイントしかなく，嫌われている割合も考慮に入れ
るなら，大学生の浮動票は社会党の方がより多く獲得することは調査結果か
ら予想できた[1]。特に，この時期は，土井たか子が社会党初——日本の大政
党で初めて——の女性委員長に就任したばかりでフレッシュな印象を与えて
いたことも大きかった。共産党支持も一般の世論調査よりはかなり高く，こ
の時期はまだ学生たちは一般の大人たちよりはやや革新的と言えた時期だっ
た[2]。特に，大阪大学では社会党の支持率がもっとも高く（38.2％），自民党
支持（16.9％）を大きく引き離していた。自民党は支持率が低いだけでなく，

半数以上の学生（50.6%）によって嫌いな政党としてあげられていた。大阪大学の学生に関しては，この時点では革新的という言葉が反自民という意味合いを持ちつつ生きていたと言えよう。

　他方，同志社女子大学の半数近い学生（43.5%）は自民党を支持政党にし，嫌悪する者は2割に満たなかった（18.3%）のに対し，共産党を嫌いな政党としてあげる率がもっとも高く（43.0%），大阪大学の対極に位置する保守的な学生層であった。こうした大学による違いもあったし，全体としては自民党の支持率が一番高かったこと，単純に聞くと7割近くが「支持政党はない」と答えたことを考え合わせるなら，この時点でもすでに，大学生を全体として1960年代までのような革新的存在と位置づけることは困難であった。

　第2回調査を行った1992年は，激変の時代のスタートにあたっており，細川護煕が作ったばかりの日本新党が漠然とした期待感を抱かせていた。しかし，もっとも増加したのは支持なし層である。単純に支持を尋ねた場合には，76.9%が支持なしと答え，しいて支持できそうな政党をあげてもらっても，32.5%が支持なしと答えている。こうした中で，自民党が相対的にもっとも支持できる政党として支持率を上げた（30.6%）。1987年調査では，社会党がその差をかなり詰めていたが，社会党の支持率はこの時点では激減（12.0%）しており，自民党との差は大きくなっていた。

　この時の調査は，自民党中枢部を巻き込んだ汚職事件「佐川急便事件」のまっただ中で行われていたことを考慮に入れるならば，この結果の持つ意味は重い。漠然とした期待感を抱かせた日本新党という新しい政党ができてはいたが，この時点では自民党に取って代わり政権を担える政党はないという意識が，学生たちを消去法的な自民党支持へと向かわせていたのだろう。社会党への支持というのは，自民党批判票としての意味がかなり入っていたのだが，この頃はその分を日本新党に持っていかれていた。1987年調査で非常に少なかった社会党を嫌う人が大きく増えた（22.2%）ことは，支持率が落ちたこと以上に社会党にとっては致命的だった。1987年調査時点では，土井たか子が初の女性委員長となり新鮮なイメージを与え，社会党への期待感が高まっていたのに対し，1992年調査時点では田辺誠といういかにも従来の社会党政治家タイプの委員長に代わっており，土井社会党に持ち得た新

鮮なイメージはすっかり失われていた。また，調査の数カ月前に行われた
PKO協力法案の採決に際して社会党が取った「牛歩戦術」（本会議での投票
行動を極端に時間をかけて行うこと）が，若者の目にはただひたすらばかば
かしい光景に映ったことも，若者の社会党離れを進める一因になったと言え
よう。

　自民党の方も，支持率はやや増したものの，それ以上に嫌悪率（44.1％）
が大きく増えており，自民党に対する学生の評価もよくなったとは言いがた
かった。日本新党は，この調査時点では，参議院選挙を経験しただけのもっ
とも新しい政党だったが，漠然とした期待感から，自民党，社会党に次いで
3番目の支持を得ていた（8.6％）。日本新党に関しては，調査したすべての
共学大学において女子より男子の支持率が高く，特に，関西学院大学と大阪
大学の男子では2割を超える支持を得ていた。ちなみに，逆に女子の支持率
が高い政党は社会党であった（男子9.2％，女子14.5％）。これは，1989年
の参議院選挙で多数当選した女性議員が，社会党に女性の進出に理解のある
政党だというイメージを与えていたためだったと考えられる。

　第3回調査を行った1997年は政党激変の渦中の時代であり，5年前と同
じ名前で存在していた政党は自民党と共産党だけだった。この時点で新しく
できていた──そしてその後すぐに消えた──政党も多い。あまりの政党の
不安定さに，学生たちは政党に対する幻滅感を増していった。もっとも支持
率が高いのは自民党であるが，その支持率はしいて選択した人も含めてわ
ずか22.8％である。これはその後の調査も含めて自民党支持率がもっとも低
かった時期であった。1990年代以降の政治の混乱を引き起こした根元は自
民党の混乱にあるという印象を学生たちが持っていたのだろう。分裂，脱党，
復党，理念なき連立といった形で，自民党も節操なき政治家たちの政党とい
うイメージは，他の新党と同様に与えていた。

　共産党の支持率はこの時点で9.9％もあり，これは7回の調査でもっとも
支持率が高まった時であった。1990年代以降の政党の離合集散の動きの中
で，唯一ふらふらせずに，一貫した政策を掲げてきたということが，他党と
の比較の中で評価され，支持率を上げたのだろう。しかし，この時の調査で
も，共産党を支持すると答えた人の中で，「国が経済を統制するので，大金

持ちにはなれないが，最低限の生活は確実に保障されている社会」が理想だという共産主義的な考えを支持する人は，わずか16.7％しかいなかった。つまり，共産党の掲げる政策が支持されたというより，自民党も含めた他の政党への不満から消去法で一時的に支持されたということにすぎなかったと言えよう。

　その他の政党は，いずれも第2回調査後にできた政党である，民主党（1996年9月結党）が8.3％，新進党（1994年12月結党）が6.0％，社民党（1996年1月社会党から名称変更）が4.1％の支持率であった。このうち，嫌悪率が支持率を下回っているのは，民主党（嫌悪率7.4％）だけで，新進党（同23.5％）も社民党（同16.3％）も嫌悪率の方がはるかに高く，学生たちの期待はこの時点で小さかったことがわかる。新進党は，1994年の結党時には衆議院だけで176名，参議院議員も含めた国会議員総数では200名を超える政党だったが，1997年の第3回調査が行われるまでに内部抗争に明け暮れ，1996年以降離党，分裂などを繰り返しており，政党としてはすでに末期症状を呈していた。社民党は，かつて学生の支持の高かった日本社会党が，自社連立政権時代に社会主義的政策を柔軟なものに変更したので，それに合わせて党名を変更することで設立した政党である。しかし，民主党が結党された際に右派の党員の多くが民主党に移籍してしまい，1996年の衆議院選挙では議席を15に減らし，平和・人権などの原理原則を強く打ち出す少数政党になってしまっていた。民主党はこの時点ではまだ支持率もそう高くはなかったが，嫌悪率も高くなかったことから，1987年時点での社会党，1992年時点の日本新党と同様に，うまく行けば自民党批判票の受け皿として議席を伸ばすことが予測された。

　この第3回調査で一番比率が伸びたのは「支持なし層」である。しいてと尋ねてもないと答える人は，1987年に26.9％，1992年に32.5％だったのが，この1997年には44.3％にまで増えた。さらに嫌いな政党もないという人が，1987年33.5％，1992年28.0％から大きく増えて，45.0％になったことも合わせて考えるなら，政党への不信という段階に留まらず，政治自体への不信から政治的無関心が，学生たちの間で急速に広まっていった時期だったということが読み取れる。

　性別，大学別で見ると，女子学生は「支持政党なし」が半数を超える（50.6％）

のに対し，男子学生では 36.5％に留まる。その分，男子学生は共産党（男子 13.6％，女子 6.9％）と民主党（男子 11.0％，女子 6.0％）の支持が多い。大学別では，大阪大学の男子学生では，自民党支持が 14.9％なのに対し，共産党支持が 21.3％もある。1987 年調査の時に，社会党支持が自民党支持を上回っているケースはあったが，共産党が自民党支持を上回ったのはこれが初めてであり，その後も含めて出ていない。自民党批判の受け皿となる野党が育っていなかった中で生まれた珍しい事態と言えよう。大阪大学の女子学生の共産党支持も 16.7％もあり，関西学院大学男子でも 15.3％あった。

　学年別では，下位学年の方が「支持政党なし」の割合が高いというのは，それまでと同様に出ている。個別の政党支持では 4 年生の共産党支持が 23.0％もあるのが目立つくらいで，他には学年差はあまりはっきりとしたことは言えない。

　2002 年の第 4 回調査の際も，1997 年ほどではないが，5 年前と比べて 3 つの政党が消え，新たに 3 つの政党が生まれていた。前回との支持率の比較ができるのは，自民党，民主党，共産党，社民党の 4 政党だが，前回非常に高かった共産党を除き一応皆支持率を上げていた。ただし，民主党と社民党の支持率の上昇はほんのわずかであり，とりあえず 5 年間存続していたことで多少信頼感が増したという程度のことだったろう。自民党は 22.8％から 29.2％に大きく支持率を伸ばした。その原因はと言えば，ひとつにはやはり小泉人気が考えられる。この調査の頃は，首相に就任した直後（2001 年 4 月）ほどの勢いはなかったが，拉致被害者が帰国したばかりで，外交でのポイントが高かったこともプラスに作用したのだろう。自民党支持が増えたもうひとつの理由として考えられるのは，現状にある程度の満足感を持っている人たちが，とりあえずずっと政権を担ってきた自民党にやらせておけばいいのではないかといった現状維持型の選択をしたということである。特に，この調査の直前の時期に第 1 野党である民主党が党首問題でごたついていたこともあり，やはり安心感で選べば自民党という選択をした可能性は高い。

　性別では，自民党や民主党の支持は男子の方が多い（自民支持：男子 32.1％，女子 27.9％／民主党支持：男子 13.3％，女子 6.8％）。ただし，大学別も合わせてみると，阪大生は，男女とも自民党，民主党に対する支持が平

均よりかなり低く（自民支持：阪大男子 23.9%，阪大女子 17.7%／民主党支持：阪大男子 6.5%，阪大女子 4.8%），選挙のたびに議席を減らしていた社民党支持率の方が，民主党支持率より高かった（阪大男子 10.9%，阪大女子 6.5%）。

学年別では，学年が上がるほど支持なし層が減り（1 年から順に，53.3%，46.9%，41.0%，39.6%），自民党支持が増える傾向にあった（1 年から順に，24.4%，30.6%，32.3%，38.5%）。選挙権を得られる 20 歳を中間に挟む 18 歳から 22，23 歳までが調査対象者なので，まだ投票経験のない下位学年の支持なしの比率が高いのは当然と言えるが，学年が上がるとともに自民党支持率が高くなるというのは興味深い結果である。支持政党のなかった未成年も，選挙権を得てその権利を行使しようと思えば，どこかの政党に所属した候補者を選ばざるをえなくなる。その時に，現実的な選択肢として浮かんでくるのが，この時点では自民党が圧倒的だったということである。

2007 年の第 5 回調査では，久しぶりに政党が落ち着いた感じになった。5 年の間にまた 2 つの政党が消え，1 つの政党ができたが，いずれも小政党であり，1992 年以降ではもっとも落ち着いた 5 年間だった。この時は，調査の直前の時期に参議院選挙での自民党大敗と民主党大勝，そして安倍首相が突然辞任を発表するといったドラマチックな事態が生じ，政治が変わるかもしれないという期待感が集まっていた年だったせいもあり，ずっと増大し続けてきた支持なし層が大きく減り，自民党と民主党に支持が集中した。

短期的にはミスが続いていたように見える自民党だったが，学生たちの記憶の中では颯爽としていた小泉首相のイメージもまだ強く残っており，支持率はそれ以前の調査よりも高くなっていた。さらに言えば，自民党の嫌悪率は初めて 2 割を切り，支持率の方が 14.6 ポイントも高くなった。自民党は 5 回の調査すべてで，学生たちからもっとも支持される政党ではあったが，1997 年の第 3 回調査までは，支持率より嫌悪率の方が高かった。2002 年の第 4 回調査で初めて逆転し，この 2007 年調査では支持率の方が大きく上回ったわけである。他方，民主党も第 4 回調査より 16.4 ポイントも支持率を伸ばす一方で，嫌悪率の方は少し下がり，14.9 ポイントも支持率の方が高くなった。その他の政党はすべて支持率 3% 未満で，嫌悪率の方がずっと高いことを見るならば，この 2007 年時点で大学生たちの中でも日本に二大政党制に

対する期待感が高まっていたと解釈できるだろう。

　性別，大学別で見ると，自民党支持は男女とも関西大学がもっとも多く 4 割を超える。男子学生に関しては大阪大学も桃山学院大学も自民党支持率が民主党支持率より高いが，女子学生では大阪大学と神戸女学院大学では民主党の方が高い。学年別では 1～3 年生は自民党が，4 年生は民主党が多いが，統計的に見て有意な差とは言えない。2002 年調査の際には，自民党支持も民主党支持も男子学生の方が有意に多かったが，2007 年調査では女子学生の政党支持率が全体的に上昇したため有意差がなくなった（自民支持：男子 34.2％，女子 33.1％／民主党支持：男子 24.8％，女子 26.6％）。学年別でも，2002 年調査では，学年が上がるほど支持なし層が減り，自民党支持が増える傾向にあったが，2007 年調査では，そうした学年差による傾向は見えなくなった。二大政党制的な形が整ってくると，まだ選挙権を持たない学生たちも含めて，どちらかを勝たせることで，政権交代を起こせるということを実感で理解できるようになり，政党に対する関心が高まるようである。

　2012 年の第 6 回調査の時点では政党数が 14 もあるという，中選挙区時代にもなかった政党乱立状態になっていた。これは，2009 年に本格的な政権交代を行った民主党が国民の期待に応えるどころか，内部闘争に明け暮れ，ついには離党，分裂という状態を引き起こしたために，二大政党をめざすのではなく，キャスティングボートを握れる第三極をめざす政党が次々と誕生してきたことによる。

　しかし，2012 年調査時点ではまだ大学生の民主党支持率はそれなりにあり，2007 年時点と比べてもそれほど大きく下がっていたわけではなかった（2007 年 25.4％→ 2012 年 20.6％）。この調査の直後の衆議院選挙で，自民党と公明党が政権を奪還し，首相になった安倍晋三が打ち出す政策（アベノミクス）が期待感を持って受け止められて経済状況が好転したために，選挙後は急速に自民党支持が増えたが，選挙前だった調査時点では，自民党に対する期待感もそれほど高くはなく，一方で野田首相は地味だが誠実に政務をこなしているという印象もあったので民主党支持率は下げ止まっていた。ただし，嫌いな政党として選択される割合は大幅に増え（10.5％→ 22.5％），支持率より嫌悪率の方が高くなっており，浮動票をつかみにくい状態にあること

は容易に予想された。調査時点で野党第1党だった自民党も，2007年調査に比べて大幅に支持率を伸ばしていたわけではなかった（32.9％→33.6％）が，嫌悪率が大きく下がり（18.3％→10.1％），支持率と嫌悪率の差は23.5ポイントと大きく支持率が上回る結果となっていた。この結果を見れば，そのすぐ後に行われた衆議院選挙で自民党が大勝ちをすることは十分予測のできることだった。

民主党の政権獲得後の体たらくと，その結果でもある安易に作られた多数の小政党の存在が，1997年調査や2002年調査の時と同様に，政党に愛想をつかせる人を増やして，「支持政党なし」が増えるのではないかと思っていたが，意外にも政治関心が高まっていた2007年調査時よりも減った（30.8％→25.6％）。これは第6章でも触れたが，小選挙区比例代表制という選挙制度しか知らない学生たちにとっては，選挙とは政党を選ぶものということが当然のことになっていたからだろう。

それと，この時点で，歯切れのよい言動で注目を浴びる橋下徹大阪府知事が率いる日本維新の会という政党ができていたというのも大きかった。本当に誕生したばかりで[3]，まだ何の実績も残してはいなかったが，橋下徹のイメージとともに漠然とした期待感を集め，12.3％というかなり大きな支持を集めた。この日本維新の会が調査時点で設立に至っておらず，選択肢の中に入っていなかったなら，「支持政党なし」の割合はもう少し増えていただろう。嫌悪率もちょうど支持率と同じ12.3％だった日本維新の会は，本調査のすぐ後に行われた衆議院選挙において54議席を獲得し，57議席まで激減した民主党に迫る勢いを示した。

男女別に見ると，男子学生の政党支持は，自民党（37.5％），日本維新の会（15.9％），民主党（15.2％）の順番になるのに対し，女子学生は，自民党（31.3％），民主党（25.1％），日本維新の会（9.8％）となり，かなり異なる。女子学生の方は2007年調査の際の自民党と民主党の支持率がそれぞれ33.1％と26.6％だったので，ともに少しずつ減らした程度の変化であったが，男子の方は2007年の際に34.2％と24.8％だったので，自民党支持は増え，民主党支持が大きく減るという変化であった。日本維新の会に対する期待も男子学生の方がかなり高い（男子15.9％，女子9.8％）。自民党はすでに安倍晋三が総裁になっており，日本維新の会の代表の橋下徹とともに，対中国や

対韓国において強気の発言をしていたり，自衛隊の国防軍への名称変更など
を打ち出していたりしていたことが，一部の男子学生には好感を持って受け
入れられる要素になったと考えられ，逆に女子学生には不安を持たれる要素
になっていたのだろう。大学別でこの男女の違いがくっきり表れるのは大阪
大学で，男子では自民党支持 38.6％，民主党支持 7.0％に対し，女子学生で
は自民党支持 28.3％，民主党支持 32.1％と逆転する。メディアでの民主党政
権の評価は酷評ばかりだったが，この時点ではまだそれなりに評価している
人たちはいたのだった。

　今回 2017 年の調査結果でなんと言ってもまず目につくのは，自民党支持
が 52.3％と過半数を突破したことだ。自民党の支持率が増えているであろう
ことは予想していたが，まさか半数以上が自民党支持と答えるとは思ってい
なかった。おそらく自民党が結成されて以来，もっとも若者に支持されてい
る時代だろう [4]。前回と比べて 18.7 ポイントも伸ばして，嫌悪率も 1 割を切っ
た。この 5 年間国政選挙を行うたびに，自民党が勝つのもむべなるかなとい
う数字である。図 8-1 から見て取れるように，大学生の自民党に対する見方

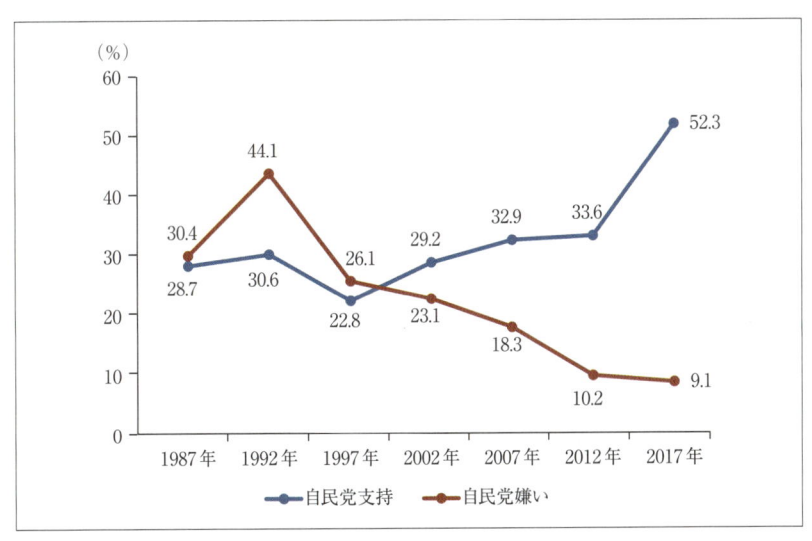

図 8-1　自民党の支持率と嫌悪率

はこの30年でまったく別のものになった。かつては，反自民党・革新的と言われた大学生たちだが，今や完全に親自民党で保守化したと言えるだろう。

　2007年と2012年の時点では自民党と対抗しうる20％台の支持率を得ていた民主党が，今回の調査の時点ではなくなっており，その後継政党だった民進党は直前に行われた衆議院選挙に公認候補者を1人も擁立しないという戦略を取ったために，実質的には存在しないような政党のようになってしまっていた[5]。

　前回まで2割以上あった民主党支持派はどこに行ったのだろうか。当時の民進党代表の前原誠司は，小池百合子が作った希望の党を実質的な後継政党に考えていた。しかし，小池百合子が，民進党の党籍を持った立候補者の排除・選別を露骨な形で行おうとしたことで，排除された枝野幸男を中心としたメンバーが立憲民主党を創設し，そちらが「判官びいき」的な人気を得たことで，希望の党に対する期待感はまったくなくなった。それは学生たちの目にも同じように映っていたようで，希望の党の支持率はわずか2.1％で，立憲民主党の9.1％にまったく及ばなかった。この2党と民進党の支持率を合わせても12％に届かない。減った分は自民党支持に回ったと見ることができる。

　自民党は民主党／民進党からの支持を奪っただけでなく，日本維新の会の支持率も，そして支持政党はないと答える層からも比率を奪ったと言えるだろう。2012年調査の分析で書いたように，「支持政党なし」という選択をする大学生は減りつつある。どこか選ばなければいけない時に，安定的に政権を運営している政党があれば，そこに支持が流れるのは当然だろう。前回の2012年の時の民主党——この時点では一応政権政党だった——支持者にも嫌悪政党なしという人が多かったが，今回の自民党支持者の半分以上は嫌悪政党がない。嫌いな政党がひとつもないというのは，実質的には政党にあまり関心がなく，よくわからないという人たちだと考えられるが，以前はそういう人たちは「支持政党なし」を選ぶことが多かったが，第6章でも指摘したように，今回の調査では，嫌悪政党なしの人たちのうち，約5割が自民党を支持政党にしている。政党や政治のことはよくはわからないけれど，自民党に任せておけばよいのではという支持者が多数いるようだ。

　性別で見てみると，自民党や日本維新の会の支持者は男子学生に多く，立憲民主党や共産党の支持者は女子学生に多い（表8-2参照）。これは，集団

的自衛権行使を可能とする安保関連法の改定や憲法改正をめぐる議論に表れ
ている，各政党の戦争や軍備に対するスタンスの違いが生み出した違いであ
ろう。平和を求める志向性が相対的に強い女子学生が，安保関連法の改定や
憲法改正に反対の姿勢を示す立憲民主党や共産党を，男子学生より支持する
のは納得のいくところである。

表 8-2　男女別支持政党　　　　　　　　　　　　実数（%）

	自民党	希望の党	公明党	共産党	日本維新の会	立憲民主党	支持政党なし
男子	188（57.0）	7（2.1）	8（2.4）	3（0.9）	34（10.3）	21（6.4）	59（17.9）
女子	163（48.5）	7（2.1）	10（3.0）	11（3.3）	25（7.4）	40（11.9）	77（22.9）

選択者が合計で 10 名以上いた政党のみに絞っている。

　大学別では，大阪大学の学生たちが他の大学生に比べると，男女とも自民
党の支持率がやや低く，嫌悪率がやや高い（図 8-2 参照）。自民党の支持率
が低い分，立憲民主党の支持率がやや高い（男子 15.7%，女子 24.5%）。阪
大生はこれまで，総じて自民党にもっとも懐疑的で，できれば自民党に対抗
しうる別の政党を支持したい人が多かった。そして，期待できそうな野党が
ない時は，「支持政党なし」が増えるというパターンだった。しかし，今回
の結果を見ると，他大学よりはやや低いとはいえ，男子では 43.1%，女子で

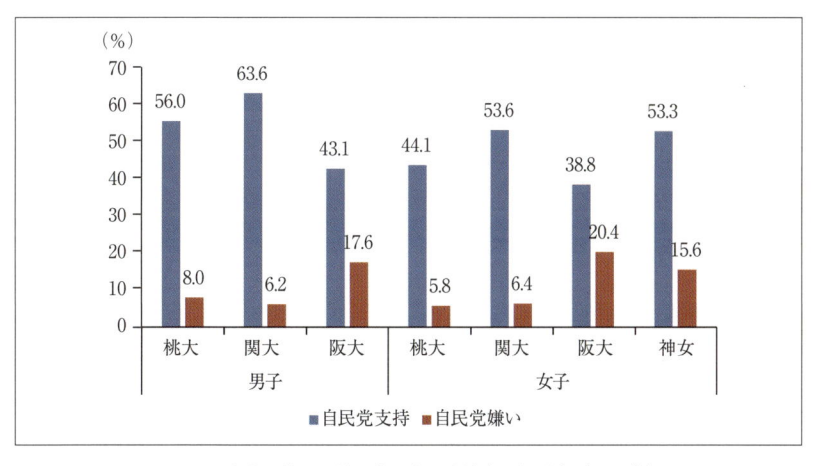

図 8-2　大学×性別で見た自民党の支持率と嫌悪率（2017 年）

も 38.8%という，過去最高の自民党支持率になっており，阪大生も保守化してきていると言わざるをえない（表8-3参照）。

　学年差に関しては特筆すべき大きな差は出ていないし，今回比較可能な関西大学男子学生の文系，理系での差も見られなかった（自民党支持：社会学部 63.6%，理系学部 61.1%）。

表8-3　大阪大学学生の主たる支持政党　　　　　　　　(%)

		自民党	日　本維新の会	日本新党	民主党/民進党	立　憲民主党	社会党/社民党	共産党	ない
男子	1987 年	18.3					38.3	10.0	16.7
	1992 年	22.2		22.2			8.3	16.7	22.2
	1997 年	15.2			8.7		4.3	21.7	39.1
	2002 年	23.9			6.5		10.9	2.2	52.2
	2007 年	32.7			21.8		3.6	1.8	34.5
	2012 年	38.6	15.8		7.0		1.8	3.5	33.3
	2017 年	43.1	9.8		0.0	15.7	0.0	0.0	27.5
女子	1987 年	15.4					42.3	11.5	30.8
	1992 年	10.8		8.1			16.2	16.2	43.2
	1997 年	22.9			8.6		2.9	17.1	37.1
	2002 年	17.7			4.8		6.5	9.7	59.7
	2007 年	29.1			32.9		2.5	2.5	29.1
	2012 年	28.3	7.5		32.1		0.0	1.9	30.2
	2017 年	38.8	10.2		2.0	24.5	0.0	8.2	16.3

8-2　支持政党別に見た学生たちの政治意識

　学生たちの政治意識は，支持政党別で実際どの程度異なるのであろうか。この分析をするにあたっては，支持する人数がある程度いないと分析が困難になる。本来なら，自民党，立憲民主党，日本維新の会以外の政党の支持者数では統計的分析に向かないのだが，それではあまりにも政党が少なすぎるので，二桁の支持者がいた公明党，希望の党，共産党も含めて，無党派層，無関心層 [6)] と合わせて，8 グループに関して，様々な政治意識や行動意欲を見てみよう。

表 8-4　支持政党別政治意識・行動意欲（2017 年）　　　　　（%）

（支持政党）	自民党	日本維新の会	公明党	希望の党	立憲民主党	共産党	無党派層	無関心層
（支持者数）	(351 人)	(59 人)	(18 人)	(14 人)	(61 人)	(14 人)	(23 人)	(113 人)
（自衛隊の今後）								
1.　増強すべき	33.0	28.8	11.1	28.6	9.8	0.0	17.4	16.8
2.　現状維持	64.4	64.4	77.8	57.1	77.0	78.6	82.6	77.9
3.　縮小すべき	1.7	5.1	5.6	7.1	11.5	21.4	0.0	3.5
4.　なくすべき	0.9	1.7	5.6	7.1	1.6	0.0	0.0	1.8
（自衛隊の海外派遣）								
1.　賛成	36.2	35.6	22.2	7.1	16.4	0.0	26.1	14.2
2.　どちらとも言えない	38.5	39.0	28.9	50.0	39.3	64.3	47.8	52.2
3.　反対	25.4	25.4	38.9	42.9	44.3	35.7	26.1	33.6
（日本も核武装すべき）								
1.　そう思う	26.3	25.9	27.8	30.8	11.5	7.1	26.1	19.5
2.　そうは思わない	73.7	74.1	72.2	69.2	88.5	92.9	73.9	80.5
（戦争の是非）								
1.　いかなる場合もいけない	43.4	43.1	72.2	50.0	65.6	50.0	43.5	71.7
2.　防衛のためならやむをえない	51.1	48.3	27.8	50.0	34.4	50.0	56.5	26.5
3.　助力要請があれば介入可	3.7	5.2	0.0	0.0	0.0	0.0	0.0	0.0
4.　積極的に利用してよい	1.7	3.4	0.0	0.0	0.0	0.0	0.0	1.8
（日の丸への愛着）								
1.　非常にある	12.3	18.6	5.6	0.0	6.6	7.1	4.3	4.4
2.　ややある	48.9	45.8	44.4	64.3	41.0	57.1	34.8	31.0
3.　ほとんどない	27.1	16.9	33.3	21.4	36.1	21.4	30.4	35.4
4.　まったくない	11.7	18.6	16.7	14.3	16.4	14.3	30.4	29.2
（天皇制）								
1.　男性のみ	28.3	18.6	22.2	14.3	23.0	21.4	4.3	26.5
2.　男性優先	37.1	25.4	55.6	35.7	19.7	28.6	34.8	23.9
3.　男女平等	31.1	49.2	16.7	50.0	52.5	50.0	47.8	40.7
4.　廃止すべき	3.4	6.8	5.6	0.0	4.9	0.0	13.0	8.8
（理想の社会）								
1.　競争社会	24.1	25.4	44.4	21.4	11.5	0.0	17.4	18.0
2.　統制社会	33.2	22.0	22.2	42.9	23.0	50.0	39.1	44.1
3.　福祉社会	42.7	52.5	33.3	35.7	65.6	50.0	43.5	37.8
（経済発展）								
1.　もっと発展すべき	77.4	72.4	83.3	85.7	57.4	64.3	73.9	71.4
2.　そうは思わない	22.6	27.6	16.7	14.3	42.6	35.7	26.1	28.6
（原子力発電所）								
1.　積極的に利用	10.0	3.4	11.1	0.0	3.4	0.0	4.3	5.3
2.　安全なものは継続的に利用	58.0	52.5	50.0	64.3	25.4	28.6	43.5	54.0
3.　近い将来廃止を前提に最低限の利用	30.0	42.4	33.3	35.7	62.7	64.3	39.1	38.1
4.　今すぐ廃止	2.0	1.7	5.6	0.0	8.5	7.1	13.0	2.7

（支持政党）	自民党	日本維新の会	公明党	希望の党	立憲民主党	共産党	無党派層	無関心層
（支持者数）	(351 人)	(59 人)	(18 人)	(14 人)	(61 人)	(14 人)	(23 人)	(113 人)
（少数の人が世の中を動かす）								
1. そう思う	42.2	50.8	50.0	57.1	63.9	35.7	78.3	43.4
2. 一概に言えない	39.6	35.6	33.3	35.7	23.0	35.7	8.7	40.7
3. そう思わない	18.2	13.6	16.7	7.1	13.1	28.6	13.0	15.9
（住民投票）								
1. 非常によい	35.6	45.8	22.2	35.7	32.8	35.7	39.1	20.4
2. どちらかといえばよい	45.3	39.0	50.0	50.0	50.8	57.1	43.5	44.2
3. 一概には言えない	18.2	13.6	27.8	14.3	13.1	7.1	13.0	30.1
4. どちらかといえばよくない	0.6	0.0	0.0	0.0	3.3	0.0	0.0	5.3
5. 非常によくない	0.3	1.7	0.0	0.0	0.0	0.0	4.3	0.0
（首相公選）								
1. 賛成	40.7	47.5	38.9	35.7	42.6	71.4	52.2	29.2
2. どちらとも言えない	42.7	40.7	50.0	57.1	47.5	21.4	34.8	59.3
3. 反対	16.5	11.9	11.1	7.1	9.8	7.1	13.0	11.5
（投票意欲・参議院）								
1. 行く	59.5	69.5	61.1	57.1	85.2	64.3	73.9	34.5
2. 行かない	40.5	30.5	38.9	42.9	14.8	35.7	26.1	65.5
（投票意欲・衆議院）								
1. 行く	71.8	78.0	72.2	50.0	93.4	64.3	82.6	43.4
2. 行かない	28.2	22.0	27.8	50.0	6.6	35.7	17.4	56.6
（徴兵制反対運動）								
1. 参加する	47.3	49.2	38.9	64.3	57.4	64.3	65.2	42.5
2. 参加しない	52.7	50.8	61.1	35.7	42.6	35.7	34.8	57.5

　表8-4から，戦争や軍備関連の項目を中心に自民党と日本維新の会の支持者の意識が近く，立憲民主党と共産党の支持者の意識がそれと対立する形で比較的近いことが見て取れる。たとえば，自衛隊の今後について，増強すべきと答えた人は，自民党支持層の33.0%，維新の会支持層の28.8%に対し，立憲民主党支持層では9.8%，共産党支持層では0%である。また，自衛隊の海外派兵についても，賛成する人が自民党と維新の会の支持層では35%を超えるのに対し，立憲民主党支持層では16.4%，共産党支持層では0%である。日本の核武装についても，自民党や維新の会の支持層の4分の1程度が賛成するのに対し，立憲民主党は11.5%，共産党は7.1%しかいない。また，もっと経済発展をすべきか，原発をどうすべきかといった問いでも，自民・維新と立憲・共産とで意見が分かれる。

　意識の似ている自民党支持層と維新の会支持層の相違点を探すなら，国政選挙においても住民投票や首相公選という直接選挙においても，維新の会支持層の方が投票意欲が多少高いことがあげられるくらいで，かなり差は小さい。他方，立憲民主党支持層と共産党支持層はかなり違いがある。軍備については共産党支持層がより強く否定的で，理想の社会に関しては，共産党支持層は統制社会を望む人が半分いるのに対し，立憲民主党支持層では福祉社会を望む人が 3 分の 2 近くいる。政治への関与でも立憲民主党支持層は国政選挙への投票意欲は非常に高いが，住民投票や首相公選に関しては，共産党支持層の方が高いという違いがある。「少数の人が世の中を動かす」という見方も，立憲民主党支持層は「そう思う」という人がかなり多いのに対し，共産党支持層は「そう思わない人」が全グループでもっとも多いことも考え合わせると，共産党支持層は政治的関与に対する期待感が高い人々だと言えよう。

　公明党と希望の党の支持層は中間的立場で，問いによっては，自民・維新寄りだったり，立憲・共産寄りだったりする。公明党は自民党とともに与党として内閣を支えているが，もともと平和を重視する政党だったこともあり，自衛隊増強に賛成する人は，共産党，立憲民主党に次いで少ない。希望の党と立憲民主党はもともと民主党／民進党という同じ政党にいたメンバーがほとんどだが，希望の党は，安保関連法に強く反対を打ち出す立憲民主党と異なる中道保守系の政党になろうとしていたことはそれなりに学生たちにも伝わっていたのか，立憲民主党支持層と比べると，かなり自民・維新に近い意識を示す。

　同じ支持政党なし層でも，嫌いな政党のある「無党派層」と嫌いな政党がひとつもない「無関心層」も，それぞれかなり違う意識の持ち主である。無関心層は戦争や軍備に対して無党派層より否定的だが，投票意欲や徴兵制反対運動への参加意欲は低く，政治的影響力を行使する意識は低い。逆に，無党派層は投票意欲が立憲民主党支持層に次いで 2 番目に高く，支持政党はないものの政治的関心は高い層であることをよく示していると言えよう。今回の無党派層の意識は，全体として見ると，立憲・共産よりは，自民・維新のグループの意識に近いように見受けられるのだが，彼らは自民党を嫌いな政党としてあげる割合が 43.5％もあり，これは立憲民主党支持層の 44.3％に次

いで高く，共産党支持層の 42.9％を超える。他方で，共産党嫌いも 60.9％も
あり，これは全グループでもっとも高い。また，立憲民主党を嫌いだという
人も 21.7％おり，公明党支持層に次いで多い。つまり，政治意識は自民党支
持層に似ているが，自民党を支持するということに抵抗を感じ，かつ共産党
にも立憲民主党にもシンパシーを感じられないという人々ということなのだ
ろう。

　今回の調査では自民党支持者が 5 割を超えるという圧倒的な数になったの
で，同じ自民党支持者の中でも，単純に尋ねて自民党支持と答える「強い自
民党支持層」（223 人）と，しいてと問われて自民党支持と答える「弱い自
民党支持層」（128 人）とに分けて，その間に意識の差がないかを見てみる
ことにした。すると，この 2 つの支持層の意識にはかなりの違いがあること
がわかった。

　表 8-4 にあげた 15 項目の質問に関して比較してみたところ，「自衛隊の今
後」，「自衛隊の海外派遣」，「日本の核武装」，「戦争の是非」，「首相公選」,
「参議院選挙の投票意欲」「衆議院選挙の投票意欲」の 7 項目で，危険率 5％
以下で有意な差があり，「原発」と「少数者が世の中を動かす」の 2 項目は
10％以下で有意な差があることが明らかになった。戦争・軍備関連の質問や
原発に関しては，「強い自民党支持層」がより肯定的で，「弱い自民党支持層」
が平和主義的で否定的である。国政選挙への投票意欲も「強い自民党支持層」
が強い。「首相公選」と「少数者が世の中を動かす」に関しては，「弱い自民
党支持層」に「どちらとも言えない」，「一概に言えない」という判断保留者
が多くいる [7]。

　5 割を超えた大学生の自民党支持率だが，その内実を丁寧に見ると，この
ように必ずしも一枚岩ではないと指摘できる。自民党に代わって政権を運営
できる，より平和主義的な政党が育ってくれば，その政党への支持率が高ま
る可能性があることを思わせる。ただ，現在の政党のどれかがそういう政党
に育っていく可能性は，現時点では非常に小さいと思わざるをえない。「死
んだ子の年を数える」ようなものだが，政権を奪い返された後も，民主党の
まま存続し，地道な活動を続けていたら，いつか再び期待を持たれる日も来
たのではないかとつい思ってしまう。しかし，政治というのは権力のあると
ころには求心力が働き，権力を失ったところには遠心力が働くような構造に

なっているので，今のような状況になったのも当然と言えば当然なのだろう。
ただ，政権交代のない政治では，政権政党に全権を委ねる形となり，有権者
の力が奪われてしまっているということに，いつか若い人たちも気づく日が
来ることを期待したい。

8-3　学生たちが考える日本の将来像
──静かに広まる愛国心──

　以上，政党支持率の推移と今回調査の支持層別に政治意識がどう異なるか
を見てきたが，本節では過去 30 年間の大学生たちが全体としてどのような
社会を望むように変化してきたのかを確認し，今後日本がどのような社会に
なっていきそうなのかを考えてみたい。
　まず，あるべき理想の社会はどのようなものかという質問への回答を見て
みよう。この質問は，第 1 回調査からまったく同じ質問で尋ねており，30
年間の比較ができる。選択肢は，「自由に競争ができて，能力のある人はど
んどん金持ちになれるが，暮らしに困る人もでる社会」（競争社会），「国が
経済を統制するので，大金持ちにはなれないが最低限の生活は確実に保証さ
れている社会」（統制社会），「能力のある人は金持ちになれるが，国がその
人たちから高い税金をとって暮らしに困る人の面倒をみる社会」（福祉社会）
の 3 つである。一貫して多数派の学生が選んできたのは，「福祉社会」であ
るが，図 8-3 を見てわかる通り，1997 年の第 3 回調査までは「福祉社会」
を選ぶ学生が 6 割以上いたが，21 世紀に入ってから，毎回選択する人が減っ
てきており，前回の調査から 5 割を切り，今回さらに減って，43.8％になっ
た。これは，年金制度維持の困難さが広く知られることで，国の福祉政策に
信頼を寄せられなくなった結果と解釈できるだろう。代わって，じわじわと
増えてきたのが，「競争社会」と「統制社会」である。今回，「競争社会」は
2 割を超え，「統制社会」は 3 分の 1 を超えた。この 2 つはそれぞれ自由主
義と社会主義のイメージであり，両極にあたる。その両極の社会を選択する
人がともに増え，両者を折衷したようなイメージである「福祉社会」を選択
する人が減るというのは，日本人の価値観が収斂から乖離へと向かいつつあ
ると推測させる。「9 割中流」と言われ，非常に平等な社会というイメージだっ

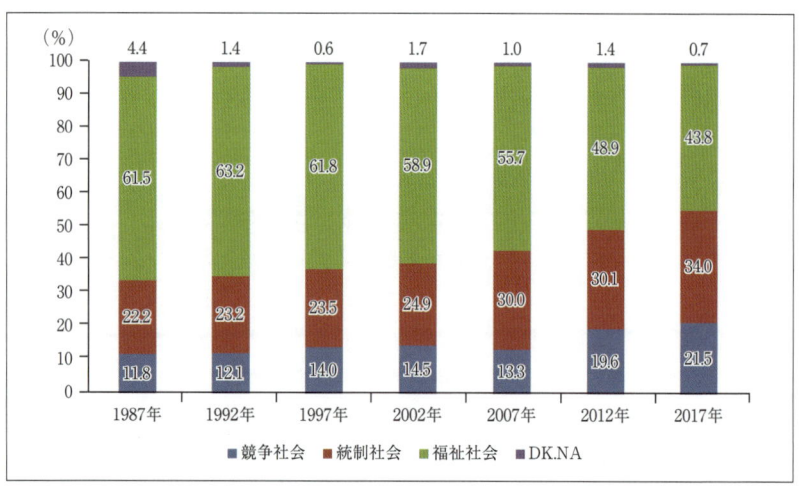

図 8-3　理想の社会

　た日本はもはや遠くなり，競争と「勝ち組・負け組」がはっきり出るのが当たり前になりつつある時代に，学生たちはそれぞれの能力と価値観に基づいて異なる理想の社会を支持するようになっている。

　男女別に見ても，ともに一番多いのは「福祉社会」だが，どちらも徐々に減りつつある。残り2つの「競争社会」と「統制社会」に関しては，「競争社会」は男子学生が，「統制社会」は女子学生が一貫して多い（図8-4参照）。その差は一時大分縮まっていた時もあったが，前回，今回と差が広がっている。今回は，男子学生で，「福祉社会」が4割強まで減り，「競争社会」が3割を超えた。他方，女子学生では，「福祉社会」が初めて5割を切り，「統制社会」が4割に近づいた。キャンパス内の群れ行動などは男女差がなくなってきているが，こうした社会のあり方に関する考え方は，また男女差が広がってきているようだ。

　より具体的にはどのような社会となることを学生たちは望んでいるのであろうか。個別の質問項目から分析してみたい。前回の調査で大きく伸び，今回もその高い比率を維持したのは，経済成長を望む意識である（1992年41.5％→1997年41.1％→2002年62.5％→2007年56.8％→2012年73.0％→2017年73.5％）。前回の調査時期は，リーマン・ショックと東日本大震災

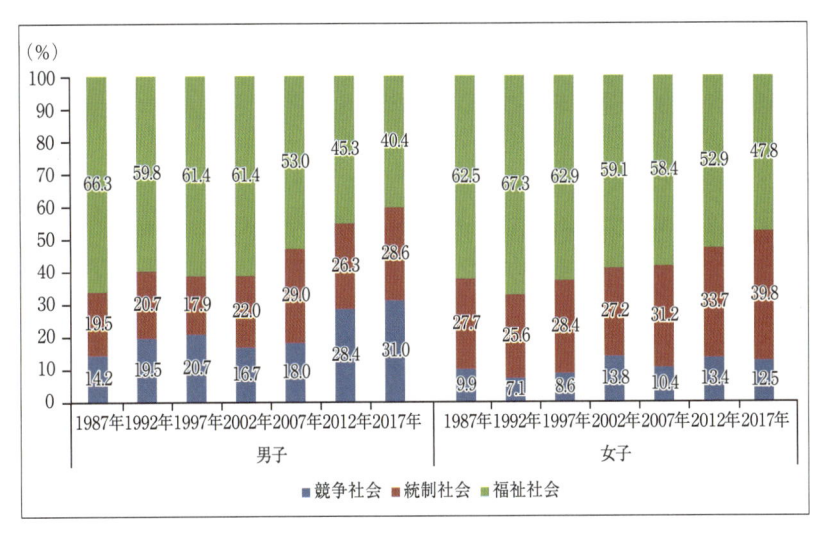

図 8-4　男女別にみた理想の社会の推移

　の余波が色濃く，多くの学生にとっては，もっと経済状況が良くなり，企業の新卒採用意欲が増してほしいという思いが，この経済成長を強く願う意識として表れたのだろうと解釈した。それゆえ，経済状況が好転した際には，また下がることもあるのではないかと思っていたが，現在のような「売り手市場」と言われる時代でも，大学生たちは，さらなる経済成長を望んでいるようだ。就職状況はよくなったとはいえ，日本経済が本格的によくなったという実感は持てていないのだろう。

　次に軍備や愛国心について見てみよう。2000年代に入った頃から，中国が経済的にだけでなく軍事的にも巨大化してきて，領土拡張行動を露骨に取るようになり，また韓国とも日韓ワールドカップ後の雪解け時期が終わった後は，慰安婦問題や竹島問題で関係が再び悪化したままになっている。さらに，今回の調査時期には，北朝鮮がミサイル発射や核実験という挑発行為を頻繁に行い，アメリカはそれに対する対抗措置として威嚇を行うということの繰り返しで，東アジア情勢は非常に緊迫した状態にあった。こうした中で，日本を守らなければという意識が学生たちの中でも広く醸成されてくることは，ある意味当然のことと言えよう。

まず，「今後自衛隊をどうすべきか」という質問に対する回答の推移を見てほしい（図 8-5 参照）。1990 年代に入ってから，「現状維持」という形で自衛隊を肯定的に受け止める学生たちは着実に増え，「縮小すべき」や「なくすべき」という否定的捉え方がずっと減り続けてきた。しかし，2012 年からは「縮小すべき」や「なくすべき」の減少分は，「現状維持」ではなく，「増強すべき」が獲得するようになっている。前回 2 割を超えておおいに驚いたのだが，今回は 25.3％となり，4 分の 1 を超えた。かつて第 1 回調査の時には，3 割以上いた「縮小すべき」は 3.9％に，同じく 2 割以上いた「なくすべき」は 1.5％と，誤差の範囲に入るような極少数派の意見になってしまった。

　男女別で見ると，「増強すべき」という選択をした者は，男子は前回の 33.7％から 33.2％へと増えていないが，女子が 12.8％から 17.7％に大きく増え，それが今回の比率上昇を導いている。女子は男子より平和主義的で軍備拡張などに対しては警戒心が強いのだが，その女子でも 17.7％まで「増強すべき」という意見が増えてきているのは，東アジアの緊張度の高さが否が応でも認識されているということだろう。

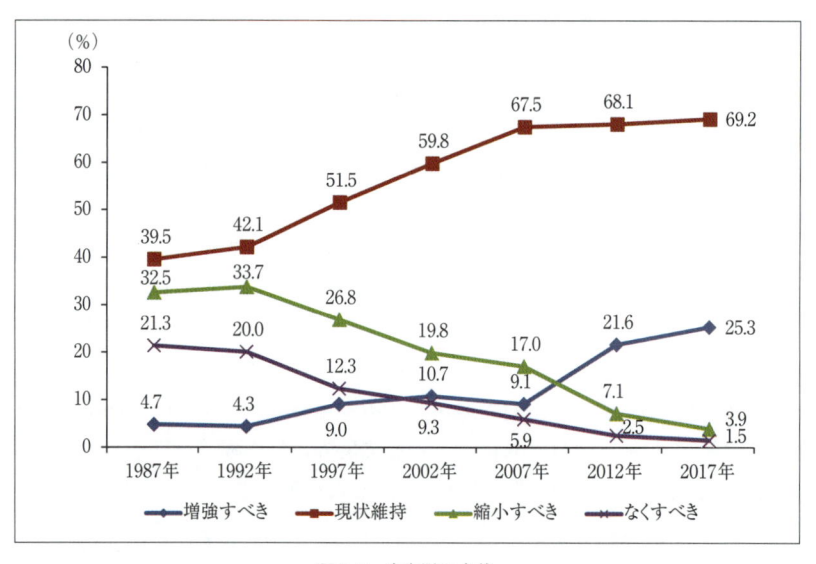

図 8-5　自衛隊の今後

　「いずれ日本も核武装したほうがよい」という意見を肯定する人も，これまでは 1 割前後だったのが，前回から大きく増え，今回は 23.5 %（男子 31.5 %，女子 16.0 %）まで増えている（1987 年 10.0 % → 1992 年 7.0 % → 1997 年 10.3 % → 2002 年 10.9 % → 2007 年 12.7 % → 2012 年 19.2 % → 2017 年 23.5 %）。核兵器に関しては，日本は唯一の被爆国として，その廃絶のためにもっとも積極的になるべき国というイメージもある中で，4 分の 1 近くが核保有を肯定するようになってきている。過去の辛い記憶より，今の危機への対応の方が，少なからぬ学生たちにとっては重要と見なされるようになっているのだろう。

　こうした意識は，戦争の是非について尋ねた質問からも確認される。「他国の戦争であっても，助力の要請があれば介入してよい」（2.4 %）や「必要があれば，積極的に戦争という手段を利用してもよい」（1.6 %）を選ぶ人はほんのわずかしかいないが，「いかなる場合でも戦争はいけない」という人が半数近く（51.7 %）まで減り，「自国を他国の侵略から守るためにはやむをえない」を 43.8 %の人が選ぶようになってきている（図 8-6 参照）。男女別で見ると，自衛戦争を肯定する人は，男子では 2.8 ポイント伸び 52.1 %と

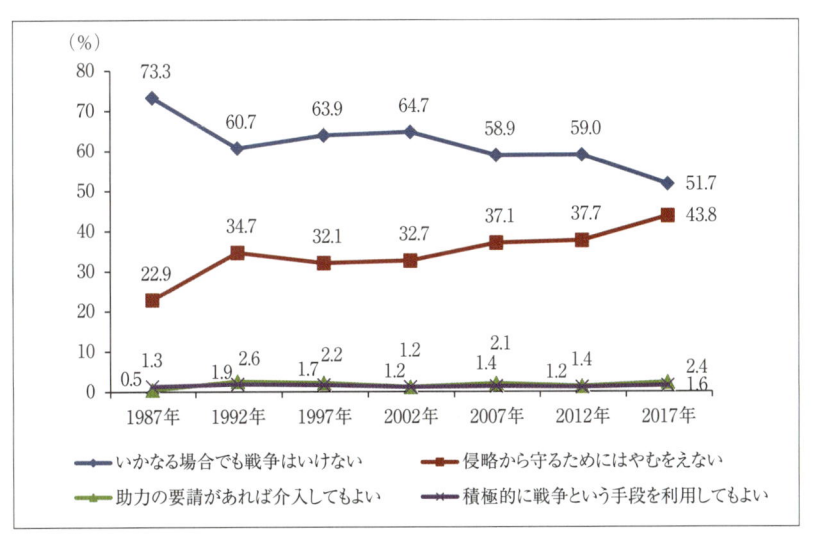

図 8-6　戦争の是非

なり，ついに半数を超え，女子でも 6.8 ポイント増え 36.1％になった。次回調査では，全体で半数を超えている可能性も十分考えられる。

　国連からの要請があった場合に自衛隊を海外に派遣することに関しては，図 8-7に見られる通り，前回初めて賛成が反対を上回った（賛成 35.4％，反対 24.4％）が，今回は再び反対の方がわずかだが多くなった（賛成 28.8％，反対 29.5％）。北朝鮮とアメリカの戦争が現実味を帯びて感じられる時期だったので，たとえ一般論であっても賛成という選択をするのに躊躇する人が増えたのだろう。それでも，2007 年調査までのように反対が賛成の倍もあるような状態には戻っていない。緊張感が少し緩み，あくまでも一般論として答えられる環境になれば，また賛成派が増えるのではないだろうか。

　愛国心に関しても，これまでには見られなかった変化が見られる。日韓ワールドカップが開かれた 2002 年頃から，若者の間で「ぷちナショナリズム」[8]が進行しているのではないかという指摘があったので，2002 年調査から「日の丸にどの程度愛着があるか」と「君が代を国歌だと思うか」という質問を尋ねている。君が代を国歌だと思う人は，最初から多かったが，回を重ねるたびにそう思う人が増え，今回の調査では約 93.1％の学生が君が代を国

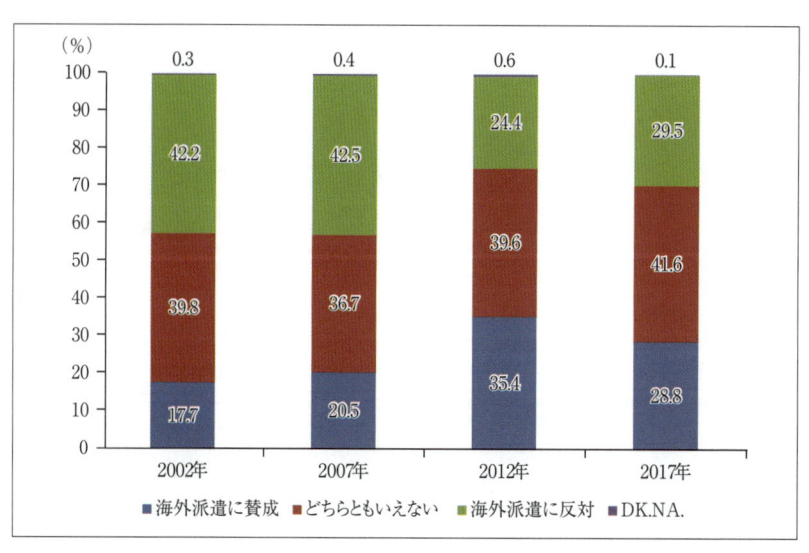

図 8-7　自衛隊の海外派遣

歌と考えている（2002年67.2％→2007年75.9％→2012年89.6％→2017年93.1％）。1999年に「国旗・国家法」を作る際に様々な議論があったが，すべての学校生活をその法律成立後に送ってきた現代の学生たちにとって，もはやこの質問は当たり前すぎて無意味なものになってしまったようだ。

　他方，日の丸に関しては，「国旗と思うか」という聞き方ではなく，「愛着心を持っているか」という問いかけをしている。2002年調査時も2007年調査時も，「ほとんどない」あるいは「まったくない」という人で6割以上を占めていた（図8-8参照）。この問いは，実は第1回の1987年調査でも聞いており，その時よりも愛着心が弱かったので，この時点では，やはりただの旗に今どきの若い人がそんなに思い入れを持つことはないのだろうと解釈していた。しかし，前回の2012年調査で愛着心を持つ人が大きく増えて，「非常にある」と「ややある」で過半数を占めた。今回はわずかに減ったものの，過半数は維持している。近隣諸国との関係悪化や自国中心主義を叫ぶ大国のリーダーたちの発言を聞きながら，若い人たちの間では自然と愛国心が高まっているようだ。

　パトリオティズムという愛郷心の延長線上に生まれる愛国心を若者が持つ

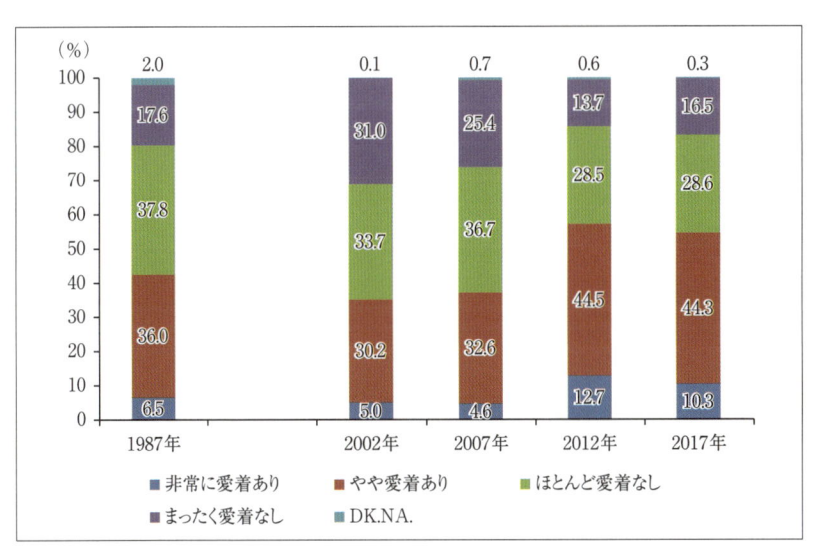

図8-8　日の丸への愛着心

のは望ましいことだと以前から考えていたが，こうした隣国との関係悪化や自国中心主義的ムードから，急に愛国心が高まり，軍備増強意識が高まっているのだとしたら，それは単純に肯定できない気がする。もちろん，本調査のデータから言っても，現代の若者たちが日本が戦争に積極的に加担することなど望んでいないことは明らかだが，ひとつきっかけがあれば，「自衛のため」という名目で，日本が他国と戦争状態に入ることもやむをえないと肯定する空気が徐々に醸成されつつある気がしてならない。

　最後に，天皇制についての学生たちの考え方を見てみよう。天皇制については，1987年から1997年までの3回の調査では，「強化した方がよいか」「今のままがよいか」「なくした方がよいか」という選択肢で尋ねていた。「強化した方がよい」という意見はほとんどなく，「今のままがよい」が3分の2から4分の3程度で，残りは「なくした方がよい」だった。この選択肢ではあまりにおおまかすぎた上に，ちょうど女性天皇の可能性が真剣に議論され始めていた時期だったので，2002年調査からは，皇位継承に関しての選択肢に変更した。「現状のままで男性のみに皇位継承権を与える」「男性を優先させつつ女性にも皇位継承権を与える」「男女平等に皇位継承権を与える」「そもそも天皇制を廃止する」という4つの選択肢に変えた。

　図8-9を見ればわかる通り，この15年間で確実な変化がある。2002年にこの選択肢に変えた時は，男女平等な皇位継承が54.8％と過半数の学生によって支持されていた。それが，2007年になると4割に減ってしまった。この変化の原因はわかりやすい。2002年段階では，秋篠宮よりも若い男性皇位継承者がおらず，他方で皇太子家に女児が誕生していたため，天皇制を維持するためには，女性に皇位継承権を与えることが必要だと，当時の小泉首相をはじめ政治家たちも主張し始めており，この時点では，男女平等の皇位継承という選択肢は不可欠なものと思われつつあった。しかし，2006年9月に秋篠宮家に男児が誕生し，現行の規定でも天皇制が続けられる見通しが立ったことにより，無理に皇室典範を変えなくてもよいのではという空気が生まれたのである。それ以降確実に，現行規定の支持者と，変えるとしても男性に優先的な継承権を与えるという選択をする人が増えてきている。

　継承方式については1997年までのデータと比較することはできないが，廃止という選択肢は，1997年までの「なくした方がよい」（1987年28.9％

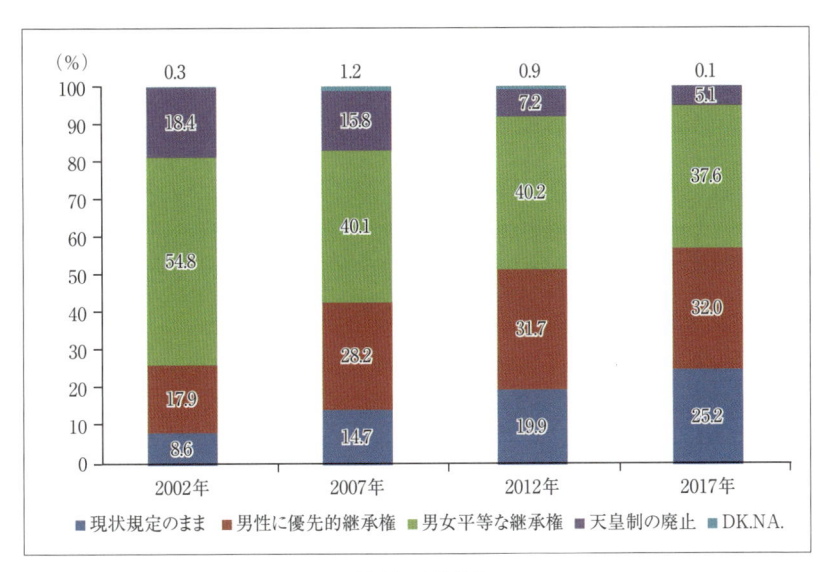

図 8-9 天皇制の皇位継承について

→ 1992 年 24.8％→ 1997 年 30.3％）という選択肢と実質的に同じものと考えることができる。そう考えると，今や廃止を選択する人は5.1％しかいなくなっているので，天皇制はかつてより学生たちに必要なものと認められていると言えるだろう。

注

1）しいてと尋ねても支持政党はないと答えた146人のうち，嫌いな政党に自民党をあげた人は44人いたのに対し，社会党は18人にすぎなかった。実際に，この調査の2年後の1989年に行われた参議院選挙では社会党が獲得議席数で自民党を上回るという大勝ちをした。

2）1987年の本調査での社会党支持率は23.7％，共産党支持率は6.4％だったが，1988年のNHK放送文化研究所の調査では，社会党の支持率は15.9％で，共産党の支持率は3.2％であった。NHK放送文化研究所編『現代日本人の意識構造 第八版』NHK出版，2015年，付録1，27-28頁参照。

3）設立は，2012年9月28日で，まさにこの調査の直前の時期だった。

4）2017年10月22日の第48回衆議院選挙の際の，テレビ朝日の出口調査でも，自民党の世代別支持率は，18，19歳47%／20代49%／30代40%／40代35%／50代32%／60代30%／70歳以上37%で，10代，20代の自民党支持率が5割に近く，全年齢層の中で1，2位を占める。

5）実際に，翌2018年5月7日に，希望の党の多数派——元民進党だった人がほとんど——と合流し，国民民主党という政党を作り，民進党は完全に消滅した。

6）しいて尋ねても「支持政党はない」と答えた人のうち，嫌いな政党がひとつでもある人は，政治的関心のある「無党派層」とし，嫌いな政党がひとつもない人を，政治的関心のない「無関心層」とする。ちなみに，今回この無党派層が23人(3.4%)しかいなくなってしまったことはひとつの注目すべきポイントである。これまでの無党派層は，1987年69人(12.7%) → 1992年127人(21.7%) → 1997年132人(16.8%) → 2002年124人（17.2%）→ 2007年68人（9.4%）→ 2012年52人（8.0%）という推移であった。

7）強い自民党支持は男子60.1%，女子39.9%であるのに対し，弱い自民党支持は男子42.2%，女子57.8%と性差があるので，男女別に分けてみると，原発に関しては有意差がなくなるが，他の項目に関してはほぼ男女ともに差が見られる。

8）「ぷちナショナリズム」とは，かつてのナショナリズムのような国家体制に対する強い支持ではなく，アジア諸国などから日本が批判されると，それを反批判するような意見がネット上に書き込まれたり，オリンピックやサッカーのワールドカップなどの国際的スポーツ大会で，一時的・感情的な日本応援が盛り上がったりする状態を言う。香山リカ『ぷちナショナリズム症候群——若者たちのニッポン主義』中公新書ラクレ，2002年，参照。

第9章　刹那主義的な生き方選択

9-1　先の見えない未来より今を楽しむ
——学生たちの生活目標——

　この調査の回答者になってもらった学生たちから感想として時々聞くのが，「なかなかおもしろかったですが，日頃考えないことを考えさせられてちょっと疲れました」といった声である。特に学生たちをそんな気分にさせるのは，前章で取り上げたような日本社会のこれからをどうしたらよいかという質問だろう。大学紛争が全国各地で行われていた頃の学生たちは，実際には行動しなかった者も含めて多くの学生たちが，「天下国家」のあり方を考えていた。しかし，現代の学生たちの大多数はそんなことを一顧だにしない。では，大きな社会の枠組みをほとんど視野に入れずに生きる現代の学生たちは，自分の生活に関してはどのような意識でどのような目標設定をしているのであろうか。まずは，1987年の第1回調査からずっと尋ねている「生活目標」という質問への回答結果を見てみよう。

　この質問も，NHK放送文化研究所の「日本人の意識」調査から借りてきている。選択肢は，「その日その日を自由に楽しく過ごす」，「しっかりと計画をたてて豊かな生活を築く」,「身近な人たちとなごやかな毎日を送る」,「みんなと力を合わせて世の中をよくする」の4つである。図9-1に表れているこの30年間の推移は非常に興味深いものである。

　1987年調査の段階では「みんなと力を合わせて世の中をよくする」以外の生活目標はほぼ同じ数の学生たちから選択されていたが，その後2007年の第5回調査までは，「身近な人たちとなごやかな毎日を送る」が大きく増え，他の2つの選択肢を引き離した。「その日その日を自由に楽しく過ごす」と「しっかりと計画をたてて豊かな生活を築く」は，毎回順位を交代させな

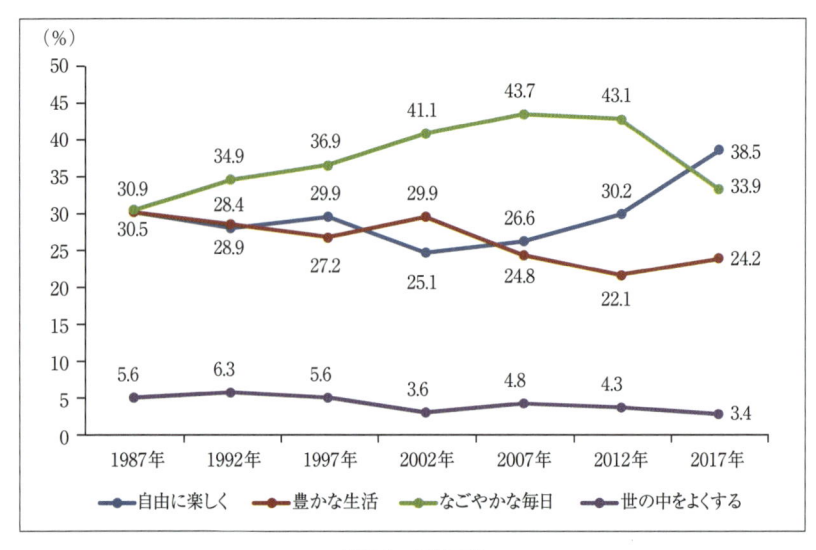

図 9-1 生活目標

がら全体としては減少気味だった。しかし，前回の 2012 年調査から「その日その日を自由に楽しく過ごす」を選択する人が大幅に増え，今回は一気に「身近な人たちとなごやかな毎日を送る」を抜いてもっとも多く選ばれる生活目標となった。

　前回調査の時期は，東日本大震災からまだ 1 年半ほどであったので，未来志向で計画をたててこつこつ努力しても一瞬で無に帰してしまうこともあるという現実を見せつけられた若者たちをして，今を楽しく生きるのが一番だという意識を持たせるようになったのではないかと解釈したが，今回の調査はもう東日本大震災からは少し時間が経ち，その直接的な影響とは言いにくい時期になっていた。にもかかわらず，もっとも利那主義的な「その日その日を自由に楽しく過ごす」という生き方を選択する人が増えたというのは，そうした意識が短期的な事象に影響されたものではなく，日本社会の先行き不透明感——不透明社会化——が，構造的なものとして若者たちに認識されていると見るべきだろう。

　男女別で見ると（図 9-2，図 9-3 参照），女子学生ではまだ「身近な人た

ちとなごやかな毎日を送る」がトップだが，選択率はこの 10 年で 10 ポイント以上落ちた。代わりに増えてきたのは，やはり「その日その日を自由に楽しく過ごす」である。10 年前には 25 ポイント以上あった両者の差は 5 ポイ

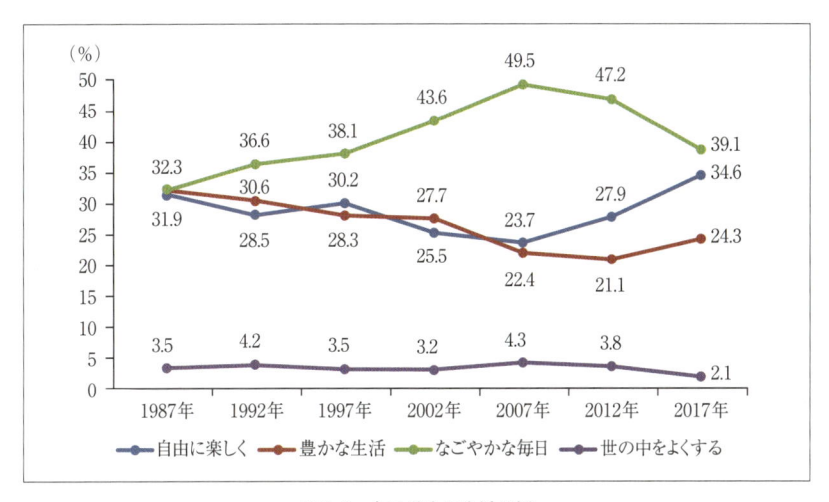

図 9-2　女子学生の生活目標

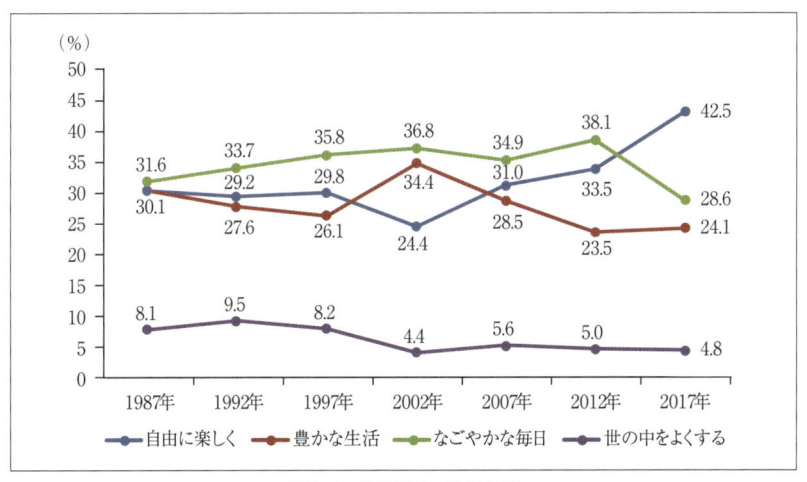

図 9-3　男子学生の生活目標

ントもなくなってしまった。このままの趨勢が続くなら，次回調査では，女子学生においても「その日その日を自由に楽しく過ごす」がトップになるという逆転が起きていることだろう。

　男子学生においては，この5年の変化がより激しい。前回の2012年調査の段階では，「しっかりと計画をたてて豊かな生活を築く」が減り，その分「その日その日を自由に楽しく過ごす」と「身近な人たちとなごやかな毎日を送る」がともに増えるという結果だったが，今回は，「身近な人たちとなごやかな毎日を送る」が大きく減った分，「その日その日を自由に楽しく過ごす」が増えるという結果になっている。

　男女とも「身近な人たちとなごやかな毎日を送る」の選択率が減ったことと関連していると思われるのが，結婚願望や子を持ちたいという気持ちも減ったことである。結婚願望は，男子は前回まで上がり続け，女子は前回から下がり始めていたが，まさに「身近な人たちとなごやかな毎日を送る」の選択の増減と連動している。図9-4に見られる通り，「いずれは必ず結婚したい」という人は，「身近な人たちとなごやかな毎日を送る」をもっとも多く選ぶが，「適当な相手がいなければ，結婚しなくてよい」や「結婚はしたくない」を選ぶ人は，「その日その日を自由に楽しく過ごす」をもっとも多く選ぶ。子を持ちたいかどうかに関しても，「いずれは必ず持ちたい」人で

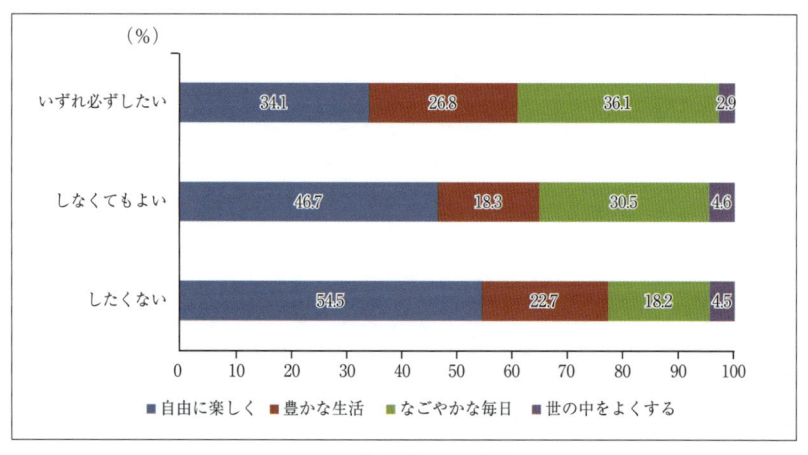

図9-4　結婚願望と生活目標

は，「その日その日を自由に楽しく過ごす」が34.8％，「身近な人たちとなごやかな毎日を送る」が同じく34.8％であるのに対し，「できなければ，それでもよい」という人では，44.0％と34.7％，「持ちたくない」人では，57.6％と15.2％になり，その差ははっきり出る。「身近な人たちとなごやかな毎日を送る」という選択肢を選ぶ学生にとって，将来自分の家族を持っているというイメージは大事なのに対し，「その日その日を自由に楽しく過ごす」を選択する学生にとっては，家族はむしろ足かせというイメージになるのだろう。「その日その日を自由に楽しく過ごす」を選ぶ人が増えているのは，大学生の間に個人主義的志向性が戻ってきていることの表れと考えられる。

　ここで，NHK放送文化研究所の調査から一般の人たちの生活目標と比べてみよう。書籍として公開されていた最新版[1]に掲載されていた1988年から2013年までの結果は，私の2012年調査までの結果と趨勢が類似していたので，2018年のNHKの調査でも，今回の私の大学生調査と同様に，「身近な人たちとなごやかな毎日を送る」が減り，「その日その日を自由に楽しく過ごす」がかなり増えるという結果が出るのではないかとも予想していたが，実際にはNHKの2018年調査の結果は，2013年時点と選択率に大きな変化

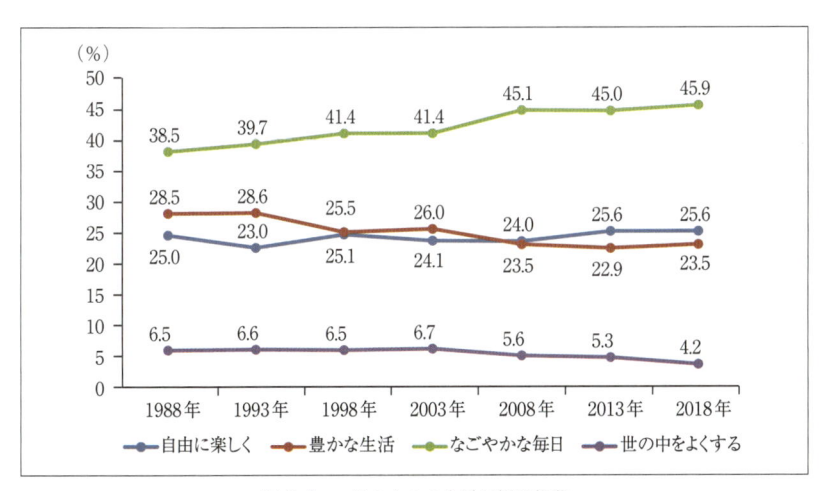

図9-5　一般の人々の生活目標の推移

（NHK放送文化研究所のウェブサイト「第10回日本人の意識調査（2018）結果の概要」のデータから作成）

はなく[2]，結果として私の2017年大学生調査との違いが今回は目立つことになった（図9-1と図9-5参照）。

　こういう差が出たということは，最近の大学生が社会全体の趨勢よりもかなり急速に刹那主義的になってきていることの表れと見るべきだろう。後に詳しく述べるが，ゆとり教育とスマホ依存が常態化した「ゆとスマ世代」の特徴が大学生に端的に表れたと考えられる。ただし，今後はこうした感性を持った世代がどんどん増えてくるので，NHKの調査でも，10年後，20年後には，「その日その日を自由に楽しく過ごす」が今よりも大きく増えていることだろう。

　次に，この生活目標の問いと相関関係の強い人生観の回答を見てみよう。この問いは，「人生は闘争。他人との競争に打ち勝っていかなければ何事もできない」（闘争志向）と「他人と争うのはよくない。何事も丸くおさめて自然のなりゆきに従っていくのが賢いやり方だ」（調和志向）という2つの人生観のどちらかをしいて選んでもらう質問である。調査対象になった学生たちからは「ケース・バイ・ケースだと思うので回答に困る」とよく指摘される問いなのだが，その回答分布はこの30年間ほぼ3対7でほとんど変化がないという興味深い結果を示している（図9-6参照）。今回は闘争志向が

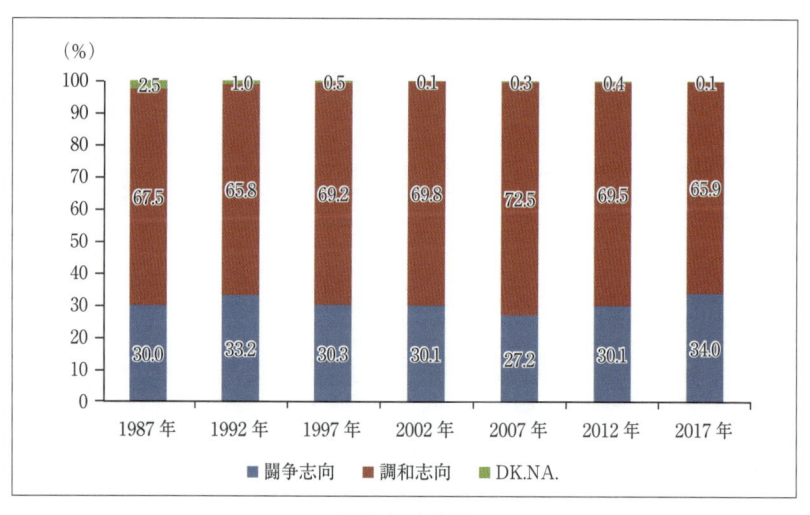

図9-6　人生観

34.0％になり，過去最高値となったが，それほど大きな増加ではなく，この
まま闘争志向が増えていくと予測することは今の段階ではできない。

　この問いは毎回男女差があり，男子の方が闘争志向は多い。男子は 37 ±
3％くらいの範囲にあり，女子は 26 ± 4％くらいの範囲にある。今回女子学
生で 5.5 ポイント闘争志向が上昇し 27.5％になったが，男子は 40.7％なので
まだかなりの差がある。個人個人を見れば，性別で説明できないことも多い
が，全体としてみると，やはり和を大事にする女性と，いざという時は闘う
ことを自らに課さねばならない男性という，ジェンダーが生み出した性別価
値観は少なからず生きているようだ。

　他の項目との関連を見ると，男女ともに見られるのは，闘争志向の学生の
方が，調和志向の学生より仕事に対して意欲的であり，楽さよりもやりがい
を求めていると言える。また，軍備拡張などに賛成する人は，男女とも闘争
志向の人に多い。男子学生の場合は，他にも闘争志向の人の方がジェンダー
の必要性を認め，自分らしさをつかんでいて，友人と何かやる時は中心にな
るという人が多い。

　生活目標との間ではもちろん相関関係が見られる。全体としてみると，闘
争志向も調和志向も「その日その日を自由に楽しく過ごす」がもっとも多く
選ばれている（36.4％と 39.6％）が，2 番目が闘争志向の場合は，「しっかり

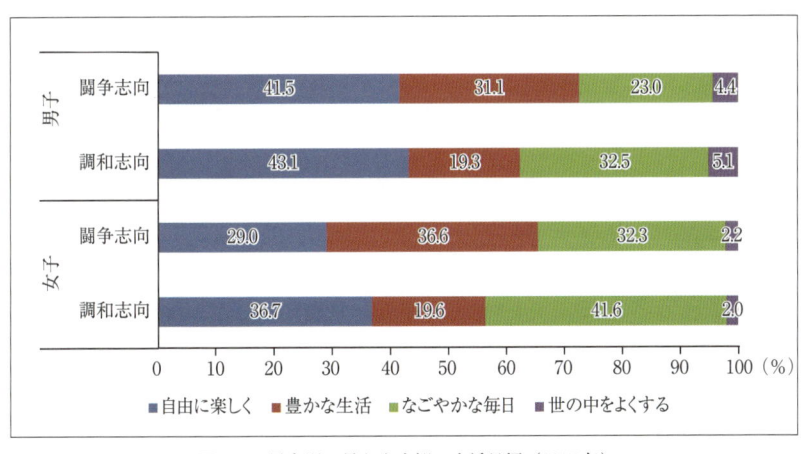

図 9-7　男女別に見た人生観×生活目標（2017 年）

と計画をたてて豊かな生活を築く」(33.3%) であるのに対し，調和志向の場合は，「身近な人たちとなごやかな毎日を送る」(37.6%) と異なる。男女別で見ると，男子は全体の傾向と同じく2番目に多く選ばれる選択肢が違うという結果だが，女子の場合は闘争志向では「しっかりと計画をたてて豊かな生活を築く」が，調和志向では「身近な人たちとなごやかな毎日を送る」で，それぞれもっとも多く選ばれる選択肢となっている（図9-7参照）。今回だけでなく，これまでの調査結果から見ても，闘争志向の人は「しっかりと計画をたてて豊かな生活を築く」を，調和志向の人は「身近な人たちとなごやかな毎日を送る」を多く選ぶ傾向は確認できる。

　「自分らしさ」がつかめているかどうかという質問と生活目標との関連も，前回までは，つかめている人は「しっかりと計画をたてて豊かな生活を築く」を多く選び，つかめていない人は「身近な人たちとなごやかな毎日を送る」を多く選ぶという，わかりやすい結果がほぼ毎回出ていた。今回もその2つの選択肢だけ比べるなら，同じ傾向はおおよそ見られるが，「その日その日を自由に楽しく過ごす」という選択をする人が非常に増え，自分らしさをはっきりつかめている人でも，つかめるか不安に思っている人でも，もっとも多く選ばれる選択肢となっており，これまでほどすっきりした結果とは見えなくなっている（図9-8参照）。特に，自分らしさをはっきりつかめていると答えるような自分に自信を持つ学生たちでも，半分以上が「その日その日を

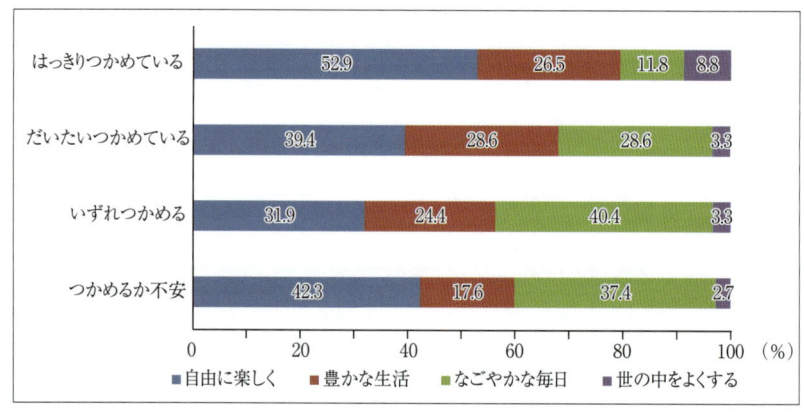

図9-8　自分らしさと生活目標（2017年）

自由に楽しく過ごす」を選んでしまうことに，現在の学生たちの間にはびこる刹那主義的な生き方がいかに強いかを感じざるをえない。

　なお，この「自分らしさ」をつかめているかという質問の回答分布も，過去5回大きな変化がない項目である（図9-9参照）。今回は「いずれつかめると思う」が5ポイントほど減り，その分「つかめるかどうか不安」が増えたが，前回までは，「はっきりつかめている」が5％程度，「だいたいつかめている」が34〜35％程度，「今はつかめていないが，いずれつかめると思う」が37〜38％程度，「将来もつかめるか不安だ」が22〜23％程度でほぼ固定されている感じだった。今回の変化も，「つかめている」グループ（「はっきりつかめている」＋「だいたいつかめている」）と「つかめていない」グループ（「今はつかめていないが，いずれつかめると思う」＋「将来もつかめるか不安だ」）という比較で見るなら，おおよそ4対6の関係は維持されており，現時点では根本的な変化とは断定できない。

　男女差は，最初の2回は有意差が出なかったが，2007年調査からこの3回は男子の方が女子よりも自分らしさをつかめているという結果が出ている。「つかめている」グループの比率を示すと，1997年：男子40.2％，女子37.6％，2002年：男子40.0％，女子38.3％，2007年：男子44.2％，女子

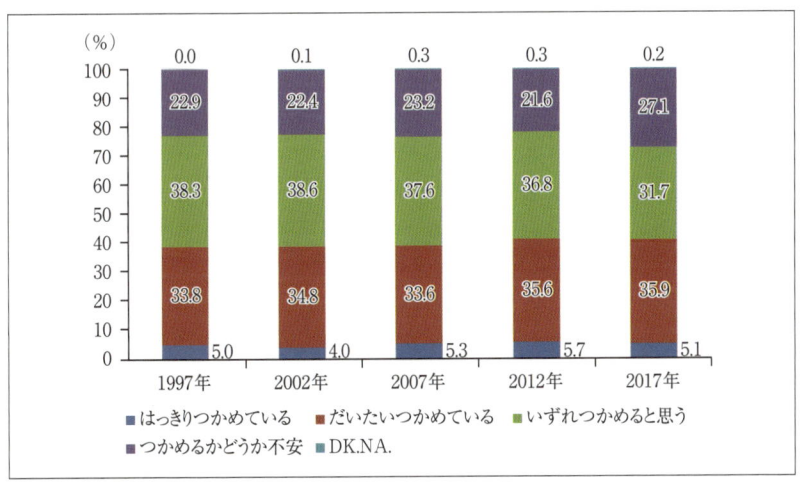

図9-9　自分らしさ

35.6％，2012年：男子 51.6％，女子 33.6％，2017年男子 49.0％，女子 35.2％
となる。この質問は基本的に 4 年生，3 年生に「つかめている」という人が
多いのだが，就職活動を通して，自分の適性や生き方をシンプルに確認でき
たと思える男子学生と，就職が決まったからと言って，その後の結婚や出産
といったことを考えると，それだけで人生が決まるわけではないと思わざる
をえない女子学生の意識の差が明確に出るようになってきているのかもしれ
ない。

　様々な項目と自分らしさとの関連を見ると，男女ともに有意差が見られる
のは，自分らしさをつかんでいる人ほど，生活満足度が高く，大人自覚も高
く，友人たちと何かする時には中心になるといった点である。これらの項目
との関連は毎回出ている。やはり，自分自身がどういう人間かというアイデ
ンティティをしっかりつかめていれば，自分はもう一人前だという自信も持
つことができ，友人関係でも積極的になり，現在の生活に対する満足感も強
くなるのであろう。

　現在の学生たちの生活目標は，ともに現在志向である「その日その日を
自由に楽しく過ごす」（38.5％）と「身近な人たちとなごやかな毎日を送る」
（33.9％）で圧倒的な割合を示し，個人的な未来志向である「しっかりと計
画をたてて豊かな生活を築く」（24.2％）と社会的な未来志向である「みん
なと力を合わせて世の中をよくする」（3.4％）が少ない（図9-1参照）。こ
れについては，すでに述べたように，先が見えない不透明な社会ゆえにそう
なりやすいと考えているが，もうひとつ考えられる要因として，学生たちの
現在の生活への満足度が高いこともあげられるように思う。

　図 9-10 に見られる通り，第 1 回調査の時には，満足している学生は 3 分
の 2 に満たず，3 分の 1 以上の人は不満だと答えていた。その後，前回の
2012年調査までは，調査をするたびに満足度が高まり，85％を超える人が
現在の生活に「かなり満足」あるいは「どちらかといえば満足」と答えると
ころまで行った。今回初めて満足と答える人が減ったが，それでも 8 割を超
える学生たちが満足だと答えており，まだ十分高いと言えよう。

　この生活満足度は，大学生よりも一般の人々の方が高い。NHK 放送文
化研究所の調査で，「満足」と答える人は，1988年 86.1％→1993年 87.2％
→1998年 86.7％→2003年 85.9％→2008年 86.7％→2013年 91.3％→2018

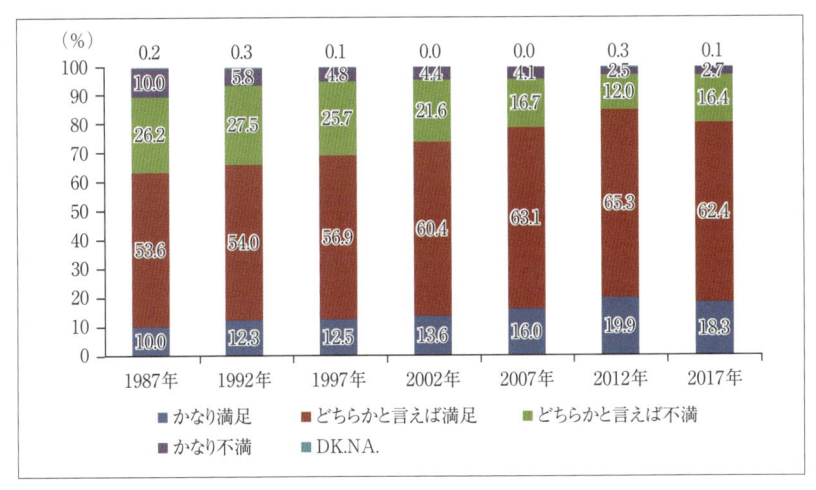

図 9-10　生活満足度

年 91.7 ％という推移である [3]。考えてみると，これは当然なのだろう。まだ
アイデンティティを確立できずにいる大学生は，本来現状に満足しているよ
うでは成長も望めない。自分自身に関しても，社会のあり方に関しても，様々
なことに不満を持つからこそ，その不満を解消するために行動するというの
が，かつての大学生のあるべき姿であった。実際，1987 年調査では「満足」
と答える人は 3 分の 2 に満たず，3 分の 1 を超える学生たちは不満を感じて
いた。それが前回は 85 ％を超えるところまで上がってきて，一般との差が
ほとんどなくなりかけていた。

　こんなに大学生の生活満足度が上がったのは，大学生たちが社会のあり方
に関心を持たないのはもちろん，自分自身が何者かになろうという努力をす
ることもなく，今，大学生として毎日を楽しめているかどうかだけで考える
人が増えてきているからだろう。男女別では，毎回女子学生の方が満足度は
有意に高く，大学別では総じて男女とも阪大生が高めで，桃大生が低めとい
う結果が出ている [4]。受験戦争の勝者として，一般に評価される学歴を持っ
ている阪大生や，より現在志向的に生きられる女子学生の方が，今，大学生
として生活に満足かと問われれば，満足という回答が多くなるのだろう。

　21 世紀に入った頃，「若者は社会的弱者である」という主張がしばしばな

された[5]が，当の若者たちはまったくそうは思っていないようだ。むしろ，自分たちは幸せな時代を生きていると感じている[6]。未来が見えにくくなっている上に，現在の生活に満足できるなら，この現状の幸せをそのまま維持したいと学生たちが思うのは当然であろう。

しかし，卒業して働き始めれば，学生時代のように気楽には生きられなくなる。そういう時に，「みんなと力を合わせて世の中をよくする」とまでは考えなくても，「しっかりと計画をたてて豊かな生活を築く」とか「身近な人たちとなごやかな毎日を送る」を生活目標にしていれば，ちゃんと働き，家庭も作り，子どもも持とうという考えになるだろうが，「その日その日を自由に楽しく過ごす」という考えのままなら，そうはならないかもしれない[7]。学生時代の高い生活満足度と先の見えない不透明感から現在志向になるのはやむをえないとしても，家庭も作らずただ個人としてのみ楽しんでいければよいという生活目標の持ち主が増え続けるとしたら，やはり今後の社会に対する不安感は増していく気がする。

9-2　頑張らず楽に働きたい
——学生たちの仕事観——

働き方に関して第1回調査から尋ねているのが，仕事と余暇のバランスをどう取っていくかという質問である（図9-11，図9-12参照）。毎回少し増減があったが，大きな趨勢としては，「仕事と余暇を同じくらいで」（均等派）が減り，余暇派が増えるという傾向が見て取れる。男女別で見ると，前回まで男子の変化はあまりはっきりしなかったが，今回は均等派が大きく減り，余暇派が伸びたことによって，上記の趨勢が明確に確認されるようになった。また女子は均等派が調査のたびに減ってきており一定の趨勢は見えていたが，やはり今回余暇派が大きく伸びたことによって，こちらもよりはっきりと見えるようになった。かつて第1回調査の時は，女子学生では40ポイント以上，男子学生でも10ポイント以上，均等派が余暇派を上回っていたのに，ついに今回は男女ともに逆転してしまった。生活目標で，「その日その日を自由に楽しく過ごす」がもっとも多く選択されるようになったことと軌を一にした結果と言えよう（生活目標別に見た余暇派の占める割合：「自

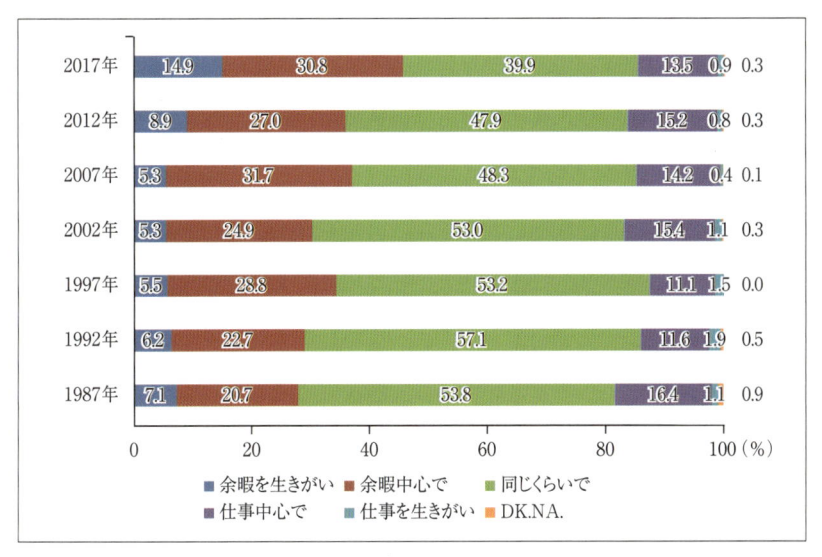

図 9-11　仕事と余暇のバランス

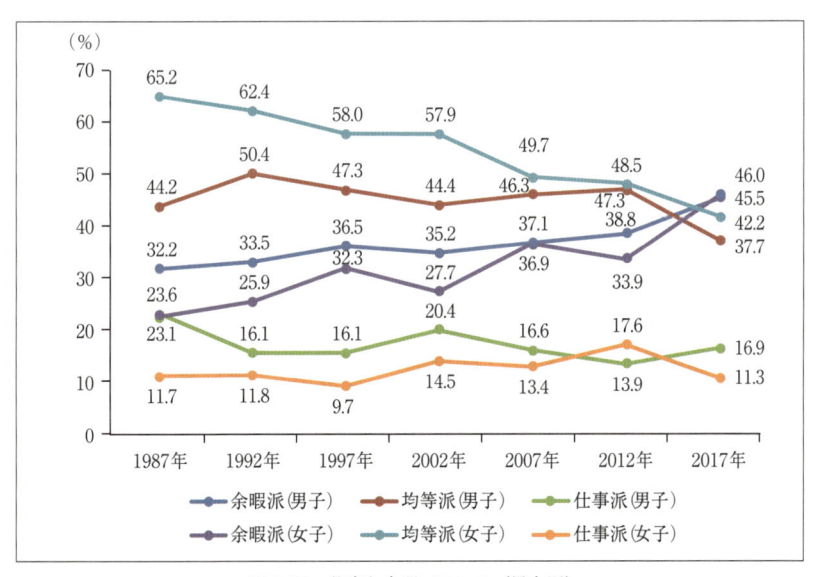

図 9-12　仕事と余暇バランス（男女別）

（「余暇派」は，「余暇を生きがい」と「余暇中心で」の比率を足したもの，「仕事派」は「仕事を生きがい」と「仕事中心で」の比率を足したものである。）

由に楽しく」52.3%＞「なごやかな毎日」47.3%＞「豊かな生活」35.2%＞「世の中をよくする」30.4%）。

　また，この質問に対する回答は，以前は男女間の差も大きかった——女子に均等派が非常に多く，余暇派も仕事派も男子が多いという違い——のだが，2007年調査以降，この仕事と余暇のバランスをどう取っていくかという質問に対する男女の差はほとんどなくなってしまった。これは，女子学生たちにとっての仕事の位置づけが変化してきて，今や男子学生の仕事の位置づけと変わらなくなってきていることを表していると言えよう。

　この仕事と余暇のバランスをどう取るかという考え方は，様々な項目との間で相関関係を示す。まず当然ながら，働き方に関係する項目とはほぼすべて関連が出る（図9-13参照）。余暇派の仕事意欲が低いのは容易に予想されることだが，仕事派と均等派の仕事観にはあまり大きな差はない。もちろん，仕事派の方がやや意欲的ではあるが，均等派も十分仕事に対する意欲が感じられる。

　この余暇派vs.仕事派・均等派という関係は，仕事観以外の項目で見られる。

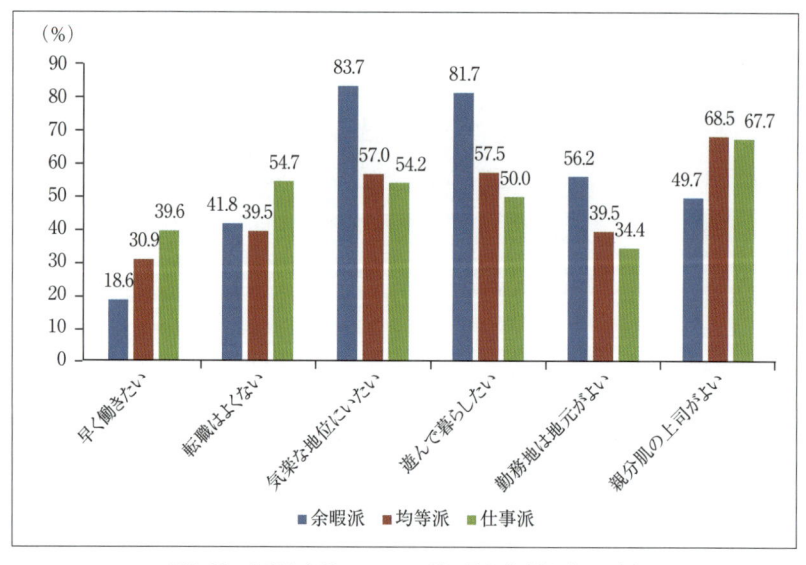

図9-13　仕事と余暇のバランス別に見た仕事観（2017年）

たとえば，「友人と何かする時に中心になる」のは，余暇派44.6％，均等派53.6％，仕事派54.2％であり，「若い時の苦労は買ってでもすべき」と思うのは，余暇派66.3％，均等派81.5％，仕事派85.4％，「できるなら子どもでいたい」と思うのは，余暇派70.3％，均等派52.3％，仕事派50.0％，「早く親から自立したい」人は，余暇派53.6％，均等派66.5％，仕事派68.8％というように，余暇派の選択率だけ離れていて，仕事派と均等派は比較的近いことがわかる。

　仕事派と均等派の考えが分かれるのは，結婚の意思や子を持つ意思に関してである。「いずれ必ず結婚したい」と思う人は，余暇派63.7％，均等派73.6％，仕事派61.5％，「いずれ必ず子どもを持ちたい」と思う人は，余暇派59.7％，均等派75.3％，仕事派61.5％となり，ここでは，余暇派と仕事派の回答傾向が近く，均等派だけがかなり高いという結果が出ている。ここからわかることは，仕事と余暇に同じくらい力を入れるという回答を選択する均等派は，結婚し子を持ち，ワークライフバランスをきちんと取っていきたいと考える人たちだということだろう。

　次に，仕事と余暇のバランス以外の仕事観の変化を見ておこう。まずは転職に対する考え方を見てみよう。この質問は1997年調査から尋ねているが，図9-14に見られる通り，2007年までの10年間は，転職はなるべくすべきではないと考える人が男女とも大幅に増加したが，2012年は横ばいとなり，今回は大きく減少した。これは，現在人手不足で就職活動が売り手市場になっ

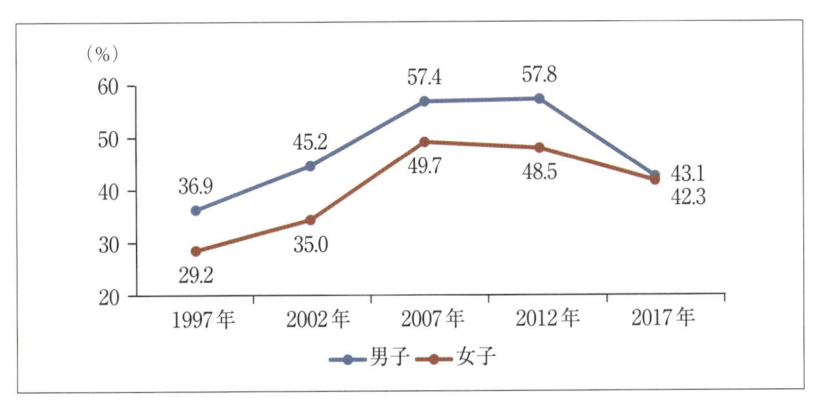

図9-14　転職はなるべくすべきでないと思う人の割合

ていることの反映であろう。就職氷河期と言われた時代を記憶に置いていた世代と違い，現在の大学生はそこまで就職が困難だった時代のことを知らない世代となっている。もちろん，就職活動は今でもそれなりに苦労はしているが，探そうと思えば次の転職先は十分あるだろうという認識を，半分以上の学生たちが持てる時代になっているということだろう。

　また，前回までは男子の方が女子より転職否定派が有意に多いという結果が出ていたが，今回は男子学生の否定派が大きく減ったため，男女差がなくなった。結婚・出産を機に離職，再就職を現実的に考えざるをえない女子学生と，そういうきっかけでの転職を考える必要のない男子学生の間で，転職に対する抵抗感に差がなくなったのは興味深い。やはり，それだけ転職の門戸は開かれているという認識になっているのだろう。

　出世志向や勤労意欲について見てみよう。使う質問は，1992年調査から尋ねている「ある程度の収入さえ得られるなら，出世するより気楽な地位にいたい」と思うかと，「働かないでも暮らしていけるだけのお金があれば遊んで暮らしたい」と思うかという質問である（図9-15参照）。

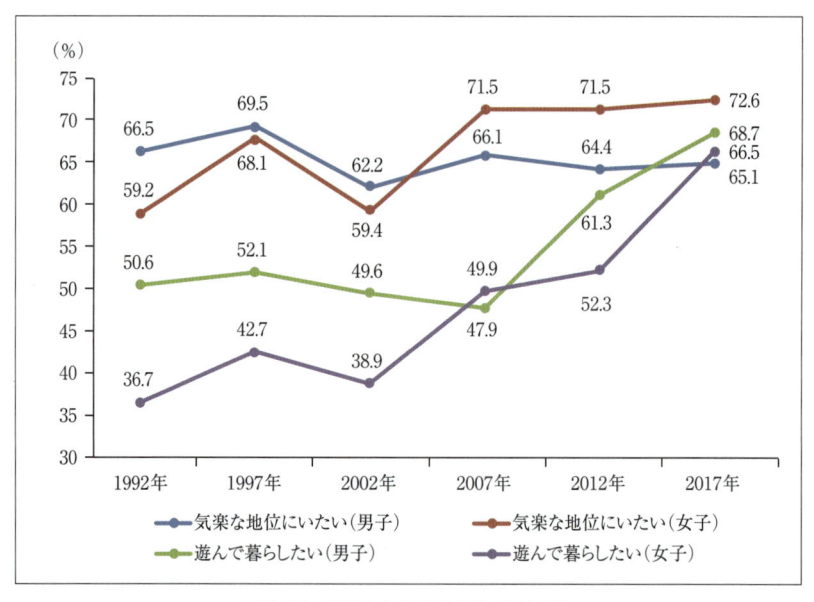

図9-15　出世志向と勤労意欲（男女別）

　まず，「気楽な地位にいたいか」についてであるが，この回答は比較的安定している。就職状況が氷河期に入ったまま改善が見えなかった 2002 年に，一度だけ気楽な地位にいたいと思う人が大きく減ったことがあるが，その後，女子学生は 7 割強が，男子学生は 3 分の 2 程度が「そう思う」と答え，安定している。男女どちらも圧倒的多数派が気楽な地位にいることを望み，出世は望んでいない。

　次に，「遊んで暮らしたいか」という質問の方だが，こちらは最近 10 年の増加が著しい。「そう思う」と答える人は，男子は 2007 年まで半数程度，女子は 2002 年までは 4 割前後しかなかったが，その後男女とも大きく増加し，今回調査で男女とも約 3 分の 2 の人が，「暮らしていけるだけのお金があれば遊んで暮らしたい」と答えるようになった。これは，見方を変えれば，仕事することをお金のためとしか考えられない大学生が圧倒的多数派になっているということを意味すると言えよう。仕事と余暇のバランスでも，余暇派が伸びて，均等派より多くなったのだから，この質問の回答分布がこうなるのも当然ではあるが，何かもう少し学生たちに仕事に対するプラスイメージを持たせなければならないのではないかと気になる。

　「早く社会に出て働きたい」と思う人は，毎回ほとんど変わらず 4 分の 1 程度である（1992 年 26.5 ％ → 1997 年 25.6 ％ → 2002 年 24.0 ％ → 2007 年 26.4 ％ → 2012 年 27.0 ％ → 2017 年 26.4 ％）。男女別に見ると，2007 年調査から 3 回連続で男子学生の方が「早く働きたい」と答える人が女子学生より有意に多いという結果が出ている。それ以前には有意差が出なかった時もあるが，基本的には性差がある項目だろう。学年別に見ると，当然ながら上位学年の方が「早く社会に出て働きたい」と答える人が多い。

　近年，若者は「地元志向」が強いとしばしば聞くようになったので，それを確かめるために前回から「勤務地はできれば地元がよい」と思うかどうかを尋ねている。前回は半数を超える 53.1 ％が「そう思う」と答えていたが，今回は 46.2 ％と過半数を切った。また，男女別でも，前回は男子の 49.5 ％，女子の 56.4 ％が「そう思う」と答えていたが，今回は「そう思う」と答えた人は，男子 47.0 ％，女子 45.7 ％で，女子の方が少なくなった。実際の就職状況などからすれば，明らかに女子学生の方が地元就職が多いのだが，最近の「一億総活躍社会」というキャッチフレーズのもと，女子学生も地元を離れ

る心の準備はでき始めているのかもしれない。

「仕事と余暇」のバランスを問うた質問との関連では，男女ともに，地元志向は余暇派が一番強く，次いで均等派，仕事派という結果になる（男子：余暇派（地元志向55.6%，以下同様）＞均等派（40.8%）＞仕事派（37.5%），女子：余暇派（56.8%）＞均等派（38.3%）＞仕事派（30.0%））。男子の場合は，ほぼ全員総合職採用でいろいろな地域に転勤せざるをえないので，仕事に重きを置く順に，地元志向が弱くなるのは当然と言えよう。女子の場合は仕事をいつまで続けるか，どういう形で続けるかということとも関連があるだろう。今回は，男性と同じ順になったが，前回は，余暇派（64.0%）＞仕事派（56.9%）＞均等派（50.8%）という順で，均等派と仕事派の順序が逆になっていた。また，結婚後の女性の仕事継続意思との関連も，今回は地元志向が一番強いのは，「結婚とともに家庭に専念する」（57.1%），ついで「子どもができるまで仕事を続ける」（49.2%），そして「ずっと続ける」（42.0%）の順となったが，前回は，「子どもができるまで仕事を続ける」（63.2%），ついで「結婚とともに家庭に専念する」（60.0%），「ずっと続ける」（52.0%）の順で，結果が異なっていた。女子学生の場合は，仕事継続意思，結婚観，子育て観，親との関係性など様々な要素が，この問いの回答には影響していることが予想される。

好む上司のタイプからも，どういう働き方を学生たちが望んでいるかが見えてくる。この質問は，第1回調査から，「時には規則をまげて，無理な仕事をさせることもあるが，仕事以外の面倒見もよい」（「親分肌」タイプの）上司がよいか，「規則をまげてまで，無理な仕事をさせることはないが，仕事以外の面倒は見ない」（「ビジネスライク」な）上司がよいかで尋ねている。前回まで，「親分肌の上司」が約7割，「ビジネスライクな上司」が3割弱で，25年間ほとんど変化がなかった。しかし，今回10ポイント以上「ビジネスライクな上司」の支持者が増え，初めて4割を超えた（図9-16参照）。

前回から今回にかけてのこの増加は男女ともに生じていることだが，特に女子学生の増加率が高い（図9-17参照）。ここには，調査前年の2016年に大きく報道され，その後の「働き方改革」に関する国民的議論を生むきっかけとなった，電通女子社員の過労自殺事件がかなり影響していると考えられる。一流大学を出て，人が羨むような人気企業に勤めても，働かされすぎて，

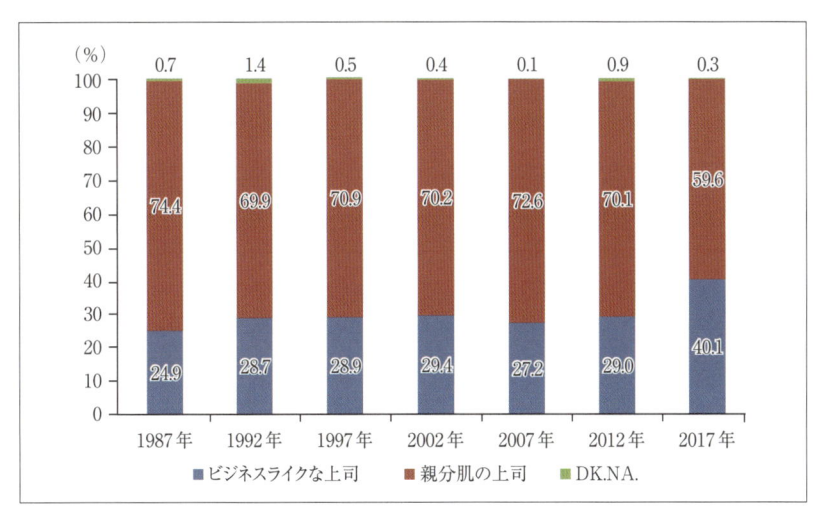

図9-16　好む上司のタイプ

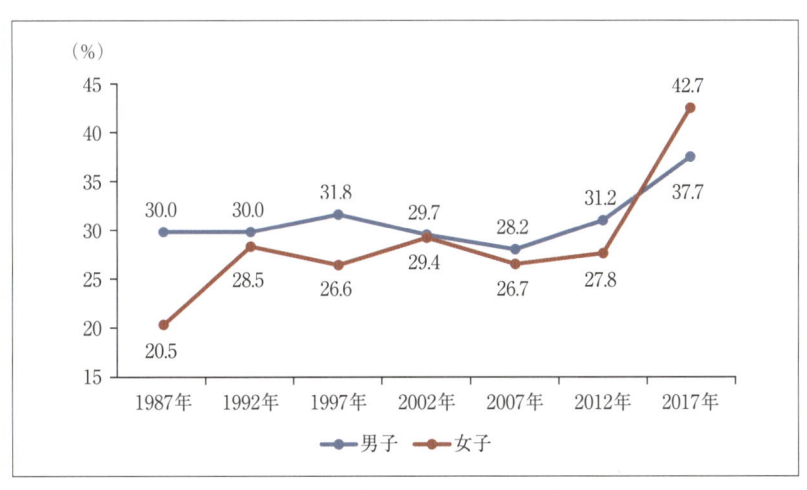

図9-17　男女別に見たビジネスライクな上司を好む人の割合

わずか1年もしないうちに自殺せざるをえないところまで追いつめられてし
まったというこの事件が，大学生たち——特に女子学生——に与えた影響は

大きかった。今回の調査では，この質問だけでなく，仕事に対する学生たちの意欲を減退させ，余暇中心に生きたいという志向性を高めさせるきっかけにもなったと考えられる。

この好む上司のタイプの質問は，もともと統計数理研究所の国民性調査から借りてきたものなので，ここでも一般の人々の意識との比較ができる。国民性調査において，「ビジネスライクな上司」を選ぶ割合は，全体では 1988 年 10%→ 1993 年 12%→ 1998 年 16%→ 2003 年 18%→ 2008 年 15%→ 2013 年 17% であり，20 歳代だけだと 1988 年 15%→ 1993 年 14%→ 1998 年 26% → 2003 年 25%→ 2008 年 22%→ 2013 年 27% である [8]。全体と比べると，大学生の方が「ビジネスライクな上司」を選ぶ割合は高いが，20 歳代との差はこの 20 年かなり小さくなっている。今回大学生においては，かなり「ビジネスライクな上司」を選ぶ人が増えたが，2018 年に行われる国民性調査でもそういう傾向が出る可能性は高いように思う [9]。

1980 年代半ば頃の若い社会人は，上司からのお酒の誘いなどをあっさり断るといった行動を取ることで「新人類」と呼ばれたものだが，実際には「国民性調査」においても，私の大学生調査においても，その頃はまだまだ面倒見のよい「親分肌の上司」を若い世代も好んでいた。その後「国民性調査」では「ビジネスライクな上司」の支持がじわじわ増える傾向にあったが，全体では 2 割に，20 歳代だけでもまだ 3 割に届いていなかったし，私の大学生調査ではほとんど変化がないまま 2010 年代まで来ていた。

しかし，今回の大学生調査で「ビジネスライクな上司」を支持する人が 10 ポイント以上も上昇した。これは，上に述べた事件がきっかけになっていたとしても一時的な変化ではなく，今後そういう考え方の若者が増えていくことを示している気がする。大学の入学目的で「友人を作るため」が減少していることの説明でも語ったように，SNS の浸透によって対面的な人間関係の重要さは以前より減りつつある。その同じ感覚を仕事場に持ち込むなら，仕事場での人間的な付き合いを重視する人が減っていくのは当然の趨勢だろう。

仕事観の最後に，直接的な仕事観ではないが，関連していそうな 2 つの質問について見ておこう。ひとつは，「将来のために若い頃の苦労は買ってでもした方がいい」と思うかどうかという質問で，もうひとつは「努力しても

能力はそう向上するものではない」と思うかどうかという質問である。前者の質問を肯定する人は，この 15 年間ほぼ 4 分の 3 という高い比率で安定している（1992 年 64.4%→ 1997 年 66.3%→ 2002 年 74.8%→ 2007 年 75.5%→ 2012 年 76.5%→ 2017 年 74.7%）。また，後者の質問を否定する人──すなわち，努力は能力向上につながると思う人──は，この 10 年減ってはきているものの，それでも 7 割以上いる（1997 年 75.3%→ 2002 年 80.9%→ 2007 年 80.8%→ 2012 年 75.6%→ 2017 年 71.4%）。「気楽な地位にいたい」とか「遊んで暮らしたい」という人が 3 分の 2 以上いる一方で，こうしたまじめな意識も高い。「若い頃の苦労」や「努力」を必ずしも仕事と結びつけて考えていないのか，あるいは，まじめさを表す言葉は，それを実践するかどうかは深く考えずにタテマエとして肯定しているのかもしれない。

9-3　個同保楽主義の復活なのか？

　この調査の最後に，「あなたにとって，いちばん大切と思うものをひとつだけあげてください」という質問を自由回答形式で尋ねている。表 9-1 は，その自由回答を分類して集計したものである。アフターコードなので，多少のぶれは加味しなければならないが，それでもある種の傾向性は読み取れる。1987 年の第 1 回調査では，「愛情，やさしさ，精神，心」という抽象的言葉

表 9-1　一番大切なもの　　　　　　　　　（%）

	2017 年	2012 年	2007 年	2002 年	1997 年	1992 年	1987 年
家族，友人，恋人，人間関係	37.5	36.0	37.5	44.2	30.0	27.2	21.1
自分，生命，健康	18.5	18.3	16.3	14.4	21.9	22.9	17.8
平和，真実，正義，よい社会	10.6	8.3	8.3	5.1	6.9	4.1	2.5
愛情，優しさ，精神，心	10.3	8.0	10.1	9.1	7.6	13.5	26.7
信念，能力，努力，信仰	3.6	6.1	3.7	6.8	6.4	8.2	8.2
時間，自由，ゆとり	7.6	3.8	5.4	4.0	3.1	5.0	3.1
生きがい，夢，目標	2.5	2.8	2.1	3.0	7.0	3.2	3.3
金，財産，地位，名誉	5.7	2.8	1.9	1.4	1.7	2.4	1.3
自然，環境，地球	0.0	0.3	0.4	0.6	0.9	1.5	0.0
その他	1.2	2.6	2.2	2.2	3.7	3.8	1.6
DK.NA.	7.6	11.0	12.0	9.1	10.9	8.2	13.8

をあげる学生がもっとも多かったが，1992年以降は，「家族，友人，恋人，人間関係」といった具体的な存在をあげる学生がもっとも多くなった。この2つの回答は関連したものであるが，抽象化された言葉にまですることができている場合は，名前を知らない他者に対するものとしても適用されうるが，「家族，友人，恋人，人間関係」といった具体的な人をイメージしての回答になると，名前を知らない他者は対象外になってくる。それゆえ，この違いは実は大きな違いと見ることができる。「家族，友人，恋人，人間関係」を書く人が多くなったのは，生活目標で「身近な人たちとなごやかな毎日を送る」を選ぶ人が多くなっていったことと軌を一にした結果と言えよう。しかし，2002年の44.2％をピークにこの15年は30％台後半で増えてはいない。

その15年前と今回を比べてかなり増えているのは，「自分，生命，健康」，「平和，真実，正義，よい社会」，「時間，自由，ゆとり」，「金，財産，地位，名誉」の4つである。「自分，生命，健康」は，前回とはほぼ同じ比率で，この5年では特に伸びたわけではないが，他の3つはこの5年で比較的伸びた。「平和，真実，正義，よい社会」は，北朝鮮とアメリカの戦争が本当に起きるかもしれないという緊張状態の中での調査だったので，「平和」と書いた人がいつもより多かった。他方，「時間，自由，ゆとり」と「金，財産，地位，名誉」の増加は，短期的な社会情勢による変化ではなく，学生たちの価値観の漸次的変化を示しているように思われる。前者に関しては，「自由になる時間」といった書き方をした学生がかなりおり，後者に関しては，「お金」とストレートに書いた学生がかなりいた。また，「信念，能力，努力，信仰」や「生きがい，夢，目標」といった自らに厳しく将来に向かって自分を作っていくといった言葉を書くものは，全体的に減る傾向にある。

こうした「一番大切なもの」として学生からあげられたものを見ていると，やはり生活目標で，「その日その日を自由に楽しく過ごす」が増え，「しっかりと計画をたてて豊かな生活を築く」は増えずに，その差が大きくなってきているのもむべなるかなと思える。特に，今回は「身近な人たちとなごやかな毎日を送る」も大幅に減少したことを考えると，自分1人の楽しみを求めるような，個人主義的な考え方，生き方が復活してきているのではないかという気すらしてくる。

　今回の調査結果から，この研究の原点ともなった 1987 年調査で抽出した多数派の学生たちの価値観「個同保楽主義」が，また復活してきているような印象を受ける。これまでもこの価値観がまったく消え去ったと考えていたわけではなかったが，同調性と保守性がどんどん強くなり，個人主義的な面と，楽に楽しく生きていたいという面が見えにくくなり，4 つの価値観を同等の比重で並べるのはやや躊躇する気持ちになっていた。しかし，今回の調査結果では，様々な質問の回答から，個人主義的な面と，楽して生きたいという面が再び強く出てきている。たとえば，生活目標では，「その日その日を自由に楽しく過ごす」がもっとも多く選ばれているし，仕事観では，「働かないでも暮らしていけるだけのお金があれば遊んで暮らしたい」という人が 3 分の 2 以上になっている。「いずれは必ず結婚したい」という人も「いずれは必ず子を持ちたい」という人も男女ともに減り，家族を作るという目標を持たない人が増え始めていることも見て取れる。

　「個」と「楽」が再び強まってきたのは，就職環境とネット環境の変化が影響していると考えられる。就職環境が好転し，1990 年代後半から 2000 年代前半のような，まじめに頑張らないと就職ができないかもしれないという危機感が大学生から薄れつつある。また，便利になったネット環境により，知識や情報は楽に得られるようになり，苦労して目標を達成したという経験を持つ学生が少なくなりつつある。また，ネット環境は人間関係も変化させている。以前なら，顔を合わせないとできなかったようなコミュニケーションがスマホを通して容易にできるようになり，空間的には 1 人でいても好きな時に人間関係を楽しめるようになっている。であれば，無理に誰かとともに暮らす必要もないという考えを持つ人も出てくるだろう。こうした環境の変化が，現在の大学生の中で，「個」と「楽」を強めている気がする。

　他方で，同調性は友人関係――ネットを通しても含めて――を中心に高く維持されているし，保守性に関してはより強くなっている。後者は，かつての自分たちの生活があまり変わってほしくないという消極的な現状維持的保守性から，安倍自民党に対する圧倒的支持に表れているように，愛国主義的な心情も含む積極的な政治的保守性になりつつある。

　以上のように見てくると，かつて抽出した「個同保楽主義」がそのまま復活しつつあるというよりも，新しい「個同保楽主義」の出現といった方がい

いのかもしれない。かつての「個同保楽主義」は，家族や仲のよい友人も含んだ拡大された個人主義——私生活主義に近い——を大事にしているがゆえに，対面関係にある人々に対しての同調性・協調性も高く，自分の生活が大きく変わってほしくないという現状維持的な保身性・保守性を持ち，できないだろうと思いつつも楽に楽しく生きていきたいというものだった。しかし，今回見出した「個同保楽主義」は，個人としての生活や時間を何よりも大切にし，友人の SNS に「いいね！」をつける浅い表面的な同調行動はまめに行い，日本を愛する気持ちを持ち政治的保守を支持し，しんどいことにはチャレンジせず楽に入手できるもので楽に生きていこうとする，そんな「新・個同保楽主義」になっているようだ。

　かつての「個同保楽主義」は，「新人類」特有の価値観というより，守るべきものを持っていると自覚する中流意識を持った人々にフィットする価値観なので，世代を超えて多くの日本人に当てはまる価値観だろうと指摘しておいた [10] が，今回見出した「新・個同保楽主義」は，まさに現在の若者世代にフィットする価値観で，1 世代以上上の世代では共有できない部分の方が多いだろう。

　30 年前に，「個同保楽主義」という価値観がいずれ日本人の中心的な価値観になるだろうと予想し，今やまさにそうなったと言えると思うが，そうした時代だからこそ，新たな価値観を持った新世代が登場しつつあるのだろう。彼らを，私は「ゆとスマ世代」と名づけたい。競争させない，頑張らなくてよいというゆとり教育の中で育ち，自らの能力を伸ばすための高めのハードル設定はせず，容易にできることしかしない。そして，常にスマホを携帯し，知識を得るのも，マンガを読むのも，ゲームをするのも，暇つぶしの動画を見るのも，友人とのコミュニケーションを取るのも，すべてスマホで済ませる。努力して何かを身につけることでアイデンティティを確立しようとせず，安易にコスプレし，インスタ映えする写真を SNS にアップし，「いいね！」をたくさんもらうことで，自分の存在確認がなされたような気持ちになっている。これが，「ゆとスマ世代」の典型イメージである。そして，その彼らにフィットした価値観が，「新・個同保楽主義」である。もちろん現在のすべての大学生がこういう人たちではないし，多数派はまだここまで極端ではないだろうが，当てはまる大学生は今後確実に増えていくのではない

かと思っている。

注

1）NHK 放送文化研究所編『現代日本人の意識構造［第八版］』NHK 出版，2015 年。

2）最新の 2018 年調査の結果に関しては，NHK 放送文化研究所のウェブサイト「第10 回日本人の意識調査（2018）結果の概要」（https://www.nhk.or.jp/bunken/research/yoron/pdf/20190107_1.pdf）を参照。

3）同上サイトを参照。

4）男子の場合，7 回の調査のうち，阪大生の満足度が一番高かったのが 6 回に対し，桃大生の満足度が一番低かったのがやはり 6 回である。女子の場合も，阪大生の満足度が共学 3 大学の中で一番高かったのが 6 回で，桃大生の満足度が一番低かったのは 4 回だった。

5）代表的なものとしては，宮本みち子『若者が《社会的弱者》に転落する』（洋泉社新書，2002 年）や，堀井憲一郎『若者殺しの時代』（講談社現代新書，2006 年）があげられる。

6）古市憲寿『絶望の国の幸福な若者たち』（講談社，2011 年）は，こういう現代の若者たちの幸福感について述べたものである。

7）実際，「働かないでも楽に暮らしていけるだけのお金があれば，遊んで暮らしたい」という質問に対して，「そう思う」と答える人は，「その日その日を自由に楽しく過ごす」という人たちがもっとも多い（「自由に楽しく」74.7％＞「なごやかな毎日」67.0％＞「豊かな生活」61.1％＞「世の中をよくする」39.1％）。

8）データは，統計数理研究所「日本人の国民性調査」（http://www.ism.ac.jp/kokuminsei/index.html）を参照。

9）本書の校正を行っていた 2019 年 6 月時点では，まだ 2018 年の国民性調査の結果は公表されていなかった。

10）片桐新自「『新人類』たちの価値観――現代学生の社会意識」『桃山学院大学社会学論集』第 21 巻第 2 号，1988 年，143 頁。

おわりに
──総括と展望──

　1987 年から 30 年間 7 回にわたって続けてきた調査データを基に，この間の大学生たちの価値観と意識の変化を語ってきた。昭和，平成，そして令和が始まったこの 30 数年の間に，様々な面で社会は変化し，その結果として大学生たちの価値観や意識は変わってきた。

　1955 年生まれの私の場合，1960 年代後半から異議申し立てが活発化した公害問題や，1960 年代末の大学紛争，そして 1970 年代前半に頻発した新左翼セクトによる過激な暴力活動など，1960 年代後半以降に生じた様々な出来事が，若い頃の価値観形成に大きな影響を与えてきた。私の調査対象者になってくれた学生たちも，またそれぞれの時代の出来事に影響を受けながら，自らの価値観を形成してきたはずである。1987 年から 5 年おきに行ってきた本調査は，主として 1980 年代以降の時代が，その時々の若者たちの価値観形成にどう影響してきたかを読み取る試みであったとも言えよう。ここで，各調査の対象となった学生たちがどのような時代を生き，どのような影響を受けてきたのかを振り返ってみよう。

　第 1 回の 1987 年調査の対象となった学生たちは，1965〜1968 年度生まれが中心で，小学校入学が 1972〜1975 年度，中学校入学が 1978〜1981 年度，高校入学が 1981〜1984 年度，大学入学は 1984〜1987 年度になる。1980 年代前半は，全国の中学，高校が校内暴力でおおいに荒れた時期だが，まさにその暴れた第一世代にあたる。大学入学は 1984〜1987 年度ということになるが，1984 年が「イッキ飲み」がはやり始めた年で，「ノリ」を重視し始めた世代でもある。1970 年代末に流行した「ディスコ」や「竹の子族」など

の影響も受けていると考えられる。若い社会人をイメージして言われた「新人類」という言葉が流行語大賞に選ばれたのは 1986 年であり，大学生であった彼らもほぼ「新人類」世代の最後尾に位置する。就職活動は 1987〜1990 年度に行っているが，この時期はまさにバブルの真っ最中で景気が非常によく，就職もよかった時期にあたっている。また，1986 年に男女雇用機会均等法が施行されてからの就職活動にもなっており，女子学生にも門戸が開かれた最初の世代である。もっとも記憶の鮮明な調査直近の時期は，まさにバブルの始まりで景気が非常によかった頃で，大学生活を気楽に送れた世代だったと言えるだろう。

　第 2 回の 1992 年調査の対象となった学生たちは，1970〜1973 年度生まれが中心となっているが，この世代はほぼ「団塊ジュニア世代」にあたる。小学校入学が 1977〜1980 年度，中学校入学が 1983〜1986 年度，高校入学が 1986〜1989 年度，大学入学は 1989〜1992 年度になる。1970 年代の記憶はわずかしかなく，1980 年代前半の漫才ブーム・お笑いブームにはもっとも影響を受けた世代だろう。「いじめ」が注目され始めた時期に，ちょうど中学生ぐらいで意識をさせられ始めた世代である。バブルの時代はほぼ高校生から大学生で，いざ就職という時（1992〜1995 年度）にはバブルがはじけており，門戸が狭くなり苦労し始めた世代である。ただし，バブル期の記憶は明確にあった上に，調査の時点では，まだ日本社会全体がようやく「バブル」だったのかもしれないと気づき始めた段階であり，その後長い不況が続くという認識は持ってはいなかっただろう。調査直近の時期に，銀行の合併なども始まってはいたが，他方でバブルの余波のような巨大ディスコなどもはやっており，「就職氷河期」という意識は，まだ学生たちに強くは持たれていなかった。1992 年 4 月に育児休業法が施行され，男女雇用機会均等法とともに，女性の社会進出が積極的に推し進められていた時期だった。また，1991 年 10 月にはリサイクル法が成立し，1992 年 6 月にはブラジルで地球環境サミットが開かれ，「持続可能な開発」という言葉とともに，地球環境問題が注目されるようになっていた時期でもあった。

　第 3 回の 1997 年調査の対象となった学生たちは，1975〜1978 年度生まれが中心である。小学校入学が 1982〜1985 年度，中学校入学が 1988〜1991 年度，高校入学が 1991〜1994 年度，大学入学は 1994〜1997 年度になる。小学校時

代に男女雇用機会均等法が施行されており，男女平等をめざす教育改革が積極的に導入された時期に価値観を形成しており，男女平等化の進行を素直に肯定的に受け止める世代だったと言えよう。バブル期は小学生から中学生時代にあたるが，おそらくバブル経済の影響より，1983年に発売され，1985年に大ヒットとなったファミコンや，1989年に起きた「宮崎勤事件」に強い影響を受けた世代だろう。高校，大学時代はバブル崩壊後にあたり，「就職氷河期」という言葉は一般に知られる言葉となっていた。高校生・大学生であった1995年に起きた阪神・淡路大震災とオウム事件は，人生には何が起こるかわからないという印象を彼らに与えたかもしれない。調査を行った1997年は，国内総生産が23年ぶりにマイナス成長を記録し，拓銀，山一証券が破綻した年で，バブル後遺症として金融機関の危機が語られ，そして学生たちを大学3年生から就職活動のために走らせることになる就職協定の廃止が決まった年であった。プリクラ，ベル友がブームになり，携帯電話も急速に普及し始め，友人とつながるための機器が次々に登場してきた時期でもあった。

　第4回の2002年調査の対象となった学生たちは，1980〜1983年度生まれが中心で，小学校入学が1987〜1990年度，中学校入学が1993〜1996年度，高校入学が1996〜1999年度，大学入学は1999〜2002年度である。バブル経済で日本が浮かれていた頃の記憶は薄く，「失われた10年」と言われる1990年代，そしてまだ就職状況が改善される前の2000年代初めの不況時代に価値観を形成してきており，未来を明るく考えられなくなった世代である。男女が対等なのは当たり前という教育で育ってきているが，「おたく」「セクハラ」「ストーカー」といった言葉も物心ついた頃から聞いて育っており，男子学生は女性に対する対応に臆病にならざるをえなくなっている。また2000年には，「パラサイトシングル」といった言葉もはやり，働くのはいいけれど，結婚できなくなるのは幸せではなさそうだという意識も醸成されやすくなっていた。1999年のi-modeの登場以来，高校生以上はケータイ（携帯電話）を持つのが当たり前となってきた最初の世代である。調査の直近時期には，小泉訪朝，拉致問題が話題になっており，また1年前になるが，アメリカ同時多発テロ，そしてその報復としてのアフガニスタン攻撃などが印象の強いニュースとしてあったために，留学を躊躇するようになり，日本が

安全で一番よいというドメスティックな志向性を強め始めた世代でもあった。

　第5回の2007年調査の対象となった学生たちは，1985〜1988年度生まれが中心で，小学校入学が1992〜1995年度，中学校入学が1998〜2001年度，高校入学が2001〜2004年度，大学入学は2004〜2007年度である。バブル経済の時代に生まれたが，物心ついてからは「倒産」や「リストラ」の話ばかり耳にし，価値観を本格的に形成する時期である2000年代に入ると，「格差社会」「ニート」「ワーキングプア」「勝ち組・負け組」といった言葉ばかりが大きく聞こえてくる中で，失敗しないように生きなければという思いを強く持ちながら育った世代と言えよう。高度経済成長期のまっただ中で，学生時代に多少の反社会的行動をしても，雇ってくれる企業は見つかるし，そこで普通に働いていれば，着実に給料も地位も上がっていくということを信じられた1960年代の大学生とは，まったく異なる社会環境になっていた。全体としてパイが拡大し，放っておいても分け前が増えるような時代ではなく，場合によっては分け前にまったくありつけないかもしれない，そんな恐怖心が，学生たちをして手堅い人生を生きなければと思わせる時代であった。たとえ，それが第三者から見ると，チャレンジ精神のない指示待ちロボットのようであっても，リスクの増した現代社会においては，もっとも失敗可能性の低い生き方があれば，進んでその生き方を選択するような価値観を形成せざるをえなかった世代である。調査直近の時期には，安倍首相が内閣総理大臣を突然辞任するといったドラマチックな事態が生じ，政権交代への期待感から短期的に政治関心を高めた世代であった。

　第6回の2012年調査の対象となった学生たちは，1990〜1993年度生まれが中心で，小学校入学が1997〜2000年度，中学校入学が2003〜2006年度，高校入学が2006〜2009年度，大学入学は2009〜2012年度である。1999年の国旗・国家法の制定と，2002年度から本格的に始まったゆとり教育で教育内容がかなり変わった後に，小学校高学年，中学時代を過ごしており，その影響が出ている世代である。最初に覚えた総理大臣は小泉純一郎で，その小泉首相がやめた後は，1年交代で次々に首相が変わったり，期待された民主党がぼろぼろの姿を露呈したりするのを見ながら，政治とは不安定で，選挙が行われるたびに何かドラマチックな結果が生み出されるものだと思い

ながら育っている。中学校から携帯電話を持っていた人も多く，携帯（スマホ）が早くから生活必需品となり，その存在を前提とした友人関係を形成している。男性たちに「草食系男子」「弁当男子」「イクメン」といったこれまでの男性像とは異なるネーミングが次々とつけられた時代に高校，大学生活を送っており，やさしい男性であることを普通のこととして受け止めて育った世代である。経済の面では，中学から高校の頃に，一時日本の景気が回復しつつあるような時代もあったが，リーマン・ショックが起こり，結局，大学時代は内定を取るのは簡単なことではないという意識を持ちながら過ごしている。また，期待した民主党政権の混乱，さらには東日本大震災も起こり，先の見えない不透明さの中で明るい兆しを見つけられないまま，この調査の時期を迎えることになった。国際的には近隣関係，特に経済面，政治面，軍事面で巨大化する中国の存在が日本にとって大きな圧力として感じられる時代に育っている。東日本大震災からの復興と対中国を意識することで，愛国心を高め始めた世代であると言えよう。

　最新の第7回の2017年調査の対象となった学生たちは，1995〜1998年度生まれが中心で，小学校入学が2002〜2005年度，中学校入学が2008〜2011年度，高校入学が2011〜2014年度，大学入学は2014〜2017年度である。大学4年生が小学校に入学した時に，ゆとり教育が始まり，大学1年生が中学2年になった時に，脱ゆとり教育が始まった世代である。つまり義務教育はほぼすべて「ゆとり教育」でその影響がもっとも色濃く出ている世代であると言えよう。スマホが普及した後，高校に入学しているので，早い人は中学時代から遅くとも高校時代はほぼ全員がスマホを持っていたと考えられ，スマホを前提にした高校生活・大学生活を送っている。民主党による政権交代を中学生あるいは小学校高学年で経験し，その後よくはわからないものの混乱する民主党政権の駄目さを強く印象づけられた。そして，中学・高校時代からずっと続く安倍内閣の安定感に信頼をおいている。就職氷河期と言われた時代は小学生以下だったので，その記憶は明確なものとしてはない。リーマン・ショックは中1から小4だったので，これもそこまで深刻さは理解できないまま，気づいたら就職活動は売り手市場と言われるようになっていた。その状況を作り出したのは，安倍内閣だという認識を持ち，安倍内閣と自民党政権に対する高い支持を示す。東日本大震災は中3から小6で経験してお

り，それなりに思うところはあっただろうが，その後の様々な個人的経験により，印象は薄くなっている。中国をはじめとする近隣諸国との関係は物心ついてからほぼ悪い関係にあり，愛国心が高まりやすい状況にあった。特に，調査直近の時期は，北朝鮮の挑発行為で危機感は増し，日本の軍備増強も必要ではないかと思いやすい状況にあった。

　以上，各回の調査対象となった学生たちがどのような時代を生き，どのような価値観を形成しやすかったのかを見てきたが，改めて 30 年という時間の長さを感じる。今回の調査対象者となった学生たちが生まれたのは，1997年の第 3 回調査の前後である。本調査はその 10 年前から行っているので，完全に 2 世代の大学生たちを調査してきたことになる。親世代と子世代の価値観の違いは，年齢や社会的役割の違いで説明されやすいが，本調査の場合は，同じ学生という立場での比較なので，まさに時代が大学生たちにどのような価値観の違いを生み出したのかを確認することができる。

　高度経済成長期に生まれ，高度経済成長の記憶はあまりなくとも低成長ながら右上がりの成長を続けていた時代に育ち，世界からバッシングを受けるほど豊かな経済を当たり前に受け止め，学生時代はバブル経済の真っ最中だった第 1 回目の調査対象となった世代と，バブル経済が崩壊したことも，阪神淡路大震災や地下鉄サリン事件といった大惨事が起きたことも生まれる前の出来事で，21 世紀になってからの緩慢な，特によくもならない経済しか知らず，携帯やスマホのない時代を想像もできないという今回の調査対象となった大学生とでは，同じ日本の大学生とはいえ，別の社会を生きているくらいの違いがあるのは当然だろう。この 30 年にわたる調査を踏まえて，これからどのような社会が現出しそうなのか，そしてそれをどう受け止めるべきなのかについて触れて本書を閉じることとしたい。

　2007 年の第 5 回調査を終えた際に，その時点での多数派の若者の姿を，「社会に飼い慣らされた，明るく陽気だが，臆病で長期的視野を持たない『指示待ち症候群』的若者」[1] として描き出した。また，2012 年の第 6 回調査後には，「日本を愛し，ルールを守り，突出しないように気をつけながら，手堅く人生を生きて行こうとする，やさしく素直な学生たち」[2] という若者像を提示した。そして，今回 2017 年の第 7 回調査から見出した若者は，前章で述べ

おわりに

たように，個人としての生活を何よりも大切にし，SNSを通して表面的な
同調行動や表出行動をまめに行い，政治的には保守の立場を支持し，チャレ
ンジはせずに楽に入手できるもので楽に生きていこうとする「新・個同保楽
主義」になっているようだ。

　この10年間で大学生が根本的に変わったわけではないだろうが，ゆとり
教育とスマホの強い影響，それに政治・外交状況や生き方の多様性を肯定す
る価値観の一般化も影響して，ここに来て，5年前，10年前にはまだ明確で
はなかった，以前の大学生とはかなり異なる姿が明確に見えてきた感じがす
る。

　危惧するのは，知識が豊富ではなく，様々な問題に関する論理的な分析が
得意でなく，感情的反応のみで行動してしまうことが少なくないことだ。ネッ
ト上で頻繁に生じる「炎上」も，非難合戦も，まさにそうした感情的な反応
が集中的な形で起きたものと言えるだろう。

　そういう感情的な非難ではない，健全な批判精神は，大学時代にぜひ身に
つけてほしいものだが，そのためには社会関心を持ち，きちんと知識を自ら
のものとし，論理的に考える力を持つ必要がある。しかし，今の学生たちを
見ていると，それは容易なことではないと思わざるをえない。スマホという
AI（人工頭脳）をいつも持ち歩き，いつでも利用することができるがゆえに，
学生たちは自分自身の頭脳に知識を詰め込もうとしない。しかし，何が問題
なのか，それに対してどう判断したらいいのかは，最終的には人間の頭脳が
決めることだ。それを自分でできない人間は，感覚的に合いそうな意見を主
張する人間に追従するしかなくなる。そういう人々が多数派になったら，民
主主義は形骸化してしまう。

　パトリオティズム（愛郷心）をベースにした愛国心を持つことは悪いこと
ではないが，今世界で広まりつつある「自国中心主義」とセットになった愛
国心は，ナショナリズムにつながり，国家間戦争を引き起こす可能性を高め
る。今，そういう怖い愛国心が日本の若者にも広まりつつあるような気がし
てならない。近隣諸国との関係悪化から，若者の間で急速に増えてきた，自
衛戦争肯定派や軍備拡張支持派がこのまま増え続けていくなら，その先には
まさに戦争が待っているということになってしまうだろう。戦争への反省か
ら始まった戦後日本社会の根幹はもはや失われつつある。日本という社会を

大事にしつつも，自国中心主義ではない方向にもっていかなければならない。競争を望まず協調的で素直でやさしい若者たちの，日本のために，社会のために何かしたいという思いを，排他的な形ではなくよい方向に向けさせることができれば，世界から一目置かれる日本社会になっていくことも可能だろう。しかし，この不透明な社会の中で，その「よい方向」を見出すのは容易ではなく，目の前に存在する「敵」や「難局」を克服するのがもっともわかりやすい目標になってしまうのは，これまた自然のことである。

　今回の調査で，結婚意欲や子を持つ意欲が低下したことも，今後の社会を考える上では気になるところである。生き方の多様性が認められるようになった現代において，確かに必ず結婚する必要もないし，子を持つ生き方もしなくていいのかもしれない。ただし，それが明確な意思ではなく，未来が見えない不安感や漠然と重荷のようにだけ思う気持ちから増えているなら，好ましい傾向とは言えないだろう。生活目標で「身近な人たちとなごやかな毎日を送る」が減り，「その日その日を自由に楽しく過ごす」が増え，両者の順位が逆転してしまったという結果からは，ともに暮らす人を得て，その中で自分の生活を楽しむという拡大された個人主義——私生活主義——ではなく，恋人や家族を面倒な存在と思い，まさに自分個人の生活を勝手気ままに過ごしたいと考える若者が増えてきているのではないかという分析をせざるをえなくなる。本調査で言うと，2002 年調査や 2007 年調査の頃は，結婚し家族を作るのが学生たちの唯一の目標なのではないかと語ることができたが，どうやら時代は変わりつつあるようだ。ゆとり教育で育ち，しんどいことを乗り越えた経験が少ない現在の学生たちの中に，スマホさえあれば，つながりたい時につながりたい人とつながれるので，わざわざ現実の空間で互いに拘束しあうような面倒な関係性を作る必要はないと思い始める人が増えてきている気がしてならない。

　しかし，本当はそんなネット・コミュニケーションだけではカバーしきれない魅力が，対面関係にはあるはずだ。今現在だけでなく，20 年後，30 年後を考えた時に，1 人で勝手気ままに過ごすことが本当に幸せなのかを想像することはできるのではないだろうか。確かに未来は不透明で，単純に明るい生活を想像するのは難しいかもしれないが，自分にやらなければならない仕事があり，守らなければならない家族がある人と，そうでない人を比べた

ら，どちらに充実感があるかは容易に想像ができるだろう。

　この不透明な社会の中で，自分が着実に進むべき道を一筋の光として見出し，そこに向かうためには，現代社会を把握し，来るべき未来を，そのすべては見えなくとも多少なりとも予測できなければならないだろう。そのために，こうした若者の長期的な趨勢分析が多少とも寄与できるのではないかと思っている。また，現代社会の分析においても，単純に敵か味方かで分けて考えるのではなく，複眼的視野で見る社会学の立場に立つことで，見え方が変わって来る。社会学という学問を学ぶことで，無駄な軋轢を生まずに不透明社会を生きていく生き方が多少なりとも見出せるのだという確信を持ちつつ，これからも社会学教育を通して大学生たちの社会を見る目を養い，生きる力を高めていきたいと思っている。

注

1）片桐新自『不安定社会の中の若者たち——大学生調査から見るこの20年』世界思想社，2009年，171頁。
2）片桐新自『不透明社会の中の若者たち——大学生調査25年から見る過去・現在・未来』関西大学出版部，2014年，189-190頁。

参 考 文 献

＜若者論関連文献＞

見田宗介『現代の生きがい——変わる日本人の人生観』日経新書，1970 年

間場寿一「青年の政治意識」『社会学評論』22 巻 2 号，15-30 頁，1971 年

井上俊「青年の文化と生活意識」『社会学評論』22 巻 2 号，31-47 頁，1971 年

『週刊エコノミスト　若者の心理と行動——挑戦される価値観』（1971 年 1 月 5, 12 日号）

『月刊エコノミスト　特集・若者はなぜ感覚人間か』（1971 年 8 月号）

E.H. エリクソン編（栗原彬監訳）『青年の挑戦』北望社，1971 年

北川隆吉「青年の問題」『社会学評論』22 巻 2 号，6-14 頁，1971 年

塩原勉「青年問題への視角」『社会学評論』22 巻 2 号，2-5 頁，1971 年

早坂泰次郎『現代の若者たち——戦無派世代の意識を探る』日経新書，1971 年

見田宗介『現代日本の心情と論理』筑摩書房，1971 年

日本経済新聞社編『高学歴社会の若者たち——何を考え，何を求めているのか』日本経
　　済新聞社，1972 年

松原治郎『日本青年の意識構造——「不安」と「不満」のメカニズム』弘文堂，1974 年

平野秀秋・中野収『コピー体験の文化——孤独な群衆の後裔』時事通信社，1975 年

『思想の科学』No.82（主題：現代青年論 = 1955 年生まれを中心に），思想の科学社，
　　1977 年

小此木啓吾『モラトリアム人間の時代』中央公論社，1978 年

PHP 研究所出版局室編『20 歳の若者はいま何を考えているか——20 歳の意識調査』
　　PHP 研究所，1978 年

池田信一『漂流する世代——若者たちはいま』教育研究社，1980 年

栗原彬『やさしさのゆくえ = 現代青年論』筑摩書房，1981 年

『青年心理 25　特集「若者文化」を問う』金子書房，1981 年

J.R. ギリス（北本正章訳）『＜若者＞の社会史——ヨーロッパにおける家族と年齢集団の

変貌』新曜社，1981 年＝1985 年

稲村博『思春期挫折症候群——現代の国民病』新曜社，1983 年

関峋一・返田健編『大学生の心理——自立とモラトリアムの間にゆれる』有斐閣，1983 年

山田和夫『成熟拒否——おとなになれない青年たち』新曜社，1983 年

『現代のエスプリ No.213　大学生——ダメ論をこえて』至文堂，1985 年

月刊『アクロス』編集室編『新人類がゆく。——感性差別化社会へ向けて　ニュータイ
　　プ若者論』PARCO 出版，1985 年

桜井哲夫『ことばを失った若者たち』講談社現代新書，1985 年

千石保『現代若者論——ポスト・モラトリアムへの模索』弘文堂，1985 年

中野収『まるで異星人——現代若者考』有斐閣，1985 年

NHK 世論調査部編『日本の若者——その意識と行動』日本放送出版協会，1986 年

新人類研究会編『新人類読本——時代の旗手か落ちこぼれか』日本能率協会，1986 年

扇谷正造編『新人類がやってきた！——管理職のための若者大研究』PHP 研究所，1987
　　年

中野収『現代史のなかの若者』三省堂，1987 年

野田正彰『コンピュータ新人類の研究』文藝春秋，1987 年

藤竹暁『若者はなぜ行列がすきか——当世流行観察学』有斐閣，1987 年

片桐新自「『新人類』たちの価値観——現代学生の社会意識」(『桃山学院大学社会学論集』
　　第 21 巻第 2 号，121-150 頁，1988 年)

稲村博『若者・アパシーの時代——急増する無気力とその背景』日本放送出版協会，
　　1989 年

太田出版編『M の世代——ぼくらとミヤザキ君』太田出版，1989 年

高橋勇悦・川崎賢一編『メディア革命と青年——新しい情報文化の誕生』恒星社厚生閣，
　　1989 年

Seventeen 編集部編『女のコ白書——日本全国女子中高生 5000 人大アンケート(最新版)』
　　集英社，1990 年

高橋勇悦・藤村正之編『青年文化の聖・俗・遊——生きられる意味空間の変容』恒星社
　　厚生閣，1990 年

電通ヤング＆ルビカム・アバス（株）マーケティング局編『セツナ・さ・世代！——90
　　年代マーケティングへの透視図』ダイヤモンド社，1990 年

千石保『「まじめ」の崩壊——平成日本の若者たち』サイマル出版会，1991 年

中野収『若者文化人類学——異人としての若者論』東京書籍，1991 年

藤竹暁『イメージを生きる若者たち——メディアが映す心象風景』有斐閣，1991 年

G. ジョーンズ・C. ウォーレス（宮本みち子監訳・徳本登訳）『若者はなぜ大人になれな
　　いのか——家族・国家・シティズンシップ』新評論，1992 年＝1996 年

千石保・L. デビッツ『日本の若者・アメリカの若者——高校生の意識と行動』NHK ブ
　　ックス，1992 年

町沢静夫『成熟できない若者たち』講談社，1992 年

岩見和彦『青春の変貌——青年社会学のまなざし』関西大学出版部，1993 年

片桐新自「若者のコミュニケーションと価値観」（『関西大学社会学部紀要』第 25 巻第 2
　　号，95-131 頁，1993 年）

小谷敏編『若者論を読む』世界思想社，1993 年

千石保『マサツ回避の世代——若者のホンネと主張』PHP 研究所，1994 年

岩間夏樹『戦後若者文化の光芒——団塊・新人類・団塊ジュニアの軌跡』日本経済新聞
　　社，1995 年

高橋勇悦監修／川崎賢一・芳賀学・小川博司編『都市青年の意識と行動——若者たちの
　　東京・神戸 90's〔分析篇〕』恒星社厚生閣，1995 年

片桐新自「「新人類」は今——「大人」になりきれない「若者」たち」（『関西大学社会
　　学部紀要』第 28 巻第 1 号，111-142 頁，1996 年）

千石保『「モラル」の復権——情報消費社会の若者たち』サイマル出版会，1997 年

間庭充幸『若者犯罪の社会文化史——犯罪が映し出す時代の病像』有斐閣，1997 年

宮台真司『世紀末の作法——終ワリナキ日常ヲ生キル知恵』リクルート　ダ・ヴィンチ
　　編集部，1997 年

片桐新自「現代学生気質——アンケート調査から見るこの十年」（『関西大学社会学部紀
　　要』第 30 巻第 1 号，1-46 頁，1998 年）

小谷敏『若者たちの変貌——世代をめぐる社会学的物語』世界思想社，1998 年

富田英典・藤村正之編『みんなぼっちの世界——若者たちの東京・神戸 90's〔展開篇〕』
　　恒星社厚生閣，1999 年

山田昌弘『パラサイト・シングルの時代』ちくま新書，1999 年

P. サックス（後藤将之訳）『恐るべきお子さま大学生たち——崩壊するアメリカの大学』
　　草思社，1996 年＝2000 年

千石保『「普通の子」が壊れてゆく』日本放送出版協会，2000 年

山田真茂留「若者文化の析出と融解」宮島喬編『講座社会学7　文化』東京大学出版会，
　　2000 年

千石保『新エゴイズムの若者たち——自己決定主義という価値観』，PHP 新書，2001 年

香山リカ『ぷちナショナリズム症候群——若者たちのニッポン主義』中公新書ラクレ，
　　2002 年

香山リカ『若者の法則』岩波書店，2002 年

武田徹『若者はなぜ「繋がり」たがるのか——ケータイ世代の行方』PHP 研究所，2002 年

宮本みち子『若者が《社会的弱者》に転落する』洋泉社新書，2002 年

溝上慎一編『大学生論——戦後大学生論の系譜をふまえて』ナカニシヤ出版，2002 年

片桐新自「停滞社会の中の若者たち——収斂する意識と「まじめ」の復権」(『関西大学
　　社会学部紀要』第 35 巻第 1 号，57-97 頁，2003 年)

小杉礼子『フリーターという生き方』勁草書房，2003 年

竹内洋『教養主義の没落——変わりゆくエリート学生文化』中公新書，2003 年

岩木秀夫『ゆとり教育から個性浪費社会へ』ちくま新書，2004 年

金原瑞人『大人になれないまま成熟するために——前略。「ぼく」としか言えないオジ
　　さんたちへ』洋泉社，2004 年

河北新報社学芸部編『大人になった新人類——三十代の自画像』勁草書房，2004 年

玄田有史・曲沼美恵『ニート——フリーターでもなく失業者でもなく：not in education,
　　employment, or training』幻冬舎，2004 年

溝上慎一『現代大学生論——ユニバーシティ・ブルーの風に揺れる』NHK ブックス，
　　2004 年

山田昌弘『希望格差社会——「負け組」の絶望感が日本を引き裂く』筑摩書房，2004 年

河地和子『自信力が学生を変える——大学生意識調査からの提言』平凡社新書，2005 年

小杉礼子編『フリーターとニート』勁草書房，2005 年

千石保『日本の女子中高生』NHK ブックス，2005 年

日本経済新聞社編『ジェネレーション Y——日本を変える新たな世代』日本経済新聞社，
　　2005 年

野村一夫『未熟者の天下——大人はどこに消えた？』青春新書 INTELLIGENCE，2005 年

本田由紀『若者と仕事——「学校経由の就職」を超えて』東京大学出版会，2005 年

三浦展『下流社会——新たな階層集団の出現』光文社新書，2005 年

浅野智彦編『検証・若者の変貌——失われた 10 年の後に』勁草書房，2006 年

乾彰夫編『不安定を生きる若者たち――日英比較フリーター・ニート・失業』大月書店，
　　2006 年

岩田考ほか編『若者たちのコミュニケーション・サバイバル――親密さのゆくえ』恒星
　　社厚生閣，2006 年

城繁幸『若者はなぜ 3 年で辞めるのか？――年功序列が奪う日本の未来』光文社新書，
　　2006 年

太郎丸博編『フリーターとニートの社会学』世界思想社，2006 年

速水敏彦『他人を見下す若者たち』講談社現代新書，2006 年

堀井憲一郎『若者殺しの時代』講談社現代新書，2006 年

荻上チキ『ウェブ炎上――ネット群衆の暴走と可能性』ちくま新書，2007 年

難波功士『族の系譜学――ユース・サブカルチャーズの戦後史』青弓社，2007 年

堀有喜衣編『フリーターに滞留する若者たち』勁草書房，2007 年

岡田斗司夫『オタクはすでに死んでいる』新潮新書，2008 年

後藤和智『「若者論」を疑え！』宝島社新書，2008 年

鈴木謙介『サブカル・ニッポンの新自由主義――既得権批判が若者を追い込む』ちくま
　　新書，2008 年

上井隆義『友だち地獄――「空気を読む」世代のサバイバル』ちくま新書，2008 年

文春新書編集部『論争若者論』文春新書，2008 年

前川孝雄『頭痛のタネは新入社員』新潮新書，2008 年

山田昌弘・白河桃子『「婚活」時代』ディスカヴァー 21，2008 年

浅野智彦編『リーディングス　日本の教育と社会 18　若者とアイデンティティ』日本図
　　書センター，2009 年

内田樹『下流志向――学ばない子どもたち　働かない若者たち』講談社文庫，2009 年

片桐新自『不安定社会の中の若者たち――大学生調査から見るこの 20 年』世界思想社，
　　2009 年

久保田裕之『他人と暮らす若者たち』集英社新書，2009 年

鈴木英生『新左翼とロスジェネ』集英社新書，2009 年

難波功士『ヤンキー進化論――不良文化はなぜ強い』光文社新書，2009 年

松田久一『「嫌消費」世代の研究――経済を揺るがす「欲しがらない」若者たち』東洋
　　経済新報社，2009 年

傳田健三『若者の「うつ」――「新型うつ病」とは何か』ちくまプリマー新書，2009 年

三浦展・原田曜平『情報病——なぜ若者は欲望を喪失したのか?』角川書店，2009 年

山田昌弘『なぜ若者は保守化するのか——反転する現実と願望』東洋経済新報社，
　　2009 年

牛窪恵『おゆとりさま消費——つながり・ツッコミ・インパクト』アスキー新書，2010 年

片田珠美『一億総ガキ社会——「成熟拒否」という病』光文社新書，2010 年

小谷敏・土井隆義・芳賀学・浅野智彦編『若者の現在　労働』日本図書センター，2010 年

豊泉周治『若者のための社会学——希望の足場をかける』はるか書房，2010 年

原田曜平『近頃の若者はなぜダメなのか——携帯世代と「新村社会」』光文社新書，
　　2010 年

古市憲寿『希望難民ご一行様——ピースボートと「承認の共同体」幻想』，光文社新書，
　　2010 年

和田秀樹『なぜ若者はトイレで「ひとりランチ」をするのか』祥伝社，2010 年

山田昌弘『「婚活」現象の社会学——日本の配偶者選択のいま』東洋経済新報社，
　　2010 年

新井克也「若者」早川洋行編『よくわかる社会学史』130-141 頁，ミネルヴァ書房，
　　2011 年

海老原嗣生『就職，絶望期——「若者はかわいそう」論の失敗』扶桑社新書，2011 年

北村邦夫『セックス嫌いな若者たち』メディアファクトリー新書，2011 年

小谷敏・土井隆義・芳賀学・浅野智彦編『若者の現在　政治』日本図書センター，2011 年

古市憲寿『絶望の国の幸福な若者たち』講談社，2011 年

橋元良明『メディアと日本人——変わりゆく日常』岩波新書，2011 年

香山リカ『若者のホンネ——平成生まれは何を考えているのか』朝日新書，2012 年

小谷敏・土井隆義・芳賀学・浅野智彦編『若者の現在　文化』日本図書センター，2012 年

城繁幸『若者を殺すのは誰か?』扶桑社新書，2012 年

古市憲寿『僕たちの前途』講談社，2012 年

浅野智彦『「若者」とは誰か——アイデンティティの 30 年』河出書房新社，2013 年

阿部真大『地方にこもる若者たち——都会と田舎の間に出現した新しい社会』朝日新書，
　　2013 年

牛窪恵『大人が知らない「さとり世代」の消費とホンネ』PHP 研究所，2013 年

榎本博明・立花薫『「ゆるく生きたい」若者たち——彼らはなぜ本気になれないのか?』
　　廣済堂新書，2013 年

齋藤孝『若者の取扱説明書——「ゆとり世代」は，実は伸びる』PHP新書，2013年

原田曜平『さとり世代——盗んだバイクで走り出さない若者たち』角川 one テーマ 21，2013年

和田秀樹『スクールカーストの闇——なぜ若者は便所飯をするのか』祥伝社黄金文庫，2013年

片桐新自『不透明社会の中の若者たち——大学生調査 25 年から見る現在・過去・未来』関西大学出版部，2014年

牛窪恵『恋愛しない若者たち コンビニ化する性とコスパ化する結婚』ディスカヴァー 21，2015年

片瀬一男『若者の戦後史——軍国少年からロスジェネまで』ミネルヴァ書房，2015年

鈴木賢志『日本の若者はなぜ希望を持てないのか——日本と主要 6 ヵ国の国際比較』草思社，2015年

友枝敏雄編『リスク社会を生きる若者たち——高校生の意識調査から』大阪大学出版会，2015年

藤本耕平『つくし世代——「新しい若者」の価値観を読む』光文社新書，2015年

渡辺真由子『リベンジポルノ——性を拡散される若者たち』弘文堂，2015年

川崎賢一・浅野智彦編『「若者」の溶解』勁草書房，2016年

原田曜平『「少子さとり化」ニッポンの新戦略』潮出版社，2016年

原田曜平『ママっ子男子とバブルママ——新しい親子関係が経済の起爆剤となる』PHP新書，2016年

藤村正之・浅野智彦・羽渕一代編『現代若者の幸福——不安感社会を生きる』恒星社厚生閣，2016年

藤本耕平『「つくす」若者が「つくる」新しい社会——新しい若者の「希望と行動」を読む』ベスト新書，2016年

堀好伸『若者はなぜモノを買わないのか』青春新書インテリジェンス，2016年

石井まこと・宮本みち子・阿部誠編『地方に生きる若者たち——インタビューからみえてくる仕事・結婚・暮らしの未来』旬報社，2017年

乾彰夫・本田由紀・中村高康編『危機のなかの若者たち——教育とキャリアに関する 5 年間の追跡調査』東京大学出版会，2017年

小谷敏編『二十一世紀の若者論——あいまいな不安を生きる』世界思想社，2017年

吉川徹『日本の分断——切り離される非大卒若者（レッグス）たち』光文社新書，2018年

熊代亨『「若者」をやめて，「大人」を始める——「成熟困難時代」をどう生きるか?』イースト・プレス，2018 年

原田曜平『若者わからん！——「ミレニアル世代」はこう動かせ』ワニブックス，2018 年

＜調査関連文献＞

統計数理研究所国民性調査委員会編『第 3 日本人の国民性』至誠堂，1975 年

NHK 放送世論調査所編『日本人の意識』至誠堂，1975 年

NHK 放送世論調査所編『現代日本人の意識構造』日本放送出版協会，1979 年

NHK 放送世論調査所編『第 2 日本人の意識』至誠堂，1980 年

統計数理研究所国民性調査委員会編『第 4 日本人の国民性』出光書店，1982 年

NHK 放送世論調査所編『図説　戦後世論史〔第 2 版〕』日本放送出版協会，1982 年

NHK 世論調査部編『現代日本人の意識構造〔第 2 版〕』日本放送出版協会，1985 年

総務庁青少年対策本部編『現代の青少年』大蔵省印刷局，1986 年

NHK 世論調査部編『現代日本人の意識構造〔第 3 版〕』日本放送出版協会，1991 年

統計数理研究所国民性調査委員会編『第 5 日本人の国民性』出光書店，1992 年

NHK 放送文化研究所編『現代日本人の意識構造〔第 4 版〕』日本放送出版協会，1998 年

統計数理研究所編『研究リポート 83 国民性の研究 第 10 次全国調査』統計数理研究所，1999 年

NHK 放送文化研究所編『現代日本人の意識構造〔第 5 版〕』日本放送出版協会，2000 年

内閣府政策統括官編『日本の青少年の生活と意識　第 2 回調査』財務省印刷局，2001 年

高橋徹『日本人の価値観・世界ランキング』中公新書ラクレ，2003 年

NHK 放送文化研究所編『現代日本人の意識構造〔第 6 版〕』日本放送出版協会，2004 年

統計数理研究所編『研究リポート 92 国民性の研究 第 11 次全国調査』統計数理研究所，2004 年

内閣府編『青少年白書　平成 19 年版』2007 年

リクルートワークス研究所『第 24 回ワークス大卒求人倍率調査（2008 年卒)』リクルート，2007 年

統計数理研究所編『研究リポート 99 国民性の研究 第 12 次全国調査』統計数理研究所，2009 年

NHK 放送文化研究所編『現代日本人の意識構造〔第 7 版〕』日本放送出版協会，2010 年

内閣府編『子ども・若者白書 平成 25 年版』2013 年

日本性教育協会編『「若者の性」白書 第 7 回青少年の性行動全国調査報告』2013 年

NHK 放送文化研究所編『現代日本人の意識構造〔第 8 版〕』日本放送出版協会，2015 年

＜年表関連文献＞

上野昂志監修『昭和かわら版』実務教育出版，1986 年

世相風俗観察会編『現代風俗史年表 1945 → 1985』河出書房新社，1986 年

世相風俗観察会編『現代風俗データベース 1986 → 1987』河出書房新社，1990 年

宝島編集部編『1970 年大百科』JICC 出版局，1990 年

宝島編集部編『1980 年大百科』JICC 出版局，1990 年

宝島編集部編『1960 年大百科』JICC 出版局，1991 年

毎日新聞社編『戦後 50 年』毎日新聞社，1995 年

下川耿史・家庭総合研究会編『昭和・平成家庭史年表〔増補版〕 1926 → 2000』河出書
    房新社，2001 年

伊藤正直・新田太郎監修『ビジュアル NIPPON　昭和の時代』小学館，2005 年

神田文人・小林英夫編『戦後史年表　1945 ～ 2005』小学館，2005 年

朝日新聞社編『自分史を書くための戦後史年表』朝日新聞社，2007 年

付　録

2017 年調査票（単純集計結果付）
現代学生の意識と価値観

＊　厳密には，全 7 回（1995 年に行った社会人調査を含めると全 8 回）の調査票をすべて示すべきだが，繁雑になるので，参考として最新の 2017 年の調査票に単純集計結果を記入したものを示しておく。

Ⅰ．調査の概要

1．調査実施時期　2017 年 10 月下旬〜 11 月中旬

2．有効回収票数　671

3．対象者

＜大学＞		＜学部＞		＜学年＞		＜年齢＞	
桃山学院大学	254(37.9)	社会学部	525(78.2)	1 回生	199(29.7)	18 歳	75(11.2)
関西大学	272(40.5)	経済・経営学部	2(0.3)	2 回生	187(27.9)	19 歳	184(27.4)
大阪大学	100(14.9)	人間科学部	96(14.3)	3 回生	167(24.9)	20 歳	156(23.2)
神戸女学院大学	45(6.7)	文・外国語学部	35(5.2)	4 回生	118(17.8)	21 歳	172(25.6)
		理・工学部	13(1.9)			22 歳	72(10.7)
						23 歳	11(1.6)
						24 歳	1(0.1)

＜性別＞　男性　332(49.5)　女性　339(50.5)

Ⅱ．質問事項

Q 1　現在あなたはどこから通学していますか。

1．自宅　　493(73.5)　　2．下宿　　175(26.1)　　3．その他　　3(0.4)

Q 2　あなたは大学の授業によく出席しますか。

1．よく出席する　　　　471(70.2)　　2．まあまあ出席する　　170(25.3)
3．あまり出席しない　　 24(3.6)　　4．ほとんど出席しない　　 5(0.7)
　DK.NA.　　　　　　　　 1(0.1)

Q3　大学への入学目的は何ですか。あてはまるものすべてに○をして下さい。

1. 学びたいことがあったから。　　　　　　　　　　　241(35.9)
2. 就職を有利にするため。　　　　　　　　　　　　　406(60.5)
3. 友人を作るため。　　　　　　　　　　　　　　　　132(19.7)
4. 遊びたかったから。　　　　　　　　　　　　　　　151(22.5)
5. 大卒の肩書きが欲しかったから。　　　　　　　　　348(51.9)
6. 教員免許等の資格が欲しかったから。　　　　　　　 37(5.5)
7. 社会に出る前にもう少し時間が欲しかったから。　　284(42.3)
8. 大学に行くのは当然だと思っていたから。　　　　　367(54.7)
9. その他　　　　　　　　　　　　　　　　　　　　 22(3.3)

Q4　まず，友人関係についてお伺いします。あなたには，現在親友と呼べる友達が何人ぐらいいますか。

0人	23(3.4)	1人	36(5.4)	2人	92(13.7)	3人	111(16.5)
4人	60(8.9)	5人	137(20.4)	6人	35(5.2)	7人	20(3.0)
8人	23(3.4)	9人	0(0.0)	10人	71(10.6)	11〜19人	27(4.0)
20人以上	20(3.1)	DK.NA.	13(2.0)				

最高値　50人　　　　　平均値　5.55人

Q5　あなたは，どのような性質の友人を好みますか。以下にあげるものから，大事だと思うものをすべて○をして下さい。

1. かわいい	116(17.3)	2. 礼儀正しい	328(48.9)
3. 頼りになる	346(51.6)	4. 知的な	116(17.3)
5. 正直な	283(42.2)	6. 明るい	377(56.2)
7. まじめな	175(26.1)	8. 男(女)らしい	40(6.0)
9. 寛大な	209(31.1)	10. 元気な	248(37.0)
11. 思いやりのある	442(65.9)	12. 責任感のある	165(24.6)
13. ユーモアがある	329(49.0)	14. 親切な	320(47.7)
15. 聞き上手な	171(25.5)	16. ノリのよい	356(53.1)

Q 6　友人たちと何かをする時に，あなたは中心になって動く方ですか。

    1．どちらかといえば，中心になって動く方だ。　　　　　　　　　　330(49.2)
    2．中心になって動くことはあまりない。　　　　　　　　　　　　338(50.4)
    DK.NA.　　　　　　　　　　　　　　　　　　　　　　　　　　3(0.4)

Q 7　あなたは，以下にあげるようなことがどの程度ありますか。

	よくある	たまにある	ほとんどない	DK.NA.
a．一人でいるのが寂しいと思うことがある。	111(16.5)	350(52.2)	208(31.0)	2(0.3)
b．友人を探して，一緒に昼食を食べに行く。	225(33.5)	224(33.4)	220(32.8)	2(0.3)
c．授業の時，友人と並んで座る。	397(59.2)	178(26.5)	93(13.9)	3(0.4)
d．友人と一緒にトイレに行く。	83(12.4)	216(32.2)	369(55.0)	3(0.4)
e．特別な目的もなく友人とぶらぶらする。	156(23.2)	291(43.4)	217(32.3)	7(1.0)
f．こんなことを言ったら，友人が傷つくのではないかと思うことがある。	256(38.2)	323(48.1)	90(13.4)	2(0.3)

Q 8　面識のない人と携帯やパソコンを通して友だちになることはできますか。

    1．できる　　310(46.2)　　　2．できない　355(52.9)　　　DK.NA.　　　6(0.9)

Q 9　あなたは，携帯やパソコンに関して以下にあげるようなことをよくしますか。

	よくする	たまにする	ほとんどしない	DK.NA.
a．たいした用もないのに，LINE 等で友人と何度もやりとりをする。	233(34.7)	222(33.1)	215(32.0)	1(0.1)
b．SNS 等で友人の近況を読む。	385(57.4)	183(27.3)	102(15.2)	1(0.1)
c．SNS 等で「いいね！」をつける。	327(48.7)	197(29.4)	46(21.8)	1(0.1)
d．SNS 等にコメントを書く。	140(20.9)	268(39.9)	262(39.0)	1(0.1)
e．SNS 等に食べ物や旅の写真を掲載する。	194(28.9)	229(34.1)	247(36.8)	1(0.1)
f．ネットに匿名で書き込みをする。	52(7.7)	72(10.7)	542(80.8)	5(0.7)
g．携帯(スマホ)でニュースを見る。	373(55.6)	236(35.2)	61(9.1)	1(0.1)
h．パソコンでニュースをチェックする。	108(16.1)	180(26.8)	381(56.8)	2(0.3)

Q 10 次に、男女観や結婚観についてお答え下さい。まず、もう一度生まれ変わるとしたら、男と女のどちらに生まれてきたいですか。

1. 男　　　402(59.9)　　　2. 女　　　264(39.3)　　　DK.NA.　　　5(0.7)

Q 11 デートの際にかかった費用は、男女間でどのように負担すべきだと思いますか。男女合わせて 10 割になるように分けてお答え下さい。【男性の負担割合】

5 割　263(39.2)　　6 割　184(27.4)　　7 割 131(19.5)　　8 割 49(7.3)
9 割　10(1.5)　10 割　33(4.9)　　　　　　DK.NA. 1(0.1)　平均 6.19 割

Q 12 あなたは、「男らしいね」と言われたら、嬉しいですか。[男性の方へ]
あなたは、「女らしいね」と言われたら、嬉しいですか。[女性の方へ]

1. はい　363(54.1)　　　2. いいえ　43(6.4)　　　3. 一概には言えない　265(39.5)

Q 13 「男らしさ」や「女らしさ」は必要だと思いますか。

1. 絶対必要である。　　　　　　　　　　　　　　　　　　　　　63(9.4)
2. どちらかといえば必要である。　　　　　　　　　　　　　　444(66.2)
3. どちらかといえば必要ではない。　　　　　　　　　　　　　122(18.2)
4. まったく必要ではない。　　　　　　　　　　　　　　　　　40(6.0)
　　DK.NA.　　　　　　　　　　　　　　　　　　　　　　　　2(0.3)

Q 14 一般に結婚した男女は、名字をどのようにしたらよいとお考えですか。あなたのお考えにもっとも近いものを選んで下さい。

1. 当然、妻が名字を改めて、夫の方の名字を名のるべきだ。　　　　　83(12.4)
2. 現状では、妻が名字を改めて、夫の方の名字を名のった方がよい。　228(34.0)
3. 夫婦は同じ名字を名のるべきだが、どちらが名字を改めてもよい。　263(39.2)
4. わざわざ一方に合わせる必要はなく、夫と妻は別々の名字のままでよい。　96(14.3)
　　DK.NA.　　　　　　　　　　　　　　　　　　　　　　　　1(0.1)

Q 15 結婚した女性が職業を持ち続けることについて，どうお考えですか。あなたのお考え
にもっとも近いものを選んで下さい。

1. 結婚したら，家庭を守ることに専念した方がよい。　　　　　　　　49(7.3)
2. 結婚しても子どもができるまでは，職業を持っていた方がよい。　267(39.8)
3. 結婚して子どもが生まれても，できるだけ職業を持ち続けた方がよい。　352(52.5)
　　DK.NA.　　　　　　　　　　　　　　　　　　　　　　　　　　3(0.4)

Q 16 家事や育児を夫婦はどのように分担すべきだと思いますか。あなたのお考えにもっと
も近いものを選んで下さい。

1. 本来女性の方が向いているので，妻がやった方がよい。　　　　　24(3.6)
2. どちらかといえば女性の方が向いているとは思うが，
　　夫もできるだけ協力すべきだ。　　　　　　　　　　　　　　　333(49.6)
3. どちらの方が向いているかなどとは言えないので, 公平に分担すべきだ。313(46.6)
　　DK.NA.　　　　　　　　　　　　　　　　　　　　　　　　　　1(0.1)

Q 17 結婚についてどのようにお考えですか。あなたのお考えにもっとも近いものを選んで
下さい。

1. いずれは必ず結婚したい。　　　　　　　　　　　　　　　　　451(67.2)
2. 適当な相手がいなければ，結婚しなくてもよい。　　　　　　　198(29.5)
3. 結婚はしたくない。　　　　　　　　　　　　　　　　　　　　22(3.3)

Q 18 将来，自分の子どもを持ちたいですか。あなたのお考えにもっとも近いものを選んで
下さい。

1. いずれは必ず持ちたい。　　　　　　　　　　　　　　　　　　443(66.0)
2. できなければ，それでもよい。　　　　　　　　　　　　　　　194(28.9)
3. 持ちたくない。　　　　　　　　　　　　　　　　　　　　　　33(4.9)
　　DK.NA.　　　　　　　　　　　　　　　　　　　　　　　　　　1(0.1)

Q 19 あなたは, 自分のおとうさんをどう思いますか。あてはまるところに○をつけて下さい。

	非常に 思う	まあ 思う	あまり 思わない	まったく 思わない	DK.NA.
a. 仕事熱心	350(52.2)	234(34.9)	55(8.2)	16(2.4)	16(2.4)
b. 家族思い(やさしい)	264(39.3)	268(39.9)	92(13.7)	31(4.6)	16(2.4)
c. 頼りがいがある	258(38.5)	261(38.9)	104(15.5)	32(4.8)	16(2.4)
d. 尊敬できる	265(39.5)	247(36.8)	93(13.9)	49(7.3)	17(2.5)
e. 自分を理解してくれている	139(20.7)	271(40.4)	171(25.5)	73(10.9)	17(2.5)
f. こわい	49(7.3)	131(19.5)	263(39.2)	211(31.4)	17(2.5)
g. うるさい	59(8.8)	141(21.0)	230(34.3)	225(33.5)	16(2.4)
h. うっとうしい	51(7.6)	127(18.9)	255(38.0)	222(33.1)	16(2.4)

Q 20 では, おかあさんはどうですか。やはり, あてはまるところに○をつけて下さい。

	非常に 思う	まあ 思う	あまり 思わない	まったく 思わない	DK.NA.
a. 仕事(家事)に熱心	373(55.6)	241(35.9)	43(6.4)	11(1.6)	3(0.4)
b. 家族思い(やさしい)	438(65.3)	201(30.0)	21(3.1)	8(1.2)	3(0.4)
c. 頼りがいがある	326(48.6)	257(38.3)	72(10.7)	12(1.8)	4(0.6)
d. 尊敬できる	340(50.7)	247(36.8)	69(10.3)	12(1.8)	3(0.4)
e. 自分を理解してくれている	286(42.6)	264(39.3)	90(13.4)	26(3.9)	5(0.7)
f. こわい	39(5.8)	131(19.5)	269(40.1)	228(34.0)	4(0.6)
g. うるさい	84(12.5)	210(31.3)	229(34.1)	144(21.5)	4(0.6)
h. うっとうしい	42(6.3)	133(19.8)	293(43.7)	200(29.8)	3(0.4)

Q 21 将来, あなたのおとうさんのような父親になりたいと思いますか。[男性の方へ]
　　　将来, あなたのおかあさんのような母親になりたいと思いますか。[女性の方へ]

1. 思う	232(34.6)	2. やや思う	228(34.0)
3. あまり思わない	158(23.5)	4. まったく思わない	49(7.3)
DK.NA.	4(0.6)		

Q 22 将来, 自分の両親と一緒に住みたいと思いますか。

1. 思う　　117(17.4)　　2. 思わない　553(82.4)　　DK.NA.　　1(0.1)

Q 23　結婚していない若い人たちの男女関係について，どのようにお考えですか。あなたの
　　　お考えにもっとも近いものを選んで下さい。

　　　1.　結婚式がすむまでは，性的交渉(セックス)をすべきではない。　　　26(3.9)
　　　2.　結婚の約束をした間柄なら，性的交渉があってもよい。　　　26(3.9)
　　　3.　深く愛し合っている男女なら，性的交渉があってもよい。　　　198(29.5)
　　　4.　つきあっていれば，性的交渉があってもよい。　　　282(42.0)
　　　5.　性的交渉をもつのに，結婚とか愛とかは関係ない。　　　138(20.6)
　　　　　DK.NA.　　　1(0.1)

Q 24　あなたは現在の生活にどの程度満足していますか。

　　　1.　かなり満足している　　123(18.3)　　2.　どちらかといえば満足している　419(62.4)
　　　3.　どちらかといえば不満だ 110(16.4)　　4.　かなり不満だ　　　18(2.7)
　　　　　DK.NA.　　　1(0.1)

Q 25　ここに二つの人生観があります。しいていえば，あなたのお考えはどちらに近いですか。

　　　1.　人生は闘争。他人との競争に打ち勝っていかなければ何事もできない。　　228(34.0)
　　　2.　他人と争うのはよくない。何事も丸くおさめて自然のなりゆきに従って
　　　　　いくのが賢いやり方だ。　　　442(65.9)
　　　　　DK.NA.　　　1(0.1)

Q 26　人によって生活の目標もいろいろですが，以下のように分けると，あなたの生活目標
　　　にいちばん近いのはどれですか。

　　　1.　その日その日を，自由に楽しく過ごす。　　　258(38.5)
　　　2.　しっかりと計画をたてて，豊かな生活を築く。　　　162(24.1)
　　　3.　身近な人たちと，なごやかな毎日を送る。　　　227(33.8)
　　　4.　みんなと力を合わせて，世の中をよくする。　　　23(3.4)
　　　　　DK.NA.　　　1(0.1)

Q 27 あなたは，どのように生きたら，自分らしく生きられるか，つかめていますか。

1. はっきりつかめている。 34(5.1)
2. だいたいつかめている。 241(35.9)
3. 今はつかめていないが，いずれつかめると思う。 213(31.7)
4. 今もつかめていないし，将来もつかめるかどうか不安だ。 182(27.1)
　 DK.NA. 1(0.1)

Q 28 以下にあげるようなことについて，あなたはどう思いますか。

	そう思う	そうは思わない	DK.NA.
a. 将来のために，若い頃の苦労は買ってでもした方がいい。	501(74.7)	167(24.9)	3(0.4)
b. 早く社会に出て働きたい。	177(26.4)	491(73.2)	3(0.4)
c. おとなになるより，子どものままでいたい。	403(60.1)	266(39.6)	2(0.3)
d. 努力しても，能力というものはそれほど向上するものではない。	189(28.2)	479(71.4)	3(0.4)
e. 早く親から自立したい。	407(60.7)	262(39.0)	2(0.3)
f. もう自分はおとなだと思う。	146(21.8)	523(77.9)	2(0.3)
g. 転職はなるべくすべきではない。	285(42.5)	383(57.1)	3(0.4)
h. ある程度の収入さえ得られるなら，出世するより気楽な地位にいる方がいい。	460(68.6)	208(31.0)	3(0.4)
i. 働かないでも楽に暮していけるだけのお金があれば，遊んで暮したい。	452(67.4)	217(32.3)	2(0.3)
j. 勤務地はできれば地元がよい。	310(46.2)	359(53.5)	2(0.3)

Q 29 あなたは就職したら，仕事と余暇のバランスをどのようにとっていきたいとお考えですか。あなたのお考えにもっとも近いものを選んで下さい。

1. 仕事よりも，余暇に生きがいを求める。 100(14.9)
2. 仕事はさっさとかたづけて，できるだけ余暇を楽しむようにする。 206(30.7)
3. 仕事にも余暇にも同じぐらい力をいれる。 267(39.8)
4. 余暇も時には楽しむが，仕事の方に力を注ぐ。 90(13.4)
5. 仕事に生きがいを求めて，全力を傾ける。 6(0.9)
　 DK.NA. 2(0.3)

Q 30 ある会社に次のような二人の課長がいるとします。もしあなたが使われるとしたら，

どちらの課長がよいですか。

1. 規則をまげてまで，無理な仕事をさせることはありませんが，
   仕事以外のことでは人のめんどうを見ません。　　　　　　　269(40.1)
2. 時には規則をまげて，無理な仕事をさせることもありますが，
   仕事のこと以外でも人のめんどうをよく見ます。　　　　　　400(59.6)
   DK.NA.　　　　　　　　　　　　　　　　　　　　　　　　　　2(0.3)

Q 31　次に，社会関心等についてお伺いします。あなたは新聞の各記事をどの程度読みますか。
　　　下記の 1，2，3 のいずれかを（　）内に書き入れて下さい。
　　　[「1. 必ず読む」を 2 点,「2. 時々読む」を 1 点,「3. ほとんど読まない」を 0 点として
　　　　計算した得点]

a．政治・外交面　　（0.53）　　b．社会記事　　（0.63）　　c．社説　　　　（0.32）
d．家庭婦人欄　　（0.14）　　e．小説　　　　（0.21）　　f．スポーツ記事（0.58）
g．投書　　　　　（0.23）　　h．地方版　　　（0.34）　　i．ラジオ欄　　（0.12）
j．テレビ欄　　　（0.70）　　k．経済面　　　（0.39）　　l．マンガ　　　（0.45）

Q 32　あなたは，食品の安全性が気になる方ですか。

1. 非常に気になる　　　130(19.4)　　　2. やや気になる　　　　355(52.9)
3. あまり気にならない　156(23.2)　　　4. まったく気にならない　28(4.2)
   DK.NA.　　　　　　　　2(0.3)

Q 33　原子力発電所について，あなたのお考えは以下のどれに近いですか。

1. 新設も含めて積極的に利用していく。　　　　　　　　　　　　　　49(7.3)
2. 安全基準を明確にして安全確認のされたものは継続的に利用していく。353(52.6)
3. 最小限度の利用にとどめ，近い将来には利用をやめる。　　　　　　245(36.5)
4. いますぐ一切の利用をやめる。　　　　　　　　　　　　　　　　　21(3.1)
   DK.NA.　　　　　　　　　　　　　　　　　　　　　　　　　　　3(0.4)

Q34 あなたはボランティア活動をしたことがありますか。

　　1. はい　　　347(51.7)→(SQ34−1へ)　　2. いいえ　　　323(48.1)→(SQ34−2へ)
　　DK.NA.　　1(0.1)

SQ34−1　ボランティア活動をして充実感を感じましたか。〔非該当 323(48.1)〕

　　1. 感じた　　283(42.2)(81.6)　　2. 感じなかった　　64(9.5)(18.4)
　　DK.NA.　　1(0.1)

SQ34−2　ボランティアをしてこなかったのはなぜですか。あてはまる理由のすべてに
　　　　　○をしてください。〔非該当 347(51.7)〕

　　1. 興味のあるボランティア活動がなかったから。　　　　　67(10.0)(21.0)
　　2. ボランティア活動の機会がなかったから。　　　　　161(24.0)(50.5)
　　3. ボランティア活動をする時間がなかったから。　　　　71(10.6)(22.3)
　　4. 無償で働く気はないから。　　　　　　　　　　　　　57(8.5)(17.9)
　　5. ボランティア活動は偽善的だと思うから。　　　　　　20(3.0)(6.3)
　　6. なんとなく行きそびれていた。　　　　　　　　　104(15.5)(32.7)
　　7. その他　　　　　　　　　　　　　　　　　　　　　3(0.4)(0.9)

Q35 災害等が生じた場合の救援ボランティア活動をしたいと思いますか。

　　1. ぜひしたい　　　　　127(18.9)　　2. ややしたい　　　　201(30.0)
　　3. 一概には言えない　　260(38.7)　　4. あまりしたくない　　62(9.2)
　　5. まったくしたくない　20(3.0)　　DK.NA.　　　　　　　8(0.1)

Q36 障害者や高齢者の手助けをする福祉ボランティア活動をしたいと思いますか。

　　1. ぜひしたい　　　　　72(10.7)　　2. ややしたい　　　　147(21.9)
　　3. 一概には言えない　　250(37.3)　　4. あまりしたくない　144(21.5)
　　5. まったくしたくない　57(8.5)　　DK.NA.　　　　　　　1(0.1)

Q 37　電車やバスの中で，あなたの座っている前に，高齢者の方が来られたら，あなたは席を譲りますか。

1. 必ず譲る　　　　　　　164(24.4)　　2. だいたい譲る　　　　　　390(58.1)
3. ほとんど譲らない　　　108(16.1)　　4. まったく譲らない　　　　　8(1.2)
　　DK.NA.　　　　　　　　　1(0.1)

Q 38　最近，あなたは地域の行事(たとえば，お祭りや清掃活動など)に参加していますか。

1. よく参加する　　　　　　45(6.7)　　2. たまには参加する　　　　158(23.5)
3. あまり参加しない　　　187(27.9)　　4. まったく参加しない　　　280(41.7)
　　DK.NA.　　　　　　　　　1(0.1)

Q 39　では，将来はどうでしょうか。(20 年後くらいを考えてみてください。)

1. 参加するつもり　　　　190(28.3)　　2. 参加する気はない　　　　143(21.3)
3. 一概には言えない　　　337(50.2)　　　DK.NA.　　　　　　　　　1(0.1)

Q 40　あなたは，次にあげるどの選挙なら投票に行こうと思いますか。行こうと思うものにすべて○をして下さい。

1. 市町村長　　　440(65.6)　　2. 市町村議会 293(43.7)　　3. 都道府県知事 481(71.7)
4. 都道府県議会 288(42.9)　　5. 参議院　　399(59.5)　　6. 衆議院　　　466(69.4)

Q 41　地域の重要な問題を住民投票(住民の直接投票)で決めることについて，あなたはどう思いますか。

1. 非常に良いことだと思う。　　　　　　　　　　　　　　　224(33.4)
2. どちらかといえば，良いことだと思う。　　　　　　　　305(45.5)
3. 一概には言えない。　　　　　　　　　　　　　　　　　128(19.1)
4. どちらかといえば，良くないことだと思う。　　　　　　 10(1.5)
5. 非常に良くないことだと思う。　　　　　　　　　　　　　3(0.4)
　　DK.NA.　　　　　　　　　　　　　　　　　　　　　　1(0.1)

Q 42　首相公選制(国民投票で総理大臣を選ぶ制度)を導入したらどうかという意見がありますが，あなたはこれについてどう思いますか。

| 1.　賛成 | 273(40.7) | 2.　反対 | 92(13.7) |
| 3.　どちらとも言えない | 305(45.5) | DK.NA. | 1(0.1) |

Q 43　あなたは，どの政党を支持していますか。ひとつ選んでください。

1.　自民党	223(33.2)	2.　希望の党	8(1.2)
3.　公明党	18(2.7)	4.　共産党	6(0.9)
5.　日本維新の会	36(5.4)	6.　立憲民主党	38(5.7)
7.　民進党	1(0.1)	8.　社民党	2(0.3)
9.　自由党	1(0.1)	10.　日本のこころ	1(0.1)
11.　その他	2(0.3)	12.　ない	331(49.3)
DK.NA.	4(0.6)		

(Q 43で，「12.　ない」と答えた方に)

　SQ 43-1　しいていえば，どの政党が支持できそうですか。ひとつだけ選んでください。

1.　自民党	128(19.1)	2.　希望の党	6(0.9)
3.　公明党	0(0.0)	4.　共産党	8(1.2)
5.　日本維新の会	23(3.4)	6.　立憲民主党	23(3.4)
7.　民進党	3(0.4)	8.　社民党	1(0.1)
9.　自由党	1(0.1)	10.　日本のこころ	1(0.1)
11.　その他	0(0.0)	12.　ない	136(20.3)
DK.NA.	5(0.7)	〔非該当　336(50.1)〕	

(以下の質問は全員お答えください。)

Q44　では逆に嫌いな政党はありますか。あればいくつでも○をつけて下さい。

1. 自民党	61(9.1)		2. 希望の党	130(19.4)
3. 公明党	96(14.3)		4. 共産党	131(19.5)
5. 日本維新の会	44(6.6)		6. 立憲民主党	57(8.5)
7. 民進党	89(13.3)		8. 社民党	53(7.9)
9. 自由党	31(4.6)		10. 日本のこころ	51(7.6)
11. その他	3(0.4)		12. ない	355(52.9)
DK.NA.	2(0.3)			

Q45　今の世の中は権力をもった少数の人によって動かされているという意見がありますが，あなたはどう思いますか。

1. そう思う	318(47.4)		2. そう思わない	112(14.6)
3. 一概には言えない	240(35.8)		DK.NA.	1(0.1)

Q46　次にあげる社会のうちで，あなたの理想とする社会に近いのはどれですか。

1. 自由に競争ができて，能力のある人はどんどん金持ちになれるが，
   暮らしに困る人もでる社会　　　　　　　　　　　　　　　　　　144(21.5)
2. 国が経済を統制するので，大金持ちにはなれないが最低限の生活は
   確実に保証されている社会　　　　　　　　　　　　　　　　　228(34.0)
3. 能力のある人は金持になれるが，国がその人たちから高い税金を
   とって暮らしに困る人の面倒をみる社会　　　　　　　　　　　294(43.8)
   DK.NA.　　　　　　　　　　　　　　　　　　　　　　　　　5(0.7)

Q47　以下にあげるようなことについて，あなたはどう思いますか。

	そう思う	そうは思わない	DK.NA.
a. 日本はもっと経済的に発展すべきだ。	493(73.5)	174(25.9)	4(0.6)
b. 近い将来，核兵器を使った戦争が起こる。	385(57.4)	282(42.0)	4(0.6)
c. 現在の世界情勢から考えて，近い将来日本が戦争に巻き込まれる危険がある。	570(84.9)	99(14.8)	2(0.3)
d. いずれ日本も核武装したほうがいい。	158(23.5)	509(75.9)	4(0.6)

Q 48 戦争は絶対にいけないと思いますか。あなたのお考えにもっとも近いものを以下の中からひとつだけ選んで下さい。

1. いかなる場合でも戦争はいけない。 347(51.7)
2. 自国を他国からの侵略から守るためにはやむをえない。 294(43.8)
3. 他国の戦争であっても，助力の要請があれば介入してもよい。 16(2.4)
4. 必要があれば，積極的に戦争という手段を利用してもよい。 11(1.6)
   DK.NA. 3(0.4)

Q 49 国連からの要請があった場合に日本の自衛隊を海外に派遣することについて，あなたは賛成ですか，それとも反対ですか。

1. 賛成　193(28.8)　　2. 反対　　198(29.5)　　　3. どちらとも言えない　279(41.6)
   DK.NA. 1(0.1)

Q 50 日本の自衛隊をどうすべきだと思いますか。

1. 増強すべき 170(25.3) 2. 現状維持 464(69.2)
3. 縮小すべき 26(3.9) 4. なくすべき 10(1.5)
   DK.NA. 1(0.1)

Q 51 あなたは「日の丸」に対して愛着を持っていますか。

1. 非常に愛着を持っている 69(10.3) 2. やや愛着を持っている 297(44.3)
3. ほとんど愛着を持っていない 192(28.6) 4. まったく愛着を持っていない 111(16.5)
   DK.NA. 2(0.3)

Q 52 「君が代」を国歌と思っていますか。

1. 思っている 625(93.1) 2. 思っていない 46(6.9)

Q 53 現在様々な反核・平和運動がありますが，あなたはこうした運動に参加したいと思ったことがありますか。

1. ある 50(7.5) 2. ない 617(92.0) DK.NA. 4(0.6)

Q 54 では徴兵制(国民全員あるいは男性全員が一定期間兵役を務める制度)が実施されそうになった場合，あなたはその反対運動に参加しますか。

1. 参加する　　326(48.6)　　　2. 参加しない　　343(51.1)　　　DK.NA.　　2(0.3)

Q 55 現在の日本の天皇制度では女性は天皇になれない規定になっていますが，あなたはこれについてどう思いますか。以下にあげるものの中でもっともあなたのお考えに近いものを選んで下さい。

1. 現状の規定のままでよい　　　　　　　　　　　　　　　　　　　　　169(25.2)
2. 男性継承者を優先しつつ女性にも継承権を与えるように規定を変えるべき　215(32.0)
3. 女性にも男性とまったく同等の継承権を与えるように規定を変えるべき　252(37.6)
4. そもそも天皇制自体を廃止すべき　　　　　　　　　　　　　　　　　34(5.1)
　　DK.NA.　　　　　　　　　　　　　　　　　　　　　　　　　　　1(0.1)

Q 56 最後に，あなたにとって，いちばん大切と思うものをひとつだけあげて下さい。

〔アフターコード〕

1. 自分自身，生命，健康	124(18.5)	2. 家族，友人，恋人，人間関係	218(32.5)
3. 愛情，優しさ，精神，心	69(10.3)	4. 信念，能力，努力，信仰	24(3.6)
5. 生きがい，夢，目標	17(2.5)	6. 平和，真実，よい社会，正義	71(10.6)
7. 自然，環境，地球	0(0.0)	8. 時間，自由，ゆとり	51(7.6)
9. 金，財産，地位，名誉	38(5.7)	10. その他	8(1.2)
DK.NA.	51(7.6)		

1945-2017 年の出来事と流行

1945 年

【出来事】2.4 ヤルタ会談　／2.19 米軍硫黄島に上陸　／3.9~10 東京大空襲　／4.1 米軍沖縄本島に上陸　／5.7 ドイツ無条件降伏　／7.26 ポツダム宣言発表　／8.6 広島に原爆投下　／8.8 ソ連対日参戦　／8.9 長崎に原爆投下　／8.15 戦争終結の詔書を放送　／8.15 鈴木内閣総辞職　／8.17 東久邇宮内閣成立　／8.18 内務省，特殊慰安施設設置を指示　／8.30 マッカーサー厚木到着　／9.2 ミズーリ号で降伏文書に調印　／9.8 米軍東京に進駐　／9.11 東条英機自殺未遂　／9.19 ラジオで実用英語会話始まる　／9.27 天皇，マッカーサーを訪問　／9 月 ソ連，日本軍兵士をシベリアに移送開始　／10.3 文部省，柔剣道・教練全面禁止　／10.4 GHQ 日本政府に人権指令（天皇に関する自由討議，政治犯釈放，思想警察全廃，治安維持法の撤廃など）　／10.9 幣原内閣成立　／10.10 政治犯放令で徳田球一らが出獄，共産党合法化　／10.11 マッカーサー，幣原内閣に民主化に関する 5 大改革（婦人解放，労働組合の結成奨励，学校教育民主化，秘密審問司法制度の撤廃，経済機構の民主化）を要求　／10.15 治安維持法廃止　／10.22 GHQ 軍国主義的・超国家主義的教育の禁止を通達　／10.23 第 1 次読売争議　／10.24 国際連合成立　／10.30 GHQ 軍国主義教育者追放指令　／11.2 日本社会党結成　／11.6 財閥解体を指令　／11.9 日本自由党結成　／11.16 戦後初の大相撲　／11.19 松岡洋右ら戦犯逮捕　／11.20 ニュルンベルク国際軍事裁判開廷　／12.1 日本共産党再建大会　／12.6 木戸幸一ら逮捕　／12.8 戦争犯罪人追及人民大会　／12.9 GHQ 農地改革に関する覚書を発表（第 1 次農地改革）　／12.12 GHQ 芝居の仇討もの，心中ものの上演禁止　／12.15 GHQ 神道教育禁止，神道と国家との分離を命令　／12.16 近衛文麿自殺　／12.17 衆議院議員選挙法改正公布（女性参政権，20 歳以上）　／12.17 B,C 級戦犯裁判始まる　／12.22 労働組合法公布　／12.31 ラジオで紅白音楽試合放送

【流行語・ブーム】一億総懺悔　／復員　／進駐軍　／浮浪児　／ギブミー・チョコレート　／戦犯／DDT　／パンパン　／「りんごの唄」

1946 年

【出来事】1.1 天皇の人間宣言 ／1.1 戸田城聖，創価学会再建 ／1.4 第 1 次公職追放 ／2.7 出口王仁三郎，大本教を愛善苑として復活 ／2.19 天皇，神奈川県を巡幸，以後各地へ ／2.22 政府，GHQ の憲法草案を受入れる ／3.5 チャーチル，鉄のカーテン演説 ／3.11 天理本道再建 ／3.15 国労結成 ／4.10 第 22 回総選挙（婦人参政初選挙）実施（自由 141，進歩 94，社会 93） ／4.27 戦後初のプロ野球公式戦開幕 ／5.3 極東軍事裁判開始 ／5.4 鳩山一郎公職追放 ／5.19 食糧メーデー ／5.22 第 1 次吉田内閣成立 ／5.31 早稲田大学，学生自治会の自治権を承認 ／6.2 イタリア国民投票で王制廃止，共和国へ ／6 月 東宝第 1 期ニューフェイス募集，三船敏郎らが合格 ／6 月 ラビット（スクーター）発売 ／7.2 人工甘味料ズルチン発売 ／7.12 第 2 次読売争議 ／7 月 中国で内線本格化する ／8.1 日本労働組合総同盟結成 ／8.3 GHQ が教職員追放令 ／8.9 第 1 回国体開催 ／8.16 経団連創設 ／8 月 小平事件 ／8 月 メチルアルコールが飲用に使われ，死者・失明者が多数出ていることが明らかとなる ／9.2 赤線地帯の成立 ／9.29 PL 教団開教 ／10.1 ニュルンベルク裁判最終判決，12 人に絞首刑 ／10.9 男女共学実施を指示 ／10.15 ヴァイニング夫人（皇太子の家庭教師）来日 ／10.21 農地調整法改正公布（第 2 次農地改革） ／11.3 日本国憲法公布 ／11.8 第 2 次公職追放 ／11.25 新聞及出版用紙割当委員会発足 ／11 月 東大学生自治会発足 ／12.8 シベリア引揚第 1 船，舞鶴へ ／12.19 フランス軍，ベトナム軍を攻撃 ／12.21 南海地震

【流行語・ブーム】あっそう ／カストリ文化 ／バクダン ／赤線・青線 ／カム・カム・エブリバディ ／こんな女に誰がした ／ナンジ人民飢えて死ね ／出版ブーム ／ベストセラー ／ニューフェイス

1947 年

【出来事】1.15 初のストリップ「額縁ショー」 ／1.31 マッカーサー，2.1 ゼネスト中止を命令 ／3.31 教育基本法・学校教育法公布（6・3・3・4 制，男女共学） ／3.31 貴族院停会 ／4.1 新学制による小中学校スタート ／4.1 町内会・隣組・部落会廃止 ／4.2 国連安保理，日本の米国単独信託統治協定案を可決 ／4.7 労働基準法公布 ／4.10 大リーグで初の黒人大リーガーが誕生 ／4.20 第 1 回参議院選挙 ／4.25 第 23 回総選挙で社会党が第 1 党となる（社会 143，自由 131，民主 124） ／5.3 日本国憲法施行 ／6.1 社会党首班の片山内閣成立 ／6.8 日教組結成 ／7.1 公正取引委員会発足 ／7.5 外食券食堂，旅館，喫茶店を除く全国の料飲店営業停止 ／7.25 全国農民組合（全農）結成 ／8.9 古橋広之進 400 m 自由形で世界新記録 ／9.1 パンの切符配給制実施 ／10.1 帝国大学の名称廃止 ／10.5 コミンフォルム設置 ／10.10 キーナン検事，天皇には戦争責任なしと言明 ／10.11 山口判事ヤミ拒否で餓死 ／10.14 11 宮家 51 人皇族籍を離れる ／10.26 刑法改正（不敬罪・姦通罪廃止） ／10 月 トヨペット SA 型乗用車の生産開始 ／12.22 民法改正（家制度廃止） ／12.31 内務省廃止

【流行語・ブーム】カストリ雑誌　／不逞の輩　／隠匿物資　／栄養失調　／タケノコ生活　／ベビーブーム　／ストリップショー　／ブギウギ　／アプレゲール

1948 年

【出来事】1.2 皇居の一般参賀 23 年ぶりに再開　／1.6 米陸軍長官, 日本を反共の防壁にすると発言（非軍事化・民主化政策の修正）　／1.26 帝銀事件　／1.30 ガンジー暗殺　／2.1 エリザベス・サンダース・ホーム開設　／2.10 片山内閣総辞職　／3.10 芦田内閣成立　／3.15 民主自由党結成（吉田総裁）　／4.1 新制高校発足　／4.4 GHQ 祝祭日の国旗掲揚を許可　／4.28 サマータイム実施［1952.4.11 廃止］　／5.2 戦後初の全日本柔道選手権大会開催　／5.14 イスラエル建国宣言　／6.13 太宰治入水自殺　／6.23 昭和電工の日野原社長逮捕（昭電疑獄）　／6.28 福井大地震　／6.28 全国 PTA 協議会結成　／7.10 建設省設置　／7.29 ロンドン・オリンピック開幕（日本の参加は認められず）　／7.31 公務員のスト権・団体交渉権を否認する政令 201 号公布・施行　／7 月 政治資金規制法, 医師法, 優生保護法, 教育委員会法, 警職法, 国民の祝日など公布　／8.15 大韓民国設立［9.9 朝鮮人民共和国成立］　／8 月 エロア資金による対日物資供給開始　／9.15 主婦連結成　／9.18 全学連結成　／10.7 昭電疑獄で芦田内閣総辞職［10.19 第 2 次吉田内閣成立］　／10.8 電球, 歯みがき, 万年筆など 110 品目が自由販売に　／11.3 トルーマン大統領選に勝利　／11.12 文部省, 小学校は 5 段階評価をすると通達　／11.12 極東軍事裁判で, 戦犯 25 被告に有罪［12.23 東条ら 7 人の死刑執行］　／12.24 岸信介ら A 級戦犯 19 名を釈放

【流行語・ブーム】冷たい戦争　／斜陽族　／アルバイト　／ノルマ　／老いらくの恋　／アロハシャツ　／「異国の丘」　／「憧れのハワイ航路」

1949 年

【出来事】1.1 マッカーサー, 国旗の自由使用を許可　／1.1 大都市への転入抑制解除　／1.23 第 24 回総選挙で民自党過半数獲得, 共産党躍進（民自党 264, 民主 69, 社会 48, 共産 35）　／1.31 中国人民解放軍, 北京入城　／2.9 文部省, 教科書用図書検定基準定める［4 月 検定教科書使用開始］　／2.12 東京証券取引所設立［5.14 開業］　／3.22 ドッジ・ライン内示, デフレ政策を進める　／4.1 野菜の統制廃止　／4.4 北大西洋条約機構（NATO）成立　／4.25 1 ドル＝ 360 円の単一為替レート実施　／5.23 西独成立［10.7 東独成立］　／6.1 優生保護法改正, 経済的理由での妊娠中絶が可能となる　／6.1 国立新制大学 68 校発足　／6.1 国鉄, 専売公社発足　／6.1 大都市にビヤホール復活　／6.18 徳田共産党書記長, 「9 月までに民自党打倒」と宣言　／6.27 シベリア引揚げ再開　／7.5 下山事件　／7.15 三鷹事件　／8.16 全米水上選手権大会で古橋広之進が世界新記録で優勝　／8.17 松

川事件 ／8.26 シャウプ勧告（日本の税制に関する報告書）／9.23 トルーマン大統領，ソ連の原爆実験を公表 ／9~10月 レッドパージで大学教職を追われる教員相次ぐ ／10.1 中華人民共和国成立 ／10.19 戦犯軍事裁判終了 ／11.3 湯川秀樹ノーベル物理学賞に決まる ／11.24 光クラブの山崎晃嗣自殺 ／12.1 お年玉付き年賀はがき初発売 ／12.5 官公労結成

【流行語・ブーム】アジャパー ／白亜の恋 ／ワンマン ／駅弁大学 ／自転車操業 ／フジヤマのトビウオ ／つるしあげ ／暁に祈る ／編み物ブーム ／ヒロポン ／「青い山脈」／竹馬経済 ／『きけわだつみのこえ』

1950 年

【出来事】1.1 マッカーサー，「日本国憲法は自衛権を否定せず」と声明 ／1.6 コミンフォルム，日本共産党の平和革命論を批判，所感派と国際派の対立激化 ／1.15 平和問題懇話会，全面講和・中立不可侵・国連加盟・軍事基地反対・経済的自立の声明を『世界』に発表 ／1.19 社会党左右両派に分裂［4.3 統一］／1月 ビール自由競争時代へ ／2.9 アメリカでマッカーシー旋風（赤狩り）始まる ／2.13 都教育庁，「赤い」教員に辞職勧告 ／2.14 中ソ友好同盟条約調印 ／3.1 自由党（吉田総裁）発足 ／3.1 池田蔵相，「一部中小企業の倒産もやむをえない」と発言 ／3.2 日本女子野球連盟発足 ／3.19 原爆禁止を求めるストックホルム・アピール ／3.22 牛乳の自由販売開始 ／3.24 旧制高校最後の卒業式 ／4.1 短期大学 149 校発足 ／4.22 山本富士子第 1 回ミス日本に ／4月 洋酒統制撤廃 ／5.3 吉田首相，全面講和を主張する南原東大総長を「曲学阿世の徒」と非難 ／5月 東京で外食券なしでコメ以外の主食が食べられるようになる ／5.30 文化財保護法公布 ／6.1 特殊法人日本放送協会発足 ／6.2 日共中央と全学連がコミンフォルム批判をめぐり対立 ／6.6 マッカーサー，共産党中央委員全員の公職追放を指令 ／6.25 朝鮮戦争始まる ／6.26『アカハタ』を 30 日間発行停止［7.18 無期限停止］／7.2 金閣寺放火 ／7.8『チャタレイ夫人の恋人』わいせつ書として発禁 ／7.11 日本労働組合総評議会（総評）結成 ／7.24 マスコミ各社でレッドパージ ／8.10 警察予備隊令公布・施行 ／8.30 全学連が反レッドパージ闘争宣言 ／8月 特需景気始まる ／8月 大阪千日前にアルサロ開業 ／9.1 ガリオア資金で 8 大都市でパンの完全給食始まる ／9.1 閣議で公務員の赤色分子排除を決定 ／10.13 政府，約 1 万人の公職追放を解除［11.10 旧軍人3250 人の追放解除］／10.25 中国，朝鮮戦争に参戦 ／10.30 トルーマン大統領，朝鮮に原爆使用を考慮すると言明 ／11.22 プロ野球，初の日本選手権 ／12.7 池田蔵相「貧乏人は麦を食え」と発言

【流行語・ブーム】レッドパージ ／特需景気 ／とんでもハップン ／曲学阿世 ／金ヘン，糸ヘン ／エチケット ／38 度線 ／オー・ミステーク ／貧乏人は麦を食え ／アルサロ ／自己批判 ／BG ／イカレポンチ

1951 年

【出来事】1.3 NHK ラジオで第 1 回紅白歌合戦放送 ／1.21 社会党大会で再軍備反対を加えた平和 4 原則決議 ／1.24 日教祖，「教え子を再び戦場に送るな」運動を決定 ／3.10 総評，全面講和・中立堅持など左派路線へ ／3 月 ハリウッドで赤狩り始まる ／4.1 コメ屋民営に ／4.11 マッカーサー解任 ／4.17 衣料配給制廃止 ／4 月 日本初の LP レコード発売 ／5.1 9 電力会社発足 ／5.1 新聞用紙の価格・配給統制撤廃 ／6.11 ナイロン生産始まる ／6.20 第 1 次追放解除，旧財閥総帥など ／7.6 アナタハン島から日本兵ら 20 人帰国 ／7.10 朝鮮休戦会議 ／7.31 日本航空設立［10.25 一番機もく星号就航］ ／7 月 糸へん景気暴落 ／8.1 国土総合開発法第 1 次指定 ／8.6 第 2 次追放解除，鳩山一郎を含む 13,904 名 ／8.16 旧軍将校 11,185 名の追放解除 ／9.1 民間ラジオ初放送 ／9.8 サンフランシスコ講和会議で対日平和条約調印 ／9.10 黒沢監督の「羅生門」がヴェネチア国際映画祭でグランプリを受賞 ／10.1 朝日，毎日，読売，夕刊発行を再開 ／10.16 日本共産党五全協，武装闘争方針を打ち出す ／10.24 社会党，講和条約をめぐって左右に再分裂 ／10.28 力道山，日本初のプロレス試合を実施 ／11.1 ネバダ州で核実験

【流行語・ブーム】逆コース ／老兵は死なず ／アナタハン ／社用族 ／ノーコメント ／三等重役 ／日本人は 12 歳 ／パチンコ大流行

1952 年

【出来事】1.4 イギリス，スエズ運河封鎖 ／1.18 李承晩ライン設定 ／2.8 改進党（三木武夫ら）結成 ／2.15 第 1 次日韓会談開始［4.26 中止］ ／2.20 東大ポポロ事件 ／2.26 イギリス，原爆保有を公表 ／2.28 日米行政協定調印，国会の手続きなしに米軍基地を提供 ／3.6 吉田首相，自衛のための戦力は合憲と答弁 ／3.8 GHQ，兵器製造を許可 ／3 月 ホンダ・カブ発売 ／4.1 琉球中央政府発足 ／4.9 もく星号三原山に墜落 ／4.10 ラジオで「君の名は」始まる ／4.28 対日平和条約・日米安全保障条約発効，GHQ 廃止，公職追放解除 ／4 月 砂糖が 13 年ぶりに自由販売に ／5.1 血のメーデー事件 ／5.19 白井義男，日本人初のボクシング世界王者に ／6.1 麦の統制廃止 ／6.6 中央教育審議会設置 ／6.24 吹田事件 ／6 月 全学連，日共国際派を排除 ／7.1 羽田飛行場が米軍から返還される ／7.4 破壊活動防止法案可決［7.21 公布・施行］ ／7.19 ヘルシンキ・オリンピックに戦後初参加 ／7.21 公安調査庁発足 ／8.6 広島原爆犠牲者慰霊碑除幕式 ／8.8 ラジオ受信契約数 1000 万件突破 ／8.13 日本，IMF，世界銀行に加盟 ／10.1 第 25 回総選挙，共産党議席 0（自由 240，改進 85，右社 57，左社 54） ／10.14 PTA 結成大会 ／10.15 保安隊発足 ／10.16 天皇・皇后両陛下戦後初の靖国神社参拝 ／11.1 アメリカ水爆実験 ／11.4 アイゼンハワー大統領当選 ／11.27 池田蔵相「中小企業の倒産・自殺もやむをえない」と発言［11.29 蔵相を辞任］

【流行語・ブーム】ヤンキー・ゴー・ホーム ／火炎ビン ／赤線・青線 ／アメション ／エッチ

／プー太郎　／PR　／恐妻　／復古調　／「君の名は」　／スクーター

1953 年

【出来事】1.29 空前の株式ブームで立会停止　／2.1 NHK テレビ放送開始　／2.4 李ラインで日本船員射殺される　／2.28 日教組，全国各地で教育防衛大会を開催　／3.5 スターリン死去，後任はマレンコフ　／3.14 バカヤロー解散　／3.18 分党派自由党結成　／3 月 シームレスストッキングの製造開始　／4.15 第 2 次日韓会談［10.3 第 3 次会談，10.21 決裂］　／4.19 第 26 回総選挙（自由 199，改進 76，左社 72，右社 66，分党派自由 35）　／6.1 梅田第一生命屋上に日本初の屋上ビアガーデン　／6.2 エリザベス女王戴冠式　／6.13 内灘試射場反対闘争始まる　／7.16 伊東絹子，ミスユニバース世界大会で 3 位入賞　／7.27 朝鮮戦争休戦協定調印　／8.5 教科書検定権者は文相とする　／8.12 ソ連水爆実験成功　／8.28 日本テレビ開局　／8 月 三洋電機，国産初の洗濯機発売　／9.1 町村合併促進法公布　／9.12 ソ連共産党第 1 書記にフルシチョフ　／10.14 徳田球一，北京で客死　／11.29 鳩山一郎ら自由党復帰　／11.29 中央合唱団，日比谷で「日本のうたごえ」開催，以後「うたごえ運動」盛ん　／12.15 水俣市で原因不明の脳症患者発生（のち水俣病第 1 号患者）　／12.25 奄美群島，本土復帰　／12.31 紅白歌合戦が大晦日放送となる

【流行語・ブーム】コネ　／サイザンス　／クルクルパー　／バカヤロー解散　／戦力なき軍隊　／八頭身　／プラスアルファ　／街頭テレビ　／温泉マーク　／戦後強くなったのは女と靴下　／真知子巻き

1954 年

【出来事】1.1 五十銭以下の小銭廃止　／2.1 マリリン・モンロー来日　／2.19 シャープ兄弟対力道山・木村組の初タッグマッチ，プロレス人気に　／2.22 政府，教育 2 法を提出し教員の政治活動を禁止，小学校校長会・日教組など反対［5.29 修正成立，6.3 公布］　／2.26 西独，再軍備を許す憲法可決　／2 月 造船疑獄発覚［4.21 犬養法相指揮権発動］　／3.1 ビキニ水域で水爆実験，第 5 福竜丸被爆　／4.18 エジプトにナセル政権　／4.28 文部省，中学に道徳倫理，小学校高学年に地理歴史導入を通達　／4.28 明治製菓，初の缶ジュース発売　／5.9 原水爆禁止署名運動杉並協議会発足　／6.9 防衛庁設置法，自衛隊法公布［7.1 自衛隊発足］　／6.12 近江絹糸 100 日間大争議始まる　／7.21 インドシナ休戦協定でフランスはベトナムから撤退　／9.26 洞爺丸遭難事故　／11.24 日本民主党（鳩山総裁，岸幹事長）結成　／11 月 ヒロポン取締り強化　／12.22 プロレス日本選手権で力道山が木村政彦を破る　／12.7 吉田内閣総辞職［12.10 第 1 次鳩山内閣成立］

【流行語・ブーム】街頭テレビ ／ゴジラ ／死の灰 ／水爆マグロ ／ロマンスグレー ／空手チョップ ／スポンサー ／「ローマの休日」／ヘップバーン・スタイル ／パートタイマー ／シャネルの 5 番 ／三種の神器 ／「七人の侍」／「二十四の瞳」

1955 年

【出来事】1.1 日本共産党,「アカハタ」で極左冒険主義を自己批判 ／1.7 トヨペットクラウン発表 ／1.17 都内にスモッグ発生 ／1.28 民間 6 単産が春闘方式を始める ／2.27 第 27 回総選挙（民主党 185, 自由 112, 左社 89, 右社 67）／4.1 ラジオ東京テレビ（現 TBS）開局 ／4.18 アジア・アフリカ会議 ／4.23 第 3 回統一地方選挙で創価学会進出 ／4.28 外国人指紋登録実施 ／5.8 砂川町（立川基地拡張反対闘争）で総決起大会 ／5.11 紫雲丸沈没 ／5 月 北富士演習場反対闘争 ／6.7 日本母親大会 ／7.8 日本住宅公団法公布 ／7.20 経済企画庁発足 ／7.25 日本住宅公団発足 ／7.29 共産党六全協大会（「愛される共産党」へ）／8.6 第 1 回原水爆禁止世界大会 ／8 月 森永ヒ素ミルク事件 ／8 月 東京通信工業（現ソニー）, 初のトランジスターラジオ発売 ／9.10 日本, GATT 加盟 ／9.13 砂川基地拡張反対で地元民・学生と警官隊が衝突 ／9.19 原水協結成 ／10.1 日本水道協会調べで, 水道普及率 37%, 都市は 60%, 農村 9% ／10.13 社会党統一大会 ／11.15 自由民主党結成 ／12.16 木戸幸一ら終身刑の A 級戦犯が仮出所 ／12.27 平均寿命は女 68 歳, 男 64 歳 ／12 月 東芝電気釜を発売

【流行語・ブーム】家庭電化時代 ／ノイローゼ ／春闘 ／ボディビル ／マンボ ／ドーナッツ現象 ／ビキニ ／神武景気 ／うたごえ運動 ／悪書追放運動 ／『太陽の季節』／「エデンの東」／電気釜

1956 年

【出来事】1 月 日本初の分譲マンション ／2.19『週刊新潮』創刊 ／2.24 フルシチョフ, 共産党大会でスターリン批判演説 ／3.5 ソ連でトロッキーの名誉回復 ／3.19 住宅公団が入居者募集 ／4.16 日本道路公団設立 ／5.1 水俣のチッソ工場付属病院の医師が原因不明の中枢神経症患が多数出ていると報告 ／5.14 日ソ漁業条約調印 ／5.20 アメリカ, ビキニで初の水爆投下実験 ／5.24 売春防止法公布 ／7.17 経済企画庁, 経済白書を発表「もはや戦後ではない」／7.26 エジプトのナセル大統領, スエズ運河の国有化を宣言（スエズ動乱の始まり）／9 月 大宅壮一が「一億総白痴化」とテレビ批判 ／10.12 砂川闘争 ／10.19 日ソ国交回復に関する共同宣言 ／10.23 ハンガリー動乱 ／10.29 スエズ戦争始まる ／10.30 フィリピン・ミンドロ島の日本兵 4 人降伏 ／11.8 南極観測船宗谷出港 ／11.19 九州場所も本場所になり年間 5 場所 ／11.22 メルボルン・オリンピック開幕 ／12.18 日本国連加盟 ／12.23 石橋内閣成立

【流行語・ブーム】貸本マンガ ／もはや戦後ではない ／一億総白痴化 ／戦中派 ／太陽族 ／ロックンロール ／デラックス ／デート ／シスターボーイ ／三種の神器

1957 年

【出来事】1.7「赤胴鈴之助」ラジオ放送開始 ／1.29 南極昭和基地設営 ／2.25 岸内閣成立 ／3.6 スエズ動乱終息 ／3.25 EEC 条約調印 ／3.30 内灘試射場返還 ／3月 光が丘団地誕生 ／4.29 映画「明治天皇と日露大戦争」が封切られ大ヒット ／5.25 有楽町そごう開店 ／5月 鴨居羊子，大阪で下着ショー ／6.14 第 1 次防衛力整備 3 か年計画 ／6.19 岸・アイゼンハワー会談 ／8.1 ソ連からの最後の帰国船 ／8.27 原研で原子の火ともる ／9.10 文部省，教員勤務評定の趣旨徹底を通達 ／9月 中学体育に剣道復活 ／10.1 五千円札発行 ／10.4 ソ連，スプートニク 1 号の打ち上げに成功 ／10月 大丸がパートタイム募集 ／12.11 百円硬貨発行 ／12.16 夢の島でゴミ埋め立て始まる ／12.22 日教組，勤務評定反対闘争で非常事態宣言

【流行語・ブーム】グラマー ／団地 ／永すぎた春 ／よろめき ／才女時代 ／ストレス ／夜の蝶 ／パートタイム ／下着ブーム ／ホッピング ／貸本マンガ

1958 年

【出来事】2.8 第 1 回日劇ウェスタン・カーニバル ／2月 渡辺製菓，粉末ジュースを発売 ／2月 神風タクシー追放の世論起きる ／3.3 スバル 360 発表 ／3.9 世界初の海底トンネル・関門トンネル開通 ／3.27 フルシチョフ第 1 書記が首相兼任 ／4.1 売春防止法施行 ／4.1 教員勤務評定実施 ／4.5 長嶋茂雄デビュー ／4.11 京都府知事に蜷川虎三当選 ／5.16 テレビ受信契約 100 万突破 ／5.22 第 28 回総選挙（自民 287，社会 166）／5.30 B・C 級戦犯巣鴨拘置所を仮出所，拘置所も閉鎖 ／6.1 ドゴール内閣成立 ／6.1 日共，全学連幹部を除名 ／7.6 初の名古屋場所が開かれ年間 6 場所となる ／7.13 中国からの最後の引揚船 ／7.30 NASA 設置 ／8.11 官公労解散し総評に加盟 ／8.25 チキンラーメン発売 ／8.27 力道山，ルーテーズを破り世界王者に ／8〜9月 勤評闘争 ／9.1 小中学校で道徳教育実施義務化 ／9月 朝日麦酒（現アサヒビール），初の缶ビール発売 ／10.8 警職法改正案を国会に提出，警職法改悪反対闘争広がる［11.22 審議未了で休会］／11.27 皇太子と正田美智子との婚約発表 ／11.30 ラジオ受信契約数 1481 万の最高記録，普及率 82.5% ／12.1 一万円札発行 ／12.10 日共除名の全学連幹部が共産主義者同盟（ブント）結成 ／12.23 東京タワー完工式 ／12月 三宮に「主婦の店・ダイエー」開店

【流行語・ブーム】粉末ジュース・ブーム ／フラフープ ／切手ブーム ／ミッチーブーム ／ナベ底不況 ／神風タクシー ／ながら族 ／ハイティーン ／私は貝になりたい ／いかす ／シビれる ／団地族 ／ベッドタウン ／圧力団体 ／神様，仏様，稲尾様 ／月光仮面

1959 年

【出来事】1.1 メートル法実施 ／1.1 キューバ革命 ／1.10 NHK 教育テレビ開局 ／1.14 タロジロの生存確認 ／1.27 ソ連共産党大会で，フルシチョフ第 1 書記，資本主義と経済競争，平和共存を強調 ／2.1 日本教育テレビ（後のテレビ朝日）開局 ／2.18 藤山外相，安保改定私案を発表 ／3.1 フジテレビ開局 ／3.10 チベットで反政府内乱 [3.12 ダライ=ラマ 14 世が独立を宣言，3.28 中国政府，チベット地方政府を解散，3.31 ダライ=ラマ，インドへ亡命] ／3.28 社会党・総評などが日米安保条約改定阻止国民会議結成 ／3 月 資生堂，男性用化粧品を発売 ／3 月『少年サンデー』，『少年マガジン』創刊 ／3~4 月『朝日ジャーナル』『週刊現代』『週刊文春』創刊 ／4.10 皇太子ご成婚 ／4.13 安保に関する日米交渉再開 ／4.15 安保改定阻止第 1 次統一行動 ／4.16 国民年金法公布 [11.1 施行] ／4.27 中国国家主席に劉少奇，毛沢東は党主席に専念 ／5.26 1964 年東京オリンピックが決定 ／6.25 プロ野球初の天覧試合 ／8.1 日産，ダットサン=ブルーバードを発売 ／8.7 中印国境紛争 ／8 月 水俣病補償で漁船チッソ工場にデモ ／9.1 24 都県で勤務評定提出 ／9.26 伊勢湾台風 ／9.30 中ソ対立表面化 ／10.25 西尾末広ら社会党を離党 ／10.26 自民党両議員総会で安保新条約案を決定 ／11.25 河上丈太郎派分裂し 12 人社会党を離党 ／11.27 安保改定阻止第 8 次統一行動で，デモ隊 2 万人が国会へ突入 ／12.11 三井三池炭鉱で指名解雇通知，三池闘争始まる

【流行語・ブーム】スキーブーム ／タフガイ ／岩戸景気 ／アフターサービス ／がめつい ／消費革命 ／マダムキラー ／ファニーフェイス ／トランジスター・グラマー ／カミナリ族 ／消費は美徳 ／週刊誌ブーム

1960 年

【出来事】1.16 新安保条約調印のため岸首相渡米，全学連羽田闘争 [1.19 日米新安保条約に調印] ／1.24 民社党結成 ／1.25 三井三池炭鉱無期限ストに突入 ／2.1 ノースカロライナ州のレストランで黒人学生が差別に抗議してシットイン ／2.7 東京都内の電話局番 3 ケタに ／2.20 東証ダウ 1000 円の大台突破 ／2.23 浩宮誕生 ／3.16 全学連分裂，反主流派（日共系）を閉め出す ／4.15 安保反対の国会請願始まる ／4.16 中国，ソ連の平和共存路線を批判 ／4.18 ソウルで李承晩大統領退陣要求デモ [4.27 李大統領辞表提出] ／4.28 沖縄県祖国復帰協議会結成 ／4 月 ダッコちゃ

ん発売，大ヒット ／4 月 ソニー，世界初のトランジスタ・テレビを発売 ／5.16 尾関雅樹ちゃん誘拐事件［5.19 遺体発見，7.17 犯人逮捕］ ／5.20 自民党，新安保条約を単独強行可決 ／5.20 全学連，首相官邸突入 ／5.28 グアム島から皆川文蔵一等兵，伊藤正軍曹帰還 ／6.3 全学連首相官邸突入 ／6.4 安保改定阻止行動 560 万人 ／6.10 羽田ハガチー闘争 ／6.15 安保阻止行動 580 万人，全学連国会突入で樺美智子死亡 ／6.17 在京新聞社が「暴力を排し議会主義を守れ」と共同宣言 ／6.19 新安保条約自然成立 ／7.15 岸内閣総辞職 ／7.19 池田内閣成立 ／7 月 全学連は日共系，ブント，革共同の 3 派に分裂 ／8.10 森永インスタントコーヒーを発売 ／8.25 ローマ・オリンピック開幕 ／9.2 キューバ，アメリカとの軍事同盟を破棄 ／9.10 カラーテレビの本放送開始 ／10.12 浅沼社会党委員長，右翼少年に刺殺される ／11.1 三池争議解決 ／11.8 ケネディ大統領戦に勝利 ／11.20 第 29 回総選挙（自民 296，社会 145，新政党・民社は 17 で大敗） ／12.14 OECD（経済協力開発機構）成立 ／12.27 国民所得倍増計画決定

【流行語・ブーム】家付きカー付きババア抜き ／声なき声 ／私は嘘は申しません ／インスタント ／ダッコちゃん ／寛容と忍耐 ／所得倍増 ／全学連 ／異議なし ／ナンセンス ／金の卵

1961 年

【出来事】1.3 アメリカ，キューバと国交断絶 ／1.20 ケネディ大統領に就任 ／1 月 日本初のクレジットカード JCB 登場 ／2.5 社会党，構造改革路線を新方針に決定 ／2.19 医師会，医療費値上げを求めて全国 1 日一斉休診 ／4.12 ソ連初の有人衛星を飛ばす ／5.16 韓国で軍事クーデター ／6 月 小児麻痺大流行 ／8.1 釜ヶ崎大暴動 ／8.7 水俣病初の公式確認 ／8.13 ベルリンの壁構築 ／9.26 大鵬と柏戸そろって横綱に昇進 ／10.30 スターリンの遺体をレーニン廟から撤去を決議 ／11.27 創価学会，公明政治連盟結成 ／11 月 アンネナプキン発売

【流行語・ブーム】地球は青かった ／レジャー ／わかっちゃいるけどやめられない ／不快指数 ／六本木族 ／高度成長 ／何でも見てやろう ／現代っ子 ／アンネの日 ／銀行よさようなら，証券よこんにちは

1962 年

【出来事】1.13 社会党訪中団，中国との間で，「米帝国主義は日中人民共同の敵」と共同声明発表 ／2.5 日本共産党，文化人多数を除名 ／3.31 義務教育の教科書無償に ／3 月 テレビ受信者数が 1000 万人を突破 ／4.18 日経連，採用試験日を 10 月 1 日以降とする申合せの中止を決定（「青田買い」の傾向強まる） ／5.10 新産業都市建設促進法公布［8.1 施行（15 か所を新産業都市に指定），10.5

全国総合開発計画決定] ／7.3 アルジェリア独立 ／7.27 江田ビジョン発表 [11.27 社会党, 江田ビジョン批判決議を採択, 江田書記長辞任] ／8.12 堀江謙一がヨットで太平洋単独横断に成功 ／8 月 原水協分裂 ／9.30 ミシシッピ州で黒人大学生入学 ／9 月 千里ニュータウン（日本初の大規模ニュータウン）の第 1 期入居開始 ／10.5 ビートルズ, デビュー ／10.17 インド軍, 中印国境で攻撃開始 [10.20 中国軍, 全面反撃開始, 11.22 中国, 一方的停戦を実施] ／10 月 キューバ危機 ／12.11 戦後初の国産旅客機 YS11 完成

【流行語・ブーム】ツイスト ／プラモデル ／無責任時代 ／ハイそれまでよ ／女子学生亡国論 ／総会屋 ／当たり屋 ／青田買い ／スモッグ ／交通戦争 ／産業スパイ ／流通革命 ／マイカー時代 ／回転レシーブ

1963 年

【出来事】1.1 テレビアニメ「鉄腕アトム」放送開始 ／1 月 北陸で豪雪, 死者 156 人（38 豪雪） ／2 月 革共同が革マル派と中核派に分裂 ／3.31 吉展ちゃん誘拐 [65.7.3 容疑者小原保犯行を自供, 7.5 吉展ちゃんは遺体で発見] ／4 月 大阪駅前に初の横断歩道橋 ／5 月 狭山事件 ／6.5 黒四ダム完工式 ／6 月 小さな親切運動本部発足 ／6.16 ソ連初の女性宇宙飛行士テレシコワ打ち上げ ／7.5 中ソ共産党会談始まる [7.20 非難の応酬で会談決裂] ／8.15 政府主催の第 1 回全国戦没者追悼式 ／8.28 ワシントン大行進 ／9.9 アラバマ州知事, 公立学校への黒人登校阻止のために州兵を動員 ／9 月 草加次郎爆弾事件 ／10 月 悪書追放運動 ／10 月 新潟水俣病発生 ／11.21 第 30 回総選挙（自民 283, 社会 144） ／11.22 ケネディ大統領暗殺 ／11.29 梅田地下街完成 ／12.8 力道山刺される [12.15 力道山死亡] ／12.17 朴正煕大統領就任

【流行語・ブーム】バカンス ／押し屋 ／三ちゃん農業 ／SF ／およびでない ／ガチョーン ／巨人・大鵬・卵焼き ／スーパー ／カギッ子 ／シェー ／番長 ／ハッスル

1964 年

【出来事】2.4 人民日報, ソ連共産党を分裂主義者と批判 ／3.18 早川電機（後のシャープ）, 初の電卓を開発, 1 台 50 万円 ／4.1 観光目的的の海外渡航自由化 ／4.1 日本 IMF8 条国に移行 ／4.12 東京 12 チャンネル開局 ／4.25 第 1 回戦没者叙勲を発令 [4.28 第 1 回生存者叙勲を発表] ／4.28 日本 OECD に加盟 ／4 月 ミロのビーナス日本公開 ／4 月『平凡パンチ』創刊 ／5.28 パレスチナ解放機構設立 ／6.1 ビール, 酒類 25 年ぶりに自由価格に ／8.2 トンキン湾事件 [8.4 米軍, 北ベトナムを報復爆撃] ／8.10 社会・共産・総評など 137 団体がベトナム反戦集会開催 ／9.13 沼

津で石油化学コンビナート進出反対の総決起大会 ／10.1 東海道新幹線開業 ／10.10 東京オリンピック開幕 ／10.15 フルシチョフ首相解任 ／10.16 中国初の原爆実験成功（政府・社会・民社・公明は批判するが，共産は「やむをえない自衛手段」との見解を発表） ／11.3 ジョンソン大統領に当選 ／11.9 佐藤内閣成立 ／11.10 全日本労働総同盟発足 ／11.12 米原潜シードラゴン号，佐世保に入港 ／11.17 公明党結成 ／12.8 社会党大会，「日本における社会主義への道」を採択

【流行語・ブーム】根性 ／俺についてこい ／ウルトラC ／コンパニオン ／トップレス ／アイビー族 ／OL ／みゆき族 ／東京砂漠 ／金の卵 ／マンション ／モータリゼーション

1965 年

【出来事】1.8 韓国がベトナム派兵を決定［以後，オーストラリア，フィリピン，ニュージーランドも派兵］ ／1.11 中教審，「期待される人間像」中間草案発表 ／1.20 ジャルパック発売 ／1.28 慶応大学学費値上げ反対で全学スト ／1月 東京に初のスモッグ警報 ／2.1 原水禁国民会議結成 ／2.7 米軍北爆開始 ／2.21 マルコムX暗殺 ／3.18 ソ連人類初の宇宙遊泳に成功 ／3.31 新宿淀橋浄水場閉鎖 ／4.24 ベ平連初のデモ ／4月 松下電器が完全週休2日制を実施 ／5.7 佐藤首相北爆支持 ／6.2 新東京国際空港公団法公布 ／6.4 ソ連・北ベトナム援助協定調印 ／6.12 新潟大教授，新潟水俣病の発生を発表 ／6.12 家永裁判始まる ／6.22 日韓基本条約調印 ／6月 夢の島にハエ大量発生 ／7.1 名神高速道路全線開通 ／7.5 吉展ちゃん白骨死体で発見 ／8.9 シンガポール独立 ／8.21 ツタンカーメン展始まる ／9.1 インド・パキスタン紛争始まる ／9.24 みどりの窓口開設 ／10.12 社共両党，日韓条約批准阻止で統一行動 ／10.21 朝永振一郎，ノーベル物理学賞受賞決定 ／11.9 マルコス，フィリピン大統領に ／11.19 戦後初の赤字国債発行を決定 ／11月 文化大革命始まる ／12.18 日韓基本条約発効

【流行語・ブーム】期待される人間 ／ベ平連 ／夢の島 ／団地サイズ ／モーレツ社員 ／マイホーム ／ジャルパック ／エレキ族 ／ブルーフィルム ／ティーチイン ／公害 ／シェー

1966 年

【出来事】1.2「ウルトラQ」放映開始 ／1.13 古都保存法公布 ／1.18 早稲田学費闘争155日スト始まる ／3.11 インドネシアでスカルノ大統領失脚 ／3.31 総人口1億人を突破 ／5月 ブラックパワー提唱 ／6.25 敬老の日・体育の日公布 ／6.29 ビートルズ来日 ／7.4 閣議で三里塚新空港が決定 ／7.13 東京都教委，都立高校入試制度改善の基本方針を決定 ／8.18 中国，文化大革命勝利祝賀で天安門広場に100万人集う ／9.1 第2次ブント再建 ／10.21 国際反戦デーで総評スト ／

12.1 多摩ニュータウン計画決定　／12.9 建国記念の日を 2 月 11 日とする政令公布　／12.17 三派系全学連再建

【流行語・ブーム】黒い霧　／びっくりしたなーもう　／核の傘　／交通戦争　／ミニスカート　／3C 時代　／過疎　／ひのえうま

1967 年

【出来事】1.12 日本血液銀行協会，買血全廃決定　／1.24 日本共産党，『赤旗』で中国を批判（文化大革命をめぐって日中共産党の対立深まる）　／1.29 第 31 回総選挙（自民 277，社会 140，自民党得票率 50% を初めて割る）　／2.6 米軍，ベトナムで枯れ葉作戦開始　／2.11 初の建国記念日，各所で抗議行動　／3 月 都の学校群制度による高校入試がスタート　／4.5 岡山大学教授，「イタイイタイ病」の原因を発表　／4.15 東京都知事に美濃部亮吉当選　／4.28 カシアス・クレイ徴兵拒否し，タイトルを剥奪される　／4 月 立ち食いそば屋が各地に出現　／6.2 釜ヶ崎暴動　／6.5 第 3 次中東戦争始まる　／6.12 新潟水俣病患者，昭和電工を相手取り訴訟を起こす　／6.17 中国，初の水爆実験　／6.10 東京教育大学，筑波移転強行決定　／7.1 EC 成立　／7 月 リカちゃん人形発売　／7 月 国民生活白書で 9 割が中流意識　／8.3 公害対策基本法公布　／8.8 ASEAN 結成　／8.17 山谷暴動　／9.1 四日市ぜんそく訴訟開始　／10.8 第 1 次羽田闘争　／10.18 ミニの女王・ツイッギー来日　／10.21 ワシントンで 10 万人のベトナム反戦集会開催　／11.11 佐藤首相の北爆支持に抗議して，官邸前で焼身自殺　／11.12 第 2 次羽田闘争　／12.11 佐藤首相，非核 3 原則を言明

【流行語・ブーム】ボウリング　／戦無派　／蒸発　／核家族　／ヒッピー　／アングラ　／フーテン　／ボイン　／ハプニング　／大和魂　／グループサウンズ

1968 年

【出来事】1.9 円谷幸吉自殺　／1.17 原子力空母エンタープライズ寄港阻止闘争［1.19 エンタープライズ佐世保入港］　／1.29 東大医学部無期限スト突入　／2.20 金嬉老事件　／2.26 成田空港阻止三里塚集会　／2 月 ボンカレー発売　／3.16 ソンミ事件　／4.4 キング牧師暗殺　／4.5 プラハの春［8.20 ソ連軍チェコに侵攻］　／4.15 日大で 20 億円の使途不明金発覚，日大闘争始まる［5.27 日大全共闘結成］　／4.18 霞が関ビル完成　／4.25 東名高速道路開通　／4 月『ビッグコミック』創刊　／5.4 パリ 5 月革命［5.19 ゼネスト全仏に拡大，6.6 スト解除］　／6.5 ロバート・ケネディ暗殺　／6.10 大気汚染防止法・騒音規制法公布　／6.26 小笠原諸島，日本復帰　／7.1 郵便番号制度実施　／7.1 ポケットベル営業開始　／7.2 東大安田講堂バリケード封鎖［7.5 東大全共闘結成］　／7.7 参議院選挙

で石原慎太郎や青島幸男が当選　／8.8 札幌医大の和田教授，日本初の心臓移植手術　／8月『少年ジャンプ』創刊　／9.30 日大全共闘，古田会頭と徹夜大衆団交　／10.12 東大全学無期限ストへ　／10.12 メキシコシティ・オリンピック開幕　／10.17 川端康成ノーベル文学賞受賞　／10.21 国際反戦デー・新宿騒乱事件　／12.10 三億円事件発生　／12.29 東大，東京教育大学，69 年度入試中止を決定

【流行語・ブーム】昭和元禄　／ハレンチ　／失神　／サイケデリック　／ゲバルト　／ゲバ棒　／ノンセクト　／ノンポリ　／大衆団交　／とめてくれるな，おっかさん　／タレント候補

1969 年

【出来事】1.2 奥崎謙三，天皇をパチンコで打つ　／1.19 東大安田講堂の封鎖解除　／1.24 美濃部都知事，都営ギャンブル廃止方針表明　／2.4 沖縄で B52 撤去要求の総決起大会開催　／2.18 日大バリケード封鎖全面解除　／2.25『夕刊フジ』創刊　／4.1 ゼロ歳児保育開始　／4.7 連続射殺犯永山則夫逮捕　／5.10 国鉄グリーン車新設　／5.17 プッシュホン発売　／5.23 政府，初の公害白書を発表　／5.26 東名高速道路全通　／5.30 新全国総合開発計画決定　／6.12 原子力船むつ進水　／6.29 新宿西口地下広場で反戦フォークソング集会　／7.1 東京地裁，女子の 30 歳定年制は男女差別で無効と判決　／7.10 同和対策事業特別措置法公布　／7.20 アポロ 11 号月面着陸　／8.3 大学運営に関する臨時措置法を自民強行採決　／8.15-17 ウッドストック野外ロックフェスティバル　／8.18 甲子園の決勝で松山商と三沢高が 18 回延長引き分け　／8.18 広島大学封鎖解除　／8月 クレジットカード利用者 140 万人　／9.5 全国全共闘連合を結成　／9.22 京大時計台封鎖解除　／10.15 全米でベトナム反戦デモ　／10.21 国際反戦デーで 1505 人逮捕　／10.31 文部省，高校生の政治活動禁止を通達　／10月 甘味料チクロの使用禁止　／11.5 赤軍派大菩薩峠で検挙　／11.20 インディアンがアラカトラス島を占拠　／11.21 日米共同声明で 1972 年沖縄返還確認　／11.23 池袋にパルコ開店　／11.26 全国スモンの会結成　／12.1 東京都老人医療費無料化実施　／12.27 第 32 回総選挙（自民 288，社会 90，公明 47）

【流行語・ブーム】オー, モーレツ　／はっぱふみふみ　／あっと驚くタメゴロー　／ニャロメ　／やったぜ，ベイビー　／エコノミックアニマル　／フォークゲリラ　／断絶　／チクロ　／情報化社会　／造反有理

1970 年

【出来事】1.1 日本医師会，医療費値上げ問題で 4 日まで休診　／2.11 国産初の人工衛星おおすみ打

ち上げ　／2.12 シャープ液晶電卓発売，10 万円を切る　／3.5 スクランブル交差点登場　／3.15 日本万国博覧会開幕（〜 9.13）　／3.18 カンボジアでクーデター，シアヌーク元首解任　／3.31 赤軍派，よど号乗っ取り北朝鮮へ　／3.31 新日鉄発足　／3 月『anan』創刊　／6.22 政府，安保の自動延長を声明［6.23 自動延長，反安保統一行動に 77 万人参加］　／6.25 公明党，政教分離を決定　／7.27 東京で初の光化学スモッグ注意報　／7 月 ダンキンドーナツ銀座に 1 号店　／8.2 歩行者天国始まる　／8.4 革マル・中核派の内ゲバ殺人　／8.11 田子の浦ヘドロ公害で市民団体，製紙会社と知事を告発　／10.1 国鉄区間禁煙始まる　／10.20 初の『防衛白書』発表　／10 月 東芝 60 歳定年制導入　／10 月 国鉄「ディスカバージャパン」キャンペーンを開始　／11.14 ウーマンリブ第 1 回大会　／11.25 三島由紀夫，市ヶ谷自衛隊総監室で割腹自殺　／12.20 沖縄コザ暴動

【流行語・ブーム】パンスト　／パンタロン　／使い捨てライター　／ハイジャック　／ウーマンリブ　／鼻血ブー　／ヘドロ　／シラケ　／内ゲバ　／モーレツからビューティフルへ　／歩行者天国　／悪ノリ　／進歩と調和

1971 年

【出来事】2.6 雄琴に「トルコ風呂」第 1 号店ができる　／2.17 京浜安保共闘が真岡市で銃強奪　／2.22 三里塚第 1 次強制代執行　／3.26 福島原発運転開始　／4.11 大阪で革新系の黒田知事誕生　／4.17 バングラデシュ独立　／5.10 西独変動為替相場へ移行　／5.14 空前の交通スト（〜 18,20,21）　／5.14 大久保清連続婦女暴行殺人事件で逮捕　／5.14 大鵬引退　／6.5 京王プラザホテル開業　／6.17 沖縄返還協定調印式　／6.30 富山地裁，イタイイタイ病訴訟で住民全面勝訴の判決を下す　／7.1 環境庁発足　／7.20 マグドナルド銀座に第 1 号店　／8.16 ニクソン大統領，ドル防衛策を発表（ドルショック）　／9.13 林彪死亡　／9.16 三里塚第 2 次強制代執行　／9.28 美濃部東京都知事がゴミ戦争宣言　／9 月 カップヌードル発売　／10.1 第一銀行と日本勧業銀行が合併　／10.25 国連総会，中国招請，台湾追放を可決　／11.17 沖縄返還協定強行採決　／11.19 沖縄闘争で日比谷松本楼放火　／12.3 インド・パキスタン全面戦争突入　／12.18 土田警務部長宅で小包爆弾爆発し，夫人が死亡　／12.20 1 ドル＝ 308 円となる（各国，固定相場制に戻る）

【流行語・ブーム】ニアミス　／ドルショック　／ゴミ戦争　／ディスカバージャパン　／アンノン族　／ピース　／フィーリング　／ボウリング人気　／脱サラ

1972 年

【出来事】1.3 日米繊維協定調印　／1.24 旧日本兵横井庄一氏グアム島で救出される［2.2 帰国］　／

1.30 北アイルランドでデモ隊と警察が衝突，以後テロなど続発　／1月 学費値上げ問題で全国 86 大学で闘争中　／2.3 札幌オリンピック開幕　／2.21 ニクソン訪中 [2.27 米中共同声明]　／2.26 東証ダウ 3000 円突破　／2.19 連合赤軍浅間山荘に籠城開始 [2.28 警官隊と銃撃戦，3.7 リンチ殺人事件発覚]　／3.15 山陽新幹線，岡山まで開業　／3.22 アメリカで男女差別を禁じる憲法修正可決　／3.27 社会党横道孝弘，衆院で沖縄返還協定の秘密文書を暴露 [4.4 公電漏洩容疑で，外務省事務官と毎日新聞記者を逮捕]　／4.1 コメが自由価格に　／4.6 米軍，北爆再開　／5.15 沖縄県発足　／5.30 日本赤軍イスラエルのテルアビブの空港で銃乱射　／6.5 第 1 回国連人間環境会議 [6.16 ストックホルム宣言を採択]　／6.11 田中角栄「日本列島改造論」発表　／6.14 中ピ連結成　／6.17 佐藤首相引退声明　／6.21 英ポンド急落 [6.23 変動相場制に移行]　／6.23 北海道に二風谷アイヌ文化資料館オープン　／6.27 最高裁，日照権，通風権を認める　／7.7 田中内閣成立　／7.20 日本人男性の平均寿命が 70 歳を突破したと発表　／7.24 津地裁，四日市ぜんそく訴訟で，企業側の責任を認める　／7 月『ぴあ』創刊　／8.11 米地上軍ベトナム撤退　／8 月 播磨灘で赤潮発生　／8 月 カシオミニ（電卓）発売　／9.5 ミュンヘン・オリンピックでパレスチナ過激派がテロ　／9.25 田中訪中 [9.29 日中共同声明調印]　／10.28 上野動物園にパンダ到着　／10 月 車に初心者マーク　／11.24 渡航外貨持ち出し制限撤廃　／11 月 内ゲバで殺人　／12.10 第 33 回総選挙（自民 271，社会 118，共産 38）

【流行語・ブーム】三角大福　／日本列島改造論　／総括　／ナウい　／未婚の母　／同棲時代　／恍惚の人　／若葉マーク　／あっしにはかかわりのねえことでござんす

1973 年

【出来事】1.1 70 歳以上老人の医療費無料化　／1.1 連合赤軍の森恒夫拘置所で自殺　／1.27 ベトナム和平協定に調印　／2.5 渋谷駅のコインロッカーで嬰児の遺体見つかる　／2.14 円変動相場制に移行し急騰，1 ドル＝ 264 円　／3.13 国鉄の順法闘争に業を煮やした乗客が上尾駅で暴動 [以後 4 月まで他駅でも起こる]　／3.20 熊本水俣病裁判，患者側が全面勝訴　／4 月 地価前年比 30％増　／4 月 ウォーターゲート事件発覚　／4 月 振替休日制定　／5.22 江東区，杉並区からのゴミ搬入を実力で阻止する　／6.5 初の環境週間スタート　／6.14 パルコ渋谷店オープン　／7.17 自民党に青嵐会発足　／7.25 日本シェーキーズ，赤坂にピザ 1 号店を出店　／8.1 鉄道弘済会売店を KIOSK と改称　／8.8 金大中事件　／8.24 鄧小平復活　／9.15 国鉄中央線にシルバーシート誕生　／9.25 筑波大学設置法案可決　／9 月 東京の物価前年比 14.5％増　／10.6 第 4 次中東戦争勃発　／10.23 江崎玲於奈，ノーベル物理学賞受賞　／10.28 神戸市に革新市長誕生し，6 大都市すべてが革新市長になる　／10 月 石油ショック　／10 月 紙不足深刻化　／11.14 関門橋開通　／11 月 節電のためネオン消し，ガソリンスタンドは日曜・祝日休業　／11 月 トイレットペーパー買いだめパニック　／12.14 在京民放 5 社深夜放送自粛を決定　／12.22 公定歩合 2％上り史上最高の 9％ に

【流行語・ブーム】石油ショック　／省エネ　／日本沈没　／ちょっとだけよ　／モノ不足　／狂乱物価　／花の中 3 トリオ

1974 年

【出来事】1 月 スプーン曲げ少年現れる　／2 月 都区部の物価前年比 20％を超える　／3.12 小野田少尉ルバング島から帰還　／3.30 名古屋新幹線訴訟始まる　／3 月 都内にストリーキング出現　／4.11 交通ゼネスト（～ 12）／4.20 モナリザ展開幕　／4.25 筑波大学開学　／4 月 サーティンワン・アイスクリーム第 1 号店目黒で開店　／5.1 前年の地価上昇は 32.4％　／5.9 伊豆半島沖地震　／5.15 セブンイレブン第 1 号店江東区で開店　／5 月 ユーゴスラビアのチトー大統領，終身大統領となる　／7.11 都内の 5 駅で禁煙タイム開始　／8.8 ニクソン大統領，ウォーターゲート事件で辞任　／8.26 東証ダウ 4000 円を割る　／8.28 ピアノ騒音母子殺人事件　／8.29 宝塚で「ベルサイユのばら」初演　／8.30 三菱重工ビル爆破事件　／9.1 原子力船むつ放射能漏れ事故　／10.8 佐藤栄作ノーベル平和賞受賞　／10.10 立花隆「田中角栄研究――その金脈と人脈」を連載開始　／10.14 長嶋茂雄引退　／10.20 愛国駅から幸福駅行きの切符が発売され，大人気となる　／10 月 都区部の消費者物価，前年比 25.8％上昇　／12.9 田中内閣総辞職し，三木武夫内閣成立

【流行語・ブーム】便乗値上げ　／狂乱物価　／ベルばら　／ストリーキング　／超能力　／スプーン曲げ　／暴走族　／ゼロ成長　／金脈

1975 年

【出来事】2.11 サッチャー，イギリス初の女性党首に　／3.10 山陽新幹線博多まで開通　／3.23 貴ノ花初優勝　／3 月 和文ワープロ完成，値段は 1000 万円　／3 月 革マル派と中核派の内ゲバが激化　／4.13 美濃部亮吉，石原慎太郎を破り，三度東京都知事に　／4.30 南ベトナム政権，無条件降伏　／4 月 中ピ連の恥かかせ戦法始まる　／5.10 ソニー，ベータマックス発売　／6.19 国際婦人年世界会議　／7.17 皇太子夫妻，ひめゆりの塔で火炎ビンを投げつけられる　／7.19 沖縄海洋博開幕　／8.4 日本赤軍クアラルンプール事件 [8.5 超法規的措置で 5 人を出獄させる]　／8.15 三木首相，現職首相として初の終戦記念日に靖国神社参拝　／9 月 エポック社，家庭用テレビゲーム第 1 号発売　／10.15 広島カープ初優勝，巨人史上初の最下位　／10.29 全米でウーマンリブの女性ゼネスト　／10.31 天皇，初の公式記者会見で，「原爆投下は仕方がなかったと思う」と発言　／11.15 第 1 回先進国首脳会議　／11.26 公労協がスト権ストを決行，8 日間国鉄運休となる　／12.24 SL 全廃　／12.27 石油備蓄法公布

【流行語・ブーム】赤ヘル　／ワタシ作る人，ボク食べる人　／中ピ連　／複合汚染　／クリーン　／ライフサイクル　／落ちこぼれ　／ツッパリ　／進学塾の入塾試験が過熱　／紅茶キノコ

1976 年

【出来事】1.8 周恩来死去 ／1.23 ヤマト運輸, 宅急便を開始 ／1.31 国内初の五つ子誕生 ／2.4 ロッキード事件発覚 ／3.10 金大中逮捕される ／3.2 北海道庁爆破事件 ／4.5 天安門事件［4.7 華国鋒首相就任, 鄧小平副首相解任］ ／4.13 ポルポト, カンボジアの首相となる ／6.6「ほっかほっか亭」1 号店を埼玉県草加市に開店 ／6.25 新自由クラブ結成 ／6.25 国際捕鯨委員会, 捕鯨枠大幅削減を決定 ／7.2 南北ベトナム統一 ／7.17 モントリオール・オリンピック開幕 ／7.23 妻籠などを初の重要伝統的建築物群保存地区に選定 ／7.27 ロッキード事件で田中角栄逮捕 ／8.19 三木おろしの挙党協結成 ／9.9 毛沢東死去［10.12 江青ら四人組逮捕］ ／9 月 VHS ビデオ発売 ／10 月 国家公務員, 週休 2 日に ／10.16 長嶋巨人軍, 初優勝 ／11.5 政府, 防衛費を GNP の 1% 以内とすることを決定 ／12.5 第 34 回総選挙で自民敗北（自民 249, 社会 123, 公明 55）／12.21 1 千万円宝くじに群衆殺到し死者が出る ／12.24 福田内閣成立

【流行語・ブーム】灰色高官 ／記憶にございません ／ピーナッツ ／偏差値 ／ニューファミリー ／ルームランナー ／ブーツ ／アグネス・ラム

1977 年

【出来事】1.4 青酸入りコーラを飲み死者 ／1.10 東証ダウ 5000 円台を回復 ／2 月 レトルト食品などに保存期間の内容表示義務づけ ／3.15 厚生省, 保父を認める ／5.15 大阪大学の米人講師, ジーパンを履いた女子学生の受講を拒否 ／7.16 鄧小平, 党副主席に復活, 四人組を除名［8.12 文革終結宣言, 4 つの近代化を決定］／9.3 王貞治, 756 号のホームランを打ち, 世界記録を塗り替える［9.5 国民栄誉賞第 1 号受賞］／9.20 ベイシティローラーズの武道館公演で少女 40 人失神 ／9.28 日本赤軍, 日航機ハイジャック［10.1 超法規的措置で拘留中の赤軍派 6 人を釈放］／10 月 紙おむつパンパース発売 ／10.24 大阪で全国初のサラ金被害者の会結成 ／10.30 家庭内暴力に耐えかね, 父親が開成高校生を殺害 ／12.14 円急騰し, 1 ドル 230 円台に

【流行語・ブーム】翔んでる ／ルーツ ／カラオケ ／モラトリアム人間 ／話がピーマン ／テレビゲーム ／ピンクレディー ／円高

1978 年

【出来事】1 月 総理府初の『婦人白書』発表 ／2.18 嫌煙権確立をめざす人びとの会結成 ／3.26 社会民主連合結成 ／3.26 成田空港管制塔が占拠され開港延期［5.20 開港］ ／4.4 キャンディーズ解散コンサート ／4.6 池袋にサンシャイン 60 開館 ／4.9 京都革新府政 28 年で幕 ／4.27 アフガニスタンで軍事クーデター ／6.6 騒音被害者の会、騒音 110 番を開設 ／7.25 イギリスで初の試験管ベビー誕生 ／7.29 両国花火大会、17 年ぶりに復活 ／8.12 日中平和友好条約調印 ／8.15 福田首相、首相の肩書で靖国神社に参拝 ／8.26 日本テレビ、「愛は地球を救う」を放送 ／9.26 東芝初のワープロを発表 ／10.17 靖国神社、A 級戦犯 14 人を合祀［79.4.19 その事実が発覚］ ／10.31 円高、1 ドル＝ 175 円 50 銭 ／11.21 江川卓が巨人と抜け駆け契約を結ぶ ／11.26 自民党総裁予備選で大平正芳が福田赳夫を破る［12.7 大平内閣発足］

【流行語・ブーム】サラ金地獄 ／ナンチャッテ ／不確実性の時代 ／家庭内暴力 ／田中軍団 ／フィーバー［サタデー・ナイト・フィーバー人気］ ／窓際族 ／地方の時代 ／口裂け女 ／タンクトップ ／嫌煙権

1979 年

【出来事】1.1 米中国交回復 ／1.7 カンボジア、ポルポト政権崩壊 ／1.13 初の国公立大学共通 1 次試験実施 ／1.16 イラン、パーレビ王制崩壊［2.11 ホメイニ師によるイラン革命成立］ ／1.17 国際石油資本、対日原油供給の削減通告（第 2 次石油ショック） ／1.26 三菱銀行猟銃強盗籠城事件 ／1.31 江川卓阪神入団、即日巨人にトレード ／2.17 中越戦争 ／3.28 スリーマイル島原発放射能漏れ事故 ／3.31 EC 委員会の文書に「日本人はウサギ小屋に住むワーカーホリック」とあることが判明 ／4.8 東京・大阪の革新都政・府政に幕 ／5 月 閣僚、半袖の背広（省エネルック）を披露 ／5.4 サッチャー政権発足 ／5.8 NEC、パソコン PC-8001 を発表 ／6.6 元号法制化 ／6.28 東京サミット開催 ／6.28 OPEC 総会、1 バレル 18 ドル（23.75％引き上げ）を決定［11 月 1 バレル 40 ドル台を突破］ ／7.1 SONY、ウォークマン発売 ／7 月 インベーダーゲームが 1 日 26 億円を稼ぎ出す ／9.26 大阪八尾で全国初のカラオケ騒音規制条例公布 ／9.27 日経平均株価 6500 円台に ／10.7 第 35 回総選挙で自民党過半数割れし、40 日抗争へ（自民 248、社会 107、公明 57、共産 39） ／11.18 第 1 回東京国際女子マラソン開催 ／12.21 衆参両院で、一般消費税反対を採択 ／12.27 ソ連、アフガニスタンへ侵攻

【流行語・ブーム】ウサギ小屋 ／夕暮れ族 ／エガワる ／天中殺 ／インベーダー ／ナウい ／ダサイ ／ギャル ／省エネ ／ジャパン・アズ・ナンバーワン ／竹の子族 ／地方の時代

1980 年

【出来事】1.10 社会, 公明, 連合政権構想で合意　／1.20 アメリカ, モスクワ・オリンピックのボイコットを提唱　／3 月 都市銀行 6 行, 現金自動支払い機のオンライン提携開始　／4.1 学習内容を削減した新学習指導要領での初等教育スタート　／4.25 大貫久男, 1 億円拾得　／4.28 任天堂, ゲーム＆ウォッチ発売　／5.16 大平内閣不信任案可決［5.19 衆院解散, 6.12 大平首相急死, 6.22 衆参同日選挙（第 36 回総選挙）で自民党圧勝（自民 284, 社会 107, 公明 33), 7.17 鈴木内閣発足］／5.18 韓国で非常戒厳令［5.21 光州事件］／7.1 琵琶湖条例施行　／7.3「イエスの方舟」教祖千石イエス逮捕　／7.14 国連「婦人の 10 年」世界会議　／7.19 モスクワ・オリンピック開幕, 日本は不参加　／8.15 鈴木内閣の閣僚 18 名, 靖国神社に参拝　／8.19 新宿西口バス放火事件　／9.9 イラン・イラク戦争　／9.10 華国鋒首相辞任, 後任は趙紫陽　／9.22 ポーランドで自主管理労組「連帯」結成　／10.5 山口百恵最後のワンマンショー　／10.21 長嶋監督辞任　／11.29 二浪中の予備校生, 両親を金属バットで撲殺　／12.8 ジョン＝レノン射殺される　／12.14 胡耀邦総書記, 文革を全面否定

【流行語・ブーム】それなりに（富士フイルム CM より）　／低成長　／ビニ本　／買春観光　／トラバーユ（『とらばーゆ』創刊）　／赤信号みんなで渡れば怖くない（漫才ブーム）　／たのきんトリオ　／ルービック・キューブ　／クレイマー家庭（父子家庭）／校内暴力・家庭内暴力急増

1981 年

【出来事】1.6 政府, 2 月 7 日を北方領土の日と決定　／3.2 中国残留孤児, 初の正式来日　／3.11 国鉄, 赤字ローカル線 77 を廃止　／3.16 第 2 次臨時行政調査会（土光臨調）初会合　／3.20 ポートピア '81 開幕　／3 月 エアロビクス日本に初紹介　／4 月 ノーパン喫茶流行　／6.15 パリ人肉食事件　／6.17 深川通り魔殺人事件　／6.29 華国鋒主席辞任, 文革全面否定の決議採択　／7.29 英国皇太子, ダイアナ嬢と結婚　／8.8 レーガン大統領, 中性子爆弾の製造再開を許可　／8.15 鈴木内閣の全閣僚靖国神社参拝　／9.8 銀行オンラインシステムを利用して 1 億 3000 万円搾取した伊藤素子逮捕　／9.18 ソ連, ポーランド政府に「連帯」に対する断固たる措置を要求［12.13 ポーランド戒厳令布告, 連帯弾圧, ワレサ議長軟禁］　／10.10 ボンで 30 万人の反核集会　／10.16 北炭夕張新鉱でガス突出事故　／10 月 京都市で全国初の空き缶回収条例　／10.19 福井謙一, ノーベル化学賞　／10.29 社会党,「日本における社会主義への道」の見直しを始める　／11 月 建設業者の談合明るみに

【流行語・ブーム】フルムーン　／ぶりッ子（ウッソー, ホント, カッワイー）　／なめんなよ　／バイチャ　／人寄せパンダ　／ハチの一刺し（ロッキード事件裁判）　／粗大ゴミ　／熟年　／クリスタル族（ブランド志向）　／軽薄短小（産業構造の転換）　／ノーパン喫茶

1982 年

【出来事】2.8 ホテル・ニュージャパン火災 ／2.9 羽田空港で飛行機事故 ／3 月 中高卒業式で校内暴力に備え警察官が立ち入り警戒 ／4.12 私鉄大手 8 社賃上げ交渉妥結し，交通スト回避 ／4 月 500 円硬貨登場 ／5 月 富士通 100 万円を切るワープロ「オアシス」発売 ／5.23 反核軍縮の東京行動に 40 万人参加 [6.7 第 2 回国連軍縮総会] ／6.20 フォークランド紛争終結 ／6.23 東北新幹線開業 [11.15 上越新幹線開業] ／6.28 日教組大会，右翼の妨害のため，分散開催となる ／7.6 中国政府，日本の教科書の「中国への進出」表記を非難 ／7.30 第 3 次臨調，3 公社の分割・民営化を答申 ／9 月 大阪に日本初の信号待ち時間表示装置を設置 ／11.10 ブレジネフ書記長死去 ／11.27 中曽根内閣発足 ／12 月 テレホンカード使用開始

【流行語・ブーム】逆噴射 ／心身症 ／ネクラ ／症候群 ／ロリコン ／カ・イ・カ・ン ／森林浴 ／おしりだって洗ってほしい（ウォッシュレット普及開始） ／裏本 ／エアロビクス

1983 年

【出来事】1.9 中川一郎自殺 ／1.17 中曽根首相訪米 [1.18 日米は運命共同体と表明，1.19 日本列島は不沈空母と発言] ／1 月 杉並清掃工場落成 ／2.15 町田市の中学校教諭，校内暴力防衛で生徒を刺す ／2 月 老人保健法施行，70 歳以上の医療費無料制廃止 ／3.23 中国自動車道全線開通 ／3 月 日産，ロボット導入で解雇は行わないとの覚え書きに調印 ／4.10 横路孝弘，北海道知事に当選 ／4 月 東京ディズニーランド開業 ／6.13 戸塚ヨットスクール校長戸塚宏逮捕 ／7 月 無印良品の店，青山に登場 ／7 月 任天堂，ファミコン発売 ／9.1 大韓航空機，ソ連軍機に撃墜される ／10.5 ポーランドのワレサ連帯議長にノーベル平和賞 ／10.12 田中角栄に実刑判決 ／10.14 東北大学で日本初の試験管ベビー誕生 ／11 月 小樽運河埋立工事着工 ／12.8 愛人バンク「夕ぐれ族」摘発 ／12.18 第 37 回総選挙（自民 250，社会 112，公明 58）

【流行語・ブーム】おしん ／気配り ／ニャンニャン ／いいとも（友達の輪！） ／フォーカス現象 ／ハイテク ／別にィ（若者言葉） ／タコが言うのよ（缶チューハイ登場） ／積木くずし ／義理チョコ ／ミネラルウォーター ／パソコン普及台数 100 万台を突破 ／勝手連

1984 年

【出来事】1.26「ロス疑惑」騒動始まる ／1月 日経平均，1万円に乗る ／3.18 江崎グリコ社長誘拐される[5.10 グリコ製品に毒物注入との脅迫，9.12「かい人 21 面相」，森永も脅迫] ／4.1 全国初の第 3 セクター・三陸鉄道開業 ／4.7 日米牛肉・オレンジ交渉合意 ／5.25 国籍法・戸籍法改正(父母両系主義を採用) ／7.28 ロサンゼルス・オリンピック開幕 ／8.21 臨時教育審議会設置 ／8.24 中江滋樹の「投資ジャーナル」を摘発 ／8.25 釜本引退 ／8月 総理府調査で 9 割が中流意識 ／10.9 ロサンゼルス・オリンピック金メダルの山下泰裕に国民栄誉賞授与 ／11.16 世田谷で地下通信ケーブル火災 ／11月 15 年ぶりに新札発行 ／12.19「トルコ風呂」の呼称を廃止し「ソープランド」に ／12月『少年ジャンプ』400 万部突破

【流行語・ブーム】マル金・マルビ ／ニューアカ・ブーム ／イッキ飲み流行 ／ピーターパン症候群 ／くれない族 ／財テク ／エリマキトカゲ ／マイケル・ジャクソン ／かい人 21 面相

1985 年

【出来事】2.6 法務省，在日外国人の指紋押捺制度を見直し ／2.7 竹下登，創政会を旗揚げ[2.27 田中角栄倒れる] ／2.11 中曽根首相，「建国記念を祝う会」の式典に戦後首相として初の出席 ／2.13 新風営法施行 ／3.10 ゴルバチョフ書記長に就任 ／3.14 東北・上越新幹線，上野まで乗り入れ開始 ／3.16 つくば科学博開幕 ／3.22 厚生省が日本人エイズ患者第 1 号を認定 ／4.1，NTT，JT 発足 ／4月 初の「いじめ白書」 ／5月 男女雇用機会均等法可決 ／6.6 自民党，国家秘密法案を衆議院に提出[12.21 廃案] ／6.18 ペーパー商法の豊田商事会長，自宅で刺殺される ／6.19 投資ジャーナルの中江滋樹逮捕 ／6.26 臨教審，教育改革に関する第 1 次答申を中曽根首相に提出 ／7.5 労働者派遣法成立 ／7.10 古都税実施，拝観停止寺院相次ぐ ／7.15 国連，ナイロビで「婦人の 10 年」世界会議を開催 ／7.27 中曽根首相，防衛費 1% 枠の撤廃と靖国神社公式参拝を表明 ／8.12 日航機墜落，520 人死亡 ／8.15 中曽根首相，靖国神社公式参拝 ／8月 中国政府，総理大臣の公式参拝は認めないという見解を初めて出す ／9.1 シートベルト着用義務づけ ／9.11 ロス疑惑の三浦和義逮捕 ／9.22 プラザ合意，円急騰 ／10.11 国鉄分割民営化の方針が決まる ／10月 阪神 21 年ぶりの優勝 ／12月 宮城県でスパイクタイヤ使用禁止条例

【流行語・ブーム】FF される（フォーカス，フライデーという写真雑誌に撮られること） ／分衆・少衆・超大衆・階衆（多品種少量生産時代） ／キャバクラ ／おニャン子（女子高生ブーム） ／金妻 ／ヤラセ ／レトロ ／マニュアル人間 ／家庭内離婚 ／スーパー・マリオブラザーズ（ファミコン大ヒット） ／エイズ，世界的に流行 ／ダッチロール

1986 年

【出来事】1.22 社会党，新宣言発表，社会民主主義路線に転換 ／1.28 スペースシャトル・チャレンジャー爆発事故 ／1月 プロ野球選手労働組合発足 ／2.1 中野富士見中2年の鹿川君，いじめを苦に自殺 ／2.11「建国記念を祝う会」の式典に首相はじめ17閣僚が出席，国家行事色強まる ／2月 フィリピン・アキノ政権誕生 ／3.20 フランスで，保守派のシラク首相誕生 ／3.31 気象庁，「エルニーニョ現象」発生を発表 ／4.1 男女雇用機会均等法施行 ／4.8 岡田有希子自殺 ／4.23 臨教審，教育改革に関する第2次答申を中曽根首相に提出 ／4.26 チェルノブイリ原発事故 ／5.12，1ドル150円台に ／6月 ハイレグ水着が流行 ／7.1 労働者派遣法施行（13業種） ／7.6 衆参同日選挙（第38回総選挙）で自民党圧勝（自民300，社会85，公明56） ／7.23「新人類横綱」双羽黒誕生 ／7月 使い捨てカメラ「写ルンです」発売 ／8.15 新自由クラブ解党 ／8.15 中曽根首相，靖国神社参拝を見送る ／9.8 土井たか子社会党委員長になる ／9.29 日教組組織率5割を割る ／11.15 マニラで若王子支店長誘拐 ／11.15 三原山209年ぶりに大噴火 ／12.9 ビートたけし『FRIDAY』編集部に殴り込み ／12.30 予算案決定，防衛費1%を突破 ／12月 落合，日本人初の年俸1億円突破

【流行語・ブーム】新人類 ／亭主元気で留守がいい ／お嬢様 ／グルメ ／エスニック ／激辛 ／オジンシンドローム ／塾漬け ／地上げ・底地買い ／エイズ騒動 ／宅配ピザ登場

1987 年

【出来事】1月 天安門広場で民主化を求めるデモ ／1月 対米，対EC黒字史上最高 ／2.9 NTT株上場 ／3.9 日本気象協会「スギ花粉情報」を初めて発表 ／3.17 アサヒ，スーパードライ発売 ／3.30 安田海上火災，ゴッホの「ひまわり」を53億円で落札 ／3月 ファミコン1000万台突破 ／4.1 国鉄分割民営化され，JR6社発足 ／4.1 臨教審，教育改革に関する第3次答申を中曽根首相に提出 ／4.16 東証株式時価総額でNY抜き1位 ／4.24 円高進み1ドル130円台に ／5.3 朝日新聞神戸支局襲撃される ／6.1 日経平均25,000円台 ／6.9 リゾート法公布［12.5施行］ ／7.1 東京都の1年間の地価上昇は85.7% ／7.4 竹下派結成 ／8.7 臨教審，教育改革に関する第4次答申（最終答申）を中曽根首相に提出 ／10.17 京都市議会，翌年3月で古都税の廃止を決定 ／10.19 ブラックマンデー（ニューヨーク株式市場22.6%の大暴落） ／10.26 沖縄国体開幕，日の丸掲揚や君が代斉唱で混乱 ／11.6 竹下内閣発足 ／11.10 日経平均21,000円台に暴落 ／11.20「連合」発足 ／11.27 教育課程審議会，1994年度からの高校世界史必修を発表 ／11.29 金賢姫ら大韓航空機を爆破 ／12.31 新人類横綱と呼ばれた双羽黒の廃業が決定 ／12月 1ドル121円台

【流行語・ブーム】ジャパン・バッシング ／フリーター ／朝シャン ／サラダ記念日 ／ウォーターフロント（東京臨海部開発） ／インテリジェントビル ／シングル ／ノリ

1988 年

【出来事】年初，日経平均 21,000 円台，1 ドル 120 円台に　／2.10 ドラクエ III 発売日に 100 万本完売　／3.13 青函トンネル開業，青函連絡船廃止　／4.1「マル優」制度廃止　／4.10 瀬戸大橋開通　／4.11 美空ひばり，東京ドーム公演　／4 月 アグネス論争　／5.8 フランス大統領選で，現職ミッテラン大統領が保守派のシラク首相に勝利　／6.18 リクルート事件発覚［7.5 中曽根，宮沢，安倍など有力政治家の秘書が未公開株を取得していたことが明らかになる，7.6 江副リクルート会長引責辞任］　／6.19 牛肉・オレンジ自由化日米交渉決着　／7.1 合成添加物の全面表示スタート　／7.23 自衛隊の潜水艦なだしおが衝突事故　／8.20 イラン・イラク戦争，8 年ぶりに停戦　／9.17 ソウル・オリンピック開幕　／9.19 天皇重体，秋の学園祭，運動会など自粛相次ぐ　／11.10 自民党，衆議院で消費税導入を含む税制改革 6 法案を強行採決［12.24 成立，12.30 公布］　／11.27 千代の富士，54 連勝ならず　／11.29 竹下首相，「ふるさと創生」のために全市町村に 1 億円の交付を決定　／12.7 日経平均 3 万円台に乗る

【流行語・ブーム】DINKS　／言語明瞭・意味不明（竹下首相）　／ドーピング　／キャピタルゲイン　／しょうゆ顔・ソース顔　／マスオさん現象　／オバタリアン　／ペレストロイカ　／ウォーターフロント娘（水商売一歩手前の派手な娘）　／いちご世代　／クロワッサン症候群　／ドライ戦争（アサヒスーパードライ大ヒット）　／5 時から男　／花モク　／濡れ落ち葉　／とか（断定しない言い方の流行）　／シーマ現象　／下血　／自粛

1989 年

【出来事】1.7 昭和天皇崩御，平成に改元　／1.14 国の行政機関，完全土休実施　／2.9 手塚治虫死去　／2.10 文部省，学習指導要領で入学式・卒業式での「国旗掲揚」と「国歌斉唱」を指導するものと規定　／2.22 吉野ヶ里遺跡発見　／2 月 金融機関の完全週休 2 日制開始　／3.30 女子高生コンクリート詰め殺人事件発覚　／4.1 消費税スタート　／4.25 竹下首相退陣表明　／5.18 中国で民主化を要求して天安門広場に民衆が集まる［5.20 北京に戒厳令，6.3-4 武力制圧，6.23 趙紫陽総書記解任，江沢民が後継となる］　／5.25 アメリカ，スーパー 301 条に基づく不公正貿易国に日本を特定　／6.2 宇野内閣発足［6.6 宇野首相の女性問題が発覚］　／6.3 イランの最高指導者ホメイニ師死去　／6.4 ポーランド上下院選挙で「連帯」が圧勝　／6.24 美空ひばり死去　／7.23 参議院選挙で社会党大勝し，与野党逆転　／7.24 宇野首相辞任表明　／8.2 日経平均 35,000 円台に乗る　／8.9 海部内閣発足　／8.10 宮崎勤幼女殺害を自供　／10.5 ダライ＝ラマにノーベル平和賞　／10.23 ハンガリー，人民共和国を共和国に改称　／11.9 東独，ベルリンの壁を実質撤去［11.11 ベルリン市民，壁の破壊を開始］　／11.16 ボジョレーヌーボーの解禁熱　／11.21 総評解散，連合に合流　／12.22 ルーマニアのチャウシェスク政権崩壊［12.25 大統領夫妻処刑］　／12.29 日経平均 38,915 円，1 ドル 160 円

【流行語・ブーム】セクハラ ／トレンディー ／マドンナ旋風 ／山が動いた ／おたく ／オヤジギャル ／24 時間たたかえますか ／お局様 ／3K（きつい，きたない，きけん） ／外国人労働者急増 ／コードレス電話急増

1990 年

【出来事】1.13 第 1 回大学入試センター試験実施 ／1.18 本島等長崎市長銃撃される ／1.31 マクドナルドがソ連に進出 ／2.11 南アでネルソン・マンデラ釈放される ／2.12 ソビエト大統領制を導入［3.15 ゴルバチョフ初代大統領に選出，11.15 ノーベル平和賞受賞］ ／2.15 ラトビア共和国，ソ連から独立［3.11 リトアニア，3.30 エストニアも独立］ ／2.18 第 39 回総選挙（自民 275，社会学 136，公明 45） ／2.23 カンボジアのシアヌーク殿下，20 年ぶりに亡命生活から帰国 ／3.20 公定歩合 1% 上げ 5.25% になり，低金利時代に幕 ／3.22 日経平均 3 万円割れ ／3.28 1 ドル 158 円台の円安 ／3 月 日の丸・君が代義務化後初の卒業式 ／4.1 大阪で花博開幕 ／4.1 太陽神戸三井銀行誕生 ／6.9 合計特殊出生率 1966 年の丙午の年を下回る 1.57 と発表 ／6.18 スパイクタイヤ粉じん発生防止法可決 ／6.29 秋篠宮・紀子様結婚 ／7.6 兵庫県立高塚高校門圧死事件 ／8.2 イラク，クウェート侵攻 ／9.24 金丸訪朝団平壌入り ／10.1 日経平均一時 2 万円台割れ［年末 23,849 円］ ／10.3 ドイツ統一 ／10.23 日本は 2000 年の CO2 排出量を 1990 年レベルにする地球温暖化防止行動計画決定 ／11.21 スーパーファミコン発売 ／11.22 サッチャー首相辞任 ／12.1 NTT の番号案内有料に ／12.2 秋山豊 TBS 記者，ソ連の人工衛星で日本人初の宇宙飛行 ／12.9 ポーランド大統領選挙でワレサ連帯議長が当選

【流行語・ブーム】ボーダレス ／バブル崩壊 ／ファジー ／アッシー君・ミツグ君 ／一点豪華主義 ／イタめし ／3 高 ／結婚難民 ／バブル経済 ／ちびまる子ちゃん ／海外渡航者が 1000 万人を突破 ／ティラミス

1991 年

【出来事】1.1 東京の電話番号 4 桁番号に ／年初，日経平均 24,000 円台 ／1~2 月 湾岸戦争［1.17 多国籍軍，イラク空爆開始，1.24 日本 90 億ドル拠出，2.27 ブッシュ大統領勝利宣言］ ／4.1 牛肉・オレンジ輸入自由化 ／4.17 NY ダウ初の 3000 ドル台へ ／4.24 ペルシア湾に海上自衛隊の掃海艇派遣決定［4.26，6 隻出港］ ／5.8 育児休業法成立［92.4.1 施行］ ／5.14 信楽高原鉄道事故 ／5 月 千代の富士引退 ／6.3 雲仙普賢岳大火砕流発生［6.8 再発生，9.15 最大規模の火砕流］ ／6.20 東北・上越新幹線が東京駅に乗り入れ開始 ／6.30 文部省，日の丸，君が代を国旗，国歌と明記した小学校教科書検定結果を発表 ／6 月 土井たか子，社会党委員長を辞任 ／6 月 4 大証券の損失

補填判明 ／7.1 ワルシャワ条約機構解体 ／8.19 ソ連でクーデター [8.21 クーデター失敗, 8.24 ゴルバチョフ書記長辞任, 12.25 大統領辞任, 12.26 ソビエト連邦解体] ／10.25 リサイクル法施行 ／11.5 宮沢内閣発足 ／12.6 韓国の元従軍慰安婦や軍属, 補償を求めて提訴 ／年末, 日経平均 23,000 円台

【流行語・ブーム】若貴ブーム ／地球にやさしい ／宮沢りえヌード写真集を発売 ／トレンディドラマ流行「東京ラブストーリー」「101 回目のプロポーズ」 ／きんさん, ぎんさん ／『少年ジャンプ』600 万部発行 ／火砕流 ／損失補填

1992 年

【出来事】1.17 宮沢首相, 従軍慰安婦問題で公式謝罪 ／3.14 新幹線のぞみ号登場, 東京－新大阪約 2 時間半になる ／3.16 日経平均 2 万円割れ ／4.1 個性重視の新学習指導要領に基づく初等教育がスタート（小学校 1,2 年次に「生活科」が新設される） ／4.1 育児休業法施行 ／4.1 太陽神戸三井銀行が「さくら銀行」に改称 ／4.7 ボスニア・ヘルツェゴビナで内戦状態に突入 ／4.20 三内丸山遺跡で発掘開始 ／4.25 尾崎豊死去 ／5.20 永住在日外国人の指紋押捺制度廃止 [93.1 月実施] ／5.22 日本新党結成 ／5 月 国家公務員の週休 2 日制がスタート ／6.3 ブラジルで地球環境サミット, 持続可能な開発を謳う ／6.15 PKO 協力法成立 [8.1 施行] ／7.1 山形新幹線開業 ／7.1 妊娠判定薬解禁 ／7.25 バルセロナ・オリンピック開幕 ／7 月 漢検, 文部省の認定制度に昇格 ／8.11 6 年 4 か月ぶりに日経平均 15,000 円割れ ／8.25 桜田淳子ソウルで統一協会の合同結婚式に参加 ／8.27 金丸信, 東京佐川急便からの 5 億円献金認め自民党副総裁を辞任[10.14 議員辞職] ／8 月 山手線全駅が終日禁煙に ／9.12 国公立小中高第 2 土曜日休校に ／9.12 毛利衛の乗るスペースシャトル打ち上げ（日本人初） ／9.17 カンボジアに PKO 第 1 陣派遣 ／9.21 協和埼玉銀行が「あさひ銀行」に改称 ／11.3 クリントン大統領に当選 ／11.27 宮沢りえと貴乃花婚約 [93.1.27 婚約解消会見] ／12.10 小沢一郎ら「改革フォーラム 21」を結成 [12.18 羽田派結成]

【流行語・ブーム】ほめ殺し（佐川急便事件） ／冬彦さん（ネクラ, マザコン, オタク） ／バツイチ ／ら抜き言葉 ／ドリカム ／もつ鍋 ／複合不況 ／国際貢献 ／ジュリアナ東京 ／PKO ／プー太郎

1993 年

【出来事】1.1 EC12 か国統合市場がスタート ／1.1 チェコとスロバキアが連邦を解消し, 分離独立 ／1.13 山形で中 1 生いじめ, マットで窒息死 ／1 月『少年ジャンプ』608 万部発行 ／2.4 公

定歩合 0.75%引き下げて 2.5%に ／3.28 江戸東京博物館開館 ／4.8 国連ボランティアの中田厚仁さんカンボジアで射殺される [5.4PKO 派遣の文民警察官・高田晴行さん襲撃され死亡] ／5.15 Jリーグ開幕 ／6.9 皇太子・雅子妃結婚 ／6.18 宮沢内閣不信任案可決, 衆院解散 [6.21 新党さきがけ結成, 6.23 新生党結成, 7.18 第 40 回総選挙（自民 223, 社会 70, 新生 55, 公明 51, 日本新党 35), 7.22 宮沢首相退陣, 7.30 河野洋平自民党総裁に] ／7.12 北海道南西沖地震 ／7 月 アコム, 業界初の自動契約機を設置 ／8.9 細川連立内閣発足 ／8.17 1 ドル 100 円 40 銭 ／8.26 地ビール容認へ ／9.21 公定歩合 0.75%引き下げて 1.75%に（初の 1%台） ／9.21 FA 制度導入決定 [9.24一部逆指名権を含む新ドラフト制度導入決定] ／10.28 ドーハの悲劇（サッカー日本代表, 初のW 杯出場を逃す） ／11.18 政治改革修正政府法案衆院で可決 ／11.19 環境基本法公布 ／12.9 白神山地, 屋久島, 法隆寺, 姫路城が日本初の世界遺産に登録 ／12.14 コメ不作でコメの部分開放を受け入れ ／12.16 田中角栄死去

【流行語・ブーム】ブルセラ ／規制緩和 ／サポーター ／清貧 ／ジュリアナ ／ヘアヌード ／コギャル ／リストラ ／ゼネコン ／ナタデココ ／ゴーマニズム宣言

1994 年

【出来事】1.18 ゼネコン汚職で大林組副社長逮捕 [3.11 中村喜四郎前建設相逮捕] ／1.24 自動車生産台数前年比 10.2%減, スーパー売上高初の前年割れ ／1.29 小選挙区比例代表制決まる [3.4政治改革 4 法案可決, 3.11 公布, 11.21 区割り法成立, 12.25 施行] ／1.31 日経平均 2 万円台回復／2.3 細川首相, 3 年後の消費税廃止, 7%国民福祉税導入発言 [2.4 白紙撤回] ／2.12 リレハンメル冬季オリンピック開幕（この大会から夏季オリンピックと開催年をずらす） ／4.8 細川内閣総辞職 [4.25 衆議院内会派・改新結成, 4.26 社会党, 反発し連立離脱, 4.28 羽田内閣少数与党で発足]／4.10 NATO, ボスニア紛争でセルビア人勢力を空爆 [9.23 国連安保理, セルビア制裁強化を決議]／5.6 英仏間のユーロトンネル開通 ／5.9 南アフリカ共和国, ネルソン・マンデラを大統領に選出／6.21 1 ドル 100 円を突破 [7.12 96 円 60 銭] ／6.25 羽田内閣総辞職 ／6.28 松本サリン事件 ／6.30村山内閣誕生 ／7.8 金日成死去 ／7.20 村山首相, 自衛隊合憲の所信表明 [7.21 日の丸・君が代の学校での指導容認, 9.3 社会党, 自衛隊合憲, 日米安保堅持, PKO 積極参加, 日の丸・君が代容認の大方針転換, 10.12 原発新設も容認] ／8.28 初の気象予報士国家試験 ／9.4 関西国際空港開港 ／9.20 イチロー, 史上初の 200 本安打達成 ／10.8 長嶋巨人優勝 ／10.13 大江健三郎, ノーベル文学賞受賞 [10.14 文化勲章辞退] ／10.20 JT 株公開するも 6 割売れ残る ／12.10 新進党結成 ／12.15「古都・京都」世界遺産に登録

【流行語・ブーム】価格破壊 ／フェミオくん ／お受験 ／就職氷河期 ／ヤンママ ／「同情するならカネをくれ」／イチロー

1995 年

【出来事】1 月『少年ジャンプ』3-4 号で 653 万部の最高記録を達成　／1.17 阪神・淡路大震災　／1.30 スミソニアン博物館，原爆展を中止　／2.13 野茂英雄ドジャースに入団　／3.20 地下鉄サリン事件発生 [3.22 警視庁，オウム真理教施設を強制捜査，5.16 麻原彰晃逮捕]　／4.9 青島幸男東京都知事，横山ノック大阪府知事誕生　／4.19 1 ドル 80 円を突破　／4 月公立学校で第 4 土曜日も祝日となる　／5.31 青島東京都知事，都市博中止を決断　／6.9 衆議院「戦後 50 年国会決議」[8.15 戦後 50 年の首相談話で，「植民地支配と侵略」について，アジア諸国に「お詫び」を表明]　／9.3 日教組，学習指導要領容認，日の丸・君が代棚上げなど大幅な路線転換　／9.4 沖縄で米兵，小学生少女を暴行 [9.21 県民総決起大会]　／9.5 フランス，南太平洋で核実験 [1996.1.29 実験終了を宣言]　／9.14 大蔵省，住専の不良債権 8 兆 4000 億円と発表　／9 月 自由主義史観研究会，「自虐史観」を批判する季刊誌発行　／11.23「Windows'95」発売　／12.7 白川郷・五箇山，世界遺産に登録　／12.14 ボスニア和平協定調印

【流行語・ブーム】ボランティア元年　／マインドコントロール　／サリン　／ポア　／NOMO　／従軍慰安婦問題

1996 年

【出来事】1.5 村山首相退陣を表明　／1.11 橋本内閣発足　／1.19 社会党，社会民主党と改称　／1 月 消費者物価，71 年以来初のマイナス　／1 月 東京都，西新宿の路上生活者を強制排除　／2.10 北海道のトンネル落盤事故で 20 人死亡　／2.16 菅厚生大臣，薬害エイズ問題で血友病患者に直接謝罪 [8 〜 10 月 医師，製薬会社，厚生省などから逮捕者]　／2.18 ボスニア，クロアチア，セルビア 3 国の平和会議終了　／3.27『思想の科学』休刊　／3.31 らい予防法廃止法公布 [4.1 施行]　／4.1 東京三菱銀行発足　／4.12 普天間基地の整理・統合・縮小について合意　／5.31 2002 年の日韓 W 杯共同開催決定　／6.21 住専処理法公布　／6.25 閣議で 97 年 4 月からの消費税引き上げを決定 [12.13 衆院で確定]　／7.12 チャールズとダイアナ，離婚に合意　／7.20 アトランタ・オリンピック開幕　／7 月 O157 大量感染　／8.4 巻町で原発建設の是非を問う初の住民投票で建設反対派が勝利　／9.17 野茂英雄，大リーグでノーヒットノーラン　／9.29 民主党結成　／10.21 第 41 回総選挙（初の小選挙区比例代表並立制で，自民 239，新進 156，民主 52）　／11.7 自民党単独政権（社さは閣外協力）　／11.19 前厚生事務次官，収賄容疑で辞任 [12.4 逮捕]　／12.1 改正労働者派遣法施行（26 業種加わる）　／12.5 原爆ドーム，厳島神社，世界遺産に登録　／12.17 ペルーのゲリラ，日本大使館公邸襲撃　／12.26 羽田元首相ら新進党を離党し，太陽党を結成

【流行語・ブーム】携帯電話急増　／アムラー　／援助交際　／ストーカー　／チョベリバ　／プリクラ　／EQ　／NINTENDO64 発売　／メイクドラマ　／インターネット

1997 年

【出来事】1.2 ナホトカ号重油流出事故［1月 多くのボランティアが北陸沿岸に駆けつける］ ／1.11 韓国の元従軍慰安婦7人に償い金が支給される ／1.14 御嵩町で産廃処分場をめぐる住民投票条例を可決［6.22 投票実施，7割が反対］ ／1.29 オレンジ共済組合の巨額詐欺事件で友部達夫参議院議員を逮捕 ／1月 就職協定廃止 ／2.20 鄧小平死去 ／3.11 東海村の核燃料再処理工場内で爆発事故 ／3.22 秋田新幹線開業 ／3.27 北海道二風谷ダム訴訟でアイヌ民族の先住性を認める ／4.1 消費税5%施行 ／4.22 ペルー日本大使公邸に武力突入 ／5.1 イギリスで労働党が大勝［5.2 ブレア政権誕生］ ／5.6 西村真吾や石原慎太郎が尖閣諸島に上陸 ／6.13 大学教員等任期法公布 ／6.17 夫婦別姓導入を柱とした民法改正案が廃案に ／6.17 臓器移植法が成立 ／6.28 神戸の小6男児殺害で14歳少年逮捕 ／7.1 香港，中国に返還される ／7月「たまごっち」の出荷総数1000万個に ／8.31 ダイアナ元皇太子妃，交通事故死 ／8月 不登校児童急増 ／9.18 ヤオハンジャパンが倒産 ／9.18 オスロで対人地雷全面禁止条約を採択［12.4 までに日本を含む121か国が署名］ ／10.1 長野新幹線開業 ／10.9 東京都，全国初の「買春」処罰規定を盛り込んだ条例改正案を可決 ／11.16 サッカーW杯の初出場が決まる ／11.17 拓銀破綻 ／11.17 エジプト・ルクソールでイスラム過激派が外国人観光客に無差別発砲 ／11.22 山一証券破綻 ／12.1 温暖化防止京都会議が開幕［12.11 削減目標を盛り込んだ議定書採択］ ／12.3 過労自殺が初めて労災に認定 ／12.3 行政改革会議，12省庁に再編する最終報告を決定 ／12.7 介護保険法公布 ／12.16 テレビアニメ『ポケモン』視聴中の子ども500人以上がけいれんを起こす ／12.19 金大中大統領に当選 ／12.21 名護市住民投票で，普天間飛行場の代替基地建設に反対が多数を占める ／12.27 新進党解党を決定 ／国内総生産，23年ぶりのマイナス成長

【流行語・ブーム】失楽園 ／ベル友 ／たまごっち ／貸し渋り ／マイブーム ／「むじんくん」 ／「もののけ姫」

1998 年

【出来事】沖縄基地移転問題［1.14 大田知事反対表明，2.8 名護市長選で推進派知事が当選，11.15 大田知事破り稲嶺知事当選］ ／1.28 栃木県黒磯市で女性教諭，中1生に刺され死亡 ／2.7 長野冬季オリンピック開催（〜2.22），日本「金」5個 ／2.19 新井将敬衆議院議員自殺 ／3月 NPO法成立［12.1 施行］ ／4.5 明石海峡大橋開通 ／4.27 民主，民政党などと合併し拡大 ／4月 完全失業率初の4%台に ／5.30 社民党，閣外協力の解消を決定 ／5月『タイタニック』国内興行収入で歴代1位に ／6.5 改正学校教育法成立，公立校でも中高一貫教育が可能となる ／6.8 7年ぶりに1ドル140円台まで下落 ／6.12 中央省庁改革基本法（22省庁から1府12省庁へ）公布 ／6.22 金融監督庁が発足 ／6月 サッカーW杯に日本初出場 ／7.12 参議院選挙，自民党惨敗［7.13 橋本首相退陣表明］ ／7.21 PKOで派遣中の日本人政務官4人が射殺される ／7.22 中田英寿，セリエ

A のペルージャに移籍決定　／7.25 カレーにヒ素混入，4 人死亡［12.9 容疑者逮捕］　／7.30 小渕内閣発足　／8.31 北朝鮮テポドン発射　／10.9 地球温暖化対策推進法公布　／11.25 江沢民国家主席，初の日本公式訪問（小渕首相「反省とお詫び」を口頭で表明）　／12.2「古都奈良」が世界遺産に登録

【流行語・ブーム】キレる　／だっちゅーの　／環境ホルモン　／老人力　／モラル・ハザード　／学級崩壊

1999 年

【出来事】1.1 ユーロ導入　／1.14 自民党・自由党の連立内閣が発足　／1.25 名古屋市，藤前干潟の埋立を断念　／1.25 バイアグラ承認　／1 月 携帯電話 11 桁番号に　／2.1 ニュースステーション，所沢の野菜からダイオキシンを検出と報道　／2.28 広島県立高校長，日の丸・君が代問題で自殺　／2.28 臓器移植法施行後初の脳死移植実施　／3.1 対人地雷全面禁止条約が発効　／3.9 在日外国人の指紋押捺全廃を閣議決定　／4.11 東京都知事に石原慎太郎当選　／5.1 しまなみ海道開通　／5.12 脳死心臓移植初の実施　／5.14 情報公開法公布　／5.24 日米防衛のための指針（ガイドライン）関連法成立　／5.25 大手銀行 15 行の不良債権の総額は 19 兆 9137 億円に上ることが発表される　／5 月 宇多田ヒカルのアルバム『First Love』600 万枚売り上げる　／6.16 低容量ピル承認　／6 月 アイボ発売　／7.22 東京都，2000 年からの学区制緩和を決定　／8.9 日の丸・君が代を国旗・国歌とする法律可決［8.13 公布施行］　／9.20 文部省，国立大学を行政法人化することを表明　／9.30 東海村で国内初の臨界事故　／10.4 自自公連立内閣発足　／10.12 世界人口 60 億人を突破　／11.22 普天間基地の移設候補地を名護市に決定［11.27 名護市長受け入れを表明］　／11.25 文京区で近所の主婦が幼女殺害　／12.1 労働者派遣法改正施行（5 業種以外は可となる）　／12.1 日光，世界遺産に登録　／12.21 横山ノック知事，セクハラ問題で辞表提出　／12.31 パナマ運河，アメリカからパナマに返還

【流行語・ブーム】i-mode 登場　／ブッチホン　／「だんご 3 兄弟」　／カリスマ美容師　／ミレニアム

2000 年

【出来事】1.18 オウム，アレフに名称変更　／1.23 吉野川可動堰建設をめぐって徳島市住民投票，9 割反対　／1 月 新潟不明少女 9 年ぶりに保護　／2.2 衆議院比例区定数 20 削減する改正公職選挙法成立　／2.23 国会で初の党首討論会　／3.14 三和銀行・東海銀行・あさひ銀行が経営統合を決定［6.15 あさひ銀行離脱］　／3.26 プーチン，ロシア第 2 代大統領に就任　／3.31 有珠山噴火　／4.1 介護保

険制度スタート，40 歳以上の国民から保険料徴収 ／4.1 自由党，自公との連立を解消（連立維持派は離党して保守党を結成） ／4.2 小渕首相，脳梗塞で入院 [4.4 内閣総辞職] ／4.5 森内閣発足 ／5 月 17 歳の凶悪犯罪が続発 ／5.15 森首相，「神の国」発言 ／5.24 ストーカー規制法公布 ／6.25 第 42 回総選挙（自民 233，民主 127，公明 31，自公保で絶対安定多数を確保） ／6.27 雪印製品で集団食中毒 ／7.21 沖縄サミット ／7 月 そごう事実上の倒産 ／7 月 二千円札発行 ／8 月 i モード加入者 1000 万人突破 ／9.1 三宅島噴火で全島民が避難 ／9.15 シドニー・オリンピック開幕，女性大活躍 ／9 月 東海地方に記録的豪雨 ／10.10 白川英樹にノーベル化学賞 ／10.15 田中康夫，長野県知事に当選 ／10 月 ON 監督対決で巨人が日本一 ／11.2 フジモリ・ペルー大統領辞任 ／11.7 アメリカ大統領選，歴史的接戦の末，ブッシュ大統領が当選 ／11.8 日本赤軍指導者，重信房子逮捕 ／11.20「加藤の乱」 ／12 月 琉球王国のグスクおよび関連遺跡群，世界遺産に ／12.8 改正少年法公布（刑罰対象年齢を 16 歳から 14 歳へ） ／12.31 インターネット博覧会開幕（〜2001.12.31）

【流行語・ブーム】17 歳 ／パラサイトシングル ／IT 革命 ／ひきこもり

2001 年

【出来事】1.6 1 府 12 省庁スタート ／1.16 KSD 問題明るみに ／1.26 新大久保駅でホームから転落男性を助けようとして，韓国人留学生を含め 3 人死亡 ／2.10「えひめ丸」が米軍原子力潜水艦に衝突され沈没 ／2.19 シーガイア経営破綻 ／2.20 田中康夫長野県知事，脱ダム宣言 ／3.10 森首相事実上の退陣表明 [4.6 正式表明] ／3.12 バーミヤンの大仏破壊される ／3.15 日経平均 11,000 円台 ／3.28 アメリカ，京都議定書離脱 ／3.31 USJ 開園 ／4.1 さくら銀行と住友銀行が合併し三井住友銀行誕生 ／4.1 家電リサイクル法施行 ／4.1 情報公開法施行 ／4.3 イチロー，メジャーデビュー ／4.3「新しい歴史教科書をつくる会」の教科書，検定合格 ／4.13 DV 防止法成立 [10.13 施行，2004.6.2 改正] ／4.24 小泉純一郎，自民党総裁選圧勝 [4.26 小泉内閣発足] ／5.11 ハンセン病患者隔離は違憲判決 [6.15 ハンセン病補償法成立] ／6.8 大阪教育大学附属池田小学校で大量殺人事件 ／6 月 改正電波法成立（2011 年のアナログ放送全廃が決定） ／7.21 明石の花火大会で死傷者 ／7.29 参議院選挙自民党大勝 ／8.13 小泉首相，靖国神社を公式参拝 ／9.4 東京ディズニーシー，オープン ／9.10 国内初の BSE 感染牛が発見 [10.18 全頭検査スタート] ／9.11 アメリカ同時多発テロ [10.7 米軍，アフガニスタンを空爆，12.22 アフガニスタンに暫定政権誕生] ／9.19 テロ報復攻撃への支援に自衛隊派遣を決定 [10.29 テロ関連 3 法が成立，11.9 海上自衛隊，インド洋に向け出航] ／10.10 野依良治ノーベル化学賞 ／11.10 WHO 中国の加盟を承認 ／12.1 雅子妃，女児出産 ／12.7 改正 PKO 法成立 ／12.18 道路公団など 45 法人を民営化

【流行語・ブーム】聖域なき改革 ／抵抗勢力 ／狂牛病 ／ショー・ザ・フラッグ ／伏魔殿 ／感動した！ ／ブロードバンド ／二足歩行ロボット ／写メール ／無洗米

2002 年

【出来事】1.1 ユーロ流通開始 ／1.15 UFJ 銀行（三和＋東海）誕生 ／1.20 田中真紀子外相と野上事務次官を更迭 ／1.23 雪印食品の偽装牛肉が発覚 ／1.29 ブッシュ大統領、北朝鮮・イラン・イラクを「悪の枢軸」と呼ぶ ／2.8 ソルトレークシティ冬季オリンピック開幕 ／3.19 ダイエー、産業再生法申請 ／3.20 辻本清美、議員辞職 ／4.1 学校完全 5 日制スタート（ゆとり教育スタート） ／4.1 みずほ銀行（第一勧銀＋富士＋日本興業）誕生 ／4.21 小泉首相靖国神社参拝 ／5.21 京都議定書批准承認 ／5.31 サッカーW杯開幕、初の日韓共催で日本ベスト 16 ／6.17 鈴木宗男逮捕 ／6.24 千代田区で全国初の歩きタバコ禁止条例 ／7.5 田中康夫長野県知事の不信任案可決 [9.1 再選] ／8.5 住民基本台帳ネットワーク稼働 ／9.17 小泉首相、北朝鮮訪問し、史上初の日朝首脳会談、金総書記「拉致」認める [10.15 被害者 5 人帰国] ／9 月 東京駅前の丸ビル、リニューアルオープン ／10.1 イラク、査察受け入れ ／10.8 ノーベル物理学賞に小柴昌俊、化学賞に田中耕一 ／11.8 江沢民引退、胡錦濤体制発足 ／11 月中国で SARS 発生 ／12.2 島根県知事、宍道湖・中海の淡水化事業中止 ／12 月 松井秀喜、ヤンキース入団を発表 ／12 月 東北新幹線、盛岡－八戸開通 ／12 月末 日経平均 8,578.95 円で終わる

【流行語・ブーム】食肉偽装 ／内部告発 ／ベッカム様 ／ムネオハウス ／タマちゃん ／貸しはがし ／拉致 ／プチ整形 ／イケメン ／『声に出して読みたい日本語』

2003 年

【出来事】1 月 貴乃花引退 ／1.14 小泉首相靖国神社参拝 ／2.1 スペースシャトル「コロンビア号」空中分解 ／3.19 米英軍、イラク攻撃開始 [4.14 米英軍、イラク全土を掌握、5.11 フセイン政権崩壊確認、12.13 フセイン元大統領拘束される] ／4.1 日本郵政公社がスタート ／4.1 サラリーマンの医療費 3 割負担に ／4.28 白装束の団体（パナウェーブ研究所）が林道を占拠 ／4.30 日経平均 7603.76 円のバブル後最安値 ／4 月 さいたま市、13 番目の政令指定都市になる ／4 月 六本木ヒルズオープン ／5.23 個人情報保護法成立 [05.4.1 施行] ／6.2 信書配達の民間参入開始 ／6.6 有事法制関連法成立 ／6.10 りそなグループに公的資金注入を決定 ／6 月 パーティサークル（スーパーフリー）の大学生 5 人逮捕 ／7.5 WHO、SARS 終息宣言 ／7.9 国立大学法人法成立 ／7.23 少子化対策法成立 ／7.26 イラク復興支援特別措置法成立 ／9.24 民主党と自由党が合併 ／10.7 シュワルツネッガー、カリフォルニア州知事に当選 ／10 月 阪神、18 年ぶりリーグ優勝 ／11.9 第 43 回総選挙（自民 237、民主 177、公明 34）で民主 40 議席増なるも、与党が絶対安定多数を獲得、2 大政党化が進む ／11.13 土井たか子社民党党首を辞任、後任は福島瑞穂 ／11.29 イラクで日本大使館員 2 人殺害 ／12.23 アメリカで BSE の牛発見 [12.24 米国産牛肉の輸入を停止]

【流行語・ブーム】『バカの壁』『世界の中心で、愛をさけぶ』『負け犬の遠吠え』発売 ／「世界に

ひとつだけの花」　／冬ソナ・ブーム　／マニフェスト　／へぇ〜　／スローライフ　／セレブ　／オレオレ詐欺　／毒まんじゅう　／なんでだろう〜　／DVD レコーダー, 薄型テレビがヒット　／フリーペーパー　／着うた

2004 年

【出来事】1.1 小泉首相靖国神社参拝　／1.9 自衛隊にイラク派遣命令 [1.19 陸自, サマワ到着]　／1 月 国内で鳥インフルエンザ確認 [3.8 浅田農産会長夫妻自殺]　／2 月 吉野家牛丼販売休止　／2 月 mixi スタート [12 月 25 万 ID]　／3.1 労働者派遣法が改正され, 製造業も可となる　／3.11 マドリードで列車爆破テロ　／3 月 九州新幹線一部開業　／3 月 長嶋監督倒れる　／4.2 NATO 旧共産主義国 7 か国が加わり, 26 か国体制に　／4.8 イラクで邦人ボランティア 3 人人質になる　／4.14 堤義明, 西武鉄道会長を辞任　／4.16 牛肉偽装問題で浅田大阪府肉連副会長を逮捕　／4.23 閣僚らに年金保険料未払い期間発覚　／5.10 皇太子,「雅子のキャリアや人格を否定する動きがあった」と発言　／5.10 ファイル交換ソフト「ウィニー」の開発者逮捕　／5.21 裁判員制度法成立　／6.1 佐世保小 6 女児, 同級生を刺殺　／6.8 小泉首相, 多国籍軍への自衛隊参加を表明 [6.28 自衛隊参加]　／7.1 紀伊山地の霊場と参拝道, 世界遺産に　／7.14 東京三菱, UFJ との統合発表, 三井住友も UFJ に統合を申し入れ　／7.28 那覇家裁, 性同一性障害者の性別変更を認める　／8.13 米軍ヘリ, 那覇国際大学に墜落　／8.13 アテネ・オリンピック開幕, メダルラッシュ　／8.26 諌早湾干拓差し止めの地裁決定　／10.1 イチロー, 大リーグ年間最多安打記録を更新　／10.23 新潟中越沖地震　／10 月 プロ野球界大揺れ, 50 年ぶりに新球団　／11.1 20 年ぶりに新札発行　／11.30 秋篠宮, 皇太子に苦言　／11 月 1 ドル 102 円　／11 月 運転中の携帯使用に罰則　／12.26 スマトラ沖地震で大津波

【流行語・ブーム】チョー気持いい　／気合いだー！　／ニート　／負け犬　／冬ソナ

2005 年

【出来事】2.8 ライブドア, ニッポン放送株 35％取得を発表 [4.18 ライブドアとフジテレビ和解, 資本・業務提携, 堀江貴文マスコミの寵児に]　／2.16 京都議定書発効　／2.18 三菱東京と UFJ が統合契約　／2 月 中部国際空港開港　／3.25 愛知万博開催　／4.1 個人情報保護法施行　／4.1 ペイオフ全面凍結解除　／4.9 北京で反日デモ　／4.9 チャールズ皇太子再婚　／4.25 ＪＲ福知山線で脱線事故, 107 人死亡　／5.1 北朝鮮, 日本海に向けミサイル発射　／5.16 福岡高裁, 諌早湾干拓差し止め仮処分を取り消し　／7.7 ロンドンの地下鉄で同時多発テロ　／7.14 知床, 世界遺産に　／7.15 アスベスト関連死, 明るみに　／7.21 中国人民元切り上げ　／8.8 郵政民営化法案否決を受け, 小泉首相衆

議院を解散　／9.11 第 44 回総選挙（郵政選挙）で自民党圧勝（自民 296，民主 113，公明 31）　／10.1 道路公団民営化　／10.14 郵政民営化関連法が成立　／10.17 小泉首相靖国神社参拝　／10 月中国で鳥インフルエンザで死者　／11.15 紀宮結婚　／11.17 耐震強度偽装問題　／12.10 宇治で塾講師，小 6 女児を刺殺　／12.12 アメリカとカナダからの牛肉の輸入再開決定　／12.22 初の人口自然減　／12.1 日経平均株価，5 年ぶりに 15,000 円台に [12.26 には 16,000 円台]

【流行語・ブーム】想定外　／刺客　／mixi 普及し始める，200 万 ID を突破　／「フォー」　／萌え／クールビズ

2006 年

【出来事】1.1 三菱東京 UFJ 銀行が発足　／1.20 米国産牛肉，再び禁輸　／1.23 堀江貴文逮捕 [6.5 村上世彰も逮捕]　／2.16 民主党メール問題追及 [2.28「本物ではない」と謝罪，3.31 前原代表辞任，4.7 小沢代表就任]　／2.23 トリノ冬季オリンピックで荒川静香が金　／3.17 ソフトバンク，ボーダフォン日本を買収　／3.20 王ジャパン，WBC で優勝　／4.7 普天間飛行場の移設案基本合意　／4.14 アイフルに業務停止命令　／4.26 耐震偽装問題で姉歯元建築士逮捕 [5.17 ヒューザー社長も逮捕]　／5.18 秋田児童殺害事件 [6.4 近所の主婦・畠山鈴香逮捕]　／5.27 ジャワ島沖地震　／5 月 1 ドル 109 円 [11 月 116 円]　／6.3 シンドラー社製エレベータで死亡事故　／6.3 阪急・阪神の統合が決定　／6.20 小泉首相，陸上自衛隊のイラク撤退を表明 [7 月中に帰国完了]　／6.20 奈良で医師の長男が母親と妹弟を殺害し放火　／7.27 米国産牛肉輸入再開を決定　／7 月 北朝鮮，核実験およびミサイル発射 [10 月にも]　／8.2 亀田興毅，世界チャンピオンに　／8.6 田中康夫，長野県知事選に敗れる　／8.15 小泉首相，靖国神社参拝　／8.21 夏の甲子園大会で早実優勝　／8.25 飲酒運転で 3 児死亡　／9.6 秋篠宮家に男児誕生　／9.19 三大都市圏の地価，16 年ぶりに上昇　／9.26 安倍内閣発足　／10.15 50 代の母親が娘の代わりに代理出産していたことを発表　／10.24 携帯電話の番号持ち運び制がスタート　／10.26 日本ハム，44 年ぶりの日本一　／10 月 富山県の高校で必修科目（世界史）の履修漏れ発覚 [以後次々と発覚]　／11.15 レッドソックス，松坂に 60 億円を提示　／12.4 郵政反対組が自民党に復党　／12.15 教育基本法改正可決　／12.15 防衛庁，省に昇格　／12.27 佐田行革担当大臣辞任　／12.30 サダム・フセイン死刑

【流行語・ブーム】ワーキングプア　／格差社会　／mixi 大流行，800 万 ID を突破　／品格　／エロカッコイイ　／メタボリック・シンドローム　／鳥インフルエンザ　／ハンカチ王子

2007 年

【出来事】1.10 不二家，消費期限切れの牛乳を用いたシュークリームを製造・出荷していたことが判明，以後食品偽装の発覚が相次ぐ［6 月 ミートホープ，8 月「白い恋人」，10 月 赤福，船場吉兆］／1.21 宮崎県知事に東国原英夫当選 ／1.23「発掘！あるある大事典２」データ捏造発覚で打ち切り ／1.27 柳沢厚生労働相，「産む機械」発言 ／2 月 宙に浮いた年金記録問題発覚 ／3.6 夕張市が財政再建団体に ／3.9 西武がスカウトに裏金を使っていたことが発覚 ／3.14 大丸と松坂屋が経営統合発表 ／3.25 能登半島沖でM 6.9 の地震 ／4.5「赤ちゃんポスト」の設置を許可 ／4.18 長崎市長が選挙中に撃たれ死亡 ／5.5 エキスポランドのジェットコースター事故で 22 人死傷 ／5.14 国民投票法が成立 ／5.15 福島県で母親を殺害し首を切った高３生が自首 ／5.20 ハニカミ王子（石川遼）優勝 ／5.28 松岡農水相自殺 ／6 月 1 ドル 123 円 ／6.28 石見銀山が世界遺産に ／7.3 久間防衛相辞任 ／7.16 新潟中越沖地震 ／7.29 参議院選挙で自民大敗 ／8.1 朝青龍仮病疑惑で２場所出場停止 ／8.16 最高気温を更新 ／8.23 三越と伊勢丹が経営統合を発表 ／9.12 安倍退陣［9.26 福田内閣発足］／9 月 mixi1400 万 ID ／9.27 ミャンマーでカメラマンが死亡 ／9.29 沖縄で教科書記述に抗議する集会［12.26 教科書訂正され承認］／10.1 郵政民営化スタート ／10.5 力士急死で時津風親方を解雇 ／10.27 英会話「ＮＯＶＡ」経営破綻 ／10 月 松坂，岡島両投手がＲソックスの Ｗシリーズ制覇に貢献 ／11.1 中日 53 年ぶり日本一 ／11.2 福田首相と小沢民主党代表が連立構想で会談［党で承認されず，小沢氏党代表辞意を表明するが，のち撤回］／11 月 テロ特措法が失効，海自撤収へ ／11.21 日経平均株価，1 年 4 か月ぶりに 15,000 円割れ

【流行語・ブーム】そんなの関係ねぇ ／ネットカフェ難民 ／どんだけぇ～ ／偽装 ／KY ／「千の風になって」／鈍感力 ／ふるさと納税 ／モンスターペアレント ／大人かわいい ／炎上

2008 年

【出来事】1.15 シー・シェパードの船舶が日本の捕鯨船に意図的に衝突 ／1.27 橋下徹，大阪府知事に当選 ／1.30 中国産冷凍餃子中毒事件 ／2.11 沖縄で海兵隊兵士による 14 歳少女暴行事件発生 ／3.3 シー・シェパード再び日本の捕鯨船を攻撃 ／3.13 12 年ぶりに 1 ドル 100 円を割り込む ／3.14 中国チベット自治区で大暴動 ／4.1 ガソリン税などの暫定税率が失効（4.30 復活）／4.1 後期高齢者医療制度スタート ／4.23 Twitter 日本語版公開開始 ／4.30 ふるさと納税ができる地方税法改正が行われる ／5.7 メドベージェフがロシア大統領になり，前大統領プーチンは首相となる ／5.12 中国四川省で大地震 ／5.19 facebook の日本語版公開 ／6.1 改正道路交通法施行（後部座席でもシートベルト着用が義務付けられる）／6.8 秋葉原通り魔事件発生 ／6.14 岩手・宮城内陸地震 ／7.7 洞爺湖サミット開幕 ／7.11 iPhone, ソフトバンクから発売される ／7.23 1 ユーロ 169.9 円の歴代最安値を記録 ／8 月 北京オリンピック ／8.26 アフガニスタンでボランティアをしていた伊藤和也さん拉致（後に殺害）される ／9.1 福田首相辞意を表明 ／9.15 リーマン・

ブラザーズ経営破綻　／9.24 麻生内閣誕生　／9月 mixi2000万 ID を突破　／10.24 円高が急速に進み，13 年ぶりに 1 ドル 90 円台になる　／10月 株暴落（日経平均は 1 日の 11,368 円から始まり 27 日には 7,163 円まで下落）　／10月 南部陽一郎・益川敏英・小林誠・下村脩の日本人 4 人がノーベル賞に決まる　／11.4 バラク・オバマ，アメリカ大統領選挙に勝利　／12.27 イスラエルがガザ地区へ空爆開始（2009.1.17 停戦）　／12.30 日経平均 8,860 円

【流行語・ブーム】アラフォー　／グ〜！　／埋蔵金　／蟹工船　／後期高齢者　／ゲリラ豪雨　／ゆるキャラ　／オネエマン　／婚活　／ゆとり世代　／何も言えねー

2009 年

【出来事】1.3 民主党メール事件の永田寿康元衆議院議員自殺　／1.13 渡辺喜美，自民党を離党　／1.14 中央大学で教授刺殺される　／1.20 オバマ大統領に就任　／2.17 中川昭一財務大臣を辞任　／3.3 小沢一郎の公設秘書，西松建設献金問題で逮捕　／3.10 日経平均 7,054 円，バブル崩壊後の最安値を記録　／3.13 海賊対策のために，海上自衛隊をソマリア沖に派遣することを決定　／3.28 高速道路が土日祝日は 1000 円で乗り放題となる　／3.29 森田健作，千葉県知事に当選　／4.5 北朝鮮ミサイル発射実験　／4.22 2008 年度貿易収支が 7253 億円の赤字，1980 年以来の赤字　／4.24 WHO，アメリカとメキシコで新型インフルエンザが確認されたと発表　／4.26 河村たかし，名古屋市長に当選　／5.11 小沢一郎，民主党代表を辞職する意思を表明　／5月 神戸で新型インフルエンザ感染を確認，関西で休講措置広がる　／5.21 裁判員制度施行　／5.25 北朝鮮核実験　／6.4 足利事件で犯人とされていた菅家利和さん釈放 [6.23 足利事件再審決定]　／7月 中国・九州地方で記録的な豪雨　／8.8 酒井法子，覚せい剤取締法違反の容疑で逮捕　／8.15 新型インフルエンザで初の死者　／8.30 衆議院選挙で民主党圧勝（民主 308，自民 119，公明 21）　／9.16 鳩山内閣誕生　／10.9 オバマ大統領ノーベル平和賞受賞が決定　／10.15 Twitter 携帯電話向けサイト開設　／11.10 イギリス人女性殺害事件容疑者が逮捕される　／11.11 事業仕分け開始　／11.12 天皇陛下即位 20 周年祝賀記念式典　／11.26 円相場急騰，14 年 4 か月ぶりに 86 円 29 銭まで上昇　／12.30 日経平均 10,546 円

【流行語・ブーム】政権交代　／派遣切り　／事業仕分け　／1000 円高速　／新型インフルエンザ　／草食系男子　／エコカー減税・エコポイント　／女子力　／弁当男子　／1Q84　／チェンジ　／こども店長　／家電芸人

2010 年

【出来事】1.1 平城遷都 1300 年祭開幕　／1.1 日本年金機構が発足　／1.15 海上自衛隊のインド洋給

油活動終了 ／1.19 日本航空会社更生法の適用申請 ／2.1 埼玉不審死で木嶋佳苗容疑者を逮捕 ／2.4 横綱朝青龍暴行事件で引退 ／2.12 バンクーバー冬季オリンピック開幕 ／4.19 大阪維新の会発足 ／4.20 宮崎で牛 3 頭に口蹄疫感染の疑い [5.18 東国原宮崎県知事, 口蹄疫問題で非常事態宣言] ／4.27 時効を廃止する改正刑事訴訟法が成立・即日施行 ／5.1 上海国際博覧会開幕 [10.31 閉幕] ／5.2 ギリシャの財政危機で EU と IMF は 1100 億ユーロの財政支援で合意 ／5.7 鳩山首相, 普天間基地移転先として徳之島に要請 [5.28 辺野古移設を閣議決定, 5.30 社民党連立政権を離脱] ／5.28 iPad 発売 ／6.2 鳩山首相の退陣と小沢幹事長の辞任を表明 ／6.8 菅内閣誕生 ／6 月 サッカー W 杯南アフリカ大会で日本ベスト 16 ／6.13 小惑星探査機「はやぶさ」が帰還 ／6.14 大関琴光喜, 野球賭博を認める [以後, 次々に明らかになる] ／6.28 高速道路無料化社会実験が開始 ／7.11 参議院選挙で自民党が勝利し与党過半数割れ ／7.17 15 歳未満の子どもの臓器移植を可能とする改正臓器移植法施行 ／7.29 東京都足立区で 111 歳の男性のミイラ化した遺体発見 [以後, 所在不明高齢者の存在が次々に明らかになる] ／7.30 二児放置死で 23 歳の母親逮捕 ／8.18 米軍戦闘部隊, イラクから全て撤去 ／9.7 尖閣沖で中国漁船衝突事件発生 ／9.21 証拠改ざん事件で大阪地検特捜部主任検事逮捕 ／10.4 検察審査会, 陸山会事件で小沢一郎を起訴相当と判断 ／10.6 ノーベル化学賞に鈴木章と根岸英一が決まる ／10 月 チリ鉱山落盤事故で閉じ込められた 33 人救出 ／10.14 15 年半ぶりに 1 ドル 80 円台に突入 ／11.1 メドベージェフ大統領, 北方領土を訪問 ／11.22 柳田法相, 国会軽視発言で引責辞任 ／12.4 東北新幹線, 新青森まで開業 ／12 月 facebook 登録者 300 万人強 ／12.30 日経平均 10,229 円

【流行語・ブーム】AKB48 ／K-POP 人気 ／「もしドラ」人気 ／ツイッター ／3D テレビ ／無縁社会 ／〜なう ／イクメン ／ガラケー ／ゲゲゲの〜 ／どや顔 ／リア充 ／酷暑 ／終活 ／女子会 ／食べるラー油 ／「2 位じゃダメなんですか」

2011 年

【出来事】1.14 チュニジアで政権崩壊 [以後, アラブ諸国での政変が相次ぎ,「アラブの春」と呼ばれる] ／1.20 中国が GDP で日本を抜き世界第 2 位となったことが発表される ／1.22 宮崎県宮崎市で高病原性鳥インフルエンザが確認される [1.26 鹿児島出水市で, 1.27 愛知県豊橋市でも確認] ／1.31 小沢一郎, 強制起訴される ／1 月「タイガーマスク運動」が広がる ／2.6 大相撲, 八百長問題で 3 月場所中止を発表 ／2 月 京都大学の入試問題が試験中にネットに投稿される ／3.11 東日本大震災発生 ／3.12 九州新幹線鹿児島ルート全線開通 ／3 月以降 福島第 1 原発炉心溶融, 放射性物質大量流出 ／3 月 東電管内, 計画停電 ／3.17 1 ドル 76 円 25 銭, 変動相場制導入以来の最高値 ／3.18 東京スカイツリー 634m に到達 ／4 月 新学習指導要領で小学 5,6 年生の英語必修化 ／4.27 プレーステーションネットワークから 7700 万人の個人情報流出 ／4.27 焼肉屋のユッケで食中毒発生, 死者 4 人 ／4.29 イギリスのウィリアム王子結婚 ／5.2 オサマ・ビンラディン殺害 ／6.2 菅総理, 一定のメドがついた段階で退陣すると表明 ／6.3 大阪府で全国初の君が代の起立斉唱を義務づける条例が可決 ／6.19 高速道路の土日 1000 円と無料化実験が終了 ／6.23 LINE 初版公開

／7.5 松本龍内閣府特命担当大臣, 暴言の責任を取って辞任　／7.18 女子サッカーなでしこジャパン, W 杯優勝　／7.24 地上波テレビ放送, 東北 3 県を除きデジタル放送に移行　／8.23 リビア, カダフィ政権崩壊　／8.30 野田内閣誕生　／9 月 大型台風次々に上陸　／9 月 facebook 登録者 1000 万人を突破　／10.5 スティーヴ・ジョブズ死去　／10.15 世界中で反格差デモが行われる　／10 月 タイで大洪水　／10.31 1 ドル 75 円 32 銭の戦後最高値をつける　／11.8 オリンパスの粉飾決算が発覚　／11.27 大阪ダブル選挙で, 大阪市長に橋下徹, 府知事に松井一郎が当選　／11 月 野田首相 TPP 参加表明　／11 月 ギリシャ経済破綻寸前で欧州危機　／12.1 これまでより 2 か月遅く就職活動スタート　／12.17 金正日総書記死去　／12 月 日経平均株価 8,455 円　／12.31 オウム真理教の指名手配犯・平田信, 丸の内警察署に出頭

【流行語・ブーム】がんばろう日本　／帰宅難民　／絆　／メルトダウン　／節電　／風評被害　／推しメン　／スマホ　／どじょう内閣　／マルモリ　／おねえキャラ　／ラブ注入

2012 年

【出来事】1.9 1 ユーロ＝ 97 円 30 銭, 11 年ぶりの円高・ユーロ安（円の独歩高は 11 月半ばころまで続く）　／2.20 光市母子殺害事件の元少年の死刑確定　／3.1 日本初の格安航空会社が就航　／3.4 プーチン首相, 大統領に返り咲き, メドベージェフ大統領は首相に　／3.31 東北 3 県でのアナログ放送が終了し, 完全デジタル化に移行　／4.12 京都市祇園でワゴン車暴走し歩行者 7 人死亡　／4.13 さいたま地裁, 連続不審死の木嶋被告に死刑判決　／4.23 京都府亀岡市で無免許の少年が集団登校の列に突っ込み, 3 人死亡　／4.26 小沢一郎に無罪判決　／4.29 関越道でツアーバスが防音壁に衝突し乗客 7 人が死亡　／5.5 北海道電力の泊原発が発電を停止し, 原発ゼロに　／5 月 ソニー, パナソニック, シャープが大幅赤字決算を発表　／5.21 金環日食, 全国広範囲で観測される　／5.22 東京スカイツリー開業　／6.3 特別手配中だったオウム真理教の菊地直子容疑者を逮捕 [6.15 高橋克也容疑者も逮捕]　／6.7 東電 OL 殺害事件のマイナリ被告釈放 [11.7 再審無罪確定]　／6.14 日本初の幼児からの臓器提供　／7.2 小沢一郎, 民主党を離党し,「国民の生活が第一」を結成　／7.5 大飯原発再稼働　／7.23 オスプレイ, 岩国基地に搬入 [10.1 普天間基地に配備]　／7.27 ロンドン・オリンピック開幕　／7 月 滋賀県大津市立の中学校でいじめを苦にした自殺が起きる　／8.10 李明博大統領, 竹島に上陸　／8.10 社会保障と税の一体改革関連法成立（消費税を 2014 年 4 月から 8%, 2015 年 10 月から 10% に引き上げ）　／9.11 野田内閣, 尖閣諸島の国有化を決定, これに反発して中国で反日デモが活発化　／9.19 原子力規制委員会が発足　／9.26 自民党新総裁に安倍晋三を選出　／9.28 日本維新の会発足　／10.1 郵便局会社と郵便事業会社が統合し, 日本郵便株式会社が誕生　／10.8 山中伸弥, ノーベル生理学・医学賞受賞　／10.25 石原東京都知事辞職 [11.13 太陽の党を旗揚げ, 11.17 日本維新の会に合流]　／10 月 尼崎で連続遺体遺棄事件が発覚　／11.27 日本未来の党結成,「国民の生活が第一」が合流 [12.27 分裂]　／12.2 中央自動車道笹子トンネルで天井板が崩落し 9 人が死亡　／12.12 北朝鮮, 弾道ミサイルの発射実験を行う　／12.16 第 46 回衆議院選挙で自民党圧勝, 民主党は歴史的惨敗（自民 294, 民主 57, 維新 54, 公明 31）　／12.16 猪瀬直樹, 東

京都知事に当選 ／12.19 韓国で朴新大統領誕生 ／12.26 安倍内閣誕生 ／12 月 日経平均 10,395 円まで持ち直す

【流行語・ブーム】オスプレイ ／ワイルドだろぉ？ ／ネトウヨ ／タニタ食堂 ／美魔女 ／街コン ／ステマ ／キラキラネーム ／維新の会 ／第三極 ／iPS 細胞 ／いいね！ ／フェイスブック ／LINE

2013 年

【出来事】1.4 日本未来の党，嘉田由紀子が党首を辞任 ／1.9 桜宮高校で体罰により自殺した生徒がいることが発覚［9.26 元バスケットボール部顧問に有罪判決］ ／1.16 アルジェリアでイスラム系武装勢力が襲撃し，日本人技術者を含む多数が死傷 ／1.19 元横綱大鵬死去［2.15 国民栄誉賞授与が決定］ ／2.25 韓国，朴槿恵大統領に就任 ／4 月 中国で鳥インフルエンザが流行し，死亡者も出る ／4.16 長嶋茂雄と松井秀喜の国民栄誉賞受賞が決定［5.5 授与式］ ／4.19 公職選挙法が改正され，インターネット利用が解禁される ／4.20 中国四川省でマグニチュード 7.0 の大地震 ／4.26 グランフロント大阪が開業 ／6.22 富士山が世界遺産に登録される ／6.23 東京都議会選挙で自民党が圧勝 ／7.3 エジプトで軍部によるクーデター勃発 ／7.11 妖怪ウォッチ発売 ／7.21 参議院選挙で自民党圧勝し，衆参両院で与党が過半数を取り，ねじれ現象解消 ／7.23 TPP 交渉会合に日本が初参加 ／7.25 社民党福島瑞穂，10 年務めた党首を辞任する意向を発表［10.14 吉田忠智を新党首に選出］ ／8.1 ロシア，元アメリカ CIA 職員スノーデンの亡命を認める ／8.15 福知山花火大会で露店が爆発事故 ／8.21 イチロー，日米通算 4000 本安打を達成 ／9.7 2020 年東京オリンピックが決定 ／9.11 NTT ドコモが iPhone の提供開始を発表 ／9.22 ドラマ「半沢直樹」の最終回が視聴率 42.2％を記録 ／9.29 堺市長選で，反維新の竹山修身が再選 ／10.2 伊勢神宮の式年遷宮行事がすべて終了 ／10.8 三鷹で女子高生が元交際相手に殺害される（リベンジポルノ問題としても大きなニュースとなる） ／10.15 JR 九州，豪華列車「ななつ星」の運行開始 ／10.31 山本太郎参議院議員が，園遊会で天皇に直接手紙を渡す ／11.3 日本シリーズで楽天が優勝 ／12.4 和食がユネスコの無形文化遺産に登録される ／12.6 特定秘密保護法成立 ／12.9 みんなの党の江田憲司前幹事長ら 14 名が離党届を提出［12.18 結いの党設立］ ／12.12 北朝鮮でナンバー 2 と見られていた張成沢が処刑される ／12.18 東電，福島第 1 原発の 5 号機，6 号機の廃炉を決定 ／12.19 猪瀬直樹東京都知事，徳洲会から 5000 万円受領した件で辞表提出［12.24 正式に辞任］

【流行語・ブーム】今でしょ！ ／おもてなし ／じぇじぇじぇ ／倍返し ／アベノミクス ／ヘイトスピーチ ／ブラック企業 ／PM2.5

2014 年

【出来事】1.3 有楽町駅付近で火災発生し，新幹線等が混乱　／1.8 アニメ「妖怪ウォッチ」放映開始　／1.15 海上自衛隊輸送艦「おおすみ」と釣り船が衝突　／1.29 理化学研究所，万能細胞のSTAP 細胞の作製に成功したと発表 [6.4 STAP 細胞論文の撤回を発表]　／1.30 日本相撲協会，公益財団法人に移行　／2.3 橋下徹大阪市長，「大阪都構想」を加速する出直し選挙を実施するために市長の辞表を出す [2.27 自動失職，3.23 出直し選挙で再び当選]　／2.5 佐村河内守が作曲を他者に依頼していたことを公表　／2.7 ソチ・オリンピック開幕（〜 23 日）　／2.9 舛添要一，東京都知事に当選　／2.18 ウクライナで騒乱が発生 [3.1 クリミアに住むロシア系住民の保護のためという理由でロシアがクリミア半島を実質的に支配]　／3.7 あべのハルカス開業　／3.31「笑っていいとも」が 31 年半の歴史を閉じる　／4.1 消費税が 8％になる　／4.7 渡辺喜美，8 億円借り入れ問題でみんなの党代表を辞任　／4.13 熊本県で鳥インフルエンザが検出され，11 万羽を殺処分　／4.16 韓国で「セウォル号」沈没　／5.25 AKB48 の握手会で傷害事件が発生　／5.28 石原慎太郎日本維新の会共同代表が，橋下徹の結いの党の合流案に反対し，分党を決める [6.22 正式に分党，8.1「次世代の党」設立]　／6.8 桂宮宜仁親王死去　／6.12 サッカー W 杯ブラジル大会開幕（〜 7.13）　／6.21 富岡製糸場，世界文化遺産に登録　／6 月 IS 建国宣言　／7.1 集団的自衛権の行使は可能とする憲法解釈の変更を閣議決定　／7.1 兵庫県議・野々村竜太郎，政務活動費の不正使用で号泣会見　／7.9 ベネッセ，個人情報が漏洩していたことを発表　／7.22 マクドナルドとファミリーマートが，中国の食品会社が保存期限を過ぎた鶏肉を使っていたことを公表し，チキンナゲットの販売を中止　／8.20 広島で大雨による土砂災害で死者 70 人以上　／9.18 スコットランド独立を問う住民投票が行われ否決される　／9.27 御嶽山噴火し，50 人以上が死亡　／10.7 青色発光ダイオードの発明で日本人 3 学者がノーベル物理学賞に決まる　／10.20 小渕優子経産大臣と松島みどり法務大臣が辞任　／11.18 安倍総理，消費税 10％に上げるのを 2017 年 4 月まで 1 年半先送りすると発表　／11.21 衆議院解散　／11.27 和紙がユネスコの無形文化遺産に登録　／12.14 第 47 回衆議院選挙（自民 291，民主 73，維新 41，公明 35，共産 21）

【流行語・ブーム】集団的自衛権　／「アナと雪の女王」　／マタハラ　／カープ女子　／レジェンド　／「妖怪ウォッチ」　／ダメよ〜ダメダメ

2015 年

【出来事】1.5 日本マクドナルド，「チキンナゲット」にビニール片が入っていたことを公表　／1.7 シャルリー・エブド社がイスラム過激派に襲撃され 12 人死亡　／1.18 岡田克也，民主党代表に復帰　／1.20 ISIL，日本人 2 人の殺害を予告 [1.24 1 名殺害，2.1 残りの 1 名も殺害したという動画が投稿される]　／1.25 ギリシャ総選挙で反緊縮財政派の急進左派連合が勝利（欧州連合，同国政

府の改革案を承認し，4 か月の支援延長を決める）／1 月 白鵬，大鵬の記録を抜く 33 回目の優勝を達成　／2.12 大韓航空副社長がニューヨークの空港で離陸直前の大韓航空機を引き返させる　／2.23 西川公也農水大臣，献金問題で辞任　／3.1 3 か月繰り下げられた就職活動が解禁　／3.13 トワイライトエクスプレス運行終了　／3.14 北陸新幹線開業　／3.27 平成の大修理を終えて姫路城が公開される　／4.1 渋谷区，パートナーシップ条例を施行　／4.2 佳子内親王，国際基督教大学に入学　／4.4 維新の党，上西小百合衆議院議員を除名処分とする　／4 月 寺社建築物に油がまかれる被害が頻繁に起きる　／5.3 SEALDs（自由と民主主義のための学生緊急行動）発足　／5.17 大阪都構想の是非を問う住民投票が実施され否決される［5.18 江田憲司維新の党代表辞任，松野頼久代表となる］　／6.17 選挙権年齢を 18 歳に引き下げる公職選挙法改正案が成立　／6.26 米国最高裁判所，全州での同性結婚を合法化する　／6.30 東海道新幹線内で焼身自殺（巻き込まれた女性 1 人も死亡）／7.5「明治日本の産業革命遺産」が世界遺産に登録される　／7.20 アメリカとキューバが 54 年ぶりに国交を回復する　／7.24 東京五輪，パラリンピックのエンブレムが佐野研二郎作品に決まる［9.1 盗作が疑われ，佐野作品の使用中止を決める］／8.11 鹿児島県の川内原発が再稼働　／8.27 山口組分裂　／9.8 安倍晋三，自民党総裁に無投票で再選　／9.10 大雨で鬼怒川が氾濫し茨城県常総市で大きな被害［9.11 宮城県でも大きな被害］　／9.19 集団的自衛権の行使を可能とする安保関連法案が可決成立　／9.19 ラグビー W 杯で，日本が南アメリカを破る　／10.1 スポーツ庁設置　／10.7 安倍総理，内閣を改造し，「一億総活躍社会」プランを打ち出す　／10.31 橋本大阪市長や松井大阪府知事が維新の党を離党し，「おおさか維新の会」を結党　／11.5 渋谷区，同性カップルに婚姻関係に相当する「パートナーシップ証明書」を発行　／11.10 読売ジャイアンツの 3 選手が野球賭博に関わった問題で無期失格処分となる　／11.22 大阪府知事選挙，大阪市長選挙のダブル選挙で，「大阪維新の会」の候補が圧勝　／11.28 浦和レッズサポーターによる差別事件が起きる　／12.1 新国立競技場の建設に関して，ほぼ半額の 791 億円を国が負担し，東京都も 400 億円近く負担することで合意　／12.12 橋本大阪市長が政界引退することになり，松井一郎と片山虎之助を「おおさか維新の会」の共同代表に選出　／12.12 消費税を 10% に引き上げる際に，食料品に軽減税率を導入することで自公が合意　／12.21「次世代の党」が「日本のこころを大切にする党」に改称　／12.22 新国立競技場は隈研吾デザイン案に決まる　／12.28 従軍慰安婦問題に関して日韓で合意

【流行語・ブーム】爆買い　／一億総活躍社会　／SEALDs　／アベ政治を許さない　／ドローン　／エンブレム　／トリプルスリー　／五郎丸

2016 年

【出来事】1.4 マイナンバーの交付開始　／1.6 北朝鮮，水爆実験に成功と発表　／1 月 週刊文春でベッキーとゲスの極み乙女のボーカル川谷絵音の不倫が報道される　／1.15 軽井沢スキーバス転落事故で 15 名死亡　／1.16 台湾で初の女性総統当選　／1 月 SMAP 解散報道が流れる［1.18 番組内で SMAP メンバーが謝罪］　／1.24 琴奨菊，日本出身力士としては 10 年ぶりの優勝　／1.28 甘利経済再生・TPP 担当大臣辞任　／1.29 日銀，マイナス金利政策を 2 月 16 日から実施すると発

表 ／1.29 高浜原発再稼働 ／2.3 清原和博，覚せい剤取締法違反で逮捕 ／2.16 不倫疑惑が報道された宮崎謙介衆議院議員が辞職 ／2.23 夏の参議院選挙に向けて野党 5 党が候補者調整を行うことを合意する ／3.10 高浜原発運転停止 ／3.26 北海道新幹線開業 ／3.27 民進党結成 ／4.1 電気事業法改正が施行され，電力会社以外の業者も電力販売が可能となる ／4.14 熊本地震 [4.16 さらに大きな本震] ／5.26 伊勢志摩サミット開催 ／5.27 オバマ大統領，広島訪問 ／6.15 舛添東京都知事，辞表提出 ／6.15 イチロー，日米通算 4257 安打を打ち，ピート・ローズを抜く ／6.23 イギリス，国民投票で EU 離脱を決める ／6 月 安倍総理，消費税の 10% への引き上げを 2 年半延期して 2019 年 10 月からにすると発表 ／7.6 Pokemon GO がサービス開始 ／7.10 第 24 回参議院選挙，18 歳初投票 ／7.13 天皇が生前退位の意向を持っていると報道される ／7.14 フランスのニースで人々の群れにトラックが突っ込み 84 人死亡 ／7.26 相模原障害者施設で 19 人が殺害される事件が起きる ／7.31 小池百合子，東京都知事に当選 ／8.5 リオデジャネイロ・オリンピック開催（～ 8.21） ／8.8 天皇，生前退位の意向をビデオメッセージとして発表 ／8.23「おおさか維新の会」，「日本維新の会」に名称を戻す ／8.31 小池百合子都知事，豊洲移転の延期を発表 ／9.15 蓮舫，民進党代表に当選 ／9 月 電通女子社員の自殺が労災認定される ／10.12「生活の党と山本太郎となかまたち」を「自由党」に改称 ／10.13 ボブ・ディランがノーベル文学賞を受賞 ／10.31 朴槿恵韓国大統領の親友・崔順実を逮捕 ／11.9 ドナルド・トランプ，アメリカ新大統領に当選 ／11.10 TPP 法案可決 ／12.6 統合型リゾート推進法案可決 ／12.9 朴槿恵大統領の弾劾訴追案が可決される ／12.15 ロシア大統領来日 ／12.26 安倍総理アリゾナ記念館で慰霊式典に参加 ／12.31 SMAP 解散

【流行語・ブーム】ゲス不倫 ／ポケモン GO ／トランプ現象 ／マイナス金利 ／PPAP ／保育園落ちた日本死ね ／神ってる ／文春砲 ／「君の名は。」

2017 年

【出来事】1.17 小田原市生活保護不正受給反対ジャンパー事件 ／1.21 今治市に，加計学園の獣医学部新設が決定 ／1.23 稀勢の里の横綱昇進が決定 ／1.25 中国国家観光局がアパホテルの利用を控えるよう勧告 ／1.31 ロイヤルホスト，24 時間営業を廃止 ／2.9 朝日新聞，森友学園に払い下げられた国有地の売却価格が例外的に非公表になっていると報道 [2.17 安倍総理，「自分や妻が関わっていれば，総理大臣も議員もやめる」と発言] ／2.10 安倍総理，トランプ大統領と首脳会談 ／2.24「プレミアム・フライデー」が初の実施 ／3.3 石原慎太郎元東京都知事，豊洲移転問題で記者会見を行う ／3.6 北朝鮮がミサイル 4 発発射実験（この年，のべ 7 回発射実験を行う） ／3.23 籠池泰典森友学園理事長を国会で証人喚問 ／4.1 名古屋にレゴランド開業 ／4.25 辺野古で埋め立て工事着工 ／4.25 大阪市，2025 年国際博覧会への立候補を表明 ／5.17 高浜原発，1 年 3 か月ぶりに再稼働 ／5.17 朝日新聞，加計学園の獣医学部新設に関して，「総理のご意向」と記された文科省の文書が存在すると報道 ／5.31 アフガニスタンで 80 名以上が死亡する自爆テロ事件が起きる ／6.9 明仁天皇の生前退位を認める特例法が可決 ／6.12 上野動物園でパンダが出産 ／6.22

秘書に対する暴行・暴言問題で，豊田真由子衆議院議員が自民党を離党　／6.26 中学生棋士藤井聡太四段が 29 連勝の新記録を達成［7.2 敗北し 30 連勝はならず］　／7.2 東京都議会選挙で「都民ファーストの会」が圧勝し，自民は大敗北　／7.5 中国地方・九州地方で豪雨災害　／7.28 稲田朋美防衛大臣辞任　／8.3 第 3 次安倍再々改造内閣発表　／9.1 前原誠二，民進党代表に当選　／9.3 眞子内親王，一般男性との婚約発表記者会見を開催　／9.7 山尾志桜里，不倫問題報道で民進党を離党　／9.9 桐生祥秀，100m9.98 秒の日本新記録を出す　／9.25 小池百合子，国政政党「希望の党」を立ち上げ，党首になると発表　／9.28 前原民進党代表，民進党としての公認候補は 1 人も出さず，立候補予定者は「希望の党」に公認申請をすることを提案し了承される　／10.2 枝野幸男，立憲民主党を立ち上げると表明　／10.22 第 48 回衆議院選挙（自民 284，立憲民主党 55，希望の党 50，公明党 29，共産党 12，維新の会 11）　／10.30 民進党，前原代表辞任を了承　／10.31 座間市でアパートに 9 遺体を遺棄した男が逮捕される　／10.31 東名高速道路であおり運転をし，死亡事故を引き起こした被疑者を起訴　／11.14 横綱日馬富士が貴ノ岩に酒席で暴行していたことを貴乃花親方が警察に被害届を出していたことが判明［11.29 日馬富士引退］／12.5 羽生善治，史上初の永世 7 冠を達成　／12.8 大谷翔平，エンゼルスと契約合意　／12.11 新幹線のぞみ号，台車に亀裂が入ったまま運行

【流行語・ブーム】インスタ映え　／忖度　／35 億　／フェイクニュース　／Ｊアラート　／プレミアム・フライデー　／○○ファースト　／ひふみん　／魔の 2 回生

あ と が き

　大学教師の職に就いて，はや 36 年の年月が経った。その間に，ゼミ生として送り出した学生だけでも 600 人を超える。最初に送り出した学生は 1985 年卒業なので，すでに 50 歳代後半に入っている。今や定年にも近づきつつある熟年世代が学生だった時代から，21 世紀生まれの学生まCいCいる現在まで，ずっと大学教師という立場から学生たちを定点観測してきた 36 年である。

　思い起こせば，昔教えた学生たちと今の学生たちは，同じ学生と言ってもずいぶん異なっている。しかし，学生たちの変化はある日突然生じるわけではなく，じわじわと少しずつ変化するので，日々学生たちとつきあっているその時々では，その変化に気づかないことの方が多い。ふとした時に，過去の学生を思い出し，「あれっ，ずいぶん変わったなあ」と気づかされる。

　どこが変わったのか語ってほしいと言われたら，私の観察からだけでも相当いろいろなことを語る自信はある。おそらく長年大学教師を続けてきた人間であれば，ほとんどの人が語ることができるだろう。しかし，そうした個人的な観察に基づく意見は興味深いものであっても，かなり主観的なものになる。たとえば，観察データとしてもっとも参考にしやすいゼミ生たちの場合，教師のタイプによって集まるゼミ生のタイプも異なってくるので，同じ時代の学生に対する観察でも，教師によって異なる意見が出てくることも当然起きてしまう。こうした主観的観察をカバーし，客観性を持たせるために，計量的なデータが必要となる。

　こんな長期的な学生の変化を捉えようという遠大な目標を持って始めた調査ではなかったのだが，たまたま大学教師になって 5 年目の 1987 年に行った大学生の意識と価値観を捉える計量的な調査を，その後 5 年おきに 30 年間も行ってきたため，私は自らの観察に基づく学生の変化を，計量的なデー

タで補完して語ることができる幸運な立場にいる。

　こうした長期にわたる社会学の調査は，共同研究で行われることがあるが，一人の社会学者が行うのはあまり例のないことである。一人で行うゆえの大変さももちろんあるが，それ以上にその時々の時代の変化を読み取りながら，自分のアイデアを質問に盛り込み，分析をしていけるという楽しみの方がはるかに大きかった。

　しかし，調査票は一人で作れても，その調査対象となってくれる学生たちや，そういう機会を提供してくれる知己がいなくては，この調査は続けられなかった。調査対象者になってくれた延べ4683人の各時代の学生たちに，心からの感謝を伝えたい。また，機会を提供してくれた知己も数多いが，特に宮本孝二桃山学院大学教授，岩田考同大学教授，難波江和英神戸女学院大学名誉教授，辻大介大阪大学准教授のご協力なくしては，今回の調査は成立しなかった。この場を借りてお礼を申し上げたい。他にも関西大学社会学部の同僚をはじめ，たくさんの知己にご協力いただいて，初めてなしえた調査だということを改めて心に刻みたい。

　名前のわからない調査対象者である他の学生と違い，直接の教え子である自分のゼミ生には，上で述べたことからもわかるように，いろいろな形で協力してもらった。調査結果の解釈が難しい時などは，ゼミ生たちにさらに聞き取り調査を行うことで，より適切な解釈ができるようになったことも数多くある。しかしそれ以上に，私とざっくばらんにつきあい，各時代の学生の生の姿や考え方を示してくれたことの意義が大きい。彼らとの会話から思いついて，この調査に入れた質問はたくさんある。教え子たちこそ，この研究のもっとも重要な思考の源泉となっている。これまで書いてきた論文や5年前，10年前に刊行した本もその時々のゼミ生に読んでもらい，感想・コメントを得てきたが，再び30年分がまとまった本書を，改めて教え子たちがどのように読んでくれるだろうかと思うと，本当に楽しみである。

　もちろん本書は私の教え子だけに向けて書いたものではない。この調査が行われた各時期に大学生だった人たちは，その頃のことを思い出しながら，時代の変化と大学生の変化を楽しんでもらえるだろう。逆に，今大学生の人たちなら，過去の大学生の考え方を自分たちと比べて同じだと思ったり，随分違うものだと思ったりしながら読んでもらえるだろう。また，この調査が

行われるより前に大学生であった方々には，自分の時代とは異なる時代を生き，異なる価値観を形成している若い世代のことを理解するよすがにしてもらえるのではないかと思っている。

　そうした異なる世代に対する理解をしやすくするために，1945年以降，今回の調査の行われた2017年までの主要な出来事についての年表を，調査票とともに付録としてつけた。調査対象になった大学生たちに直接影響を与えたという意味では，1970年代後半からの出来事でよいのだが，歴史はつながっており，70年代，80年代，さらには現代を理解するためにも，近過去を知っておく必要がある。今当たり前と受け止められていることが，つい数十年前にはまったく当たり前ではなかったことはたくさんある。自衛隊を肯定的に捉えることも，日の丸や君が代を国旗・国歌と考えることも，今の大学生にとっては当たり前のことになっているが，そう思わない大学生が多数派だった時代はそう遠い昔のことではない。なぜ，そんな「奇妙な」状況であったのかは，戦後日本の歩みを——場合によっては戦前まで遡って——追っていかなければわからないであろう。時代が人々の意識を作り，そしてまたその人々の意識が時代を作っていくのである。それゆえ，こうした価値観調査においては，時代を知り得るデータは不可欠だと考えている。

　私は，社会学を学び始めた当初から，社会学という学問は，社会と人間の関係に興味を持つすべての人に理解できるようなものとして提供されるべきだと考えてきた。この本ももちろんそうした思いで書いている。それゆえ，決して難解で読みにくい本にはなっていないと思うので，いろいろな人に，調査データから時代を読み取るおもしろさを味わい楽しんでもらえたらと思っている。そして，読み終わった時に，何かを考え始めるきっかけになったと思ってもらえたら，著者としてこれに勝る喜びはない。

　最後になってしまったが，本書出版の意義を理解し，刊行していただいた関西大学出版部に感謝を申し述べたい。本調査はその継続性に大きな意義があり，一度でも結果を発表しないということになれば，その価値は致命的に損なわれてしまう。前著『不透明社会の中の若者たち——大学生調査25年から見る過去・現在・未来』に引き続き，今回も刊行していただけたことは，私個人にとってはもちろん，日本の社会学研究にとっても大きな貢献をして

いただいたことになる。関係各位に心より感謝したい。

　この大学生調査は，これからもライフワークとして続けていきたいと考えているが，私が現役教師としてこの調査を行えるのは次回5年後が最後になる。しかし，データはきっちり残っているので，その後は信頼できる若い人にデータを託し，さらに10年，20年と継続してもらえたらという夢を持っている。可能かどうかはわからないが，その夢を持っているということを伝えて，本書を終えることとしたい。

2019年夏　　片 桐 新 自

著者紹介

片桐 新自（かたぎり・しんじ）

1955年　東京都生まれ
1978年　東京大学文学部社会学科卒業
1983年　東京大学大学院社会学研究科博士課程単位修得退学
1983年　桃山学院大学社会学部助教授
1992年　関西大学社会学部助教授
1993年　関西大学社会学部教授（現在に至る）

主要著書

『資源動員と組織戦略──運動論の新パラダイム』（共著，新曜社，1989年）
『社会運動の中範囲理論──資源動員論からの展開』（東京大学出版会，1995年）
『歴史的環境の社会学』（編著，新曜社，2000年）
『現代社会学における歴史と批判　下　近代資本制と主体性』（共編，東信堂，2003年）
『現代社会学への誘い』（共著，朝日新聞社，2003年）
『現代社会学〔改訂版〕』（共著，有斐閣，2005年）
『不安定社会の中の若者たち──大学生調査から見るこの20年』（世界思想社，2009年）
『基礎社会学〔新訂第2版〕』（共編著，世界思想社，2010年）
『よくわかる社会学史』（共著，ミネルヴァ書房，2011年）
『不透明社会の中の若者たち──大学生調査25年から見る過去・現在・未来』（関西大学出版部，2014年）

時代を生きる若者たち
大学生調査30年から見る日本社会

2019年9月30日　発行

著　者　片　桐　新　自

発行所　関　西　大　学　出　版　部
〒564-8680　大阪府吹田市山手町3-3-35
TEL 06-6368-1121／FAX 06-6389-5162

印刷所　石川特殊特急製本株式会社
〒540-0014　大阪府大阪市中央区龍造寺町7-38

©2019　Shinji. KATAGIRI　　　　Printed in Japan

ISBN 978-4-87354-705-3 C3036　　落丁・乱丁はお取替えいたします。